第三版前言

自蒸汽机被发明以来，人类历史上先后发生了三次工业革命。200多年来的繁荣无不以创新为主导。第一次工业革命所开创的“蒸汽时代”（1760—1840年），标志着农耕文化的解体、工业化文明的建立。第二次工业革命进入了“电气时代”（1840—1950年），发电机的发明和电力的使用催生了大规模的工业化生产，汽车、铁路、公路、矿山、煤矿行业的兴起，促进了大航海时代以来的交通的发展。第三次工业革命（1950年至今）开创了一个信息化的时代。以计算机、半导体和互联网为核心，房地产、石化、钢铁、公路、航空等行业前所未有地扩张，展现了前所未有的繁荣景象。全球信息和资源交流变得更为迅速，大多数国家和地区都被卷入全球化进程中，世界政治、经济格局进一步确立，人类文明的发达程度也达到空前的高度。

企业无边界，创新无止境。中国的改革开放使中国经济实现了跨越式发展。第三次工业革命方兴未艾，当人们还没有尽享后工业时代带来的便利时，人工智能、大数据和云计算已悄然来到我们的身边，第四次工业革命已不期而至。宝贵的战略机遇期已把中国从一个世界市场的跟随者变成了一个领导者。不管是哪一个时期、哪一次工业革命，市场经济的本质就是竞争，而竞争导致穷的越穷、富的越富。根据市场经济的基本特征，投资管理、融资管理、股利分配管理、日常现金流管理和财务风险管理是“财务管理”课程研究的永恒主题。然而，新旧工业革命交替之间，“财务管理”的内容一定有所不同。

施瓦布在《第四次工业革命》一书中指出，这场革命正以不可阻挡的趋势向我们袭来，其影响程度之深、涉猎范围之广、发展速度之快都将远远超过第三次工业革命，它将在人工智能、大数据和云计算等方面颠覆性地改变中国社会和世界经济的格局。人类工业革命的第四大幕将在中国上演。

德国政府提出的“工业4.0”概念就是以云计算这样一个分散式增强控制模式为基础的未来工业模式，只是虽然德国凭借其在传统工业领域坚不可摧的优势，率先进入工业4.0时代，但在这一领域领先的反而是中国。

在徐工集团的厂房里，出现了与德国描绘的工业4.0蓝图几乎一模一样的场景。机械手迅速准确地执行程序设定的指令，设备上安装的传感器给后台回传实时数据，计算平台对历史数据和实时数据进行分析，并修正生产程序的输出。远在舟山渔场的渔民也开始对渔业、洋流和气象数据进行综合分析，在传统经验的基础上，依靠数据分析结果来规划捕捞路线。传统的实体都在通过大数据和云计算来实现自身的提升，这种提升被带入无数中国企业，尤其是众多有特色的小微企业。

阿里巴巴集团通过多年不计成本的投入，打造出了互联网基础设施——阿里云。正是阿里云的普惠科技理念，以及全球最优秀的云计算技术，为中国制造业的技术升级提供了更新的思路。采用云的部署方式，企业的财务、生产和市场战略得到快速实施，融资成本和压力也大大降低。阿里云总裁胡晓明认为：在未来的3～5年里，人工智能、大数据、云计算不仅在互联网业内发生改变，同样会在工业制造、农业作业、交通运输业、医学业、娱乐业等领域赋能，它们将改变上述行业的生态与市场环境。第四次工业革命刚刚到来的今天，阿里巴巴等中国企业正在引领世界工业发展的方向。

中国已为第四次工业革命的到来奠定了一定的基础。国家统计局的数据表明，我国每年的公路投资已达4万亿元，高速公路通车里程达13.1万千米，覆盖98%的乡镇，而美国通车里程仅为中国的76%。而和高速公路比翼齐飞的是铁路，铁路通车里程已达到12.4万千米。与此同时，高铁的通车里程达到2.4万千米，每小时旅行速度达到350千米。中国高铁运行里程已占世界的60%。2016年，国家《中长期铁路网规划》发布，在“四横四纵”的基础上打造“八横八纵”，实现相邻城市间1～4小时的交通圈，城市群内0.5～2小时的交通圈。相比于公路运输，高铁运输具有运输量大、速度快、准点和安全等特点。高铁带动了整个交通运输业的竞争发展，促进了公路、铁路、民航、海运和管道运输的整个交通系统布局。

一位美国留学生在大连的一家餐厅里就餐，服务员问用支付宝还是微信支付，最后一种选择才是现金支付，而在3年前，人们的首选是现金支付。从科技的角度来看，这可能是最先在中国发生的最重要的创举之一，世界独一无二，这让美国留学生难以相信。2016年中国移动支付的数额达到了5.5万亿美元，是美国的50倍左右。夏日里买西瓜用手机支付，互联网艺人的打赏也使用微信支付。中国移动支付的快速变化预示着中国“无现金支付”时代的到来。

华尔街的敛财高手们也在挖掘这些互联网的“数据财富”，先人一步用其预判市场走势，而且取得了不俗的收益。他们在利用ABC的技术全神贯注地注意市场。华尔街根据民众情绪抛售股票；对冲基金依据购物网站的顾客评论分析企业产品销售状况；银行根据求职网站的岗位数量推断就业率；投资机构搜集并分析上市企业声明，从中寻找破产的蛛丝马迹。

不仅市场如此，教育界也不甘落后。从2011年起，美国硅谷掀起了一阵全球大众公开在线课程（massive open online courses，MOOC）浪潮。无论你是谁，无论任何年龄，无论你在哪里，只要有一部手机或电脑，就可以足不出户免费上常青藤名校的课程，与世界名师一起学习自己喜欢的课程。MOOC具有规模大、课程开放、网络课程的特点，无论你身在何处，都可以花最少的钱享受一流大学的课程。斯坦福大学校长认为：“由学界大师在教室授课的小班课程依然保持其高水平。但与此同时，网络课程也被证明是一种高效的学习方式。”MOOC受到我国教育部的高度关注。

在进行本书第三版修订之际，作者对本书的教学质量体系进行了重新审视，按照教育部《国家中长期教育改革和发展规划纲要（2010—2020年）》的要求，结合高等教育财务管理人才培养目标、理念、社会需求、培养模式、教学内容与方法、质量保障，对比高等教育财务管理人才培养的国际模式，编制了本书的修订大纲。

本书是在3个国家级教改项目的基础上，即国家双语教学示范课程、国家来华留学人

21世纪应用型本科会计系列规划教材

国家双语教学示范课程
国家来华留学人员品牌课程
辽宁省精品课程
辽宁省网络示范课程
国家首批Mooc建设课程

Financial Management

3rd edition

财务管理

（第三版）

刘斌　何任　编著

东北财经大学出版社 | 大连
Dongbei University of Finance & Economics Press

图书在版编目（CIP）数据

财务管理 / 刘斌，何任编著. —3版. —大连 ：东北财经大学出版社，2018.8
（21世纪应用型本科会计系列规划教材）
ISBN 978-7-5654-3114-2

Ⅰ.财…　Ⅱ.①刘…②何…　Ⅲ.财务管理-高等学校-教材　Ⅳ.F275

中国版本图书馆CIP数据核字（2018）第047463号

东北财经大学出版社出版
（大连市黑石礁尖山街217号　邮政编码　116025）
网　址：http：//www.dufep.cn
读者信箱：dufep@dufe.edu.cn
大连力佳印务有限公司印刷　东北财经大学出版社发行

幅面尺寸：185mm×260mm　字数：430千字　印张：18.25
2018年8月第3版　2018年8月第3次印刷

责任编辑：蔡　丽　周　晗　责任校对：蓝　海
封面设计：冀贵收　版式设计：钟福建

定价：38.00元

教学支持　售后服务　联系电话：（0411）84710309

如有印装质量问题，请联系营销部：（0411）84710711

员品牌课程和国家首批 MOOC 建设的基础上，对各章的“引例”和“本章思考”两部分进行了重点修订，使这两部分更贴近各章节的内容，起到了画龙点睛、举一反三的作用。第三版增添了第 1 章的部分内容；删除了第 2 章的部分内容；维持了第 3 章、第 4 章的内容，并添加了部分计算题和英文，特别添加了资产负债表和利润表对应的英文部分；对第 5 章进行了全面的修改，对定义和试题都进行了彻底的修订，更加突出了货币的时间价值；保留了第 6 至 12 章的原貌，但对定义部分进行了精细的更正；在第 13 章中，修订了浮游量的相关内容，使得未达账项等问题更加明了清晰，内在逻辑性更强，对可能出现的“无现金支付”进行了预见性的解释；在第 14 章中特别强调了人民币国际化的问题；在第 15 章中，对我国未来可能出现的国有企业和民营企业的兼并浪潮从理论和实践方面进行了解读。

上述所有工作能在短时间完成都得益于与超星 MOOC 录制人员的早期合作成果，也得益于东北财经大学出版社蔡丽编辑的悉心管理和再版要求。教学大纲、教师手册、PPT、题库、课堂小考和期末考试题都已做了修订和规范。

欢迎各位同学和老师以及其他读者提出宝贵的改进建议和批评意见，并发至：liubin449@dlmu.edu.cn 或 liubin403881@hotmail.com。

刘　斌

2018 年 5 月

第二版前言

公司经营的最终目标是企业价值最大化，而不是利润最大化，这是财务管理研究的根本命题。如何使成本最低化、风险最小化、投资最优化以实现收益最大化？在价值增值的过程中以价值最大化为目标的公司充分考虑了收益的时间性、风险及现金流和“溢出效用”的问题，而利润最大化的会计观念对上述问题没有给予充分的考虑。“利润最大化情结”迫使企业家选择了两条道路：一是多元化规模扩张；二是资本市场化。为了扩大经营，对环境保护的忽略使生态环境遭到了严重的破坏，企业身不由已地走上了一条先污染、后治理的凶险道路。很明显，“利润最大化”不符合绿色环保的时代标准。

经济发展的永恒动力在于投资。投资的任务在于研究投资、融资、股利分配的关系，解决生产力和生产关系的矛盾，探讨资本增值和稀缺资源配置的问题。

企业是资本市场的投资主体，是实现资本的个体能量向社会能量转化的机器。规模投资是一种经济投资，其投资规模越大，资本成本就越低。生产型企业是创造经济投资规模的机器，而商业型企业则是实现投资价值转换的助推器。第一、第二产业的发展，加速了商业助推器的价值转换。市场是实现资本价值的场所，交易是表现价值的途径。在市场中，各种要素都得以充分展示，相互组合，相互制约，形成资源组合的最优化，为实现价值的最大化奠定了基础。资本配置最优和资本价值最大化的生成环境要求一个公开、公正、公平的市场机制。这种机制以政府稳定的、竞争的、高效的经济政策为基础。

资本成本就是资本交易的价格。项目投资与项目的风险形影不离，经营失败是项目投资的价格；在融资战略中，不管是以举债的方式、权益融资的方式，还是以政府财政投资方式，利息是债权人的所得，红利是股东的合法收益，产出结果是政府的预期收益。资本是有其意志的。由于投资资本构成不同，其融资成本高低不同。不管融资成本多么低廉，都会给企业形成强大的压力，产生融资风险。所谓风险就是不确定性，它和时间有直接联系。时间短，预见性强，不确定性低，因此风险就小；时间长，不确定性高，因此风险就大。就融资的债权人而言，将一定资金借给债务人使用存在一定风险，包括到期不能偿还融资本金的风险、利率上涨的风险、通货膨胀的风险及其他违约风险。债权人按照对债务人感受的风险收取一定的融资使用费用，即利息。

资本成本与货币的时间价值有关。今天的一元钱大于明天的一元钱是指融资的价值与时间之间的关系。在利息或融资价值增值比例确定的情况下，时间越长，融资的价值就越高。在采用以复利为基础的方法计算时，融资的价值可以有多种复合方式。与其相反的是单利的方式。在期初，单利与复利的方式没有多大区别；时间越长，两种增值方式产生的差别越大。从会计学的角度来分析，融资价值的增值链应是复利式的，利息参加价值的创造过程。除我国以外的绝大多数 IMF 成员都采用复利方式计算存款利息，我国则采用单利计息。不管哪一种方式，今天的一元钱都大于明天的一元钱。

后金融危机时代意味着我国上市公司财务管理将融入以市场经济为特征的上市公司管理体制。市场经济的特征要求上市公司不断根据变化着的市场研制和开发新产品、新品种、新市场。为实现上市公司的上述目标，提高竞争力，上市公司要从多方面进行投资、融资战略和战术方面的决策，使投资效益最大、资本成本最低，达到最佳融资组合。在实现上述财务管理战略目标后，上市公司要实施回报股东的分红策略，以答谢股东的热忱支持。因此，财务管理以投资管理、融资管理、股利分配管理、日常现金流管理和财务风险管理来实现公司价值。

风险与收益是投资中最扑朔迷离的博弈。公司价值最大化的不确定性无时无刻不在困扰着决策层，为捕捉到风险，人们在单一资产和组合资产上使用了统计学的标准差、协方差来检测风险，以此来找到风险与收益的相关性。在风险与收益的研究中，威廉姆·夏普和约翰·林德对这一问题的研究做出了杰出的贡献，提出了“资本资产定价模式”。之后，罗斯又继承、捍卫和发展了“资本资产定价模式”，将单因素定价模型发展为多因素定价模型，即“资本资产定价套利模型”。马可维茨可谓揭示这一谜底的鼻祖，他首次将方差、标准差、统计直方图和概率应用到资产收益中，将风险划分为系统风险和非系统风险，总结出通过组合可以最大限度地降低投资在一个市场的风险。马可维茨的继承者认为通过多个市场的正相关资产组合，即在不同国家的投资组合，不但可以分散系统风险，也可以最大限度地降低非系统风险。马可维茨的有效边界理论指出了风险最小、收益最大化组合资产的可能性轨迹，成为投资的扛鼎之作。

投资的核心定价工具将有效市场中的股票、债券及不动产的价值以一系列不同的工具加以确定，尤其是收益率 R 的确定。如果这些定价模型将“桀骜不驯”的股票价格以理性和非理性的未来红利无限时段的现值方式表现出来，那么债券的价值则是通过揭示债券有限期间的价格行为表现出来。各类资产的总和构成了公司的总资产。总供给和总需求的平衡是资产定价的关键。长期投资财务管理是最刺激、最惊心动魄的篇章。资本预算，尤其是动态环境下的滚动资本预算，是长期投资决策胜败的关键，为使不稳定性平稳化，人们采用偿还法、净现值法、内部收益率等加以评价。不但如此，专家们还归纳出确定等值法、风险调节率法、敏感分析、决策树等风险调节技术加以补充。最重要的是现金流的测量这一核心问题，这是财务管理最具有挑战的地方。

资本成本、资本结构及股利政策是财务管理的难点。在上市公司的资本、债务、优先股和普通股中，由于税制的作用，构成了加权平均成本。加权平均成本与投资机会清晰地描绘了项目投资与项目收益之间的关系。此外，资本结构描述营业额、息税前利润与每股盈利之间的杠杆关系。当资本成本最低时，公司价值最大化的结构是资本结构的最佳结构。在资本化的有效市场中，投资者期盼投资回报的方式，一是股利分红，二是资本利得。对于前者，两个学派圈定了股利分红的理论，即股利相关论与股利无关论。不管有关还是无关，两个学派都无法提供令人信服的实证根据，这恐怕是由于资本市场有太多的投资者参加，有太多的信息量，法律、税收、经济政策频繁地改变，投资出牌方式存在太大差异。最佳资本成本、资本结构与股利政策是评价上市公司战略的基石。

长期融资决策包括长期银行债务、普通股权益、债券、租赁、可转换债券及期权。如果单纯看上述融资方式，很难说哪一种是最完善的，但如果上市公司把各种方式都融合到一起，上市公司财务将拥有完善的融资手段，给企业注入无限的生命与活力。与长期融资决策对应的是短期融资决策，其中包括流动资金、现金、有价证券、应收账款和库存。现金的流动性最强，库存的流动性最弱，如把现金、有价证券、流动资金和库存比喻成目，那么应收账款则为纲，处理好应收账款，把握住信贷政策，则纲举目张。短期债务融资受债务期限、债务规模、债务方风险和债务基准成本的影响。期权令无数的投资专家为之倾倒，这不仅是因为变化莫测、扑朔迷离的期权理论，更因为期权的操作实践是那么出人意料，令一般的财务管理人员望尘莫及。

最波澜壮阔的部分是合并与兼并。协同作为、规模效应是兼并重组的最大动机。兼并是由两个或更多原有公司组成一个新的经营公司的交易，或对公司控制权的购买，以向目标公司发出收购要约来完成收购公司的行为。在经济景气时，兼并可以收购目标公司最有价值的部分或全部收购；在经济低迷时，公司也可以为了获取现金或有价证券，将公司的部分资产卖给第三方。合并与兼并赋予公司资产以大小由之或小大由之的灵活性。这是合并与兼并的魅力所在。

我国企业将在相当长的时间里进行有形的实物资本投资和虚拟投资，这是由潜在市场、广阔的投资增值空间所决定的，企业投资、融资势头相当强劲。在后金融危机时代，投资仍然以自然资源为基础，然而，自然资源不再是其唯一供应来源。低效投资不能产生利润，高效投资才是利润的来源。两个最基本的规律是：（1）资本组合的优化规律，即资本各类要素之间的组合、其子系统的组合可能是次优化、非优化的，而各子系统经过有机组合之后可能是总体上优化的规律。（2）资本组合规模和范围的经济性规律。不同类别和不同量的资本具有不同的经济力。财务管理揭示了以下规律：只有将生产资料归社会所有，才能充分分配稀缺资源，这是建立共同市场的法则。

美国金融危机不但没有削弱全球化的进程，而且加速了这个过程。中国经济迅速发展，“十二五”和“十三五”期间中国企业面临难得的发展机遇，企业投资的规模和范围日趋加大，不但要面对国内市场，更要面对国际市场；企业对资本市场的融资依赖将进一步加深，不但要筹集投资需要的资金，更要通过融资平台实施股权优化、合并与兼并的超常规发展的战略；企业对股利政策将进一步优化，不但满足股东的分红欲望，更要通过分红的杠杆调节股价，保留现金流、优化现金流，以实现公司价值最大化的目标。以雷曼兄弟 2008 年 9 月申请破产为标志的美国金融危机引发了一场全球性的金融危机。始于美国的金融危机令华尔街蒸发了 10 万亿美元，公司倒闭，1 500 万人失业，许多人一贫如洗。美国拥有全球最好的学校、最完善的金融体系、最前沿的财务管理理论，为什么金融危机会发生在“铜墙铁壁”的美国？在经历了金融危机的黑暗之后，人们发现，美国的竞争力并没有被削弱，以投资管理、融资管理、股利分配管理、日常现金流管理和财务风险管理为支柱的财务管理仍是支撑美国企业的核心管理技术，公司价值最大化的理念非但没有被削弱，反而得到巩固。

本书以会计学、有效市场理论、投资理论、资产组合理论和资本定价理论为基础，结合国内外的财务管理的实践，以公认会计原则（Generally Accepted Accounting Principle，GAAP）基本概念为核心，围绕公司价值最大化的主题思想展开定性和定量的讲解，以便于本科生和更高学历的读者深入浅出地了解本书的思想和概念。每一章节层次分明、自成体系；各章节之间逻辑关系清晰，将投资管理、融资管理、股利分派管理、日常现金流管理和财务风险管理的精华体现在错落有致的各章节之间，使本科生可以清晰地找到财务管理的精髓，形成对基本概念、基本公式、基本思路、基本方法和基本实践的理解。同时，本书还独创性地将中国和世界财务管理界的焦点、热点、重点和难点做了诠释和解读。另外，每章前的“引例”引人入胜，将该章节的核心学术内容体现在其中，加深对生涩的概念和理论的理解。本书还在每章后设“本章思考”，介绍具有争议性的理论、实践，以激发读者的思考和研究，目的在于各抒己见、百家争鸣。书中还将“财务管理”的核心概念梳理出来，每章提出一个概念或理论，令人掩卷常思。

我们在编写本书的过程中学到了很多。尽管我们想尽善尽美，但事实告诉我们，那是难以办到的，因此，希望得到高校同行的批评和建议，以完善此书。联系方式：liubin403881@hotmail.com。

刘 斌

2015 年 10 月

目　录

第1章 财务管理导论

学习目标

◆ 掌握财务管理的含义和内容、财务管理的职能和目标。

◆ 了解财务管理者的主要职责、解决代理问题的措施和手段。

◆ 分析公司组织形式和股权控制对公司财务管理的影响。

◆ 熟悉财务管理的委托-代理关系与代理问题。

引例 **马云与马云的合伙制**

1988年，马云从杭州师范学院（现杭州师范大学）外语系英语专业毕业后去了杭州电子工学院（现杭州电子科技大学）任英文教师。在这期间，不安分的马云成立了他的第一个合伙制翻译公司，打造了杭州唯一的英语角。1995年年初，他偶然去美国，在朋友的帮助和介绍下知道了互联网。而那个时候，刚刚是互联网在美国兴起的第二年，还未完全普及。马云意识到互联网时代将要开始，用2万元建立了另一个合伙制网站公司，取名为“中国黄页”。其后不到3年的时间，马云赚到了500万元。“中国黄页”是阿里巴巴的前身，也是马云赚到的人生的第一桶金。合伙制让马云异军突起。

1999年3月，马云正式辞去教师公职，和18个人以50万元人民币在杭州组建了具有历史意义的阿里巴巴网站，开始了新一轮合伙制形式的创业。1999—2000年，阿里巴巴从日本软银、美国高盛、美国富达等公司融资2 500万美元。2002年，阿里巴巴B2B公司开始盈利。2003年，个人电子商务网站淘宝成立。同年，阿里巴巴发布在线支付系统——支付宝。2006年，阿里巴巴投资口碑网。2007年1月，以互联网为平台的商务管理软件公司阿里软件成立。2008年6月，口碑网与中国雅虎合并，成立雅虎口碑。同年9月，阿里巴巴与淘宝合并。2009年7月，阿里软件与阿里巴巴集团研发院合并。2009年8月，阿里软件的业务管理软件分部注入阿里巴巴B2B公司；同时，作为“大淘宝”战略的一部分，口碑网注入淘宝，使淘宝成为一站式电子商务服务提供商，为更多的电子商务用户提供服务。2009年9月，阿里巴巴集团创立10周年，同时成立阿里云计算。2010年3月，阿里巴巴集团宣布成立“大淘宝”战略执行委员会，其成员来自淘宝、支付宝、阿里云计算和中国雅虎的高管，以确保“大淘宝”战略的成功执行。2010年5月，阿里巴巴集团宣布，从2010年起将年度收入的0.3%拨作环保基金，以促进全社会对环境问题的认识。2010年11月，淘宝商城启动独立域名tmall.com。2011年1月，阿里巴巴集团宣布在中国打造一个仓储网络体系，并与伙伴携手大力投资中国物流业。2011年6月，阿里巴巴集团将淘宝网分拆为3个独立的公司——淘宝网（taobao.com）、淘宝商城（tmall.com）、一淘（etao.com），以更精准和有效地服务客户。2012年1月，淘宝商城宣布更改中文名为天猫。2012年11月，淘宝网和天猫平台年度的交易额突破人民币 10 000 亿元。

2014 年，马云成为全球资本市场的焦点，阿里巴巴再一次以合伙制的形式震惊世界，选择了在纽交所上市。上市共计发售约 1.23 亿股美国存托股票，加上马云等股东的限售股票在内，共计 3.2 亿股。2014 年 9 月 9 日，阿里巴巴正式开始上市前的路演，与投资者沟通并推介股票。超过 700 位投资者参加了路演，马云在纽约的路演被挤得水泄不通。2014 年 9 月 19 日晚，阿里巴巴登陆纽交所，证券代码为“BABA”，价格确定为每股 68 美元。这项交易成为全球范围内规模最大的 IPO 交易之一。阿里巴巴上市受热捧，招股价区间由最初的 60 至 66 美元提高到 66 至 68 美元，并最终在 68 美元的上限定价，融资 218 亿美元。其股票当天开盘价为 92.7 美元，较发行价上涨 36.32%。2014 年 10 月 29 日，开盘的阿里巴巴股价盘中首次突破 100 美元，创上市以来历史新高，最终该股收报 99.68 美元，较上个交易日上涨约 2%。按收盘价计算，阿里巴巴当时市值为 2 457 亿美元，直逼全球零售业霸主沃尔玛的 2 468 亿美元。2014 年 11 月 4 日晚，阿里巴巴集团公布的上市以来首份季度财报显示，2014 年第三季度，阿里巴巴收入达到 168.29 亿元人民币，同比增长 53.7%；核心业务运营利润达 84.93 亿元人民币，调整后的净利润为 68.08 亿元人民币，经调整摊薄后每股盈利为 2.79 元人民币。阿里巴巴坚持采用“合伙人制度”上市，马云自始至终不想公司控制权落入别人之手，“合伙人制度”被马云利用得非常好。

马云说：没有合伙制，就没有阿里巴巴的今天。

资料来源 [1] 郑作时. 阿里巴巴：天下没有难做的生意 [M]. 杭州：浙江人民出版社，2007. [2] 陈玉新. 马云的局：阿里巴巴上市内幕 [M]. 北京：中国法制出版社，2014.

1.1 财务管理概述

财务管理是指依据国家政策、法律的规定，根据资本运动的特点和规律，科学地组织企业资本运作，正确地处理企业财务关系，以提高资本使用效率与企业经济效益的管理活动。简单地说，财务管理是企业关于资本取得和使用的一种管理活动，是以资本市场为依托、以投资分析为手段、以企业价值最大化为目标的管理活动。财务管理的核心内容便是对企业资本的管理。财务管理就是要将科学的决策方法运用于财务活动，以最低的成本筹集企业所需资金，选择最佳的投资方案，合理分担企业的投融资风险，使企业价值达到最大化。财务管理直接关系到企业的生存与发展，是企业可持续发展的一个关键环节。企业财务管理可分为投资管理、融资管理、日常现金流管理、股利分配管理和财务风险管理五个部分。

1.1.1 投资管理

一般意义上的投资是指将资本或资产放在某一个地方使之价值增加的过程。财务管理意义上的投资有两个基本的含义：一个是对有形资产的投资：另一个是对证券的投资，即股票和债券的投资。投资者通过对资产的投资在未来一定时间内获得某种比较持续、稳定的现金流收益，形成增量资本利得。

在西方发达国家，投资通常是指为获取利润而将资本投放于其他企业的行为，主要是通过购买国内外企业发行的股票和公司债券来实现的。所以，在西方，投资一般是指对外投资，主要涉及如何计算股票和债券的收益、怎样评估风险和如何进行风险定价，帮助投资者选择获利最高的投资机会。而在我国，投资概念既包括对外的股票和债券投资，也指购置和建造固定资产、购买和储备流动资产的对内经济活动，有时也用来指为采取上述活动而运用资金的过程。因此，“投资”一词具有双重含义，既用来指特定的经济活动，又用来指特定资金的运用过程。

简而言之，投资可以定义为企业为通过购置资产形成增值、增加财富的活动，或为谋求其他利益，而将资产让渡给其他商业单位而使另一项资产价值增值的活动。投资是发展的永恒动力。

企业通过各种途径取得资金以后，将按照生产经营的实际需要来投放资金。投资按照方向不同，分为对内投资和对外投资；按照回收期的长短，分为短期投资和长期投资；按照性质不同，分为权益性投资、债权性投资和混合性投资；按照所起的作用不同，分为战略性投资与战术性投资。

企业投资的目的是把资金投放于一定的对象，有效地使用企业暂时闲置的资金，为企业带来更大的经济效益，也就是取得更多的投资收益。因此，企业投资主要考虑的问题包括：(1) 预测企业发展所需的投资规模；(2) 研究企业的投资方式和投资结构；(3) 评价和确定企业的投资方案。

不同的投资决策将产生不同的资产结构，进而影响到企业经营的风险和收益。因此，企业投资一般要考虑投资收益、投资风险、投资约束和投资弹性。投资收益和投资风险处于对称状态；投资约束是为了防止或降低投资风险，但讨价还价会降低投资收益；投资弹性也是为了规避投资风险或者根据市场风险的变化相应调整投资规模和结构，为此也必然付出一定的代价。财务管理学意义上的投资有别于经济学上的 4W1H，即 what（什么）、where（哪里）、when（何时）、who（为谁）和 how（怎样）的问题，它主要研究投资收益和投资风险两大问题。财务管理的一个最终目标就是通过投资增加企业价值，形成企业经营的最优资产结构，实现企业价值的最大化。

1.1.2 融资管理

融资是通过一定渠道、采取适当方式筹措资金的财务活动。在商品经济条件下，企业要想从事生产经营活动，首先必须筹集到一定数量的资金，这是其进行生产经营活动的前提条件。因此，筹集资金是财务管理最基本也是最原始的环节。在财务管理活动中，如果预测到企业未来的现金流出量大于现金流入量，而动用权益资本又不能弥补这个差额，企业就必须通过一定的方式来筹集资金，来满足企业扩张和偿还债务的需要。

企业通过发行股票、吸收直接投资、发行债券和申请银行贷款等方式来筹集资金，直接表现为企业资金的收入。(1) 发行股票是指上市公司首次公开发行或在资本市场上再融资的行为。它的特点是权益融资。(2) 吸收直接投资是指企业接受公司以外的投资者的资本，形成权益合作伙伴的投资。它的基本形式有两种：一是实物形式；二是现金形式。(3) 债券是指企业在资本市场上向投资者发行承诺按照一定利率支付利息并按约定条件偿还本金的债务的凭证。债券有短期、中期和长期之分。短期债券是指 1 年期以内的各类债券；中期债券是指1年到5年期的债券；长期债券是指5年至30年期的债券。（4）银行贷款是企业以一定的利率向银行按照约定的条款进行借贷的财务行为。它的基本特征是资金的现金流入。

总之，企业筹集资金的方式有多种，按照资金使用期限的长短分为短期筹资和中长期筹资；按照资金的权益性质分为股权筹资和负债筹资。

企业的财务人员必须对企业的筹资进行决策，为企业发展筹集到所必需的资金。因此，企业筹资主要考虑的问题包括：（1）预测企业发展所需的资金量；（2）研究企业的筹资方式；（3）确定企业的资本成本。

不同的筹资决策会改变企业的资本结构。如果企业大量采用负债筹资，则会导致企业的资产负债率过高，增加企业的财务风险，从而引发财务危机。因此在筹资过程中，企业要综合考虑企业和市场的各种因素，合理确定资金需要量，科学安排筹资时间，综合考察各种筹资方式的难易程度、资本成本和筹资风险，合理选择和优化筹资结构，做到长期资本和短期资本、债务资本和自有资本的有机结合，有效地规避和降低筹资中各种不确定性因素给企业带来的损失，从而提高企业的价值。

1.1.3 日常现金流管理

现金流是衡量现代企业经营活力的重要标准，是指企业在一定会计年度内按照收付实现制所发生的现金流入和现金流出的数量。首先，企业要购买原材料，以便从事生产和销售活动，同时要支付工人的工资和其他销售费用；其次，当企业把产品或服务售出以后，便可取得收入，收回资金；最后，如果企业现有资金不能满足企业经营的需要，要采取短期借款的方式来筹集所需资金。上述各个方面都会产生企业资金的收支，即企业的日常现金流活动。

企业日常现金流管理主要是对企业流动资产及流动负债的管理，即对营运资金的管理。一个企业要维持正常的运转就必须拥有适量的营运资金。营运资金是企业资金总体中最具有活力的组成部分，企业的生存与发展在很大程度上甚至从根本上是维系于营运资金的运转情况的。因此，营运资金管理是企业财务管理的重要组成部分。据调查，公司的财务经理将60%的时间都用于营运资金管理。要搞好营运资金管理，必须解决好流动资产和流动负债两个方面的问题：（1）资金运用的管理，主要包括现金管理、应收账款管理和存货管理；（2）资金筹措的管理，包括银行短期借款的管理和商业信用的管理。可见，日常现金流管理的核心内容就是对资金运用和资金筹措的管理。

日常现金流管理要求流动资产与流动负债均衡，主要涉及现金流量、应收账款、库存等问题。现金流量的问题涉及现金流入与现金流出的均衡关系、应收账款管理与应付账款的均衡问题、支撑库存的财务成本最小化的问题。日常现金流管理看上去主要是财会人员的责任，其实它是企业全员成本管理的问题，尤其是营销人员和生产人员的成本管理问题。日常现金流管理对企业利润目标的实现具有重要意义。

1.1.4 股利分配管理

股利分配研究的是公司收益分配的规范化问题。当企业从市场中取得资金、从投资中获得利润时，如何回馈股东就是企业如何实现股利分配的重要研究课题。股利分配是指企业向股东分派股利，是企业分派利润的一部分。利润分配的过程与结果是关系到所有者的合法权益能否得到保护，企业能否长期、稳定发展的重要问题，为此，企业必须加强利润分配的管理和核算。企业的利润要按规定的程序进行分配，而股利分配是指对企业利润的管理，通常是指企业产生利润后，要拿出多少向股东分配，拿出多少用于留存收益。

企业在进行股利分配时，既要考虑到股东对近期利益的要求，也要考虑到企业的长远发展，还要兼顾企业所有者、经营者和员工的利益。企业股利分配决策主要考虑以下因素：（1）股利分配与留存利润的关系；（2）股利分配政策及其影响因素；（3）股利分配的时间和方式。因此，企业在进行股利分配时主要考虑的问题包括：（1）影响股利政策的因素和不同的股利政策；（2）确定股利的支付程序；（3）确定股利的支付方式。此外，企业要考虑宏观经济环境、投资机会、市场成熟程度等其他因素的影响。各因素起作用的程度对不同的投资者是不同的，公司在确定股利政策时要考虑许多因素，由于这些因素不可能完全用定量方法来测定，因此决定股利政策还要依靠定性判定。

1.1.5　财务风险管理

财务风险管理是指以最小的成本获取最大的财务安全保障。风险就是不确定性，财务风险管理就是在项目的事前、事中和事后对财务风险进行识别、评估和处理的过程，以使风险产生的负面综合效果最小化。在企业在市场进行财务活动获得巨大利益的同时，市场也给企业带来了前所未有的风险。例如，1979 年 3 月美国三里岛核电站发生爆炸事故，1984 年 12 月 3 日美国联合碳化物在印度的一家农药厂发生毒气泄漏事故，1986 年苏联乌克兰切尔诺贝利核电站发生核事故等，2014 年 6 月 17 日中国商务部否决国际航运巨头马士基 P3 申请。财务风险管理可分为两类目标：损前目标和损后目标。

（1）损前目标，包括财务目标、财务安全目标、法规性目标。财务目标是指企业应以最经济的方法预防潜在的财务损失，即在财务风险事故发生之前，就必须使整个财务风险管理计划、方案和措施最经济、最合理。财务安全目标要求将财务风险控制在可控制的范围之内，即财务人员必须认识到风险的存在，而不是隐瞒风险，提高财务人员的风险意识。法规性目标要求财务人员密切关注与经营密切相关的各种法规，对财务行为进行合法性审视，保证财务行为的合法性。

（2）损后目标，包括生存目标、抗风险目标、连续性目标。一旦发生财务风险，给企业造成损失，损失发生后的财务风险最基本、最主要的目标就是维持企业的生存。企业还必须有足够的抗风险、抗灾害的能力。这一目标的实现意味着通过财务风险管理使企业有足够的抗险、抗灾能力，使企业乃至整个社会能够经受得住意外事件的冲击和打击，不至于元气大伤、一蹶不振，并能够在合理的时间内恢复生产和经营。保持现金流的连续性能实现收益稳定的目标，从而使企业保持生产持续增长。一个收益稳定的企业要比高风险的企业更具有吸引力，稳定的收益意味着企业的正常发展。为了达到收益稳定的目标，企业必须增加财务风险管理支出。

表 1-1 表明财务管理的五个方面不是相互割裂的，而是相互联系、相互依存的，是有机地联系在一起的。资金的筹集是资金运动的起点和条件；资金的投放是资金筹集的目的和运用；资金的运营表明资金运用的日常控制；资金的分配则反映了企业资金运动的状况和最终成果；财务风险管理增强了企业抗风险能力。

表 1-1 财务管理的内容

投资管理	融资管理	日常现金流管理	股利分配管理	财务风险管理
A.投什么？(what)	A.股权：普通股与优先股	A.现金流入与现金流出	A.剩余股利政策	A.经营性风险
B.何时投？(when)	B.债务：银行借款与发行债券	B.应收与应付账款	B.固定增长股利政策	B.非经营性风险
C.在哪里投？(where)		C.库存财务成本最小化	C.固定股利支付率	C.股权性风险
D.为谁投？(who)			D.低正常股利加额外股利	
E.怎样投？(how)				

1.2 财务管理者的职责

实现投资管理、融资管理、日常现金流管理、股利分配管理和财务风险管理目标的最佳途径在于优秀的管理人员。财务管理者的大部分工作在于组织制订企业年度综合财务计划和内控标准，建立健全财务管理体系，为公司重大投资等经营活动提供财务分析，为企业创造价值。具体来说，财务管理者主要解决两方面的问题：一是如何在市场上进行资产投资，涉及的是投资决策，即根据公司的战略规划来确定公司的资本预算，参与投资方案的评估；二是如何在金融市场上筹借资本，涉及的是筹资决策，即根据公司的筹资需要来选择筹资工具和股利政策，设置资本结构等。

1.2.1 CEO

CEO（chief executive officer），即首席执行官，是美国人在 20 世纪 60 年代进行公司治理结构改革创新时的产物。CEO 虽然不是企业的财务经理，却是企业重大财务活动的决策者，对企业的财务活动有重要影响。实践中，CEO 通常与财务经理关系密切，且自身也常担任过财务经理。美国咨询公司海德思哲（Heidrick & Struggles）的一份针对全球《财富》1 000 强公司 CEO 进行的问卷调查显示，91% 的 CEO 认为 CFO 是他们的战略经营伙伴，并且有 1/3 的 CEO 预备把 CFO 作为自己的接班人。近些年来，越来越多的公司倾向于聘请有 CFO 等任职经历的高管担任 CEO。

CEO 与总经理形式上都是企业的“一把手”。CEO 既是行政一把手，又是股东权益代言人——大多数情况下，CEO 是作为董事会成员出现的。总经理则不一定是董事会成员。从这个意义上讲，CEO 代表着企业，并对企业经营负责。由于国外没有类似的上级主管和来自四面八方的牵制，CEO 的权威比国内的总经理们更大，但他们绝不会像总经理那样过多地介入公司的具体事务。CEO 做出总体决策后，具体执行权力就会下放。所以有人说，CEO 就像我国 50% 的董事长加上 50% 的总经理。

CEO 领导下的执行班子包括：总经理、副总经理、首席财务官（chief financial officer，CFO）、人力资源总监（chief human resource officer，CHO）、首席运营官（chief operating officer，COO）、各部门经理、总会计师、总工程师等。

1.2.2 CFO

CFO源自美国等一些西方国家的企业，最早出现于20世纪70年代。CFO是地位显赫的公司高级管理者，在公司治理中扮演着重要角色，他们同时进入董事会决策层和经理执行层，为股东创造价值，参与公司战略。CFO一般同时管辖首席信息官（chief information officer，CIO）、主计长（controller）和司库（treasurer）等。CFO的重要职责就是通过资源配置实现企业的战略目标和长期发展，因此，CFO是企业战略的管理者，代表出资方实施企业外部资本控制，并向股东和董事会负责。从全球《财富》500强的公司结构来看，CFO出任CEO的比例逐年提高。

在美国发生了安然、世通等系列财务丑闻之后，在2002年出台的《萨班斯-奥克斯利法案》明确把CFO提高到与CEO同等的法律地位，明确规定CFO由董事会聘任或解聘，并对董事会负责，进而对出资人或股东负责。美国的有关法规规定，CFO应当分别向CEO和审计委员会汇报工作。美国企业的CFO在设计和实施公司战略方面发挥着极其重要的作用。由于美国公司的财务管理已经达到相当高的水平，已经没有降低成本的空间，因此，CFO的主要压力集中在为公司寻求进一步发展的良机而必须解决的一些财务问题上。相对而言，欧洲企业的CFO们仍然将成本控制列为首要任务。对我国来说，较早采用CFO这一称谓的主要是一些网络公司和高新技术企业，后来越来越多的国内公司采用CFO这一称谓。

在西方国家，CFO负责公司的财务工作，其下设会计部门和财务部门，分别由主计长和司库负责，其下再根据工作内容设置若干科室。主计长的职责主要是通过各种会计核算工作向外部投资者和公司管理当局提供各种数量化的财务信息。主计长办公室主要处理成本和财务会计、税务支出以及管理信息系统。司库的职责主要是负责公司的现金管理、资本筹措，以及与银行、股东以及其他投资者保持联系。司库办公室主要负责管理企业的现金和信贷、财务计划以及资本性支出。CFO的职责不仅是监管主计长和司库的工作，更重要的是根据公司战略规划和经营目标编制和调整财务计划，制定公司的财务政策等。

1.2.3 总会计师

总会计师的提法源自苏联的计划经济体制，当时是一个既对国家负责，又对厂长（经理）负责的职位。国务院2011年修订的《总会计师条例》对总会计师的定位是“单位行政领导成员，协助单位主要行政领导人工作，主要对单位主要行政领导人负责。凡设置总会计师的单位，在单位行政领导成员中，不设与总会计师职权重叠的副职”。

《中华人民共和国会计法》明确规定，国有的和国有资产占控股地位或主导地位的大、中型企业必须设置总会计师。总会计师制度是我国经济管理的重要制度，是企业经营管理、经济核算的自然需要。随着企业的建立、经济核算工作的开展，就必然会有会计。会计的总管即总会计师。总会计师是总经理的理财助手、经营参谋，由总经理提名，通过一定程序任命，与经营者利益完全一致。总会计师的职能是负责企业内部管理控制。根据我国的相关法律、法规规定，总会计师的职责主要侧重于财务管理和会计核算。《总会计师条例》对总会计师的职责进行了详细的描述，集中在财务管理、成本管理、预算管理、经济活动分析、会计核算和会计监督等方面。

1.2.4 财务总监

财务总监制度起源于西方国家。第二次世界大战前后，西方国家的国有企业有了一定的发展，对国有企业的管理一般是由能代表国家的财政部门或其他主管部门在人才市场上选择总经理，由总经理代为管理，并授权总经理选择合适的总会计师等高级管理人员，组成经理层，负责管理生产经营。这种制度安排直接导致所有权与经营权的分离，高级管理人员作为经理层，在目标、利益、行为等方面与所有者存在很大差异，当双方利益不一致时，经理层往往通过选择会计政策、会计方法、会计程序等来维护自身的利益，而使所有者的利益受到损害。因此，美国等西方国家在公司治理结构中设立财务总监，通过建立财务总监制，监督总经理及经理层，以有效避免“内部人控制”，保护所有者的利益，满足所有者对企业经营监控的要求。

在我国，财务总监的提法是在总会计师之后。与西方国家相同，我国财务总监制度源自政府委派财务总监对国有企业实施监督，其工作内容涉及财务监督的主要方面，实质上是对国有大中型企业总会计师制度和企业内部审计制度关于财务工作组织运行和财务监督上的更高层次的发展与完善。它吸收和集中了总会计师和内部审计中的部分财务管理与监督职能，也弥补了总会计师在企业组织中地位和职责权限上的不足。它是经理层中的高级财务管理人员，主要承担内部受托责任。最初使用这一称谓的主要是上市公司和上海、深圳等一些国有企业及其他企业。基于良好的监督效果，财务总监制度逐渐得以推广。如今财务总监这一称谓已经很普遍，但是其在各个企业中的定位差异较大，有的相当于国有企业对总经理负责的总会计师，有的是指财务部门负责人，也有个别相当于 CFO；有的对董事会负责，有的对总经理负责，还有的对监事会负责。

1.3 企业组织形态

企业是由各种生产要素的提供者达成的一个契约组合。企业组织的不同类型决定着企业财务结构、财务关系、财务风险以及所采用的财务管理方式的差异。财务管理必须立足于企业的组织形式。企业的组织形式按照其法律上的特点来分，通常有独立经营人制、合伙制和公司制三种。由于大部分企业是公司制，本书将主要探讨公司制企业的财务管理工作，但是了解这三种形式之间的区别是至关重要的。

1.3.1 独立经营人制

独立经营人制是由一人出资组建，出资者一人自行管理的企业形式，并且出资者一个人的财产对企业债务负有无限责任。从资本构成而言，独立经营人制的资本主要来自投资者的资产。由此这一类型的企业受到个人信用的约束，举债能力受到限制，不容易扩张，整体规模不大。从税收的角度来看，独立经营人制不具有法人资格，企业收入计入投资者个人收入，征收个人所得税；其投资者拥有对企业生产经营的绝对决策和控制权，独享企业盈利并且承担企业的全部风险和责任。

1. 独立经营人制的优点

（1）企业容易组建，费用低；较少受政府法规的制约，企业的外部法律、法规等对企业的经营管理、决策、进入与退出、设立与破产的制约较小。

（2）投资者独揽企业的经营决策权，所有权与经营权合二为一，决策迅速，管理效率较高。

（3）投资者独享企业的经营利润，只需缴纳个人所得税，而无须缴纳企业所得税。

2. 独立经营人制的缺点

（1）投资者对企业外债承担无限连带责任。当企业的资产不足以抵偿债务时，投资者的个人财产也被追索，风险很大。

（2）规模小。独立经营人制的资本依赖于投资者一人，资金实力不可能非常雄厚，以个人名义贷款的难度也较大，很难从社会上获得更多的资源，导致在激烈的市场竞争中面临较大的风险。

（3）企业的寿命不会很长，因为其受制于企业投资者的寿命。投资者生病或去世，其个人及家属知识和能力缺乏，都可能导致企业破产。

由于这些原因，独立经营人制一般只限于小型的商业运作，主要盛行于零售业、手工业、农业、林业、渔业、服务业和家庭作坊等。通常以独立经营人制开始的企业发展到一定程度就会转到公司制的形式。

1.3.2 合伙制

合伙制企业是指由两个或者两个以上的出资者通过共同契约组建的企业。合伙制企业的财产由全体合伙人共有，共同经营，合伙人对企业债务承担无限连带责任。合伙制企业在法律上同样不具备法人资格。

合伙制企业和独立经营人制企业相似，只是合伙制企业的所有人是两个或者更多。合伙制可以是非正式的，经由口头协议达成合资关系，也可以经签署长期正式文件证实合资关系。大部分法律专家建议合资关系应该以书面形式确定下来。

1. 合伙制的优点

（1）合伙制企业的资本来源比独立经营人制企业广泛，它可以充分发挥企业和合伙人个人的力量，增强企业经营实力，使其规模相对扩大。

（2）由于合伙人共同承担合伙制企业的经营风险和责任，因此，合伙制企业的风险和责任相对于独立经营人制企业要分散一些。

（3）法律不将合伙制企业作为一个统一的纳税单位征收所得税，因此，合伙人只需将从合伙制企业分得的利润与其他个人收入汇总后缴纳一次个人所得税即可。

（4）由于法律对合伙关系的干预和限制较少，因此，合伙制企业在经营管理上具有较大的自主性和灵活性，每个合伙人都有权参与企业的经营管理工作，这一点与股东对公司的管理权利不同。

2. 合伙制的缺点

（1）投资人风险较大。与独立经营人制一样，合伙制投资者对企业外债承担无限连带责任。

（2）企业寿命有限。由于合伙制企业具有浓重的人合性，任何一个合伙人破产、死亡或退出都有可能导致合伙制企业解散，因而其存续期限不可能很长。

（3）合伙制企业的资本不能以股票的形式出现，不能转让和变现，所有权转移较困难。

（4）合伙制企业的资金来源和企业信用能力有限，不能发行股票和债券，这使得合伙制企业的规模不可能太大，大量融资较困难。这对一个缓慢增长的企业来讲可能不是很大的问题，但如果一个企业的产品符合时代潮流，需要大笔资金来利用这个机遇，那么吸引投资将非常困难。

1.3.3 公司制

公司制企业是根据《中华人民共和国公司法》（以下简称《公司法》）经政府批准设立的法人实体，它独立于它的所有人和管理者，是指由两个以上投资人（自然人或法人）依法出资组建，有独立法人财产，自主经营、自负盈亏的法人企业。我国《公司法》规定，本法所称公司是指依照本法在中国境内设立的有限责任公司和股份有限公司。

1. 公司制的优点

（1）有限责任。为了解释这个概念，我们举例说明。假设你投资了 1 万元到 1 个企业而成为合伙人，这个企业最后破产并欠了 100 万元的债务。因为企业所有者对合伙人的债务负有偿还责任，你可能要偿还企业的一部分债务。而假如你的合伙人不能负担他的那部分债务，你就可能要偿还所有的 100 万元的债务，这就是我们所谓的无限责任的含义。另一方面，如果你购买公司制企业 1 万元的股票，当这个公司破产时，你投资的所有潜在损失不会超过 1 万元，这就是我们所谓的有限责任的含义。公司的债务责任与股东的个人财产无关，股东承担的风险仅以出资额为限。

（2）无限寿命。一个公司制企业可以在它的创始者和管理者去世以后继续存在。

（3）所有权益的自由转移。所有者权益可以分散在股份里，这使得公司制企业的所有者权益可以比独立经营人制或合伙制企业的所有者权益更容易转移。

（4）筹集资金相对容易。无限寿命、所有者权益的自由转移、有限责任，使得公司制企业比独立经营人企业和合伙企业更容易从资本市场上融资。

2. 公司制的缺点

（1）公司制企业的收益要被征两次税。公司的收益要被征税——企业所得税，所有作为股东收益的分红又要被征一次税——个人所得税。

（2）企业管理的所有权与经营权分离，使得所有者和经营者的委托-代理关系复杂化，监督和激励经理人的成本比较高。

（3）成立公司制企业需要政府的同意，需要很多相关文件，这比成立独立经营人制和合伙制企业更复杂、更花时间。

通过表 1-2 可以看出，每一种组织形式都有优点，也都存在缺点。但是随着公司数量的增加以及在资本市场上筹资需求的增长，公司制企业的优势越来越明显。因此，本书所讲的财务管理主要是以公司制企业为基础而展开的。

表 1-2 商业组织的特点

	组织形态	优 势	劣 势
1	独立经营人制	容易组建，费用低，所有权与经营权合二为一，税收优惠	无限连带责任，融资难，寿命短
2	合伙制	规模相对扩大，风险比独立经营人制要小，税收优惠	无限连带责任，融资难，寿命短
3	公司制	有限责任，所有权与经营权分立，融资容易	两次纳税，激励成本高，成立手续繁杂

1.4 公司目标

公司目标是在一定时期内公司生产经营活动预期要达到的成果，是公司生产经营活动目的性的反映与体现。公司是一个营利性组织，公司的目标是赚钱或者增加所有者的财富。当然这个目标有些过于简单和笼统，因此，我们需要考查其表达方式，进行更确切的界定。由于公司目标是公司开展财务活动的出发点和归宿，也是评价财务管理活动合理化的标准，其直接决定了各种财务决策的选择，因此这一界定对于整个公司的财务管理活动显得尤为重要。

理论界、实务界在不同时期曾先后提出多种公司目标。随着社会经济、政治的发展，公司目标也在发生变化。不同的公司目标反映了公司的发展历程。根据公司财务管理的实践，具有代表性的公司目标及其优劣势分析见表 1-3。

表 1-3 公司目标的优劣势分析

	公司目标	优劣势
1	市场份额最大化	劣势：低价倾销可以最大限度地提高市场份额，但不利于企业长远发展 优势：降低固定成本
2	员工福利最大化	劣势：资源有限，剩余有限，员工福利最大化不可能实现 优势：调动员工积极性
3	成本最低化	劣势：可能造成产品内在瑕疵 优势：增加盈利
4	利润最大化	劣势：没有考虑货币的时间价值和折旧等因素，不愿进行研发投资 优势：增加公司价值
5	股东价值最大化	优势：克服追求利润的短期行为，具有美誉度

1.4.1 市场份额最大化

市场份额最大化即市场占有率最大化，指的是该公司的产品在同类市场上所占份额或者销售量占比最大化。

1. 市场份额最大化的优点

市场占有率理论指出：在一个适当界定的目标市场区域中，产量最多的制造者（市场份额最大化的企业）所能享受到的低成本和高利润要优于其他竞争者。市场份额最大化是市场竞争力最直接、最重要的体现，说明该公司在目标市场中的商品或者服务的数量是最大的，大于其竞争对手。

（1）规模经济。根据资金的筹集、商品生产、市场和成本等因素，市场份额高的公司获得较高的收益是很好理解的，因为这反映了企业经营规模的作用。如果对某一特定市场进行简单的考察，可以看出拥有50%市场份额的公司，其规模是拥有同样生产技术但市场份额仅为25%的公司的1倍。由于经营规模大，经营效果也自然比占有率为25%的公司大，这是理所当然的。

（2）竞争能力。市场份额大的公司比份额小的公司有着较高收益率的其他原因是竞争力强、资金雄厚、成本较低等。公司即便稍稍降低价格也会取得收益，而且可以自行定价。市场份额大的品牌往往是赢得顾客心中地位的有效的方法，故而占有极大的品牌优势。

2. 市场份额最大化的缺点

有些公司认为市场份额的增加就会自动地改善企业的收益能力。事实上，这还要视公司为取得市场份额的增加所采取的策略而定。为了获得更高的市场占有率，而使所花费的成本远远超过其收益价值，显然是不值得的。

（1）经济成本。在市场份额超过某一水平之后，若想更进一步增加市场份额，则可能会使收益率开始下降。一般而言，存在下列情况时，想追求更高的市场份额是不合适的：只有较小的经济规模或较少的经验；购买者希望拥有多方面的供应来源；退出障碍相当高。公司的领导者可能宁愿将力量集中于扩展整个市场规模，而不愿为更进一步提高市场份额而浴血奋战。

（2）营销策略的选择。有时公司可能在它争取更高的市场份额时所采用的营销组合策略有错，从而导致公司的利润无法增加。另外，增加市场份额的途径通常是增加单位销售量，这一点很容易，因为可以通过降低价格或者放宽信用条件来完成，但是这些做法显然都不利于企业的长远发展。

1.4.2 员工福利最大化

员工福利最大化是指在公司理财过程中，其目标均围绕着如何提高员工福利这一中心来运转。以员工福利最大化作为企业目标的现象在我国国有企业中十分常见，这与国有企业的职工代表大会管理体制密切相关。在其他国家，也有把“员工人均收入最大化”作为公司目标的。

1. 员工福利最大化的优点

把劳动力作为企业的产权主体，使其福利最大化，在一定程度上最大限度地满足整个社会日益增长的物质和文化需要。这一目标能够调动公司经营者和广大员工的积极性，有利于建立公司内部的利益制衡机制。可以预料，如果把它作为公司目标，则容易使公司形成凝聚力和向心力，能够激发企业广大员工的责任感和使命感。

2. 员工福利最大化的缺点

员工福利最大化同样有自身的缺点，比如公司是一个以营利为目的的组织，其最终目标是营利，而不是最大可能地提高员工的福利。从另一方面来说，增加员工的工资及福利对于公司来说是一项必不可少的成本支出，过高的员工福利会影响公司的收益。此外，过高的员工福利可能会导致员工财富的非均衡性，不利于调动员工的积极性，也会影响公司的长远发展。

1.4.3 成本最低化

成本最低化又称成本最小化，是根据成本目标管理的任务，通过分析降低成本的各种因素，制定可能实现的最低成本目标，并以此为依据进行有效的控制和管理，使实际管理结果达到最低成本目标。

1. 成本最低化的优点

加强成本管理，尽量合理地减少企业在生产经营过程中的消耗，以达到经济效益的最大化，是每一个公司的目标，也是每一位企业家的永恒追求。

降低成本是对经济活动的基本要求。节约规律和经济资源相对短缺，要求人们在实现特定目的的过程中尽可能地降低成本，以此来实现更多的经济目标，提供更多的产出。

通过成本控制配合企业的战略选择与实施，能够获取成本优势，帮助企业取得竞争优势，利用资源、成本、质量、数量、价格之间的联动关系，使企业获取最大利润。

2. 成本最低化的缺点

为了降低成本，企业常常舍弃一些诸如研究与开发之类的工作。这样的话，虽然会增加企业的当期利润，但是从长远角度来看，会影响企业的创新和发展能力，不利于公司的可持续发展，也会影响企业的竞争力。

同时，如果企业过多地追求成本最低化，会损害其对客户别具一格的特征，影响其与众不同的产品形象，进而减少销售量，降低利润，与成本最低化的原则背道而驰。

降低成本、减少消耗，还需要从公司的实际出发，必须以保证产品的质量为前提。如果离开了这个前提，那就是偷工减料。

1.4.4 利润最大化

公司作为自主经营的主体，所创利润是企业在一定期间全部收入和全部费用的差额，是按照收入与费用配比原则计算的。利润最大化是以西方经济学作为理论基础，认为利润代表了公司新创造的财富，利润越多，公司的财富增加越多，越接近于企业的目标。

1. 利润最大化的优点

（1）从经济学的角度来看，利润最大化在西方经济理论中是根深蒂固的，是西方微观经济学的理论基础。西方经济学家一般都是以利润最大化来分析企业行为和评价企业业绩的，认为企业经营的目的就是追求最大利润。企业要追求利润最大化，就必须加强管理，改进技术，提高劳动生产率，降低成本，这些措施都有利于资源的合理配置，有利于经济效益的提高。按照这种思路，财务管理的目的自然就是利润最大化。

（2）从会计学的角度来看，利润是可以通过财务体系计算出来的财务指标，其计量方法是统一的，因此，以利润最大化作为财务管理的目标，具有可操作性。

（3）从公司管理实践来看，投资者根据利润来判断公司的业绩，利润多少表明公司市场竞争力的强弱；在资本市场中，资本的使用权最终属于获利最多的公司。如果每个公司都能最大限度地获得利润，将会实现社会财富的最大化，从而带来社会进步与发展。

正因如此，利润才备受公司的关注，将利润最大化作为目标才长期以来普遍被人们接受。

2. 利润最大化的缺点

然而以利润最大化作为公司目标，片面地将利润理解为公司的财富，具有一定的局限性。随着企业组织的发展和财务管理环境的变化，人们对利润最大化的观点也提出了很多批评。

（1）利润最大化没有考虑风险问题，可能导致财务人员不顾风险去追求最大利润，从而影响公司的长期健康发展，损害公司所有者的根本利益。较高的风险与较低的风险有时并不一定具有可比性，因为过高的风险有时会抵销一部分利润。例如，两个公司各获利100万元，其中一个全部转化为现金，另一个则全部是应收账款，哪一个更符合公司的目标？如果不考虑风险，会使财务决策偏向于利润最大化但风险也是最大化的项目，将公司推入极其危险的境地。

（2）利润最大化没有考虑利润发生的时间，没有考虑货币时间价值。具体而言，利润最大化只是强调当期或者近几期的利润总额，很少考虑公司长远的发展目标。例如，公司今年和明年各获利500万元，哪一个更符合公司发展的目标？如果不考虑货币时间价值，就很难做出正确的判断，还容易导致公司行为的短期化，只考虑眼前利益，而不考虑公司长远的发展。因此，利润最大化目标不适应公司可持续发展的需要。

（3）利润最大化没有考虑投入与产出的相对关系，不同时期、不同规模公司间无法进行比较，不能说明经济效益水平的高低。例如，两个公司各获利100万元，其中一个投入200万元，另一个投入300万元，哪一个更符合公司的目标？如果不考虑投入与产出的关系，就很难做出正确的判断，并且有可能使财务决策选择高投入而低效率的项目。

另外，如果将利润最大化作为公司目标，公司则会为了片面地追求利润而不考虑诸如环境污染、产品质量以及招童工等社会问题。

“利润最大化”观点在早期是被人们普遍认可和接受的观点，因为其简洁直接。但是，随着社会的发展、经济的进步，该观点越来越体现出其本身的缺陷，没能体现出整个公司的资金效率，而且不利于公司的长远发展，因此该观点被后来的许多观点代替。

1.4.5 股东价值最大化

这种观点认为，公司主要是由股东出资形成的，股东创办企业的目的是扩大财富，他们是企业的所有者，理所当然地，公司的发展应该追求股东价值最大化。在股份制经济条件下，股东财富由其所拥有的股票数量和股票市场价格两方面决定。在股票数量一定的前提下，当股票价格达到最高时，股东价值也达到最大，所以股东价值又可以表现为股票价格最大化。

1. 股东价值最大化的优点

（1）它考虑了货币时间价值。股东价值最大化可以用股票市价来计量，通过货币时间价值原理可以对公司的价值进行科学的计量。在一个具有充分流动性、信息对称的资本市场中，投资者要购买某个公司的股票，不仅要看它过去的经营状况，还要看将来的业绩和风险，以及未来现金流的状况，这就使得股票的价格充分反映公司未来现金流的分布。

（2）它在一定程度上能够克服公司在追求利润中的短期行为，因为不仅目前的利润会影响股票价格，预期未来的利润对公司股票价格也会产生重要影响。在资本市场上，投资者总是根据其对未来各个公司价值的预测，买入价值上升的公司股票而卖出价值下降的公司股票。因此，公司在谋求股东价值最大化的过程中，必须保证产品质量，搞好售后服务，维护社会公共利益。财务经理在做决策的时候，不仅要关注短期收益，更要注重长期收益，使公司行为合理化，避免短期行为。

（3）股东价值最大化科学地考虑了风险与报酬的关系（因为风险的高低会对股票价格产生重要影响），因此能够克服财务经理不顾风险大小而片面追求高额利润的倾向。

2. 股东价值最大化的缺点

（1）它只适用于上市公司，对非上市公司很难适用。在现实生活中，股东价值通常由股票价格来表示。对于非上市公司，其股票没有公开交易市场，因而价格经常难以被发现。

（2）即使是上市公司，股票的价格也受到多种因素的影响，因此股票价格有时并不能客观反映所有股东的财富，因而以股票价格反映公司价值也是有缺陷的。

（3）股东价值最大化过分强调出资者的利益，无法解释企业分享制日趋发展的现实。首先，没有考虑利益相关者的利益，导致企业股东与企业其他利益相关者之间出现冲突，不利于股东价值的实现，如忽略债权人和员工的利益。其次，会忽略社会利益，导致公司做出种种损伤社会财富的行为，如削减工资、恶意兼并或者逃避税收等。但是另一方面，如果公司过分强调社会利益，需要承担社会成本，会导致生产成本增加，降低公司的竞争力，最终不益于公司的长远发展。

在现阶段条件下，股东价值最大化揭示了市场经济条件下公司财务管理的特征，不仅反映了股东与债权人的愿望，也反映了公司外部的客观评价。因此，我们认为股东价值最大化是目前最为合理的公司目标。

1.5　代理理论

代理理论是詹森（Jensen）和麦克林（Meckling）两位学者于1976年提出的观点。他们认为，在现实世界中，由于每个人的禀赋和能力各不相同，可能会出现个人经常需要解决某个对他的禀赋和能力来说不能胜任的事情。为了解决这一问题，个人可能会委托其他更能胜任这一事项的人来从事这一活动，并支付一定的酬金。在这个过程中，当一个人或更多人（资本持有人）雇用另外一个人（代理）为之服务并把决策权下放给他人时，就形成了代理关系。

在一个完美的环境中，由于代理人和委托人的信息完全对称，委托人不会因为代理关系而产生任何损失。然而，由于契约的不完备性和信息的不完全对称性，委托人无法观测到代理人各种代理行为及其对所代理事务的实质影响，也不可能根据代理人工作的各种可能来支付报酬。代理人如果与委托人的利益不一致，就可能消极工作，或者利用代理权谋取私利，给委托人带来损失，这种损失被称作代理成本。委托人为防止代理人损害自己的利益，需要通过严密的契约关系和对代理人的严格监督来限制代理人的行为，而这也需要付出代价。这种代价也是代理成本的组成部分。

在现代公司制企业中，股东在成立公司后，并不自己直接经营公司，而是将企业的经营权委托给经理人控制，便产生了代理关系。在财务管理中，由于代理关系的存在而产生代理问题，并且随着经济的快速发展，这种代理问题对财务管理活动的影响越来越突出。

1.5.1 代理关系

在所有权与经营权分离以后，公司是所有者即股东的公司，股东的目标是追求自身价值最大化。股东委托管理者即经理人代表他们管理公司，为实现他们的目标而努力。虽然经理人也是财富最大效用的追求者，但是在处理问题时，其具体目标与股东并不一致。经理人往往会更多地考虑自身的利益，如荣誉和社会地位的提高、闲暇的增加，以满足自身的需要而向股东隐瞒真实情况进行决策等。因此股东在获得利益的同时，一般要将一些利益让渡给经理人，这种被放弃的利益就是股东支付给经理人的“享受成本”。股东关心的不是享受成本的多少，而是在增加享受成本的同时，经理人是否实现了更多的资本收益。所以，经理人和股东之间存在矛盾：经理人希望能得到更多的享受成本；股东希望以较小的享受成本分享更多的资本收益。解决这一矛盾的途径是，让经理人的报酬与绩效联系起来，并辅之以一定的监督措施。这包括：

（1）解聘。当股东发现经理人未能使资本收益达到最大时，股东可解聘经理人。经理人为了避免被解聘，就必须努力实现资本收益最大，这是对经理人的一种行政约束。

（2）吞并。如果经理人经营决策失误，经营不力，未能采取一切有效措施使资本收益提高，公司就肯定会被其他公司强行收购或兼并，经理人也会随之被解聘。为了避免这种情况的出现，经理人必须采取措施提高资本收益，这是对经理人的一种市场约束。尽管这种市场约束在中国要有漫长的路要走，但是我们已经看到了道路的建设者。

（3）激励。股东将经理人的报酬与绩效挂钩，用激励的方式促使经理人自觉实现资本收益最大。激励有两种方法：一种是股票选择权，即允许经理人以某种固定的价格购买一定数量的公司股票。如果公司经营好、资本收益高、发展潜力大，那么，经理人所购买的股票在未来就有很大的增值潜力，未来获得的股票收益就越多。另一种是绩效股，公司用资产报酬率、每股利润等指标来评价经理人的业绩，视业绩给经理人一定数量的股票作为报酬；当公司的经理人未能达到规定目标时经理人就不能得到绩效股。

1.5.2 股东与债权人

股东为提高公司的利润，常以借贷的方式向债权人融资，这时就形成另一种代理关系。在这种情况下，债权人把资金交给企业，其目标是收回本金及相应的利息，而股东则希望获得更多的收益，甚至会投入高风险的经营项目，可见二者的目标并不一致。

首先，股东可能未经债权人同意，要求经理人投资于比债权人预计风险要高的项目，这会增大偿债的风险性，债权人的负债价值实际也会降低。高风险项目一旦成功，额外的利润就会被股东独享；如果失败，债权人要与股东共同负担损失，这对债权人来说，风险与收益是不对称的。其次，股东未征得现有债权人的同意，而要求经理人发行新债券或增加新借款，从而降低原有的负债价值，同样使债权人遭受损失。协调这一冲突的途径是：

（1）限制性借款，即在借款合同中加入某些限制性条款，如规定借款的用途、借款的担保和借款的信用条件等。

（2）收回借款或不再借款。当债权人发现企业有侵蚀其债权价值的意图时，可以采取措施收回借款，或者不再给企业借款，从而保护自身的权益。

1.5.3 寻 租

寻租是寻求经济租金的简称，又称为竞租，是为获得和维持垄断地位从而得到垄断利润（垄断租金）所从事的一种非生产性寻利活动。简单地说，寻租是公司等寻求经济收益如利润最大化机会的行为。对于公司而言，最典型的寻租即通过贿赂官员为本企业得到项目、特许权或其他稀缺的经济资源。寻租有的是非法的，有的是合法但不合理的。这往往成为腐败和社会不公、社会动乱之源。

1. 寻租的特点

（1）间接造成经济资源配置的扭曲，阻止了更有效的生产方式的实施。其直接浪费了经济资源，利用时间、精力和金钱去游说的结果对寻租者来说可能更有效率，但对社会来说没有效率可言。

（2）导致其他层次的寻租活动或“避租”活动。

（3）政府部门工作人员为了对付寻租者的游说与贿赂，需要时间和精力反击。

（4）寻租活动有合法与非法之分。企业向政府争取优惠待遇，利用特殊政策维护自身的独家垄断，就属于合法的寻租活动。行贿和走私就属于非法的寻租活动。

2. 寻租与代理成本

两方面的因素最终促成寻租行为：一是强烈的寻租动机；二是低成本的寻租机会。在我国的企业委托-代理关系中，寻租活动表现为两点：

（1）表现在争当代理人上。由于代理人职位的权力、地位、身份和许多既得利益，使得许多并无真才实学的人通过拉关系、走后门、行贿等非正当手段当上了代理人，这种寻租活动使得企业很难选拔到合格的代理人，这也是最高的代理成本。

（2）表现在当上代理人之后。这是指不是通过搞好企业经营管理，而是通过讨好其行政主管部门，从事拉关系、走后门、游说、哄骗、行贿等寻租活动为企业或个人谋利。

寻租活动的蔓延既导致公共权力的不合理运用，又造成社会资源的畸形配置和浪费。寻租的不良后果还表现为阻碍制度创新，导致交易费用的增加，扭曲市场规则，产生了更多不公平的竞争甚至腐败盛行的社会风气，使政府的宏观经济管理更加复杂。

3. 协调方式

如何消灭寻租机会和杜绝寻租行为是经济转轨时期任何体制改革要解决的根本问题。明晰产权从理论上讲可以减少各级代理人的寻租动机，但单纯改变所有制结构并不能减少寻租机会，还要辅之以科学合理的激励机制来完善市场基础建设，使市场信息相对透明，完善内部治理结构。

代理人寻租收益来自对公司不受监督和不易动摇的控制权。如果在委托人目标——公司业绩增长与公司的控制权授予之间建立因果关系，那么代理人目标与委托人目标相容，委托-代理成本可实现最小化。这就要求在公司制的治理结构中，一方面，必须破除领导干部终身制和领导干部必须是党员、国家干部等僵化条款，以个人能力和经营业绩为评价目标和任免标准，不拘一格降人才，促进人才流动和人才竞争；另一方面，必须使公司采购和公司产权转让等交易公开化、透明化，杜绝暗箱操作，堵住寻租漏洞，减少对代理人的寻租激励，辅以竞争性的市场环境和严明的市场法纪，使寻租机会最小化和寻租成本最大化，从而达到消灭寻租收益的目标。

本章小结

（1）财务管理是企业关于资本取得和使用的管理活动。财务管理的核心内容是对企业资本的管理。企业财务管理的基本内容包括投资管理、融资管理、日常现金流管理、股利分配管理和财务风险管理。

（2）CFO的职责就是通过资源配置实现企业的战略目标和长期发展，是企业战略的管理者，代表出资方实施企业外部资本控制，并向股东和董事会负责。主计长办公室主要处理成本和财务会计、税务支出以及管理信息系统。司库办公室主要负责管理企业的现金和信贷、财务计划以及资本性支出。

（3）企业的组织形式包括三种：独立经营人制、合伙制和公司制。公司制组织形式在筹集资金和转让所有权方面优于其他形式，但是具有双重课税的缺陷。

（4）公司的目标是公司理财活动所希望实现的结果，是评价公司财务活动是否合理的基本标准。公司的主要目标是市场份额最大化、员工福利最大化、成本最低化、利润最大化和股东价值最大化，其中股东价值最大化是公司经营的终极目标。在股份制经济条件下，股东价值由其所拥有的股票数量和股票市场价格两方面决定。在股票数量一定的前提下，当股票市场价格达到最高时，股东价值也达到最大，所以股东价值又可以表现为股票价格最大化。

（5）股东与债权人和经营者之间存在冲突的可能性，这种冲突被称为委托-代理问题。除非经理人与股东的利益相同，否则经理人不会以股东利益最大化为行动目标。经理人和股东之间存在冲突，经理人希望能得到更多的享受成本；股东希望以较小的享受成本来分享更多的资本收益。解决冲突的根本途径在于激励机制的建立，奖励和惩罚是这一机制的灵魂。

基本训练

◆ **简答题**

1. 财务管理包括哪些内容？
2. 举例说明财务管理者的职责。
3. 企业有哪些组织形式？举例说明其优缺点。
4. 怎样理解公司的目标？
5. 财务管理中有哪些代理问题？应如何防范？
6. 举例说明国有企业中存在的寻租问题以及解决方法。

◆ 本章思考

职业经理人的行为准则

从本质上讲，职业经理人的职业道德取决于其收益和成本。如果预期的收益大于成本，职业经理人就会有所为；如果预期的收益小于成本，职业经理人就会无所作为，企业的投资就不会发生。同理可证，当预期的欺诈收益高于预期的诚实成本时，欺诈就会发生，这就是财务管理探讨的职业道德问题。这一命题有以下含义：

（1）当治理腐败的机会成本高于腐败发生的成本时，腐败的发生概率就会大大地降低。这是一个用制度性安排治理市场经济腐败的问题。当公司的财务报表由外部公司审计并公布于众的时候，做假账的可能性就会大大降低；反之亦然。

（2）当制裁造假的力度高于容忍造假的力度时，鼓励造假账的环境就会被削弱，会计人员造假的概率就会大大降低；反之亦然。

（3）当市场对信息监督的力度高于信息失真的治理成本时，信息提供者作弊的制度环境被颠覆，信息失真就会得到有效的控制。因为监督成为制度性安排，公众可以迅速得到失真信息，报纸、电台、电视、网络等媒体对立体式信息平台共同口诛笔伐，失真信息的市场就会消失；反之亦然。阳光媒体是监督失真信息的有效平台。廉政风暴所涉及的监督的程度和范围应是管理者、员工、债权人和各方利益相关者都应了解的真实信息。

（4）监督成本的高低标准取决于市场的感受和反应。不同的市场对贿赂表现出不同的容忍度，标准的不同使得不同地区的职业道德各异。在发达国家，一块超过25元的电子表被认为是贿赂；在中国，某贪官的一块金表被认为是“廉政的标准化”，标准的不同可能折射出不同的职业道德。职业标准中的“公权私有化”“官员资本化”呈现出“无理无法”的现象。标准的制定是规范市场职业道德的标准和前提。

朱镕基曾告诫财务人员“不做假账”，然而，身居高位的管理者触犯道德底线的情况有很多。从美国的安然、世通公司到中国的银广夏，再到谷俊山、金道铭、季建业等人，无一不是以身试法。一时的荣耀，一世的身败名裂，收益与成本，孰轻孰重，令人掩卷常思。

资料来源　刘斌. 财务管理职业道德［EB/OL］.（2012-02-06）［2015-06-15］. http://blog.sina.com.cn/s/blog_62df218b0100xyp9.html.

财务管理第一黄金定律

第2章　资本市场

学习目标

◆ 掌握资本市场的定义及构成要素、金融危机的定义及分类。
◆ 了解资本市场的不同分类和相关概念、金融危机产生的原因。
◆ 熟悉资本市场的交易形式。

引例　　**庞氏骗局的经典版本：麦道夫巨骗**

一位和善的人，一位令人信赖的人，一位给投资者无限回报的人，一位在纽约资本市场长袖善舞的人，一位创造了美国资本市场神话的人，他就是纳斯达克股票市场公司前董事会主席伯纳德·麦道夫（Bernard Madoff）。

有一天，神话破灭了。2008年12月11日清晨，伯纳德·麦道夫因涉嫌证券欺诈遭警方逮捕。检察人员指控他通过操纵一只对冲基金使投资者至少损失500亿美元。《纽约时报》说，这可能是华尔街历史上最大的欺诈案。

“只要你信任我，你就会每月得到至少1%的稳定回报。”他做到了，几十年风雨无阻。

麦道夫的神话始于1960年。当时，他以5 000美元起家注册了伯纳德·麦道夫证券投资有限公司。1989年，麦道夫的公司掌握了纽约证券交易所超过5%的交易量，并荣登《金融世界》评选的华尔街最高收入人物排行榜。不久，麦道夫就发现了证券交易的秘诀——以快取胜。于是，他率先采用了电子交易系统，并一举成为纳斯达克的五大缔造者之一。麦道夫在1991年成为纳斯达克董事会主席。

麦道夫把自己搞得非常神秘，光有钱但没人介绍是不能投资的，甚至在很多人看来，把钱投给麦道夫已经成为一种身份的象征。麦道夫从不解释投资用作什么，如果你问得太多，他会把你踢出局。在很多投资老手们看来，向麦道夫的公司投资，他们担心的不是损失金钱，而是损失赚钱的机会。麦道夫公司的资产管理部门和交易部门分别在不同楼层办公。麦道夫对公司财务状况一直秘而不宣，而投资顾问业务的所有账目、文件都被麦道夫“锁在保险箱里”。

2008年12月，麦道夫向其儿子透露，客户要求赎回70亿美元投资，令他出现资金周转问题。12月9日，麦道夫突然表示提早发放红利。对此，麦道夫的儿子感到可疑。由于面临高达70亿美元资金赎回的压力，无法再撑下去，麦道夫在12月10日向儿子承认，自己炮制的是一个巨型金字塔层压式“庞氏骗局”，前后共诈骗客户500亿美元。震惊之余，当晚麦道夫的两个儿子将该重大事件转告了律师，律师立即通知了美国联邦当局。调查人员于12月11日抵达麦道夫寓所时，麦道夫已知他们的来意，承认“以不存在的钱支付给投资者”，自己已破产，已有坐牢的准备。2009年6月29日，71岁的麦道夫被判150年监禁。

美国证券交易委员会是美国证券行业的最高机构，所有投资公司、投资顾问及在投资领域里从事经营的机构和个人都必须接受证券交易委员会的监督。但据美国媒体报道，自麦道夫的对冲基金在证券交易委员会注册以来，委员会从未审查过其账务。全世界的证券行业从此事件中都得到了一个深刻的教训，但是这个教训似乎来得太重大、太荒唐了，监管部门将“信誉”作为监督原则的行事方式，再不加以改进，恐怕比这个更重大、更荒唐的骗局还将出现。苏格兰皇家银行集团（Royal Bank of Scotland Group）、德国曼恩集团（MAN Group）和野村控股（Nomura Holdings）、英国汇丰银行（HSBC）承认是伯纳德·麦道夫 500 亿美元欺诈案的受害者。

资料来源　佚名. 麦道夫事件的相关比较及其反思［EB/OL］.（2011-05-22）［2018-03-26］. http://wenku.baidu.com/view/a1a8124569eae009581beca2.html.

2.1　资本市场概述

资本市场是资本融通的场所。资本市场上主要有两类人：寻找资本的人和提供资本的人，即资本的买方和卖方。寻找资本的人通常是工商企业和政府；提供资本的人则是希望通过借出或者购买资产进而牟利的人。资本市场不仅为企业筹资和投资提供了场所，而且促进了资本的合理流动和优化配置。

2.1.1　资本市场及其构成要素

资本市场有广义和狭义之分。广义的资本市场指一切资本（包括实物资本和货币资本）流动的场所，以货币借贷、票据承兑和贴现、有价证券的买卖、生产资料的产权交换为交易对象。一般意义上的资本市场指的是狭义的资本市场，即股票和债券的发行和买卖市场。

资本市场主要包括主体、客体、参与者和利率调节机制 4 个要素。

1. 主体

资本市场的主体指的是金融机构，其是金融市场的中介结构，是连接筹资者和投资者的桥梁。金融机构是指专门从事货币信用活动的中介组织。我国的金融机构按地位和功能可分为四大类：

（1）中央银行，即中国人民银行。

（2）银行，包括政策性银行、商业银行。

（3）非银行金融机构，主要包括国有及股份制的保险公司、城市信用合作社、证券公司、财务公司等。

（4）在境内开办的外资、中外合资金融机构。

以上各种金融机构相互补充，构成了一个完整的金融机构体系。金融机构既可发行与创造金融工具，也可在市场上购买各类金融工具；既是资本市场的中介人，也是资本市场的投资者、货币政策的传递者和承受者。

2. 客体

资本市场的客体指的是资本市场的交易对象，如商业票据、政府债券、公司股票等各种金融工具。金融工具是资本市场的交易对象，是能够证明债权和债务关系或者所有权关系并且据以进行交易的合法凭证。资本供求者对资本的数量、期限和利率的多样化要求，决定了资本市场上金融工具的多样化，而多样化的金融工具不仅满足了资本供求者的不同需要，而且由此形成了资本市场的各类子市场。

3. 参与者

资本市场的参与者是指资本市场客体的供给者和需求者，主要指参与资本交易活动的各个经济单位。资本市场的参与者最初主要是资本盈余或不足的企业、个人以及金融中介机构。随着资本市场的发展，参与者几乎已经扩大到社会经济生活的各个方面，包括企业、个人、政府机构、商业银行、中央银行、证券公司、保险公司和基金公司等。按照进入市场的身份，资本市场的参与者可以分为资本供给者、资本需求者、中介和管理者。在资本市场上，参加交易活动的经济主体都是能够独立做出决策并承担利益和风险的经济法人。

4. 利率调节机制

要使资本市场的交易活动正常进行，还必须有健全的机制，这种机制主要是指具有一个能够按照市场资本供应情况灵活调节的利率体系。在资本市场上，利率是资本商品的“价格”。利率的高低取决于社会平均利润率和资本供求关系，其对资本供求和资本流向起着重要的调节和引导作用。当资本供不应求时，利率上升，既加大了资本供应又减少了资本需求；当资本供过于求时，利率下降，既减少了资本供应又扩大了资本需求。因此，利率是资本市场上调节资本供求、引导资本合理流动的主杠杆。

2.1.2 资本市场的种类

资本市场是由许多功能不同的具体市场构成的，其交易规则各异，交易产品不同，交易的期限也不相同。因此，对资本市场可以按不同标准进行分类。

1. 一级市场和二级市场

按照交易的性质不同，资本市场可分为一级市场和二级市场。

（1）一级市场。

一级市场又称发行市场，其活动围绕着证券的发行而展开。参与者主要是发行人和认购人，包销者或受托人作为中介参与活动。

证券的发行是一项复杂的金融活动，一般要经过以下几个重要环节：①证券种类的选择。对发行人而言，要从适用范围、融资性质、筹资成本、提供的权利等方面选择发行证券的种类；对认购人而言，要从安全性、流动性和盈利性等方面选择认购证券的种类。②补偿期限的确定。对债权人来说，发行人要依据资本投向、未来利率发行的难易程度来确定债券的偿还期。③发售方式的选择。发行人要做两种选择：一是选择认购人，以决定是私募还是公募；二是选择销售人，以决定是自销还是代销。

（2）二级市场。

二级市场又称流通市场，其活动围绕着有价证券的流通而展开。流通市场既以发行市场为基础，又是发行市场的必要条件。流通市场上各种证券的流通仅仅是为投资人和筹资人提供融资便利，并不能直接为筹资人筹集新的资本。因此，流通市场上的交易活动并不增加社会投资量，但流通性是判断一个市场活力的重要指标。

在流通市场中，参与者除了买卖双方外，中介也非常活跃。这些中介主要是证券经纪人和证券商，他们在流通市场中起着不同的作用。①证券经纪人是指在证券交易所充当交易中介而收取佣金的商人。经纪人必须是交易所会员，他们受证券买卖者的委托，只为顾客代理买卖证券，不承担任何风险，以佣金形式向顾客收取报酬。②证券商是指买卖证券的商人。他们从事证券的买卖，从贱买贵卖中赚取差价作为经营证券的利润。

2. 货币市场和证券市场

按照融通资金方式的不同，资本市场可分为货币市场和证券市场。

（1）货币市场。

货币市场是指金融机构向借款人提供短期和长期贷款的资金交易的市场，是资本市场的组成部分之一。信贷的类型主要是银团贷款，多采用浮动利率。

长期贷款的主要用途是形成实物资本。在不同国家，实物资本形成的途径是不一样的。有些国家的金融市场十分发达，企业资本的形成主要通过发行债券和股票在金融市场上实现，如美国、英国等。而有些国家的金融市场不够发达或由于其他历史的原因，企业资本的形成主要依靠银行的长期贷款，如日本、德国和一些发展中国家等，在这些国家，银行中长期信贷市场十分重要。

（2）证券市场。

证券市场是指发行和交换各种有价证券如股票、债券等的地方。证券市场具有以下三个显著特征：

第一，证券市场是直接交换价值的场所。有价证券都是价值的直接代表，它们本质上只是价值的一种直接表现形式。虽然证券交易的对象是各种各样的有价证券，但由于它们是价值的直接表现形式，所以证券市场本质上是价值的直接交换场所。

第二，证券市场是直接交换财产权利的场所。证券市场上的交易对象是作为经济权益凭证的股票、债券、投资基金等有价证券，它们本身仅是一定量财产权利的代表，所以，证券市场实际上是财产权利的直接交换场所。

第三，证券市场是直接交换风险的场所。有价证券既是一定收益权利的代表，也是一定风险的代表。有价证券的交换在转让出一定收益权的同时，也把该有价证券所特有的风险转让出去。所以，从风险的角度分析，证券市场也是直接交换风险的场所。

3. 股权市场和债券市场

按照金融工具的基本性质不同，资本市场可区分为股权市场和债券市场。

（1）股权市场。

股权市场上主要流通的凭证是公司股票，持有股票的股东，除非是公司结束营业，其股权资产只有每年的股息收入，对公司资产不能享有立即请求权。

一方面，通过股票的发行，大量的资金流入股市，又流入了发行股票的企业，促进了资本的集中，提高了企业资本的有机构成，大大加快了商品经济的发展；另一方面，通过股票的流通，小额的资金汇集了起来，又加快了资本的集中与积累。所以股市一方面为股票的流通转让提供了基本的场所，另一方面可以刺激人们购买股票，为一级股票市场的发行提供保证。同时，由于股市的交易价格能比较客观地反映出股票市场的供求关系，股市也能为一级市场股票的发行提供价格及数量等方面的参考依据。

（2）债券市场。

债券市场是发行和买卖债券的场所，是资本市场的一个重要组成部分。债券市场内流通的各债务工具，包括各种债券、商业本票、存单及贷款等，其基本特点为有一定期限、有较确定的收益率、具有全额请求权。

一个统一、成熟的债券市场可以为全社会的投资者和筹资者提供低风险的投融资工具，具有使资金从资金剩余者流向资金需求者、为资金不足者筹集资金的功能。债券的收益率曲线是社会经济中一切金融商品收益水平的基准，因此债券市场也是传导中央银行货币政策的重要载体。可以说，统一、成熟的债券市场构成了一个国家资本市场的基础。

2.1.3 资本市场的交易形式

资本市场上的交易形式主要有证券交易所交易、柜台交易两种。

1. 证券交易所交易

证券交易所是专门的、有组织的证券集中交易的场所。其本身不买卖证券，只是为买卖双方提供交易场所和各种服务。交易所必须经政府有关部门批准才能设立，并有一套具有法律效力的、完备的组织章程和管理细则。证券交易所吸收会员有严格的限制条件，只有会员才有权在证券交易所内进行交易活动。通过电话或网络与交易大厅的场内代表人联系，他们代表买方或卖方在交易大厅公开竞价，经过出价、还价的程序决定成交价格，完成交易后再告知客户何时交割。证券交易所主要有纽约证券交易所、伦敦证券交易所、上海和深圳证券交易所等。

2. 柜台交易

柜台交易是通过证券商所设立的专门柜台进行证券买卖，故又称店头市场。投资者可以直接通过柜台进行买卖，也可以委托经纪人代理买卖。在这里交易的证券主要是不具备上市条件或不愿意上市的证券。柜台交易在各证券公司分散进行，是一种松散的市场交易组织形式。主要的柜台交易有纳斯达克等。

2.1.4 资本市场的特征

资本市场相对于其他市场来说，竞争更激烈，价格波动更无常，波动性更大，风险更大，输赢对抗更加残酷无情。

1. 波动性

在资本市场中，由于融资期限较长，发生重大变故的可能性也大，因此，市场价格容易波动，投资者需承受较大风险。资本市场被称为国民经济的晴雨表，是因为资本市场是宏观经济的先行指标，能够反映经济周期变化的“利好”或“利空”因素。资本市场的活跃是人们对经济发展前景看好的重要表现。活跃的资本市场会吸引大量的闲置资金涌入，给经济发展注入活力，促使经济快速回升。在股票市场中，随着股价高涨，股票交易量会增加，企业则可以通过发行股票筹集到更多的资金，从而推动经济形势也进入高潮期。

资本市场价格频繁波动是资本市场最明显的特征之一。流动性越大的市场，价格波动幅度越小，稳定性就越强，所吸纳和提供的资本量也就越多。通常情况下，其日常性波动和周期性波动不会对经济造成重大影响，但是长期的、大幅度的不规范波动会对经济造成不利的影响。因此，资本市场的波动性对于促进经济发展和保护国家安定有重要的作用。而合理的市场结构则可以减少由于市场提供机会少而形成的过度投机现象。

2. 周期性

资本市场作为国民经济的晴雨表，同样存在典型的周期性特征。股票市场是资本市场最重要的组成部分，在影响股价周期性变动的经济因素中，经济周期理论是最经典的理论根据之一。经济周期理论认为，在经济衰退时期，股票价格会逐渐下跌；到经济危机时期，股价跌至最低点；经济复苏开始时，股价会逐步上升；到经济繁荣时期，股价则上涨至最高点。这便是资本市场的周期性特征。

但是相关实证结果表明，股市与经济周期明显背离或者不相关。沪深股市开设的时间相当短，只有不到30年的历史。我国经济的波动性尽管已经带有市场经济所特有的经济周期的特征，但是，这个特征在我国经济运行中的表现却是更多以“不规则”的形式显现出来的。从沪深股市的开设直至今日，我国都是处于经济转型的过程之中，而转型经济本身必然带有许多不规则的特点，股市的涨落自然更加不会呈现出规则性。

但是，沪深股市与国民经济发展的弱相关性并不代表沪深股市缺乏周期性规律。针对我国目前并不完全成熟的股票市场，相关实证研究表明：沪深股市同样存在明显的周期性特征。而这一周期性特征的形成依据主要源于以下两个因素：一是不成熟投资者的心理特征。当前，众多市场人士从波浪理论、江恩理论等纯技术角度已经陆续地验证了沪深股市的一些周期性规律，而这些周期性规律反映出的则是不成熟投资者群体典型的心理变化过程。二是沪深股市具备典型的“资金驱动”而非“价值驱动”特征，这表现为股市年度周期与会计结算周期存在一定的同步性。而对货币供应量与股市涨跌周期的实证分析也表明，股票市场与货币总需求具有统计正相关性，我国货币供应量的走势基本同步于股市的变化。因此，可以说当前沪深股市的周期性规律是在特殊的市场形态、不很成熟的投资主体以及偏重投机的投资理念等要素共同作用下形成的，是经济周期、政策周期、心理周期、市场周期共同作用的产物。

3. 不可预知性

资本市场之所以变化莫测，在于它的不可预知性。人们往往无法抓住它变化的规律，这也正是它的魅力所在。比如当某公司业绩不错的真实信息在市场上传开后，人们会纷纷购入此公司的股票。由于与人们的决策高度相关，这一真实利好消息马上会使此股票被高估，于是便种下了股东日后亏本的祸根。

关于资本市场，索罗斯（Soros）有句名言：“市场总是错的。”这是指市场大多数时间不是高估就是低估资产和商品的价格，真正符合均衡值的时间总是在被动中一晃而过，这个现象在经济学中被称为“蛛网模型”。以猪肉的供求为例，如果猪肉供不应求，其价格就高于供求均衡时的价格，养猪人在此价格下会把供给增加到高于需求的水平。但因为小猪长成大猪需半年时间，故在猪长大前，虽然小猪数量已超过它们长大后市场对猪肉的需求量，市场上仍然是供不应求的情况，所以价格仍居高不下，人们也不断按此价格购买小猪。半年后，小猪变成猪肉，供不应求变成供过于求，猪肉高价的泡沫终于吹破，于是养猪人因为猪肉价低于均衡水平而大量减少小猪饲养量，半年后又造成供不应求的情况。生产需求、供给对价格的反应有时间差导致了市场会发生这种波动。

在资本市场上，不管是期货还是股票，实际上只是一个载体。价格的形成除了载体的基本价值以外，还受投资者对这个载体价值的认识。而这两者按照索罗斯的观点是不可能完全重合的，而且可能产生巨大的差异性。除此之外，资本市场的中短期走势还和投资者的情绪有很大的关系。所谓情绪主要是指对利润的贪婪和对损失的恐惧。这两种情绪在资本市场中影响甚至左右着广大投资者的判断与操作。加上人类本身所具有的人性上的一些弱点，如羊群效应等，使得资本市场的波动更加扑朔迷离、难以预测。

资本市场从来都是多变的，所以它的基本特点就是不可预知性。所以，我们要一方面倾听资本市场的声音，一方面又怀疑我们所听到的是否为幻听。

2.2 主要的资本市场

让我们来研究以下三个具有典型意义的资本市场：纽约证券交易所、伦敦证券交易所、上海证券交易所。

2.2.1 纽约证券交易所

1. 概况

纽约证券交易所（New York Stock Exchange，NYSE）简称纽约证交所，是上市公司总市值第一、IPO数量及市值第一、交易量第二的证券交易所。它曾是交易量最大的交易所，直到1996年它的交易量被纳斯达克超过。2005年4月末，纽约证券交易所和全电子证券交易所（Archipelago）合并，成为一个营利性机构。2006年6月1日，纽约证券交易所宣布与泛欧证券交易所合并组成纽约泛欧证交所（NYSE Euronext）。

在200多年的发展过程中，纽约证券交易所对美国经济的发展、社会化大生产的顺利进行、现代市场经济体制的构建起到了举足轻重的作用。

2. 纽约证券交易所的上市要求

（1）纽约证交所对美国国内公司上市的要求是：①公司最近1年的税前盈利不少于250万美元；②社会公众拥有该公司的股票不少于110万股；③公司至少有2 000名投资者，每名投资者拥有100股以上的股票；④普通股的发行额按市场价格算不少于4 000万美元；⑤公司的有形资产净值不少于4 000万美元。

（2）纽约证交所对美国国外公司上市的要求是：①最低公众持股数量和业务记录：公司最少要有2 000名股东（每名股东拥有100股以上），或2 200名股东（上市前6个月月平均交易量为10万股），或500名股东（上市前12个月月平均交易量为100万股）；至少有110万股在市面上为投资者所拥有（公众股110万股）。②最低市值：公众股市场价值为4 000万美元；有形资产净值为4 000万美元。③盈利要求：上市前两年，每年税前收益为200万美元，最近一年税前收益为250万美元；或3年必须全部盈利，税前收益总计为650万美元，最近一年最低税前收益为450万美元；或上市前一个会计年度市值总额不低于5亿美元且收入达到2亿美元，3年调整后净收益合计2 500万美元（每年报告中必须是正数）。④上市企业类型：主要面向成熟企业。⑤采用会计准则：美国公认会计准则。⑥公司注册和业务地点：无具体规定。⑦公司经营业务信息披露规定：要遵守证券交易所的年报、季报和中期报告制度。

2.2.2　伦敦证券交易所

1. 概况

伦敦证券交易所（London Stock Exchange，LSE）简称伦敦证交所，是世界上历史最悠久的证券交易所，也是世界四大证券交易所之一。作为世界上最国际化的金融中心，伦敦不仅是欧洲债券及外汇交易领域的全球领先者，还受理超过 2/3 的国际股票承销业务。伦敦的规模与位置意味着它为世界各地的公司及投资者提供了一个通往欧洲的理想门户。在保持伦敦的领先地位方面，伦敦证券交易所扮演着重要角色。

2. 机构特点

（1）证券种类繁多。

上市证券种类最多，除股票外，有国有化工业债券，英联邦及其他外国政府债券，地方政府、公共机构、工商企业发行的债券，其中外国证券占 50% 左右。

（2）流动性强。

外国公司在伦敦上市，会激发投资者对公司的兴趣，并增强他们对公司未来的信心，有助于促进公司股票的交易，为公司带来进一步融资的机遇。

（3）知名度高。

伦敦的外国股票交易额始终高于其他市场，这反映了外国公司在伦敦证交所业务中的中心地位。在伦敦证交所交易的外国股票远远超出英国本土的股票，这种情形是独一无二的。伦敦证交所的规模、威望和全球操作范围，意味着在这里上市和交易的外国公司可以获得全世界的注意。

3. 上市标准

（1）公司一般须有 3 年的经营记录，并须呈报最近 3 年的总审计账目。如没有 3 年经营记录，某些科技产业公司、投资实体、矿产公司以及承担重大基建项目的公司，只要能满足伦敦证交所《上市细则》中的有关标准，就可上市。

（2）公司的经营管理层应能显示出其为公司经营记录所承担的责任。

（3）公司呈报的财务报告一般须按国际或英美现行的会计及审计标准编制，并按上述标准独立审计。

（4）公司在本国交易所的注册资本应超过 70 万英镑，已至少有 25% 的股份为社会公众持有。实际上，如想通过伦敦证交所进行国际募股，其总股本一般要求不少于 2 500 万英镑。

（5）公司须按伦敦证交所的规范要求编制上市说明书，发起人需使用英语发布有关信息。

发行债券一般指通过伦敦证交所发行欧洲债券，其要求明显低于股票发行要求。因为债券的市场行情变化一般不取决于发行人的经营表现，而更多地受利率和通货膨胀率变动的影响。

2.2.3　上海证券交易所

1. 概况

上海证券交易所（Shanghai Stock Exchange，SSE）简称上证所，是中国内地两所证券交易所之一，位于上海浦东新区。上海证券交易所创立于 1990 年 11 月 26 日，同年 12 月 19 日开始正式营业。截至 2018 年 5 月，上证所拥有上市公司 1 424 家，其中，A

股上市公司有 1 417 家，B 股上市公司有 51 家；股票市价总值为 330 409.33 亿元，成交量为 1 378 721.65 万股。上证所为不以营利为目的的法人，归中国证监会直接管理。秉承“法制、监管、自律、规范”的八字方针，上证所致力于创造透明、开放、安全、高效的市场环境，切实保护投资者权益。其主要职能包括：提供证券交易的场所和设施；制定证券交易所的业务规则；接受上市申请，安排证券上市；组织、监督证券交易；对会员、上市公司进行监管；管理和公布市场信息。

2. 交易方式

上证所市场交易采用电子竞价的方式，所有上市交易证券的买卖均须通过电脑主机进行公开申报竞价，由主机按照价格优先、时间优先的原则自动撮合成交。上证所升级新一代交易系统后，峰值订单处理能力达到 80 000 笔/秒，系统日双边成交容量不低于 1.2 亿笔，相当于单市场 1.2 万亿元的日成交规模。

3. 首次公开发行股票并上市的有关要求

（1）主体资格。

A 股发行主体应是依法设立且合法存续的股份有限公司；经国务院批准，有限责任公司在依法变更为股份有限公司时，可以公开发行股票。

（2）公司治理。

发行人已经依法建立健全股东大会、董事会、监事会、独立董事、董事会秘书制度，相关机构和人员能够依法履行职责；发行人董事、监事和高级管理人员符合法律、行政法规和规章规定的任职资格；发行人的董事、监事和高级管理人员已经了解与股票发行上市有关的法律、法规，知悉上市公司及其董事、监事和高级管理人员的法定义务和责任；内部控制制度健全且被有效执行，能够合理保证财务报告的可靠性、生产经营的合法性、营运的效率与效果。

（3）同业竞争。

与控股股东、实际控制人及其控制的其他企业间不得有同业竞争；募集资金投资项目实施后，不会产生同业竞争。

（4）财务要求。

发行前 3 年的累计净利润超过 3 000 万元；发行前 3 年累计净经营性现金流超过 5 000 万元或累计营业收入超过 3 亿元；无形资产与净资产比例不超过 20%；过去 3 年的财务报告中无虚假记载。

（5）股本及公众持股。

发行前不少于 3 000 万股；上市股份有限公司股本总额不低于 5 000 万元；公众持股至少为 25%；如果发行时股份总数超过 4 亿股，发行比例可以降低，但不得低于 10%；发行人的股权清晰，控股股东和受控股股东、实际控制人支配的股东持有的发行人股份不存在重大权属纠纷。

（6）其他要求。

发行人最近 3 年内主营业务和董事、高级管理人员没有发生重大变化，实际控制人没有发生变更；发行人的注册资本已足额缴纳，发起人或者股东用作出资的资产的财产权转移手续已办理完毕，发行人的主要资产不存在重大权属纠纷；发行人的生产经营符合法律、行政法规和公司章程的规定，符合国家产业政策；最近 3 年内不得有重大违法行为。

专栏 2-1　几种股票价格指数

1. 道琼斯指数

道琼斯指数（Dow Jones Index）是一种算术平均股价指数。道琼斯指数是世界上历史最为悠久的股票价格指数，它的全称为股票价格平均指数。通常人们所说的道琼斯指数有可能是指道琼斯指数4组中的第1组——道琼斯工业股票价格平均指数。道琼斯指数最早是在1884年由道琼斯公司的创始人查尔斯·道开始编制的。最初的道琼斯股票价格平均指数是根据11种具有代表性的铁路公司的股票，采用算术平均法进行计算编制而成的，发表在查尔斯·道自己编辑出版的《每日通讯》上。其计算公式为：

股票价格平均指数=入选股票的价格之和÷入选股票的数量

该指数的目的在于反映美国股票市场的总体走势，涵盖金融、科技、娱乐、零售等多个行业。

目前，道琼斯股票价格指数共分4组：

第1组是工业股票价格平均指数。道琼斯工业股票价格平均指数目前由《华尔街日报》编辑部维护，其成分股的选择标准包括成分股公司持续发展、规模较大、声誉卓著、具有行业代表性，并且受大多数投资者欢迎。它由30种有代表性的大工商业公司的股票组成，并且随经济发展而变大，大致可以反映美国整个工商业股票的价格水平。

第2组是运输业股票价格平均指数。它包括20种有代表性的运输业公司的股票，即8家铁路运输公司、8家航空公司和4家公路货运公司。

第3组是公用事业股票价格平均指数，是由代表着美国公用事业的15家煤气公司和电力公司的股票所组成。

第4组是平均价格综合指数。它是以前面3组股票价格平均指数所涉及的65种股票为编制对象而得出的综合指数，这组综合指数为优等股票提供了直接的股票市场状况。

在4种道琼斯股价指数中，以道琼斯工业股票价格平均指数最为著名，它被大众传媒广泛地报道，并作为道琼斯指数的代表加以引用。

2. 伦敦金融时报指数

伦敦金融时报指数是伦敦《金融时报》工商业普通股票平均价格指数的简称，由英国《金融时报》于1935年7月1日起编制，是用以反映伦敦证券交易所行情变动的一种股票价格指数。该指数最早选取在伦敦证券交易所挂牌上市的30家代表英国工业的大公司的股票为样本，是欧洲最早和最有影响力的股票价格指数。由于1888年创刊的英国《金融时报》每天都详细登载伦敦金融市场，特别是证券交易所的行情变化、市场动向及国内外的政治、经济动态，发行量很大，因此，该指数不仅是英国股票市场，也是世界金融市场上颇有影响力的股价指数。

伦敦金融时报指数分为以下两种：

(1) 金融时报30工业指数（FT-30 Index），又称金融时报股票指数，即由30种有代表性的工商业股票组成并采用加权算术平均法计算出来的价格指数。它以1935年7月1日为基期，后来调整为以1962年4月10日为基期，基期指数为100。它是伦敦股票市场行情变动的指示器，可以及时为投资者提供股价变化的一般情况和趋势。这30种股票均为英国工业中财力雄厚的大公司所发行，发行量多，其中有烟草、食油、电子、化学药品、金属机械、原油等，市值在整个股市中所占的比重大，具有一定的代表性。随着产业结构的变化和上市公司实力的升降，30种样本股票的成分股也在不断调整。因此该指数是反映伦敦证券市场股票行情变化的重要尺度。

（2）伦敦金融时报100指数，简称富时100指数，创立于1984年1月3日，是在伦敦证券交易所上市的最大的100家公司的股票指数。该指数是英国经济的晴雨表，也是欧洲最重要的股票指数之一。相关的股票指数包括富时250指数（除了100家最大的公司以外接下去的250家最大的公司的股票指数）和富时350指数（富时100和富时250指数的结合）。

通常所讲的英国金融时报指数指的是第一种，是国际上公认的重要股价指数之一。

3. 上海证券综合指数

上海证券综合指数简称上证综指，是上海证券交易所编制的、以其挂牌上市的全部股票为计算范围、以发行量为权数的加权综合股价指数。上证综指以1990年12月19日为基准日，基准日指数定为100点，自1991年7月15日开始发布。该指数反映上海证券交易所上市的全部A股和全部B股的股价走势。上证综指于1992年2月21日增设上证A股指数与上证B股指数；1993年6月1日，又增设了上证分类指数，即工业类指数、商业类指数、地产业类指数、公用事业类指数、综合业类指数，以反映不同行业股票的各自走势。随后，上证所于2006年的第一个交易日发布新上证综指，沿用了15年的上证综指退出历史舞台，也意味着在某种程度上指数实现了“推倒重来”。

上证所选择已完成股权分置改革的沪市上市公司组成样本，发布新上证综指，以反映这批股票的市场走势，为投资者提供新的投资标尺。新上证综指是由上海证券交易所编制，当前由沪市所有G股组成；此后，实施股权分置改革的股票在方案实施后的第2个交易日纳入指数；指数以总股本加权计算；新上证综指已在2006年1月4日发布。

新上证综指采用派许加权方法，以样本股的发行股本数为权数进行加权计算，计算公式为：

报告期指数=（报告期成分股的总市值÷基期）×基期指数

式中：总市值=$\sum$(市价×发行股数)。

上证综指为实时计算。具体做法是，在每一交易日集合竞价结束后，用集合竞价产生的股票开盘价（无成交者取昨收盘价）计算开盘指数，以后每大约2秒重新计算一次指数，直至收盘，每大约6秒实时向外发布。其中各成分股的计算价位（X）根据以下原则确定：（1）若当日没有成交，则X=前日收盘价；（2）若当日有成交，则X=最新成交价。

当成分股名单发生变化或成分股的股本结构发生变化或成分股的市值出现非交易因素的变动时，上证综指采用“除数修正法”修正原固定除数，以保证指数的连续性。修正公式为：

修正前的市值÷原除数=修正后的市值÷新除数

式中：修正后的市值=修正前的市值+新增（减）市值。由此公式得出新除数（修正后的除数，又称新基期），并据此计算以后的指数。

新上证综指是我国证券市场由权威机构发布的反映股权分置改革实施后公司概况的指数。随着股权分置改革的全面推进，将不断有新的样本股加入新上证综指。随着市场大部分上市公司完成股改，新上证综指逐渐成为主导市场的核心指数。

2.3 金融危机

2.3.1 金融危机概述

金融危机是指一国持续的货币贬值、金融机构倒闭、金融市场动荡、借贷资金枯竭而引起的经济衰退，并通过多种渠道传导到周边国家以及与之经济联系紧密的国家，造成区域性和全局性的经济和金融指标恶化。

金融危机可以分为货币危机、债务危机、次贷危机等类型。

1. 货币危机

货币危机的定义有狭义和广义之分。狭义的货币危机与特定的汇率制度（通常是固定汇率制）相对应。其含义是，实行固定汇率制的国家在非常被动的情况下（如在经济基本面恶化或者遭遇强大的投机攻击情况下）对本国的汇率制度进行调整，转而实行浮动汇率制，而由市场决定的汇率水平远远高于原来所刻意维护的汇率水平（官方汇率），这种汇率变动的影响难以控制、容忍。广义的货币危机泛指汇率的变动幅度超出了一国可承受的范围的现象。

2. 债务危机

债务危机是指一个经济体在国际借贷领域中大量负债，超过了自身的清偿能力，造成无力还债或必须延期还债的现象。20 世纪 80 年代发展中国家受到债务严重困扰。衡量一个国家外债清偿能力有多个指标，其中最主要的是外债清偿率，即一个国家在一年中外债的还本付息额占当年或上一年出口收汇额的比率。一般情况下，这一指标应保持在 20% 以下，超过 20% 就说明外债负担过高。

3. 次贷危机

次贷危机尤指美国次贷危机。美国次贷危机发生于 2007 年 8 月，是因房地产次级抵押贷款机构破产而引发全球股市震荡、金融机构破产。次级抵押贷款是指房地产贷款中的信用差、还贷能力差、收益高的信用贷款业务，与优级贷款相对应。次级抵押贷款级别是指工作不稳定、收入不稳定、信用记录不良而经常被银行拒绝贷款的人群级别。2000—2006 年，美国的房地产市场持续繁荣，利率较低，失业率低下，在此前提下，美国的次级抵押贷款市场迅速发展，贷款金额急剧膨胀。次贷市场通常以固定利率和浮动利率相结合的方式，即购房者前几年采取固定利率方式偿还贷款，若干年后采用浮动利率方式偿还贷款。

随着通货膨胀的加剧，利率开始提高，美国房地产次贷还款利率也大幅上升。工作不稳定、收入波动使得购房者还贷负担加重，利率不断提高使得贷款成本加大，购房者不能按期偿还贷款，出现违约情况。银行收回抵押的房地产卖不出好价钱，银行业亏损，次贷违约连续出现，次贷危机发生。

2.3.3 部分将对美国次贷危机进行具体阐述。

2.3.2 金融危机理论

金融危机频频爆发，其最初表现为固定汇率制度的瓦解，随后则演化成外汇市场、金融市场、房地产市场及股票市场同时崩溃。这些情况引起了理论界的重视，形形色色的学说试图对其进行解释。基于每次危机的特征各不相同，大致可将金融危机理论分为以下三种：

1. 第一代金融危机理论

赛朗特（Salant）与汉德森（Henderson）提出了金本位制下的黄金投机理论。克鲁格曼（Krugman）运用非线性的分析方式将前者运用到固定汇率制度，而弗拉德（R. Floud）与戈博（R. Garber）等用线性模型加以完善，便形成了第一代金融危机理论模型，也称克鲁格曼-弗拉德-戈博模型，简称克鲁格曼模型。该模型指出，一旦影子汇率降至与固定汇率相等，理性的投机冲击就会发生。随着冲击的加强和羊群效应的扩大，政府的外汇储备耗尽，固定汇率制度随即崩溃。此阶段的模型较好地揭示了 20 世纪 70 至 80 年代的金融危机。

2. 第二代金融危机理论

奥波斯特菲尔德（Obstfeld）等人提出了自我实现的货币危机理论，指出预期自我实现导致投机冲击和最终货币危机的发生，而非经济基础恶化的缘故。其政策建议是政府必须提高财政和货币政策的可信度。莫里斯（Morris）和申铉松（Shin）补充解释了投机预期形成的原因，指出由于信息不对称，市场会出现“噪音信号”，高阶不确定性产生，引发危机的单一预期形成。

3. 第三代金融危机理论

回顾历史不难发现，金融危机的发生总是伴随着金融自由化、外资大量流入、金融机构信用膨胀、风险投资泛滥、资产泡沫扩大、金融监管缺失等经济现象，并且金融中介尤其是银行在金融危机的形成过程中扮演了重要的角色。理论界也开始跳出汇率机制、政府经济政策等宏观范畴，着眼于对金融机构、资产价格等微观问题的研究，强调微观问题对金融危机形成的作用，形成第三代金融危机理论。

（1）金融不稳定假说。

美国经济学家明斯基（Minsky）提出的金融不稳定假说开创了金融脆弱性理论研究的先河。该假说认为，以商业银行为代表的信用创造机构和借款人相关的特征使金融体系具有天然的内在不稳定性，即不稳定性是现代金融制度的基本特征。明斯基把金融危机很大程度上归于经济的周期性波动，但其潜在和更重要的内涵在于表明金融危机是与金融自身内在的特征紧密相关的，即金融的内在不稳定性使得金融本身也是金融危机产生的一个重要原因。

明斯基按“债务-收入”关系将经济主体分为三种类型：①抵补型经济主体。其在每个时期都能够以收入偿还债务，有很强的吸收冲击的能力来应对现金流方面未预见到的变化，是融资最谨慎、最安全的类型。②投机型经济主体。其在短期内无法以现金收入偿还债务，但是预计在长期能够获得足够的收入来偿还债务本息，吸收冲击的能力较弱。③庞氏型经济主体。其不能靠经营所得收入来偿还债务本金，甚至不能偿还债务利息，只能变卖资产或者不断增加未到期的债务来偿还到期债务，不具备吸收冲击的能力。

综上所述，可以将明斯基的金融不稳定假说归纳为以下5点：①经济周期不是源自外部冲击，而是内在波动，即经济周期波动是内生的。②经济内在波动的分析框架如图2-1所示。③强调金融在经济中的核心作用。经济繁荣是由银行信用扩张导致的，信用扩张加剧了经济过热；反过来，银行本身成为庞氏型经济主体，愈加脆弱。④预期具有不确定性，是非理性的，在非理性的预期作用下掀起了投机狂潮。⑤政府对经济的干预是必要的。

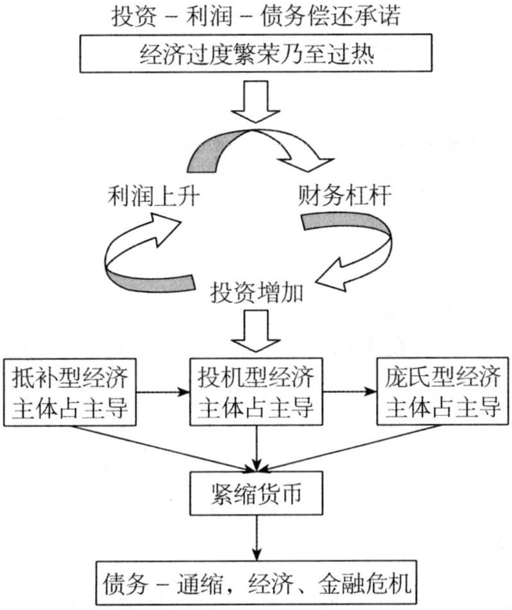

图2-1　经济内在波动的分析框架

基于政府的干预，明斯基还提出了“大政府”和“大银行”的概念。“大政府”指的是财政政策，政府赤字在经济紧缩期可以起到维持利润的作用，避免经济陷入萧条。而“大银行”实际上是指中央银行，其作为最后贷款人的干预行动对避免金融不稳定起到重要作用。

明斯基在1986年出版的《稳定不稳定的经济》（Stabilizing An Unstable Economy）一书中深入分析了经济泡沫发生的一般模型。经济泡沫由开始到最后、由泡沫成因到爆破，大致可分为5个时期：改变（displacement）、繁荣（boom）、陶醉（euphoria）、获利回吐（profit-taking）及恐慌性抛售（panic）。这个模型被称作明斯基模型。

繁荣和危机都始于外部冲击，比如战争的爆发或结束、农业的丰收或歉收、科学转化为生产力、政府货币政策的突然变动或公司的倒闭等。如果发生一个正向的外部冲击为经济参与者带来获利的机会，且此冲击规模足够大、影响足够广，使经济中获利的总和大于亏损的总和，那么经济就会走向繁荣。银行信用的扩张促进了经济的繁荣，却酝酿了巨大的金融风险，导致信贷领域的不稳定性和脆弱性。明斯基通过企业借款理念证明了这种脆弱性。

在经济的这种“上升周期”里，投机需求导致价格上涨，新的盈利机会出现，更多的投资者进入市场，一系列积极的连锁反应发生。而当投资者的人数越来越多，直至连对高风险业务冷漠的人群也被卷入时，投机便偏离了理性，泡沫开始产生。当泡沫越来越大时，资产价格不断上升，而内部人士开始意识到风险并开始撤出，价格开始下滑，一些企业或投资者进入流动性困境（财务困境）阶段。危机往往由一个负向的外部冲击引发，如大银行或大公司倒闭、某些欺诈行为曝光、某一投机产品价格大幅下降等。此时，绝大部分市场参与者的预期发生改变，每个人都想在最高点售出资产，市场出现恐慌状况，最终危机爆发。

（2）金融恐慌理论。

戴蒙德（Diamond）等人指出，金融恐慌状况是金融市场不均衡发展的结果。若金融机构的短期负债大于短期资产，或者流动性不足，或者最后借款人职责缺失，都将导致恐慌状况的发生。萨克斯（Sax）等人发展了金融恐慌理论，并用于对亚洲金融风暴的解释。由于国际投资者对新兴市场缺乏充分信息，一旦某些触发事件发生，国际投资者的信心和预期会突然转变，结果导致迅速撤资的集体行动。而政府的政策失误、政局动荡、评级下降等因素加重了恐慌状况，恶化了危机，致使危机在亚洲地区蔓延。

（3）羊群效应理论。

查尔斯·麦基（Charles Mackay）等人认为当个体存款人发现银行前取款的人排起长队时，会试图根据他人的行动信息来做出推断，即使他没有任何关于该银行运营的不利信息，仍会得出该银行正在遭受风险的结论。当所有的存款者都不考虑自己的私人信息而依赖于公共信息时，羊群效应会使银行挤兑成为现实。克鲁格曼认为大部分投资在易发生危机国家的资金通常是由代理人代为管理的，这样信息不对称会造成羊群效应的发生。

2.3.3 美国次贷危机

2007 年 12 月 12 日，前美国联邦储备委员会主席格林斯潘（Greenspan）在当日出版的《华尔街日报》中撰文表示，美国次级抵押贷款危机是“迟早要发生的事”，相信美联储并没有什么办法能够阻止这次次贷危机的爆发。“在半个多世纪来目睹无数价格泡沫的形成和破灭之后，我很不情愿地得出这样的结论：在投机热潮自行消退之前，无法通过货币政策或是其他政策措施来安全地消除泡沫。”

美国次贷危机的爆发示意图如图 2-2 所示。

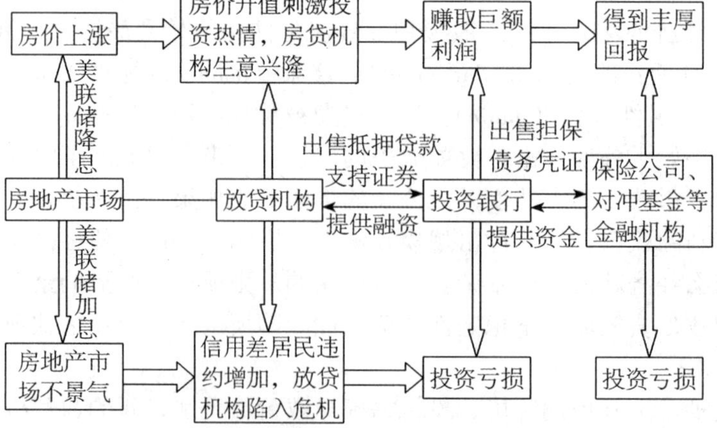

图 2-2 美国次贷危机的爆发示意图

如图 2-3 所示，运用明斯基模型来分析美国次贷危机。

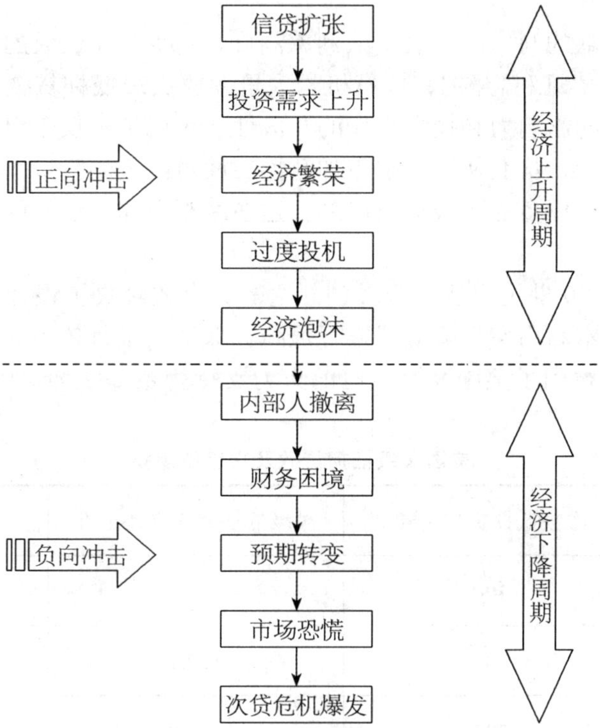

图 2-3　明斯基模型的分析思路

1. 正向冲击

（1）信贷扩张。

据统计，美国 2001—2006 年发放的次级抵押贷款金额占发放的抵押贷款总额的比例出现了大幅上涨（见表 2-1）。美国次贷金额从 2001 年的 1 900 亿美元增加到 2006 年的 6 000 亿美元，短短 5 年时间整整增长了 2 倍多。2006 年，美国次级抵押贷款金额占当年新发放的抵押贷款总额的 23.8%。次贷的总规模也成为仅次于优级贷款的第二大贷款种类。信贷规模的极度膨胀加大了金融的脆弱性。

表 2-1　**美国抵押贷款状况**　金额单位：亿美元

年　份	次级抵押贷款金额	抵押贷款总额	占比（%）
2001	1 900	21 130	9.0
2002	2 310	27 730	8.3
2003	3 350	37 650	8.9
2004	5 400	26 000	20.8
2005	6 250	27 550	22.7
2006	6 000	25 200	23.8

（2）投资需求上升。

由于次级抵押贷款的利率比一般贷款利率高 2%～3%，在巨大的利润面前，放贷机构以及次级债投资者们“见利忘险”，放贷机构大量发放次级抵押贷款，投资者大量持有次级债。美国金融市场的影响力和投资市场的开放性，吸引了不仅来自美国而且来自欧亚其他国家和地区的投资者，从而使得需求更加旺盛。面对巨大的投资需求，许多放贷机构降低了贷款条件，以提供更多的次级房贷产品。这在客观上埋下危机的隐患。

（3）经济繁荣。

资产证券化作为 20 世纪重要的金融创新之一，有效解决了银行信贷资产的流动性问题，提高了银行的资本利用率，降低了银行风险，保证了银行体系的稳定，为房地产市场提供了大量的资金，得到了美国联邦政府的大力支持。表 2-2 为美国 2001—2006 年的次贷规模。

表 2-2 **美国次级抵押贷款及次级债规模** 金额单位：十亿美元

年　份	次级抵押贷款金额	次级抵押贷款支持证券	证券化比率（%）
2001	190	87.1	46
2002	231	122.7	53
2003	335	195.0	58
2004	540	362.6	67
2005	625	465.0	74
2006	600	448.6	75

在政府机构的示范作用下，一些资本雄厚的私营金融机构自 20 世纪 80 年代开始进入二级市场，专门进行非常规住房抵押贷款的证券化，如莱曼兄弟公司、所罗门兄弟公司和美林证券公司等。当时，美国的抵押证券市场一片欣欣向荣的景象，形成了政府机构、准政府机构和私营公司三足鼎立的市场格局。

（4）过度投机。

许多金融机构通过资产证券化技术，将次贷打包卖给投资银行以转移风险。而投资银行为了追求利润，通过资产分类、信用增强等技术，将次贷业务风险很大的资产不断地输入市场，它们用复杂的包装和较高的信用评级蒙蔽了投资者，使投资者大量进入，各参与者的过度投机也刺激了房价的进一步攀升，即明斯基所描述的“过度投机-经济泡沫”的机制被打开。

（5）经济泡沫。

20 世纪 90 年代后，在信息技术革命的推动下美国经济经历了高增长、低通胀的黄金时代，资本市场非常繁荣。但在美国互联网泡沫破灭和“9・11”事件后，美国经济陷入衰退。为了使经济尽快走出全面衰退的困境，美联储采取了注入流动性和一系列的降息措施。2001 年至 2003 年 6 月，美国联邦基金利率（美国同业拆借市场利率）从 6.5% 降至

1%，为46年的最低点。在美联储低利率政策的刺激下，再加上政府力推的宽松住房政策、金融创新的巨大推动，金融创新产品层出不穷，大量资金流向房地产业，同时投资银行不断介入次级抵押债券市场，使住房贷款机构的放贷积极性空前高涨，借贷条件也越来越宽松，甚至信用分数低于620分的借款者也能申请到贷款，这便造成了美国房地产价格不断攀升，房地产泡沫不断膨胀。

2. 反向冲击

（1）内部人撤离。

起初美联储的13次降息行为对房地产市场形成了一个正向冲击，刺激了美国房地产市场的繁荣。然而2004年6月，美联储货币政策突然逆转，连续17次的加息给予市场一个“内部人撤离”的信号。该信号表明美国政府要将过热的经济进行降温，对市场前景的预期也从极为乐观转向较为保守，内部人逐步意识到风险的存在而撤离市场。

（2）财务困境。

截至2006年8月，美国联邦基金利率已上升到5.25%。多次的连续加息提高了房屋借贷的成本，房屋价格持续下跌。同时，高利率使得低收入的贷款人还贷压力迅速增大，在不断增长的利息和不断下降的房价的双重压力下，越来越多的借款人陷入了“财务困境”，违约现象层出不穷。

借款人作为利润共享、多赢模式资金链的第一环，由于不能按期交纳每月还款额，导致资金链出现了断裂，并且随着不良贷款金额的逐步升高，以次贷为资金池的担保债务凭证价值严重缩水。资金链的联动效应造成了抵押贷款机构和众多购买证券化产品的对冲基金、保险公司、商业银行、投资银行等陆续陷入了财务困境，危机一触即发。

（3）预期转变。

危机爆发的根源是信贷扩张、金融脆弱和投机，但负向冲击造成的预期转变的心理影响，使人们将手中的商品、股票、不动产等资产全部转换为现金，导致流动性骤停，从而引发危机。

（4）市场恐慌状况与次贷危机爆发。

根据明斯基的理论，在继“财务困境”之后会发生金融恐慌状况和崩溃，但两者之间并没有一个标准的时间间隔。图2-4所列举的一系列事件成为引发全球性危机的负向冲击，包括金融机构的亏损与破产、权威机构的公正性丧失以及政府政策的突然转变。这些负向冲击的接连出现以及财务困境和预期急转的同时引发，最终导致了次贷危机爆发。

格林斯潘将源于美国次贷的全球性金融危机中的异常情况喻为“百年一遇”。索罗斯断言：“由次贷掀起的这场危机，将结束60年来的超级繁荣。”但对于那次危机的未来走势，业界主要抱有三种看法：一种是V形走势，即局势已经达到最低点，经济将在不久的将来开始反转。这种看法在国内的学界较为普遍，也是对次贷危机最为乐观的分析。此外，美国前总统布什的顾问团队、美联储理事中的部分成员也持这一观点。而不少金融界人士则认为，次贷危机呈现U形走势，局势处于谷底，并将在一个较长的时间里（两年）持续徘徊在谷底。第三种最为悲观的说法也就是“中石油股票”论，认为次贷危机呈现L形走势，即没有人知道底部究竟在哪里。美国次贷危机让美国经济元气大伤。

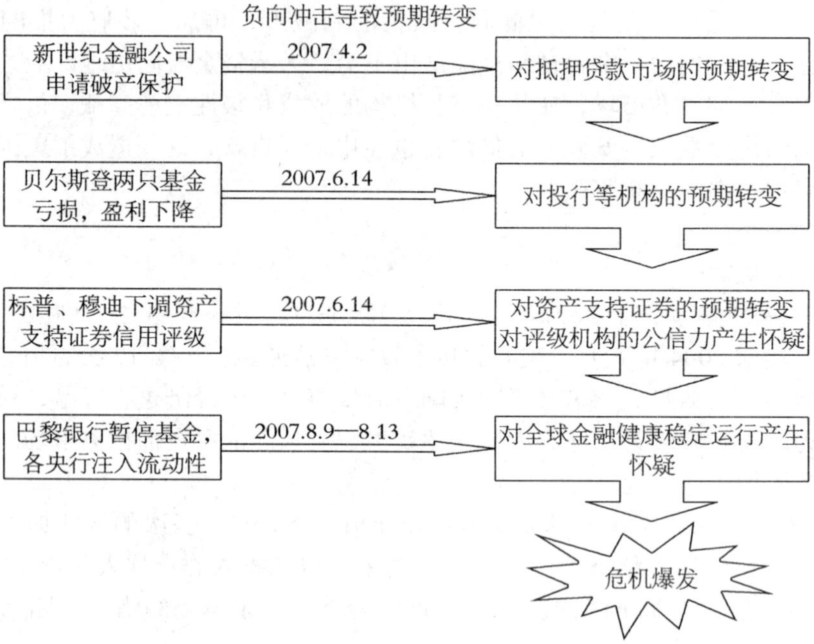

图 2-4 负向冲击-预期转变-危机爆发

本章小结

（1）资本市场有广义和狭义之分。广义的资本市场指一切资本（包括实物资本和货币资本）流动的场所，以货币借贷、票据承兑和贴现、有价证券的买卖、生产资料的产权交换为交易对象。一般意义上的资本市场指的是狭义的资本市场，即股票和债券的发行和买卖市场。资本市场主要包括主体、客体、参与者和利率调节机制四个要素。

（2）资本市场按照交易的性质的不同，可分为一级市场和二级市场；按照融通资金方式的不同，可分为货币市场和证券市场；按照金融工具的基本性质的不同，可分为股权市场和债券市场。

（3）资本市场上的交易形式主要有证券交易所交易和柜台交易两种。证券交易所是专门的、有组织的证券集中交易的场所。其本身不买卖证券，只是为买卖双方提供交易场所和各种服务。柜台交易是通过证券商所设立的专门柜台进行证券买卖，故又称店头市场。

（4）波动性、周期性和不可预知性是资本市场的本质特征。

（5）金融危机是指一国持续的货币贬值、金融机构倒闭、金融市场动荡、借贷资金枯竭而引起的经济衰退，并通过多种渠道传导到周边国家以及与之经济联系紧密的国家，造成区域性和全局性的经济和金融指标恶化。金融危机可以分为货币危机、债务危机、次贷危机等类型。近些年来的金融危机越来越呈现出多种混合形式。

（6）美国经济学家明斯基提出的金融不稳定假说认为，以商业银行为代表的信用创造机构和借款人相关的特征使金融体系具有天然的内在不稳定性。在明斯基模型中，经济泡沫由开始到最后、由泡沫成因到爆破，大致可分为5个时期：改变、繁荣、陶醉、获利回吐及恐慌性抛售。

基本训练

◆ 简答题

1. 资本市场的定义是什么?
2. 举例说明资本市场的构成要素。
3. 资本市场有哪些分类?
4. 怎样理解资本市场的特征?
5. 什么是金融危机?
6. 金融危机理论有哪些?
7. 运用明斯基模型解释美国次贷危机。
8. 结合中国经济实际阐述如何防范金融危机。

◆ 本章思考

难忘2009

1929—1932年的大萧条令人难忘。进入21世纪，如果有什么事件令人难忘，当属2009年的金融危机。由2008年10月爆发的美国次贷危机以排山倒海之势摧毁了美国金融体系，银行系统近于瘫痪，金融机构倒闭，房价暴跌，股票和债券大幅缩水，一瞬间将美国消费者信心由景气和繁荣抛掷到萧条和衰退。房地产3.2万亿美元的市值眨眼之间灰飞烟灭，道琼斯指数由14 800点跌至8 500点，GDP增长率由2008年的3%硬着陆至2009年的-2.6%，失业率由3.5%剧升为9.5%，新增720万人的失业大军，进口大量萎缩，财政赤字呈天文数字般增加。在金融危机的重灾区欧盟，失业率攀升至9.7%，失业人数高达1 570万人。日元升值严重地阻碍了日本的国际贸易，导致政权的更迭，执政60年的日本自民党被迫下台。

难忘雷曼兄弟的倒掉。雷曼兄弟在美国的商学院里是一面旗帜，在美国的资本市场里是奇迹，在华尔街上是“圣经”。雷曼兄弟曾经历过无数的危机，可谓出生入死、身经百战且屡创佳绩。雷曼兄弟宣布破产，不仅让其雇员及资本市场目瞪口呆，也令股东和美国人民欲哭无泪。百年的荣耀与梦想就这样消失了。

难忘美国资产负债表上的财产蒸发了23万亿美元。美国的金融危机让美国国民的资产从63万亿美元缩水到40万亿美元。23万亿美元相当于上海、江苏和浙江的资产之和。面对这一切，没有想到格林斯潘这位美国繁荣的“设计者”对世界道歉:“我犯了错误。”更难忘的是美国人轻易地原谅了这位饱经沧桑的失败者。

难忘麦道夫这位惊世巨骗，骗得美国人倾家荡产，骗得中东石油巨贾销声匿迹，骗得大导演斯皮尔伯格无地自容。难忘在所谓的最发达的资本市场中，麦道夫骗术有方且大行其道。最难忘的是梅氏之子能够大义灭亲，将父亲供出并送上法庭。这是亲情与道德的较量，人间正道是沧桑。

难忘中国政府的4万亿元救助计划，出台迅速，迅雷不及掩耳，力挽世界经济狂澜。与欧、美、日政府相比，中国政府出手如此之快、如此之急、如此之正，正中命门。“十大行业振兴计划”体现的是公路、高铁、地铁等如火如荼的基础设施建设。难忘中国汽车的销售量超过了1 200万辆，将美国这位世界“汽车老大”远远地甩在了后面；难忘汽车和住房成为拉动中国经济的“两驾马车”；难忘通用汽车破产重组；难忘沃尔沃被福特以64.5亿美元买进，又以18亿美元卖给吉利。

最难忘的是被金融危机洗劫一空、1 500多万人失业的美国人，在圣诞节长假期间潮水般地涌向迈阿密，涌向夏威夷。他们在圣诞节假期不是发出恢复生产、重建家园的誓言，而是爆发出休假的呐喊，就连日理万机的时任总统奥巴马也奔向夏威夷的阳光海滩。美国经济的硬着陆、金融危机让美利坚愈挫愈坚。

资料来源　刘斌. 2009：没有想到［EB/OL］.（2010-01-05）［2015-06-15］. http://blog.sina.com.cn/s/blog_62df218b0100gamt.html.

财务管理第二黄金定律

第3章 财务报表

学习目标

- ◆ 重点掌握资产负债表、利润表、现金流量表、现金流的定义。
- ◆ 掌握资产性现金流、自由现金流、债权人型现金流和股东型现金流的定义与计算。
- ◆ 了解权益的概念、税和折旧的方法。

引例

本书构思和设计的目的在于使你明智地阅读财务报表。财务报表旨在以一种简洁的形式，对一家公司的财务状况和经营成果给予准确、定量的描述和刻画。与公司及其证券打交道的每个人，都必然有机会阅读其资产负债表和利润表。每一个商人和投资者都希望读懂这些公司的财务报表，特别是对证券承销商和顾客经纪人来说，是否具有准确地分析财务报表的能力就更为关键。当你知道数字后面所隐含的真正含义时，你就已经具备了踏实的基础来做出正确的商业和投资决策。

我们的计划程序就是按照记入典型的资产负债表和利润表的各种要素的顺序，依次地进行介绍和分析。首先，我们要搞清楚特定的术语或词句的含义，然后在一般意义上对它进行简单的评述。只要有可能，我们尽量给出一些简明扼要的判别或检验标准，以便投资者可以对一家公司在财务报表中披露的一些细节的优劣进行选择和决断。这些内容或许看起来有很多都是基本知识，没有什么特别的地方。确实，财务报表分析实际上是一项相当简单的事务。但是，即使是在财务报表的基本分析方面，仍然有一些独特性质和隐含陷阱，识别和谨防这些陷阱对投资者来说是至关重要的。

当然，一项投资的成功与否最终还要取决于未来趋势的发展，而未来或许是永远不可能精确地预见的。但是，如果你对一家公司当前的财务状况和过去的收益记录数据了如指掌，你就更有资格和能力准确地评判该公司的未来价值。这就是证券分析的精髓和意义所在。

这些内容很多引自《证券分析》一书。这样编排的目的是，既可以方便人们对财务知识做一些独立的分析和研究，也可以作为更详细了解这门学科的入门指南。

资料来源 格雷厄姆，麦勒迪斯．上市公司财务报表解读 [M]．王玉平，译．北京：华夏出版社，2004：序言．

3.1 资产负债表

财务报表亦称对外会计报表，是会计主体对外提供的反映其财务状况和经营成果的会计报表，包括资产负债表、利润表、现金流量表、所有者权益变动表、报表附注。财务报表是财务报告的主要部分，不包括董事会报告、管理层分析及财务情况说明书等列入财务报告或年度报告的资料。财务报表是对内会计报表的对称，是以会计准则为规范编制的，向所有者、债权人、政府和其他有关各方及社会公众等外部使用者披露的会计报表。

资产负债表亦称财务状况表，是表示公司在一定日期（通常为各会计期末）的财务状况的主要会计报表。它是组织和归结公司在一个给定的时点上拥有什么权益、赊欠什么债务的总资产表达等式。

资产负债表的基本结构一般是按各种资产变化的先后顺序逐一列在表的左方，反映公司所有的各项财产、物资、债权和权利；所有的负债和所有者权益则逐一列在表的右方。负债一般列于右上方，分别反映各种长期和短期负债的项目；所有者权益一般列于右下方，反映所有者的资本和盈余。资产负债表说明的是公司有多富的问题（见表 3-1）。

表 3-1 **某公司 2016—2018 年的资产负债表** 单位：亿元

资产（assets）	2016年	2017年	2018年	负债和所有者权益（liabilities and stockholders' equity）	2016年	2017年	2018年
流动资产（current assets）：				流动负债（current liabilities）：			
现金（cash）	25.00	24.00	28.00	应付票据（notes payable）	17.00	2.00	3.80
应收账款（accounts receivable）	21.00	20.00	20.00	应付账款（accounts payable）	53.00	22.20	39.00
存货（inventory）	1.50	4.60	15.00	其他流动负债（accruals）	24.50	15.00	6.00
流动资产合计（total current assets）	47.50	48.60	63.00	流动负债合计（total current liabilities）	94.50	39.20	48.80
固定资产（fixed assets）：				长期负债合计（total long-term debt）	153.90	244.40	298.00
土地及楼宇（land and buildings）	231.00	257.00	304.00	负债合计（total debt）	248.40	283.60	346.80
机器与设备（machineries and equipment）	116.00	136.00	152.00	所有者权益（stockholders' equity）：			
车辆（vehicles）	2.80	3.00	3.50	普通股（common stock）	43.50	48.00	46.20
固定资产合计（total fixed assets）	349.80	396.00	459.50	资本公积（capital reserve）	60.00	60.00	70.00
减：累计折旧（less accumulated depreciation）	20.40	25.00	27.50	留存收益（retained earnings）	7.00	9.00	10.78
固定资产净值（net fixed assets）	329.40	371.00	432.00	少数股东权益（minority equity）	18.00	19.00	21.22
				所有者权益合计（total stockholders' equity）	128.50	136.00	148.20
资产总计（total assets）	376.90	419.60	495.00	负债和所有者权益总计（total liabilities and stockholders' equity）	376.90	419.60	495.00

我们在对财务报表中的各项内容进行比较之前，有必要划分统一的标准；否则，比较无法进行。首先要确定的是统一资产负债表、利润表和现金流量表。建立统一的财报就是将财务报表用百分比进行统一，因为苹果和小米两家公司就资产进行比较意义不大，如果按照百分比进行比较，两家的营业额、资产、利润就可以清晰地呈现在投资者的面前，让投资者选择高成长的公司进行投资。

在进行财务报表比较时，确定统一的比较时间和期限、确定财务报表的基年和统一年限、选取有效的财务报表数据是比较的前提。

3.1.1　资　产

资产是指由过去的交易、事项形成并由企业拥有或控制的资源，该资源预期会给企业带来经济效益。按其流动性可以分为流动资产和固定资产。流动资产的寿命一般在1年以内，这就意味着这类资产在1年内都要转换成现金；固定资产是指寿命在1年以上、能给企业带来长期收益的资产。流动资产包括现金、有价证券、应收账款和存货等；固定资产则包括土地、楼宇、机器和设备、运输工具等。

1. 现金

现金是指立即可以投入流通的交换媒介。它具有普遍的可接受性，可以有效地立即用来购买商品、劳务或偿还债务。它是企业中流通性最强的资产。现金是企业会计中的一个总账账户，在资产负债表中并入货币资金，列作流动资产。企业在会计核算中使用的现金的概念仅指库存现金；美国会计学中采用的概念是指库存现金和银行存款（包括支票账户和储蓄账户的存款）、流通支票及银行汇票。在本书中，采用美国会计学中的概念。

2. 有价证券

有价证券是指标有票面金额、证明持有人有权按期取得一定收入并可自由转让的所有权或债权凭证。有价证券是虚拟资本的一种形式，它本身没价值，但有价格。有价证券按其所表明的财产权利的不同性质，可分为三类：

（1）商品证券，是证明持券人有商品所有权或使用权的凭证。取得这种证券就等于取得了这种商品的所有权，持券人对这种证券所代表的商品的所有权受法律保护。属于商品证券的有提货单、运货单、仓库栈单等。

（2）货币证券，是指本身能使持券人或第三者取得货币索取权的有价证券。货币证券主要包括两大类：一类是商业证券，主要包括商业汇票和商业本票；另一类是银行证券，主要包括银行汇票、银行本票和支票。

（3）资本证券，是指由金融投资或与金融投资有直接联系的活动而产生的证券。持券人对发行人有一定的收入请求权，它包括股票、债券及衍生品种（如基金证券、可转换证券）等。

其中，资本证券是有价证券的主要形式，人们通常把资本证券称为有价证券。因此，狭义的有价证券即指资本证券，本书所阐述的就是狭义的有价证券。

3. 应收账款

应收账款核算的是企业因销售商品、提供劳务等应向购货单位收取的款项，以及代垫运杂费和承兑到期而未能收到款的商业承兑汇票。应收账款是伴随企业的销售行为发生而形成的一项债权。因此，应收账款的确认与收入的确认密切相关。通常在确认收入的同时，确认应收账款。该账户按不同的购货或接受劳务的单位设置明细账户进行明细核算。

4. 存货

存货是指企业在日常活动中持有以备出售的产成品或商品、处在生产过程中的在产品、在生产过程或提供劳务过程中耗用的材料和物料等。存货区别于固定资产等非流动资产的最基本特征是，企业持有存货的最终目的是出售，不论是可供直接销售，如企业的产成品、商品等，还是需经过进一步加工后才能出售，如原材料等。

5. 固定资产

固定资产是指公司使用期限超过 1 年的房屋、建筑物、机器、机械、运输工具以及其他与生产经营有关的设备、器具、工具等。不属于生产经营主要设备的物品，单位价值在 2 000 元以上，并且使用年限超过 2 年的，也应当作为固定资产。固定资产是企业的劳动手段，也是企业赖以生产经营的主要资产。固定资产一般被分为生产用固定资产、非生产用固定资产、租出固定资产、未使用固定资产、不需用固定资产、融资租赁固定资产、接受捐赠固定资产等。

6. 累计折旧

固定资产在会计期间使用的过程中因磨损或闲置而产生价值损耗和减少，按照一定标准从营业额中进行计提，这就是折旧。折旧计提方法有直线折旧法、双倍余额递减法和年数总和法等。累计折旧就是固定资产更新准备金在每一会计年度计提金额的合计数。折旧意味着固定资产价值的减少，计提折旧后，累计折旧增加了，固定资产净值减少了。

3.1.2 负　债

负债是指公司过去的交易或事项形成的、预期会导致经济利益流出企业的现时义务。根据负债的定义，负债具有以下特征：负债是公司承担的现时义务；负债的清偿预期会导致经济利益流出公司；负债是由过去的交易或事项形成的。

负债按流动性大小进行列示，具体分为流动负债、长期负债等。流动负债和流动资产的年限概念一样，其偿付期限在 1 年之内，并且列示在长期负债之前。应付账款（企业欠供应商的钱）是归为流动负债一类的。流动负债主要包括应付票据、应付账款和其他流动负债。

到期时间长于一个会计年度的债务属于长期负债。例如，一家企业需要在 5 年内偿还一项债务，这项债务就属于长期负债。公司可以通过多种渠道举借长期债务。在这里我们将用年债券发行者和年债券持有者分别指代长期债务人和长期债权人。

1. 应付票据

应付票据是指企业在商品购销活动中和对工程价款进行结算时因采用商业汇票结算方式而发生的，由出票人出票，委托付款人在指定日期无条件支付确定的金额给收款人或者持票人。它包括商业承兑汇票和银行承兑汇票。应付票据按是否带息分为带息应付票据和不带息应付票据两种。

2. 应付账款

应付账款是指因购买材料、商品或接受劳务供应等而发生的债务。这是买卖双方在购销活动中由于取得物资与支付货款在时间上不一致而产生的负债。它是一种会计科目，用以核算企业因购买材料、商品或接受劳务供应等经营活动应支付的款项。

3. **其他流动负债**

其他流动负债是指用以归纳债务或应付账款等普通负债项目以外的流动负债的资产负债表项目，一般指或有负债。或有负债是指过去的交易或事项形成的潜在义务，其存在须通过未来不确定事项的发生或不发生予以证实；或过去的交易或事项形成的现时义务，履行该义务不一定导致经济利益流出企业或该义务的金额不能可靠地计量。

4. **长期负债**

长期负债是指期限超过 1 年的债务。1 年内到期的负债在资产负债表中列入流动负债。长期负债与流动负债相比，具有数额较大、偿还期限较长的特点。因此，举借长期负债往往附有一定的条件，如需要企业指定某项资产作为还款的担保品，要求企业指定担保人、设置偿债基金等，以保护债权人的经济利益。

3.1.3　所有者权益

所有者权益也叫普通权益或业主权益，是通过资产总价值（流动资产与固定资产总和）与负债总价值（流动负债与长期负债总和）之差来确定的。资产负债表的这种特点反映了一个事实：如果企业卖掉所有的资产，并用该款项偿还其债务，那么留存下来的剩余部分的价值就属于股东。因此，资产负债表中存在一个恒等式：

资产=负债+所有者权益　　(3-1)

这一等式反映了资产、负债和所有者权益三个会计要素之间的关系，揭示了公司在某一特定时点的财务状况。具体而言，它表明了公司在某一特定时点所拥有的各种资产以及债权人和投资者对公司资产要求权的基本状况，表明公司所拥有的全部资产都是由债权人和投资者提供的。当总资产小于负债，即权益为负值时，公司就陷入了资不抵债的境地，这时公司的所有者权益便消失殆尽。如果实施破产清算，股东将一无所得；相反，所有者权益额越大，该公司的实力就越雄厚。

1. **普通股**

普通股是指在公司的经营管理和盈利及财产的分配上享有普通权利的股份，代表满足所有债权偿付要求及优先股股东的收益权与求偿权要求后对企业盈利和剩余财产的索取权。它构成公司资本的基础，是股票的一种基本形式，也是发行量最大、最为重要的股票。目前，在上海和深圳证券交易所交易的股票都是普通股。

2. **资本公积**

资本公积是指由资本本身升值或其他原因而产生的投资者的共同权益，包括资本（或股本）溢价、接受捐赠资产、外币资本折算差额等。资本（或股本）溢价是指企业投资者投入的资金超过其在注册资本中所占份额的部分。接受捐赠资产是指企业因接受现金和非现金资产捐赠而增加的资本公积。外币资本折算差额是指企业接受外币投资因所采用的汇率不同而产生的资本折算差额。

3. **留存收益**

留存收益是公司在经营过程中所创造的，但由于公司经营发展的需要或由于法定的原因等，没有分配给所有者而留存在公司的盈利。留存收益是指企业从历年实现的利润中提取或留存于企业的内部积累，它来源于企业的生产经营活动所实现的净利润，包括企业的盈余公积和未分配利润两部分，其中盈余公积是有特定用途的累积盈余，未分配利润是没有指定用途的累积盈余。

4. 少数股东权益

少数股东权益也称少数股权，是反映上市公司中一部分持有少数权益的投资者在上市公司中拥有权益的份额。在控股合并形式下，特指子公司股东权益中未被母公司持有的部分。在母公司尚未100%拥有子公司股份时，剩余权益部分被外界股东拥有。少数股东不能拥有对公司的控制权。计算公式如下：

少数股东权益=子公司所有者权益合计×（1-母公司在子公司的持股比例）

少数股东权益包括：(1) 没有达到控股比例的公司股东权益，即公司51%以上控股权益外的其他股东权益。(2) 公司股东在未完全控股的分公司、子公司中的权益。在合并附属公司的财务报表时，附属公司中的非本公司股份权益被认同为公司对外负债。

3.1.4 流动性

流动性是指资产转换成现金的速度和难易程度。例如，黄金属于流动性比较高的资产，而特定的生产设备则流动性不高。实际上，流动性包括两个层面：转换的难易程度和价值的损失。只要把价格降得足够低，任何资产都能迅速转换成现金。因而流动性高的资产是指那些很快能出手并且没有重大价值损失的资产；相反，流动性低的资产则是指那些不大幅度降价就无法迅速转换成现金的资产。

资产在资产负债表中按其流动性递减的顺序排列，流动性高的资产排在前列。流动资产的流动性比较高，它包括现金和可以在未来一年内转换成现金的资产。例如，应收账款表示销售已经完成但尚未向客户收取的金额。对资产来说，流动性越好，就越安全。从流动性的角度来看公司的资产，流动资产部分是最重要的。而流动资产中的现金、应收账款、存货则有着不同的流动性。现金的流动性最好，应收账款的流动性稍差，存货的流动性更差。

一个公司资产的流动性不是一成不变的。如果大力投资固定资产，就有可能把现金转化为固定资产，减少流动资产，增加非流动资产，从而降低整个公司的流动性。那些固定资产投资超过经营现金流很多的公司就有降低公司整体流动性的趋势。

3.1.5 净营运资本

1. 净营运资本的概念

净营运资本，也称狭义的营运资本、营运资金、流动资金净额，是指公司的流动资产总额减去各类流动负债后的余额。当流动资产大于流动负债时，净营运资本为正值。根据流动资产和流动负债的定义，它意味着在未来一年内变为可用的现金超过同期必须支付的现金。一个正常运营的公司净营运资本通常是正值，有时为负。

【例3-1】201×年某公司的流动资产为47.5亿元，流动负债为44.5亿元，公司净营运资本是多少？

【解】公司的净营运资本为流动资产与流动负债之差，即47.5-44.5=3（亿元）。

2. 净营运资本的合理性与局限性

净营运资本的合理性是指净营运资本以多少为宜。短期债权人希望净营运资本越多越好，这样可以减少贷款风险。因为净营运资本的短缺会迫使公司为了维持正常的经营和信用，在不合适的时机和按不利的利率进行借款，从而影响利息和股利的支付能力。但是过多地持有净营运资本，也并不意味着对企业有利。因为净营运资本偏高意味着流动资产多而流动负债少，大量资金闲置，不会产生更多的经济利益，同时说明公司可能缺乏投资机会，发展潜力受到影响。另外，流动资产与非流动资产相比，流动性强、风险小，但获利性差，过多的流动资产不利于公司提高盈利能力。而流动负债过少说明公司利用无息负债扩大经营规模的能力较差，因为在流动负债中除了短期借款外通常不需要支付利息。因此，公司应当保持适当的净营运资本规模。

由于净营运资本是一个绝对数，如果公司之间规模相差很大，就不能使用该指标评价公司的短期偿债能力。即使两个公司的净营运资本完全相同，其偿债能力也不一定相同。另外，当流动负债大于流动资产时，净营运资本为负，表明债务高。一个具有较高竞争力的企业倾向于净营运资本为负。从流动比率来看，虽然偿债能力较低，但如果企业筹资能力较强，也可以偿还其流动负债。为消除绝对数指标的缺陷，在实务中经常将流动资产与流动负债进行比较，来判断净营运资本金额的合理性，即通过流动资产与流动负债的相对比较——流动比率来评价。

3.1.6 市场价值与账面价值

市场价值由企业的自由资本价值和企业的债务价值所组成，表现为企业在市场上进行合资、兼并、收购、重组、交易时的价格，亦即企业在市场上创造盈利的能力。这种能力通常表现为企业生成净现金流的能力和生成净现金流稳定性的能力。在资本市场上，上市公司的市场价值等于每股单价乘以流通股股数。市场价值也可由一项资产在出售或估价时市场的现行价值来决定。

资产负债表中所列示的公司资产的价值称为账面价值，公司在做账的时候通常都按照资产支付的历史金额来记录，不考虑现在资产买入的期限和现在价值。资产的账面价值是指资产的总价值减去已累计折旧。

账面价值以交易为基础，主要使用历史成本计量。财务报表上列示的资产既不包括没有交易基础的资产价值，如自创商誉、良好的管理等，也不包括资产的预期收益。因此，资产的账面价值经常与其市场价值相去甚远。账面价值是基于过去和现有的信息对公司的自我价值进行客观而准确的评估，而市场价值则更多地表现为公司的市场竞争力和未来发展潜力。市场价值依据的公司现在价值包含了一切的市场影响因素。对一位财务经理来说，关注市场价值比关注账面价值更重要。

3.2 利润表

3.2.1 利润表的内容

利润表是反映公司在一定会计期间经营成果的报表。由于它反映的是某一期间的情况，所以又被称为动态报表。

利润表中首先报告的一般是来自公司主营业务的收入和费用，然后是财务费用，其中需要注意的是支付的税要单独列报，最后一项是净利润。

利润表的列报必须充分反映公司经营业绩的主要来源和构成，有助于使用者判断净利润的质量和风险、预测净利润的持续性。利润表说明了一家公司一年内赚了多少钱。表3-2列示了某公司2017年的利润情况，将营业收入看成100%，其余的项目看成营业收入的百分比。

表 3-2 **某公司 2017 年的同型利润表** 金额单位：亿元

项　目	利润	占营业收入的百分比（%）
营业收入（sales revenue）	41.98	100.00
减：销售成本（less cost of goods sold）	29.16	69.46
毛利润（gross profit）	12.82	30.54
减：销售费用（less marketing expences）	0.31	0.74
管理费用（G & Ad. expences）	3.62	8.62
折旧（depreciation）	4.60	10.96
营运费用合计（total operating expences）	8.53	20.32
息税前利润（earnings before interest and taxes）	4.29	10.22
减：利息费用（less interest expences）	3.10	7.38
税前利润合计（total profit before taxes）	1.19	2.83
减：所得税（25%）（less tax（25%））	0.30	0.72
净利润（earnings available for common）	0.89	2.13
每股收益（earnings per share）	0.09	
假设流通股为10亿股（assumed 1 billion stock outstanding）		

3.2.2 利润表的编制

1. 营业收入

营业收入是指公司在日常活动中形成的、会导致所有者权益增加的、与所有者投入资本无关的经济利益的总流入。在商品流通企业，营业收入是商品的销售收入。其计算公式为：

营业收入=产品销售数量×产品单价 （3-2）

2. 销售成本

销售成本也称主营业务成本，是指已销售产品的生产成本或已提供劳务的成本以及其他销售的业务成本。销售成本是企业销售商品、半成品以及提供工业性劳务等业务所形成的成本；其他业务成本是企业原材料、半成品、人工费等业务所形成的成本。

对于销售成本，应以产品的销售数量或提供的劳务数量和产品的单位生产成本或单位劳务成本为基础进行确认，其计算公式为：

销售成本=产品销售数量或提供劳务数量×产品单位生产成本或单位劳务成本 （3-3）

3. 营运费用

营运费用是指公司在销售和购入商品时发生的各项费用，主要包括销售费用、管理费用和折旧。因为我们研究的是基于GAAP下的财务报表，因此与我国的财务报表有一定的差异。在我国的利润表中，折旧费用是不单独列示的，但是在GAAP下，折旧费用是单独列示的，包含在营运费用中。

4. 折旧

折旧又称非现金费用，其与收入相配比，但没有直接影响现金流的费用项目。折旧是指固定资产在使用过程中因损耗逐渐转移到新产品中去的那部分价值的一种补偿方式。固定资产的物质形态在报废之前是在生产中长期被使用的，它的价值却是按照在生产中的损耗程度逐渐地转移到产品中去的。为了保证再生产的正常继续进行，必须在产品销售以后，把那部分已经转移到新产品中去的固定资产的价值以货币形式提取并积累起来，以便若干年后（在固定资产价值全部转移完毕时）用于更新固定资产。这种按固定资产的损耗程度进行补偿的方法被称为折旧。

常见的折旧方法有直线折旧法、工作量折旧法、加速折旧法等。

（1）直线折旧法又称平均年限法，是根据固定资产的使用年限平均计提折旧的一种方法。这种方法简单，有着广泛的使用基础。

（2）工作量折旧法是按照实际工作量计提固定资产折旧的一种方法。一般以固定资产的时数平均计算折旧额。从本质上讲，工作量折旧法是直线折旧法的延伸和补充。

（3）加速折旧法是美国会计制度下的固定资产折旧方法。加速折旧法中的折旧费用呈现递减的状态，企业缴纳的所得税呈现递增的状态。加速折旧法的折旧年限一般分为3年、5年、7年和10年（见表3-3）。

表3-3 **加速折旧法的折旧年限**

折旧年限	3年	5年	7年	10年
1	33%	20%	14%	10%
2	45%	32%	25%	18%
3	15%	19%	18%	14%
4	7%	12%	12%	12%
5		12%	9%	9%
6		5%	9%	8%
7			9%	7%
8			4%	6%
9				6%
10				6%
11				4%
总计	100%	100%	100%	100%

5. 息税前利润

息税前利润是指支付利息和所得税之前的利润，通俗地说就是不扣除利息和所得税的利润，即在不考虑利息的情况下在缴纳所得税前的利润，也被称为息前税前利润。其计算公式为：

息税前利润=企业的净利润+企业支付的利息费用+企业支付的所得税费用 (3-4)

【例 3-2】假设一个企业的销售收入为 200 000 元，总成本为 150 000 元，其中发生财务费用下利息支出 10 000 元，所得税税率为 25%，问息税前利润为多少？

【解】税前利润是 200 000-150 000=50 000（元），这还不是息税前利润（因为总成本中包括利息，利息一同扣除了）。如果在求利润的时候不考虑利息，那么计算出来的就是息税前利润。公司的成本是包括财务费用的，所以不考虑利息的成本为 150 000-10 000=140 000（元），所以息税前利润为 200 000-140 000=60 000（元），我们也可以用刚才求出的税前利润加上利息求得，即息税前利润=50 000+10 000=60 000（元）。

6. 净利润

净利润是指在利润总额中按规定缴纳了所得税后公司的利润留成，一般也被称为税后利润、净收入、可供股东分配的利润。净利润是一个企业经营的最终成果，净利润多，企业的经营效益就好；净利润少，企业的经营效益就差。它是衡量一个企业经营效益的主要指标。

净利润的计算公式为：

净利润=利润总额×（1-所得税税率） (3-5)

【例 3-3】假设一个公司的销售收入为 200 000 元，总成本为 150 000 元，其中发生财务费用下利息支出 10 000 元，所得税税率为 25%，问净利润为多少？

【解】净利润=（200 000-150 000）×（1-25%）=37 500（元）

7. 每股收益

每股收益又称每股税后利润、每股盈余，指净收益与股份总数的比率。它是测定股票投资价值的重要指标之一，是分析每股价值的基础性指标，是综合反映公司获利能力的重要指标。

每股收益反映了每股创造的税后利润，比率越高，表明公司所创造的利润越多。若公司只有普通股，则净收益是税后净利润，股份数是指流通在外的普通股股数。如果公司还有优先股，应从税后净利润中扣除分派给优先股股东的利息。传统的每股收益计算公式为：

每股收益=净收益÷期末流通的普通股股数 (3-6)

3.3 现金流量表

现金流量表主要反映资产负债表中各个项目对现金流量的影响，并根据其用途划分为经营、投资及筹资三个活动分类。现金流量表可用于分析一家企业在短期内有没有足够的现金去应付开销。

现金流量表是一份显示于指定时期（1 个月、1 个季度或 1 年）的现金流入和流出的财务报告。这份报告显示资产负债表及利润表如何影响现金和现金等价物，以及根据公司的经营，从投资和筹资角度做出分析。作为一个分析工具，现金流量表的主要作用是决定公司的短期生存能力，特别是缴付账单的能力。现金流量表可以概括反映经营活动、投资活动和筹资活动对企业现金流入、流出的影响，对于评价公司的利润实现状况、财务状况及财务管理状况，能比传统的利润表提供更好的基础（见表 3-4）。

表 3-4　**某公司 201×年现金流量表**　单位：亿元

项　目	本期金额	上期金额
一、经营活动产生的现金流量		
销售商品、提供劳务收到的现金	14.07	13.97
收到的税费返还		
收到其他与经营活动有关的现金	0.17	0.19
经营活动现金流入小计	14.24	14.16
购买商品、接受劳务支付的现金	4.89	5.55
支付给员工以及为员工支付的现金	3.04	2.06
支付的各项税费	2.35	2.97
支付其他与经营活动有关的现金	0.58	0.63
经营活动现金流出小计	10.86	11.21
经营活动产生的现金流量净额	3.38	2.95
二、投资活动产生的现金流量		
收回投资收到的现金		
取得投资收益收到的现金	0.20	0.28
处置固定资产、无形资产和其他长期资产收回的现金净额		
收到其他与投资活动有关的现金		
投资活动现金流入小计	0.20	0.28
购建固定资产、无形资产和其他长期资产支付的现金	13.23	6.17
投资支付的现金		0.24
支付其他与投资活动有关的现金		
投资活动现金流出小计	13.23	6.41
投资活动产生的现金流量净额	−13.03	-6.13
三、筹资活动产生的现金流量	34.76	25.43
吸收投资收到的现金		
取得借款收到的现金	30.82	21.54
收到其他与筹资活动有关的现金		
筹资活动现金流入小计	30.82	21.54
偿还债务支付的现金	18.66	13.35
分配股利、利润或偿付利息支付的现金	2.59	3.46
支付其他与筹资活动有关的现金		
筹资活动现金流出小计	21.25	16.81
筹资活动产生的现金流量净额	9.57	4.73
四、汇率变动对现金及现金等价物的影响		
五、现金及现金等价物净增加额	−0.08	1.55
加：期初现金及现金等价物余额	28.08	22.45
六、期末现金及现金等价物余额	28.00	24.00

1. 现金来源

能够带来现金的活动是现金来源。如果资产账户减少，则表明公司出售了某项资产，从该出售中获得了现金，是一项现金来源。如果负债账户增加，则表明公司获得了某项新的负债，也是一项现金来源。由此可以推导出，资产账户的减少或者负债（权益）账户的增加都是一项现金来源。

2. 现金运用

涉及花费现金的活动被称为现金运用。在公司中有一个很简单的常识：公司使用现金要么购买资产，要么进行支付。因此，资产账户的增加表明公司运用现金购买了一些资产或者支付了一定的负债，导致的结果是现金减少，是一项现金运用。如果负债账户减少，则表明公司偿还了一项旧的负债，也是一项现金运用。由此可以推导出，资产账户的增加或者负债（权益）账户的减少都是一项现金运用。

现金净增加额正好是现金来源与现金运用之差。

3. 现金流量表与利润表的比较分析

利润表是反映公司一定期间经营成果的重要报表，它揭示了公司利润的计算过程和利润的形成过程。利润被看成评价公司经营业绩及盈利能力的重要指标，但存在一定的缺陷。众所周知，利润是收入减去费用后的差额，而收入、费用的确认与计量是以权责发生制为基础，广泛地运用收入实现原则、费用配比原则、划分资本性支出和收益性支出原则等来进行的，其中包括了太多的会计估计。尽管会计人员在进行估计时要遵循会计准则，并有一定的客观依据，但不可避免地要运用主观判断。此外，由于收入与费用是按其归属来确认的，而不管是否实际收到或付出了现金，以此计算的利润常常使一个企业的盈利水平与其真实的财务状况不符。有的公司账面利润很多，看似业绩可观，而现金却入不敷出，举步维艰；有的公司虽然巨额亏损，却现金充足，周转自如。所以，仅以利润来评价公司的经营业绩和获利能力有失偏颇。如能结合现金流量表所提供的现金流量信息，特别是经营活动现金净流量的信息进行分析，则较为客观、全面。其实，利润和现金净流量是两个从不同角度反映公司业绩的指标，前者可称为应计制利润，后者可称为现金制利润。二者的关系通过现金流量表的补充资料揭示出来。具体分析时，可将现金流量表的相关指标与利润表的相关指标进行对比，以评价企业利润的质量。

（1）经营活动现金净流量与净利润。将二者进行比较，能在一定程度上反映公司利润的质量。也就是说，在公司每实现 1 元的账面利润中，实际有多少现金支撑，比率越高，利润质量越高。但这一指标只有在公司经营正常，既能创造利润又能赢得现金净流量时才可比，分析这一比率也才有意义。为了与经营活动现金净流量的计算口径一致，净利润指标应剔除投资收益和筹资费用。

（2）销售商品、提供劳务收到的现金与主营业务收入。将这二者比较，可以大致说明企业销售回收现金的情况及公司销售的质量。收现数所占比重大，说明销售收入实现后所增加的资产转换现金速度快、质量高。

3.4 现金流量

现金流量是指企业在一定会计期间按照现金收付实现制，通过一定经济活动（包括经营活动、投资活动、筹资活动和非经常性项目）而产生的现金流入、现金流出及总量情况的总称，即企业在一定时期的现金和现金等价物流入和流出的数量。

现金流量可以分成三大类：初始现金流量、营业现金流量、终结现金流量。初始现金流量是指开始投资时发生的现金流量。营业现金流量是指投资项目投入使用后，在其生命周期内由生产经营所带来的现金流入和流出的数量。这种现金流量一般以年为单位进行计算。这里的现金流入一般是指营业现金收入。终结现金流量是指投资项目完结时所发生的现金流量。

通过表 3-5 我们可以看到，利润表中收入 1 000 元，成本 800 元，有 200 元的利润。而在现金流量表中，由于采用赊销的方式，1 000 元的销售额并没有实时收到，现金流入为 0 元，现金流出是 800 元，企业需要担负 800 元的短期融资成本。

表 3-5　**利润与现金流量对比表**　单位：元

利润表		现金流量表	
收入	1 000	现金流入	0
减：成本	800	减：现金流出	800
利润	200	现金流量	-800

3.4.1　会计处理基础

1. 收付实现制

收付实现制又称现金制或实收实付制，是以现金收到或付出为标准，来记录收入的实现和费用的发生。现金收支行为在其发生的期间全部记作收入和费用，而不考虑与现金收支行为相联系的经济业务实质是否发生。收付实现制是以款项的实际收付为标准来处理经济业务，确定本期收入和费用，计算本期盈亏的会计处理基础。在现金收付的基础上，凡在本期实际已现款付出的费用，不论其应否在本期收入中得到补偿，均应作为本期应计费用处理。凡在本期实际收到的现款收入，不论其是否属于本期，均应作为本期应计的收入处理；反之，凡本期还没有以现款形式收到的收入和以现款支付的费用，即使属于本期，也不作为本期的收入和费用处理。

2. 权责发生制

权责发生制又称应收应付制，是指以应收应付作为确定本期收入和费用的标准，而不问货币资金是否在本期收到或付出。一切要素的时间确认，特别是收入和费用的时间确认，均以权利已经形成或义务与责任已经发生为标准。凡是在本期内已经收到和已经发生或应当负担的一切费用，不论其款项是否收到或付出，都作为本期的收入和费用处理；反之，凡不属于本期的收入和费用，即使款项在本期收到或付出，也不作为本期的收入和费用处理。权责发生制属于会计要素确认计量方面的要求，它解决收入和费用核实予以确认及确认多少的问题。

收付实现制和权责发生制在处理收入和费用时的原则是不同的，所以同一会计事项按不同的会计处理基础进行处理，其结果可能是相同的，也可能是不同的。

3.4.2 现金流量的分类

GAAP 对现金流量的分类与我国现行的企业会计准则有很大差异，它主要分成来自资产的现金流量、流向债权人的现金流量和流向股东的现金流量。从资产负债表的恒等式可知：资产=负债+所有者权益。同样，来自资产的现金流量等于流向债权人的现金流量与流向股东的现金流量之和。把来自资产的现金流量称为资产型现金流量，把流向债权人的现金流量称为债权人型现金流量，把流向股东的现金流量称为股东型现金流量。因此，资产型现金流量的计算公式为：

资产型现金流量=债权人型现金流量+股东型现金流量 (3-7)

上式就是现金流量的恒等式，此式说明了公司通过不同的活动来产生现金流量，而这些现金要么用于偿付给债权人，要么用于支付给企业的所有者。下面我们就来一一介绍这三种现金流量。

1. 资产型现金流量

（1）经营现金流量。

经营现金流量是指来自直接进行产品生产、商品销售或提供劳务活动的现金流量，它们是公司取得净收益的主要交易和事项。在 GAAP 下，计算经营现金流量时要注意对两个项目做出调整。一项是折旧和利息，因为折旧不是现金支出，利息属于财务费用项目，所以在计算的时候要将息税前利润加上折旧和利息；另一项是税，由于税需要现金支付，所以在计算的时候需要将此项减去。

在会计实务中，计算经营现金流量往往是净利润加折旧。在计算净利润时扣减了利息，而这个差额是公司当年支付的利息，通常我们将利息作为财务费用进行账务处理，因此在计算经营现金流量时是用息税前利润加上折旧再减去税而得来的。因此，经营现金流量的计算公式为：

经营现金流量=息税前利润+折旧-税 (3-8)

【例 3-4】根据表 3-2 某公司 2017 年利润表的情况，计算该公司 2018 年的经营现金流量。

【解】2018 年经营现金流量=4.29+4.60-0.30=8.59（亿元），具体见表 3-6。

表 3-6 **某公司 2018 年经营现金流量** 单位：亿元

息税前利润	4.29
加：折旧	4.60
减：税	0.30
经营现金流量	8.59

（2）资本性支出。

资本性支出是用于购买或生产使用年限在一年以上的耐用品所需的支出，其中有用于建筑厂房、购买机械设备、修建铁路和公路等生产性支出，也有用于建筑办公楼和购买汽车、复印机等办公用品等非生产性支出。

在公司的经营活动中，供长期使用的、其经济寿命将经历许多会计期间的资产，如固定资产、无形资产、递延资产等都要作为资本性支出，即先将其资本化，形成固定资产、无形资产、递延资产等。而后随着它们为公司提供的效益，在各个会计期间转销为费用，如固定资产的折旧，无形资产、递延资产的摊销等。

我们先来考虑固定资产的净资本性支出，它等于货币性支出减去销售固定资产收到的资金。根据表3-1某公司的资产负债表，我们可以看到2017年年末固定资产的净值为371亿元，如果公司没有购买任何新的固定资产，则2018年年末固定资产应为371-2.5=368.5（亿元），但是在2018年年末，资产负债表上显示的固定资产的净值为432亿元，因而2018年在固定资产上花费了432-368.5=63.5（亿元）（见表3-7）。

表3-7 **某公司2018年净资本性支出** 单位：亿元

期末固定资产净值	432.0
减：期初固定资产净值	371.0
加：折旧	2.5
净资本性支出	63.5

某公司2018年花费在固定资产上的净值为63.5亿元，这63.5亿元就是2018年的净资本性支出。

因此，净资本性支出的计算公式为：

净资本性支出=期末（本年）固定资产净值-期初（上年）固定资产净值+折旧 (3-9)

（3）净营运资本变动。

公司除将资金投资于固定资产之外，还会进行流动资产的投资。我们再来看表3-1的资产负债表，2017年某公司的流动资产为48.6亿元，而2018年的流动资产为63亿元，在这一年里，流动资产的投资增加了14.4亿元。

在公司流动资产的投资有变动的同时，流动负债也发生着变化。我们可以通过算出期初和期末净营运资本的差来确定净营运资本的变动。2017年年末的净营运资本为48.6-39.2=9.4（亿元），2018年年末的净营运资本为63-48.8=14.2（亿元）。由此我们可以得出净营运资本变动了14.2-9.4=4.8（亿元），净营运资本上升了4.8亿元。也就是说，某公司在2018年度的投资净额为4.8亿元。我们把这种正值变动称为“追加的”净营运资本。

因此，净营运资本变动的计算公式为：

净营运资本变动=期末净营运资本-期初净营运资本 (3-10)

（4）自由现金流量。

自由现金流量是指来自资产的现金流量，是公司产生的、在满足了再投资需要之后剩余的现金流量。这部分现金流量是在不影响公司持续发展的前提下可供分配给企业资本供应者的最大现金额。简单地说，自由现金流量是指公司经营活动产生的现金流量扣除资本性支出的差额。它是一种财务方法，用来衡量公司实际持有的能够回报给股东的现金，指在不危及公司生存与发展的前提下可供分配给股东和债权人的最大现金额。

自由现金流量在经营现金流量的基础上考虑了资本型支出和股息支出。尽管你可能会认为股息支出并不是必需的，但是这种支出是股东所期望的，而且是以现金支付的。

如果自由现金流量丰富，则公司可以偿还债务、开发新产品、回购股票、增加股息支付。同时，丰富的自由现金流量也使得公司成为并购对象。

自由现金流量等于企业的税后净营业利润（将公司不包括利息收支的营业利润扣除实付所得税费用之后的数额）加上折旧及摊销等非现金支出，再减去营运资本的追加和物业、厂房、设备及其他资产方面的投资。它是公司所产生的税后现金流量总额，可以提供给公司资本的所有供应者，包括债权人和股东。

根据得出的结论，我们可以计算出资产型现金流量，具体公式如下：

资产型现金流量=经营现金流量-净资本性支出-净营运资本变动 (3-11)

根据我们的计算，某公司在 2018 年资产型现金流量为 8.59-63.50-4.80=-59.71（亿元），具体见表 3-8。

表 3-8 **某公司 2018 年资产型现金流量** 单位：亿元

经营现金流量	8.59
减：净资本性支出	63.50
减：净营运资本变动	4.80
资产型现金流量	-59.71

2. 债权人型现金流量

债权人型现金流量代表该年度对债权人的净支付额。它等于利息支出减去新的借款净额。2018 年某公司支付给债权人的利息为 6.56 亿元，从表 3-1 中我们知道长期债务 2018 年比上一年增加了 53.60 亿元，因此，债权人型现金流量为 6.56-53.60=-47.04（亿元），具体见表 3-9。

表 3-9 **某公司 2018 年债权人型现金流量** 单位：亿元

利息支出	6.56
减：新的借款净额	53.60
债权人型现金流量	-47.04

因此，债权人型现金流量的计算公式为：

债权人型现金流量=利息支出-新的借款净额 (3-12)

式中：新的借款净额=期末的长期负债-期初的长期负债

3. 股东型现金流量

股东型现金流量代表了该年度对股东的净支付额。它等于派发的股利减去新筹集的净权益。2018 年某公司支付给股东的股利为 1.11 亿元，而新筹集的净权益我们需要考虑普通股和溢缴股本账户。2018 年某公司该账户较上一年增加了 8.20 亿元，因此，流向股东的现金流量为-7.09 亿元（见表 3-10）。

表 3-10 **某公司 2018 年股东型现金流量** 单位：亿元

股利支出	1.11
减：新筹集的净权益	8.20
股东型现金流量	-7.09

因此，股东型现金流量的计算公式为：

股东型现金流量=股利支出-新筹集的净权益　(3-13)

3.5　税

3.5.1　概　述

1. 定义

税是国家为实现其职能，凭借政治权力，按照法律规定，通过税收工具强制地、无偿地征收国民收入，以及通过社会产品的分配和再分配取得财政收入的一种形式。取得财政收入的手段多种多样，如税收、发行货币、发行国债、收费、罚没等，由政府征收。税收具有无偿性、强制性和固定性的形式特征。税收三性是一个完整的统一体，它们相辅相成、缺一不可。

2. 功能

税收分为国税和地税。税收主要用于国防和军队建设、国家公务员工资发放、道路交通和城市基础设施建设、科学研究、医疗卫生防疫、文化教育、赈济救灾、环境保护等领域。一般来说，税收具有以下三种重要的基本职能：

（1）组织财政收入。税收是政府凭借国家强制力参与社会分配、集中一部分剩余产品（不论货币形式还是实物形式）的一种分配形式。组织国家财政收入是税收原生的最基本职能。

（2）调节社会经济。政府凭借国家强制力参与社会分配，必然会改变社会各集团及其成员在国民收入分配中占有的份额，减少他们的可支配收入，但是这种减少不是均等的，这种利益得失将影响纳税人的经济活动能力和行为，进而对社会经济结构产生影响。政府正好利用这种影响，有目的地对社会经济活动进行引导，从而合理调整社会经济结构。

（3）监督和管理社会经济活动。国家在征税过程中，必然要在日常深入细致的税务管理基础上，具体掌握税源，了解情况，发现问题，监督纳税人依法纳税，并同违反税收法令的行为进行斗争，从而监督社会经济活动方向，维护社会生活秩序。

3. 纳税人的基本权利

（1）有权向税务机关了解国家税收法律、预算收入与决算的知情权。国际上有“无选举权，不纳税”（Without Vote，Without Tax）之说，即强调纳税人的知情权。

（2）有权要求税务机关为纳税人、扣缴义务人的情况保密。

（3）纳税人依法享有申请减税、免税、退税的权利。

（4）对税务机关所做出的决定，享有陈述权、申辩权；依法享有申请行政复议、提起行政诉讼、请求国家赔偿等权利。

（5）有权控告和检举税务机关、税务人员的违法违纪行为。

3.5.2　公司所得税概述

世界各国税法繁杂，公司要缴纳的税有三种，即营业税、增值税和所得税。营业税以营业收入为税基进行征税，而增值税则以增值差价部分为税基进行征税，所得税则以扣除利息费用后的应税额为税基进行征税。一个公司的税费是公司最大的现金流出之一。2017

年沃尔玛公司的税前净利润为151.23亿美元，需要支付的各种税费高达46亿美元，大约是税前利润的30%。可见税是每个公司都不能忽略的问题。

1. 概念

公司所得税是指以公司、企业法人取得的生产经营所得和其他所得为征税对象而征收的一种所得税。世界上许多国家都将公司所得列为所得税的征税对象，并将这种所得税称为公司所得税。公司是依公司法规设立，全部资本由股东出资，并以股份形式构成，以营利为目的的法人实体。

在征收公司所得税的理论上，有法人实在说和法人拟制说两种不同观点。持法人实在说的人认为，公司法人是独立的经济实体，理应征税。纳税原则为成本和费用不纳税，所得和分红纳税。持法人拟制说的人认为，公司组织的法人资格是虚构的，它是由自然人的股东组成的，不应当独立征税，否则会引起同个人所得税的重复课税。在实践中，世界各国已逐渐确立了单独课税制，对引起的重复课税问题已采取了相应的解决办法。

2. 公司所得税税率分类

公司所得税税率分为平均税率和边际税率。

平均税率是指纳税额除以应税所得额得出的税率，也就是说支付的税额占利润的百分比。而所谓边际税率，就是征税对象数额的增量中税额所占的比率，也就是说多赚1元钱所应支付的税。表3-9中的税率都是边际税率，即表中所示的税率仅仅适用于指明范围以内的利润，而不是全部利润。举一个简单的例子并利用表3-9来更好地区分平均税率和边际税率。假设公司的应税所得额为200 000元，总的税额计算如下：

$$15\%\times 50\,000+25\%\times(75\,000-50\,000)+34\%\times(100\,000-75\,000)+39\%\times(200\,000-100\,000)$$
$$=61\,250\text{（元）}$$

在本例中，平均税率是多少？已知应税所得额为200 000元，总税额为61 250元，因此平均税率为61 250÷200 000×100%=30.625%。如果我们多赚1元，税将是39分，因此边际税率为39%。

我们应该注意的是，公司赚取的利润越多，支付的税占应税所得额的百分比越高。通常与财务决策相关的是边际税率。由于财务决策通常涉及新的现金流量或现有现金流量的变动，因此该税率能够告诉我们该决策对税额的边际影响。

3. 公司所得税亏损结转

公司所得税亏损结转的基本方式可以分为向以前年度结转和向以后年度结转两种，也有的将两种结合起来，称为混合结转。从国际上看，各国一般采取两种基本方式中的一种，很少有将两种方式结合起来用的。

美国《国内税务法规》准许公司将特定年度的经营净损失向前追溯3年或向后结转15年，即营业亏损抵回和营业亏损抵后。

（1）营业亏损抵回（tax carryback），是指公司用当年发生的亏损去抵销以前年度报告的应税收益。它应在亏损期间予以确认，在利润表上反映为营业亏损的减少。这种方法采用的国家较少，美国实施该政策，并把结转弥补时间定为3年。德国、日本、加拿大等国的税法允许亏损向以前年度结转弥补1年。

（2）营业亏损抵后（tax carryforward），是指公司用当年发生的亏损额去抵销以后年度的应税收益，它也应在亏损期间予以确认，在资产负债表上列报为递延所得税负债的减少，在利润表上反映为营业亏损的减少。这种办法被较多国家采用，如韩国为3~4年，菲律宾为6年，美国为15年，德国税法对亏损向以后年度弥补没有时间限制。

以上两者都将给公司带来所得税上的好处。

本章小结

本章主要讲授了公司三张主要的财务报表以及现金流量的计算。

(1) 财务报表是企业竞争的财务历史，而财务分析是对企业经营事项及财务状况进行分解剖析的行为。财务报表亦称对外会计报表，是会计主体对外提供的反映其财务状况和经营成果的会计报表，包括资产负债表、利润表、现金流量表、所有者权益变动表、报表附注。财务报表是财务报告的主要部分，不包括董事报告、管理分析及财务情况说明书等列入财务报告或年度报告的资料。财务报表是对内会计报表的对称，是以会计准则为规范编制的，向所有者、债权人、政府和其他有关各方及社会公众等外部使用者披露的会计报表。

(2) 现金流量是指企业在一定会计期间按照现金收付实现制，通过一定经济活动（包括经营活动、投资活动、筹资活动和非经常性项目）而产生的现金流入、现金流出及总量情况的总称。来自资产的现金流量等于流向债权人的现金流量与流向股东的现金流量之和。债权人型现金流量代表该年度对债权人的净支付额。它等于利息支出减去新的借款净额。股东型现金流量代表了该年度对股东的净支付额。它等于派发的股利减去新筹集的净权益。

(3) 现金流量的恒等式说明了企业通过不同的活动来产生现金流量，而这些现金要么用于偿付给债权人，要么用于支付给企业的所有者。

现金流量恒等式：

资产型现金流量=债权人型现金流量+股东型现金流量

资产型现金流量=经营现金流量-净资本性支出-净营运资金变动

经营现金流量=息税前利润+折旧-税

净资本性支出=期末（本年）固定资产净值-期初（上年）固定资产净值+折旧

净营运资本变动=期末净营运资本-期初净营运资本

债权人型现金流量=利息支出-新的借款净额

股东型现金流量=股利支出-新筹集的净权益

(4) 平均税率和边际税率可能不同，与财务决策相关的是边际税率。平均税率是指纳税额除以应税所得额得出的税率，也就是说支付的税额占利润的百分比。而所谓边际税率，就是征税对象数额的增量中税额所占的比率，也就是说多赚1元钱所应支付的税。

(5) 营业亏损抵回是指公司用当年发生的亏损去抵销以前年度报告的应税收益；营业亏损抵后是指公司用当年发生的亏损去抵销以后年度的应税收益。

基本训练

◆ **简答题**

1. 什么是资产负债表？什么是流动性？
2. 什么是利润表？会计利润为什么与现金流量不同？
3. 什么是边际税率？什么是平均税率？
4. 如何计算企业经营活动产生的现金流量？如何理解来自资产的现金流量？
5. 什么是债权人型现金流量？什么是股东型现金流量？如何计算？

◆ **本章思考**

无形资产与公允价值

1975年春天，在我就职于共同份额基金（Mutual Shares Fund）公司后不久，麦克斯·汉尼（Max Heine）让我关注一家小的啤酒厂——F&M Schaefer 酿造公司。我时时刻刻盯着它的资产负债表，注意到它有+/-4 000万美元的净值和4 000万美元的“无形资产”。我对麦克斯说：“它看上去太便宜了，它的市价远远低于它的净资产值……一种典型的价值型股票！”麦克斯说：“密切关注它。”

我查找了各种公告和记录，仔细研究了其财务报表，但看不出其标明的无形资产的数据出自哪里。我给 F&M Schaefer 公司的财务经理打电话说：“我正在查看你公司的资产负债表，请告诉我4 000万美元的无形资产指的是什么。”他回答说：“难道你不知道我们的鼎鼎大名吗？F&M Schaefer 是你喝过的各种各样啤酒中的第一品牌。”

那是我第一次对无形资产的价值进行分析。当然，在1975年的时候，无形资产在某种程度上被认为是言过其实的代名词，它提高了公司的账面价值，显示的是比实实在在的有形收益高得多的总收益。所有这些数据和事实都表明，F&M Schaefer 的股票价格应该比它的现价更高。我们为什么不买它呢？

今天，响当当的品牌价值有多少体现在其资产负债表上呢？像可口可乐、菲利普·莫里斯（Philip Morris）和吉列（Gillette）公司，它们现在都拥有享誉全球的巨大“无形资产”，这些价值都没有反映在其资产负债表上吗？

1998年，我们正处于为期20年的巨额兼并浪潮之中，其中大多数著名的公司已经在主业之外介入一项或更多的其他业务。结果是，对这些公司的财务状况越来越难以准确地把握。美国财务会计标准委员会研究是否要制定规则，取消企业合并时这种会计核算的实际利息计算法，这种改变大大提升了反映在资产负债表上的商号和商业信誉的价值。联合经营，允许一家公司把它兼并吸收的没有商誉的公司的财务会计报表和自己公司的合并起来。联合经营也限制公司股票的回购行为。而同时，企业合并时采用会计处理的购入法（在一项兼并或收购行为中会计处理的其他方法）则允许股票回购，还要求在一个不超过50年的特定期限内，依法对商誉价值予以分期摊销，这种记录商誉的要求会导致较低的收购费用和较低的公司估价标准。

处于2011年，无论你是否是本·格雷厄姆的信徒，无论是作为一个价值型投资者还是一个成长型或趋势型投资者，你都不得不承认：一只股票的价格必然与其财务状况有关。有时，投资者会忽视股票的基本面分析，如账面价值、现金流、股息和各种财务比率，而正是这些数据奠定了普通股市场价值的基础。特别是在股票市场的狂热飙升或直线下泻时，由于贪婪和恐惧，投资者往往置成功投资的基本准则于不顾。彻底搞清楚如何阅读基本的财务数字，应该能使投资者有的放矢，集中精力抓住主要矛盾，因而可以避免致命的错误，还能帮助投资者挖掘到隐含在浮躁的华尔街下宝藏的价值。

当今的企业比以往任何时候都更为庞大、更为全球化。那些在全球范围内推销产品的公司，大多数是数十年呕心沥血探索的结果。通过促销，它们赚取了成百万的美元，但仍然没有在资产负债表上提及任何的无形资产，因为它们已经反映在市场价格中。但是，市场究竟应该给一个著名品牌估一个多高的价？它为什么值这个价？该价与这些著名品牌产品产生的现金流有关吗？全球化公司已经非常擅长于权衡自己品牌的无形资产价值。航空公司正在利用计算机寻求最佳负荷量。管理信息系统正比以往任何时候都有助于从现有资产上获取更大的回报。随着公司通过直接向外扩展和联合风险投资两条途径进行全球化扩张，那些知名品牌的真正价值将会日渐显现出来。由此，关注财务报表的有心投资者就会根据市场走势，对他们关注的“产品”和“著名品牌”等无形资产给出一个大致的估价。

让《上市公司财务报表解读》常伴你左右，我坚信，你就不会被淹没在金融市场的茫茫大海中。

——麦克·F.普莱斯

资料来源 格雷厄姆，麦勒迪斯. 上市公司财务报表解读［M］. 王玉平，译. 北京：华夏出版社，2004：序言 .

财务管理第三黄金定律

第4章 财务比率

学习目标

◆ 重点掌握不同财务比率的计算与含义。
◆ 掌握财务分析中的偿债能力、经营能力、盈利能力和成长能力。
◆ 掌握杜邦分析模型。

引例

财务报表和财务比率是巴菲特攻城略地、克敌制胜的法宝。1998年，巴菲特在可口可乐一只股票上就赚了121亿美元。正是这一年，巴菲特总结出了他的成功之道："我们始终在寻找那些业务清晰易懂、业绩持续优异、由能力非凡并为股东着想的管理层来经营的大公司。这种目标公司并不能充分保证我们的投资盈利：我们不仅要在合理的价格上买入，而且我们买入的公司的未来业绩还要与我们的估计相符。"显然，这种公司就是巴菲特要寻找的超级明星公司。那么他的寻宝图是什么呢？答案是公司财务报表。那么巴菲特是如何分析公司的财务报表的？

价值投资，最重要的不是投资，而是价值。有一种估值方法在实务界和学术界都没有引起争议，就是用现金流量贴现的方法。听起来很专业，巴菲特解释得很通俗，就是把股票当债券看，都是用你得到的现金回报来衡量。如果你当公司股东，以目前的价格收购整个公司的投资收益率，比当国家的债主买长期国债的投资收益率高很多，就值得买入。巴菲特买股票如同买长期国债，目的是寻找一个超级赚钱的机器，像债券那样稳定，创造的现金流量却更多。

计算现金流量，比计算其他财务指标简单多了，和你计算自己一年挣了多少钱又花了多少钱最后净剩下多少钱完全一样。计算很简单，但预测很不简单。巴菲特说，未来是永远看不清楚的，即使是老手也很容易预测错误。那么如何避免犯下重大的预测错误呢？巴菲特提供了两个方法：第一是限制范围，只预测你非常熟悉而且业务十分简单稳定的公司；第二是价格上留有足够的安全边际，即大大低于预测的价值，即使自己犯错高估一些，仍有较大的赚钱余地，其实相当于做最保守的预测。很多人盲目相信别人的分析、别人的推荐，盲目相信公司过去的良好业绩记录，简单地认为，公认的好公司就可以闭着眼睛买，结果闭着眼睛跳进火坑。

巴菲特6岁开始在街上卖可口可乐，26岁开始管理投资，但他却在1988年他58岁时才开始买入可口可乐的股票，巴菲特说自己观察研究了可口可乐整整52年之后才开始大笔买入。两年买入13亿美元，10年后涨到134亿美元，一只股票赚了121亿美元。巴菲特研究可口可乐的财务报表花了32年之久。

巴菲特最重要的工作是分析公司多年的财务数据，判断公司业务、管理和业绩的稳定性，如果具有稳定性，就可以轻松预测其未来几年的现金流量。所以巴菲特最重要的工作是研究阅读财务报表，研究最深的是上市公司的年度和季度财务报告。巴菲特说："只有你愿意花时间学习如何分析财务报表，你才能够独立地选择投资目标。"相反，如果你不能从财务报表中看出上市公司是真是假是好是坏，你将一败涂地。

资料来源　刘建位. 巴菲特如何分析财务报表［EB/OL］.［2009-09-26］. http://finance.sina.com.cn/stock/stocklearnclass/20090926/02366796223.shtml.

报表使用者进行财务分析，就是要通过分析了解公司的财务能力，以便为其所要进行的财务决策提供依据。在长期实践过程中，人们创造了财务分析的指标体系，并且上升到以财务分析理论来指导财务分析工作。具体来说，对公司基本财务能力的分析是通过对财务比率的计算与分析来判断的。财务比率多种多样，不同的财务比率有不同的含义，能够揭示不同的问题。

4.1　偿债能力比率

偿债能力是指企业偿还各种到期债务的能力。通过偿债能力分析，可以揭示公司的财务风险。偿债能力从时间上划分，可分为短期偿债能力和长期偿债能力。

4.1.1　短期偿债能力比率

短期偿债能力是指公司以其流动资产支付在 1 年内即将到期的流动负债的能力。其对一个公司来说相当重要。一个公司一旦缺乏短期偿债能力，不仅无法获得有利的机会，而且还会因为无力支付到期的债务而被迫变卖资产，最终导致破产。因此，财务管理应当重视短期偿债能力的管理。短期偿债能力的强弱同企业变现能力强的资产和流动负债之比的大小密切相关，该比率越大，说明企业短期偿债能力越强；反之则越弱。评价企业短期偿债能力的财务比率主要有流动比率、速动比率和现金比率等。

1. 流动比率

流动比率是指流动资产与流动负债的比率。它是评价公司用流动资产偿还流动负债能力的指标，说明公司每 1 元流动负债有多少流动资产可以作为支付的保证。

流动资产主要包括货币资金、短期投资、存货等，一般用资产负债表中的期末流动资产总额表示。流动负债主要包括短期借款、应付账款等，通常用资产负债表中的期末流动负债总额表示。流动比率的计算公式为：

$$\text{流动比率}=\frac{\text{流动资产}}{\text{流动负债}} \tag{4-1}$$

【例 4-1】某公司 2018 年流动资产合计为 48.6 亿元，流动负债为 39.2 亿元，该公司的流动比率是多少？

【解】流动比率=48.6÷39.2=1.24

计算结果表明，该公司的流动比率为 1.24 倍，每 1 元的流动负债就有 1.24 元的流动资产作为保障。该比率越高，说明公司短期偿债能力越强，流动负债得到清偿的保障倍数越高，债权人的风险也就越小。如果比率过高，则说明该公司存在过多的流动资产，而流动资产不能创造价值，说明公司资源未得到充分利用，影响公司的获利能力。

传统的观点认为流动比率保持在 2 倍左右最为合适，但进入 21 世纪之后，这一概念受到很大的冲击和挑战。不同的行业分化出不同的标准，难以完全统一。通常情况下，加工制造业由于生产周期长，存货变现的时间也比较长，因此流动比率要适当高一些；对于商业、服务业，由于存货变现的时间较快，则相应的流动比率低一些。从世界 500 强公司来看，该比率相对较低。因此，在利用流动比率来分析公司的短期偿债能力时，不仅应该结合不同行业的特点、公司流动资产的结构等因素，还要考虑公司所在的行业标准。

2. 速动比率

在流动资产中，有些资产的变现性较差，如存货等。存货的增加导致流动比率较高，但如果存货滞销的话，公司的短期偿债能力仍然不强。因此，我们引入速动比率的概念来检测公司的短期偿债能力。

速动比率也称酸性实验比率，指公司速动资产与流动负债之比。速动资产是指能够迅速变现的流动资产，是流动资产扣除存货等流动性较弱的流动资产后的余额。其计算公式如下：

$$速动比率=\frac{速动资产}{流动负债} \tag{4-2}$$

一般速动比率保持在 1 左右比较适宜。该比率过低，表明公司短期偿债能力弱，风险大；但比率过高，则表明公司滞留的现金或近似于现金的资产过多，利用效率差，会影响到公司的盈利能力。但是该比率的值也不是绝对的，不同行业也会有差别，应该根据同行业的资料和本公司的历史情况进行判断。

【例 4-2】某公司 2018 年的流动资产合计为 48.6 亿元，流动负债为 39.2 亿元，存货为 4.6 亿元，问速动比率为多少？

【解】速动比率=（48.6-4.6）÷39.2=1.12

计算结果表明，公司每 1 元的流动负债 2018 年年末有 1.12 倍的速动资产作为偿还债务的保证，也可以解释为每 1 元的流动负债有 1.12 元的速动资产来保障流动负债的偿还。

3. 现金比率

现金比率也称为即付比率，是公司现金与流动负债的比率。它是衡量公司即时偿债能力的比率，反映公司的流动资产中有多少现金能用于偿债。其计算公式为：

$$现金比率=\frac{现金}{流动负债} \tag{4-3}$$

现金比率是评价公司流动资产中现金、银行存款和短期证券用于偿还流动负债能力的指标，是对流动比率和速动比率的进一步分析。一般来说，现金比率在 20% 以上较好，但不是越高越好，因为该指标太高可能是由于企业拥有大量不能盈利的现金和银行存款，会导致公司的资产得不到有效的利用，影响流动资产的盈利能力。

【例 4-3】某公司 2018 年现金合计为 24 亿元，流动负债为 39.2 亿元，求该公司的现金比率。

【解】现金比率=24÷39.2=0.61

计算结果表明，每 1 元钱的流动负债有 0.61 元现金可以用来迅速偿还流动负债。该公司 2018 年的现金比率比较高，可能跟公司拥有大量不能盈利的现金和银行存款有关。

净营运资金与总资产的比率=净营运资金÷总资产。这一比率用百分比表示，检测总资产与净营运资金的关系，用更通俗的方法则可以解释为每 1 元总资产由多少净营运资金来支持。

流动性比率中的最后一个比率是内测率，公式为：内测率=流动资产÷平均日营运成本。这一比率用日来表示，即公司下一个资金周期需要多长时间。

4.1.2　长期偿债能力比率

长期偿债能力是指公司偿还长期债务（1 年或超过 1 年）的能力。由于偿还长期债务最终是用全部资产，因此影响公司长期偿债能力的因素主要有两方面：一是公司的资本结构；二是公司的举债效率，即长期债务项目的盈利能力。公司资本结构中负债比重越高，债务压力越大，其能够偿付的可能性就越低。反映公司长期偿债能力的指标主要有资产负债率、产权比率、利息保障倍数等。

1. 资产负债率

资产负债率是公司一定时点上负债总额与资产总额的比率。它表示公司总资产中有多少是通过负债筹集的。其计算公式为：

$$\text{资产负债率}=\frac{\text{负债总额}}{\text{资产总额}}\times 100\% \tag{4-4}$$

资产负债率反映了公司长期偿债能力的强弱，通过对这个指标的分析可以衡量公司总资产中权益所有者与债权人所投资金是否合理。但是，不同的报表使用者对该指标有不同的理解。

以债权人的观点看，该比率反映了公司资产对负债的担保能力。因为对长期负债而言，公司能否按时还本付息的可变因素太多，为了保证公司还本付息的能力，债权人会要求企业用其资产对所负债务承担责任。由于公司资产变现能力大小不一，许多资产在变现时必须折价，公司的资产负债率越低，就意味着公司资产对负债的担保力越强，债权人的借贷风险越小；反之，比率越高，则表明公司资产对负债的担保力不足，债权人收不回借贷本息的可能性就越大，故债权人认为该比率较低为优。世界 500 强的公司负债率一般不超过 10%。按一般经验判断，资产负债率的最高标准为 50%，若该比率高于 50%，则表明担保每 1 元负债的自有资金不足 1 元钱，债权人风险较大。

以投资人的观点看，资产负债率高可以减少发行股票筹资的量，使原股东容易保持对公司的控制权。该比率的高低，与公司的经营思想密切相关。激进的，该比率会较高；保守的，该比率会较低。故资产负债率又是公司经营活力的反映。

【例 4-4】某公司 2018 年资产总额为 419.6 亿元，负债为 283.6 亿元，计算该公司 2018 年的资产负债率。

【解】资产负债率=283.6÷419.6×100%=67.59%

这表明该公司每 100 元的资产中约有 68 元来源于举债，或者说每 100 元的总资产中有 68 元的债务。该公司的资产负债率约 68%，超过 50% 的界限，说明债务较多，长期偿债能力较弱。该比率有时也用倍数来表示，即不乘以 100%。

2. 产权比率

产权比率是负债总额与股东权益总额的比率，反映债权人提供的资金与股东提供的资金的相对关系，是公司财务结构稳健与否的重要标志，说明了债权人投入资金受到股东权益保障的程度。其计算公式为：

$$产权比率=\frac{负债总额}{股东权益总额} \tag{4-5}$$

这个指标的评价标准通常小于 1，但不是越小越好，比率越小说明股东权益越大，尽管有利于公司长期偿债能力的提高，但不能充分发挥负债的财务杠杆效应。因此，公司在评价产权比率适度与否时，应从提高获利能力和增强偿债能力两个方面综合进行，在保障债务偿还安全的前提下，尽可能提高产权比率。

【例 4-5】某公司 2018 年资产总额为 419.6 亿元，负债为 283.6 亿元，计算该公司 2018 年的产权比率。

【解】公司 2018 年的产权比率=283.6÷（419.6-283.6）=2.09

上述产权比率的结果可以解释为：债务是股东权益的 2.09 倍，即每 1 元的股东权益支撑了 2.09 元的负债。

计算结果表明，该公司的长期偿债能力较弱，债权人的保障程度不高。计算权益乘数可以采用以下方式：

1+2.09=3.09

3. 利息保障倍数

利息保障倍数是公司一定时期的息税前利润与利息费用之比。它反映的是公司偿付负债利息的能力。其计算公式为：

$$利息保障倍数=\frac{息税前利润}{利息费用} \tag{4-6}$$

利息保障倍数越大，说明公司支付利息的能力越强，风险越小；反之，公司偿债能力就越弱。为了正确评价公司偿债能力的稳定性，一般需要计算连续数年的利息保障倍数，并且通常选择一个指标最低的会计年度来考核公司长期偿债能力的状况，以保证公司最低的偿债能力。

【例 4-6】某公司 2018 年息税前利润为 4.29 亿元，利息费用为 3.1 亿元，计算该公司 2018 年的利息保障倍数。

【解】利息保障倍数=4.29÷3.1=1.38

利息保障倍数为 1.38 倍，表明该公司息税前利润只是利息费用的 1.38 倍。该利息保障倍数可以解释为，每 1 元的利息费用有 1.38 元的息税前利润来保障。

4.2 营运能力比率

营运能力是指公司对其有限资源的配置和利用能力。公司的营运能力反映了公司的资金周转情况。由于公司的营运能力最终通过资产的运作体现出来，因此，评价营运能力通常用的财务比率有存货周转率、应收账款周转率、流动资产周转率、固定资产周转率、总资产周转率等。

4.2.1 存货周转率

存货周转率是指公司一定时期内的营业成本与存货的比率，用来反映存货周转速度。

其计算公式为：

$$存货周转率=\frac{营业成本}{存货余额} \tag{4-7}$$

$$存货周转天数=\frac{365}{存货周转率} \tag{4-8}$$

存货周转速度的快慢，不仅反映公司采购、储存、生产、销售各环节管理工作状况的好坏，而且对公司的偿债能力及获利能力都会产生决定性影响。一般来说，存货周转率越高，周转期越短，存货周转速度就越快，利用效率也就越好。但存货周转率过高有可能是存货太少或库存经常不足所致，这样就会导致经常缺货，延误生产，或者是产品脱销，丧失销售机会，或者是采购次数频繁，增加营业成本。因此对存货周转率进行分析，应结合行业性质及公司实际情况做出正确评价。

在计算存货周转率的时候，可以采用平均存货，它取决于计算的目的。如果我们对花多长时间来出售现有的存货更感兴趣，那么采取期末数据会更好。在接下来的存货周转率的计算中，我们都将采用期末数据进行计算。

【例 4-7】某公司 2018 年营业成本为 29.16 亿元，存货为 4.6 亿元，求该公司 2018 年的存货周转率和存货周转天数。

【解】存货周转率=29.16÷4.6=6.34（次）

存货周转天数=365÷6.34=57.57（天）

这意味着该公司的全部存货被出售或者周转了 6.34 次。在不因为存货短缺而影响销售的前提下，存货周转率越高，表明公司的存货管理效率越高。假如库存周转 1 次可以盈利 1 元，那么，周转 6.34 次就可以赚 6.34 元。因此，周转次数频率越高，库存就可以形成更多的利润。公司管理层有加速库存周转次数的倾向，特别是零售业。

由此可以看出，存货在出售之前平均存在了 58 天。换句话说，假如我们采用最近的存货或者成本数据，将花费 58 天的时间才能把目前的存货全部售出。或者说库存周转 1 次用了 58 天，还可以说库存用了 58 天才周转了 1 次。

4.2.2　应收账款周转率

应收账款周转率反映了公司在一定时期应收账款回收额与应收账款的关系，其公式为：

$$应收账款周转率=\frac{应收账款回收额}{平均应收账款余额} \tag{4-9}$$

式中：应收账款回收额是指已经转化为现金的应收账款，通常我们以赊销收入净额取代本年应收账款回收额来作为应收账款回收额；应收账款平均余额为应收账款期初余额和期末余额的算术平均数。

应收账款周转率是考核应收账款变现能力的重要指标，反映了应收账款转化为货币资金的平均次数。一般来说，应收账款周转率越高，收账速度越快，发生坏账的可能性就越小。我们也用应收账款周转天数来衡量应收账款变现能力，其公式为：

$$应收账款周转天数=\frac{365}{应收账款周转率} \tag{4-10}$$

【例 4-8】某公司 2018 年应收账款为 20 亿元，赊销销售收入为 41.98 亿元，求该公司 2018 年的应收账款周转率和应收账款周转天数。

【解】应收账款周转率=41.98÷20=2.1（次）

应收账款周转天数=365÷2.1=173.81（天）=174（天）

可以看出，该公司 2018 年共计 2.1 次收回流通在外的赊账欠款并且重新把应收账款放回去。该比率可以解释为每 1 元应收账款每年周转了 2.1 次。假设应收账款 1 元周转 1 次可以赚取 1 元钱，那么 2.1 次意味着赚取了 2.1 元。

该结果表明该公司收回赊销应收账款的时间为 174 天。这一数据表明应收账款周转速度过低，管理效率不高。不但发生坏账的可能性较高，而且影响了公司的盈利。

4.2.3 流动资产周转率

流动资产周转率是销售收入与流动资产的比率，其计算公式为：

$$流动资产周转率=\frac{销售收入}{流动资产} \tag{4-11}$$

该指标反映流动资产的周转速度和营运能力。一般来说，该指标越高，说明公司的流动资产周转速度越快，单位流动资产为公司带来的利益越多，资源利用效率越好，会相对节约流动资金，增强公司的盈利能力；反之，周转速度越慢，则其资产所占用的资金越多，会造成资金浪费，降低公司的盈利能力。

【例 4-9】某公司 2018 年销售收入为 41.98 亿元，流动资产为 48.6 亿元，求该公司 2018 年的流动资产周转率。

【解】流动资产周转率=41.98÷48.6=0.86（次）

上述流动资产周转率可以解释为：流动资产 1 元周转了 0.86 次，或者说流动资产 1 元产生了 0.86 元的销售收入。正常情况下，流动资产周转率是大于 1 的，只有这样，公司才能正常盈利。

4.2.4 固定资产周转率

固定资产周转率是销售收入与固定资产的比率，其计算公式为：

$$固定资产周转率=\frac{销售收入}{固定资产} \tag{4-12}$$

该指标反映了固定资产的周转速度和营运能力。一般来说，该指标越高，说明公司的固定资产周转速度越快，资源利用效率越好，增强了公司的盈利能力；反之，周转速度越慢，则资产需要占用更多的资金，造成资金浪费，降低了公司的盈利能力。

【例 4-10】某公司 2018 年销售收入为 41.98 亿元，固定资产为 371 亿元，求该公司 2018 年的固定资产周转率。

【解】固定资产周转率=41.98÷371=0.11（次）

上述固定资产周转率可以解释为：固定资产 1 元周转了 0.11 次，或者说固定资产 1 元产生了 0.11 元的销售收入。固定资产周转率大于 1，其效率才能得以体现。

4.2.5 总资产周转率

总资产周转率是最经常使用的指标之一，通常被用来分析公司全部资产的使用效率，其计算公式为：

$$总资产周转率=\frac{销售收入}{总资产} \quad (4-13)$$

从理论上说，总资产周转率越高，资产管理效率越高。实际上，这一指标的大小与行业性质密切相关，通常资本密集型行业总资产周转率较低，劳动密集型行业总资产周转率较高。因此，应将公司的总资产周转率与行业平均的周转率进行比较，以判断公司资产的使用效率。

【例 4-11】某公司 2018 年销售收入为 41.98 亿元，总资产为 419.6 亿元，求该公司 2018 年的总资产周转率。

【解】总资产周转率=41.98÷419.6=0.1（次）

总资产周转率 0.1 意味着 419.6 亿元的总资产每年周转了 0.1 次。进一步解读，419.6 亿元的总资产中只有 10% 的总资产创造了营业额，其他总资产处于闲置状态。还可以说，每 1 元的总资产产生了 0.1 元的营业额。

4.3　盈利能力比率

盈利能力是指公司在一定时期内赚取利润的能力。盈利能力的大小是一个相对的概念，是利润相对于一定的收入或资源投入而言的。一般来说，利润相对于收入和资源投入的比率越高，盈利能力越强；反之则越弱。盈利能力分析是企业财务分析的重要组成部分，也是评价公司经营管理水平的重要依据。对公司的盈利能力进行分析，一般是分析公司正常经营活动的盈利能力。公司盈利能力的财务比率主要有总资产报酬率、销售净利率、权益报酬率等。

4.3.1　总资产报酬率

总资产报酬率（return on assets，ROA）反映了公司所拥有的资源创造价值的能力，是公司一定时期的净利润与资产总额的比率。其计算公式为：

$$总资产报酬率=\frac{净利润}{资产总额}\times 100\% \quad (4-14)$$

只从该指标本身看不出其盈利率的高低，要判断它的高低通常要与该公司前期、同行业平均水平和先进水平进行比较，从而了解公司的资产利用效率，发现其经营管理中存在的问题，以便采取措施，加强经营管理。

【例 4-12】某公司 2018 年净利润为 5.52 亿元，总资产为 419.6 亿元，求该公司 2018 年的总资产报酬率。

【解】总资产报酬率= 5.52÷419.6×100%=1.32%

上述总资产报酬率反映的是每 1 元总资产创造的净利润有 1 分多。1.32% 的总资产报酬率是一个不高的比率，说明该公司盈利能力不强。

4.3.2　销售净利率

销售净利率是公司净利润与销售收入的比率。其计算公式为：

$$销售净利率=\frac{净利润}{销售收入}\times 100\% \quad (4-15)$$

销售净利率反映公司通过经营活动实现的净利润水平。该指标越高，说明公司获取收益的能力越强。

【例 4-13】某公司 2018 年净利润为 5.52 亿元，销售收入为 41.98 亿元，求该公司 2018 年的销售净利率。

【解】销售净利率=5.52÷41.98×100%=13.15%

经过计算，该公司的销售净利率为 13.15%。它意味着每 1 元销售额创造了 0.13 元的净利润。

4.3.3 权益报酬率

权益报酬率（return on equity，ROE），又叫净资产报酬率，是指一定时期企业净利润与股东权益总额的比率，其计算公式为：

$$\text{权益报酬率}=\frac{\text{净利润}}{\text{股东权益总额}}\times 100\% \tag{4-16}$$

权益报酬率是一个综合性很强的评价指标，反映公司股东获取投资报酬的高低。该比率越高，说明公司的盈利能力越强。

【例 4-14】某公司 2018 年净利润为 5.52 亿元，股东权益为 136 亿元，求该公司 2018 年的权益报酬率。

【解】权益报酬率=5.52÷136×100%=4.1%

该公司 2018 年的权益报酬率为 4.1%，说明每 1 元的权益资本创造了约 4 分钱的净利润。

4.4 创造市场价值能力比率

创造市场价值的能力是指上市公司在一个会计年度内创造的资产价值，用价格来表示。在有效的市场里，上市公司的资产价值反映了公开的信息，其市场价值就是公司资产的内在价值，此时公司资产的市场价值等于其资产的内在价值。在一个不完全有效的市场里，一项资产的内在价值与市场价值会在一段时间里不相等。如果内在价值高于市场价值，则认为资产被市场低估了，投资者会决定买进，价格就会上涨。公司资产价值的相关指标包括每股收益、市盈率、市净率等。

4.4.1 每股收益

每股收益即每股盈利，是指普通股股东每持有 1 股所能享有的公司净利润或需承担的公司净亏损。每股收益通常被用来反映公司的经营成果，衡量普通股的获利水平及投资风险，是投资者等信息使用者据以评价公司盈利能力、预测公司成长潜力进而做出相关经济决策的重要财务指标之一。其计算公式为：

$$\text{每股收益}=\frac{\text{净利润}}{\text{发行在外的普通股股数}} \tag{4-17}$$

该比率反映了每股创造的税后利润，比率越高，表明每股股票所创造的利润越多，股东的投资效益越好。公式中的股份数是指流通在市场中的普通股股数。在进行分析时，可以进行公司间的比较，评价该公司的相对盈利能力，也可以进行同一公司不同时期的比较，了解该公司盈利能力的变化趋势。

【例 4-15】某公司 2018 年净利润为 5.52 亿元，普通股股数为 10 亿股，求该公司 2018 年的每股收益。

【解】每股收益=5.52÷10=0.55（元）

由此可以看出，该公司每股收益为 0.55 元。每股盈利越高，股价将随之上升，反之亦然。

4.4.2　市盈率

市盈率指在一个考察期（通常为 12 个月的时间）内股票的价格和每股收益的比例，反映了股份公司的获利情况。其计算公式为：

$$\text{市盈率}=\frac{\text{普通股每股市价}}{\text{普通股每股收益}} \tag{4-18}$$

该比率反映投资者对每 1 元净利润愿意支付的价格，可以用来估计股票的投资报酬率和风险。一般认为，如果一家公司股票的市盈率过高，那么该股票的价格具有泡沫，价值被高估。当一家公司增长迅速以及未来的业绩增长被非常看好时，股票目前的高市盈率可能恰好准确地估量了该公司的价值。需要注意的是，利用市盈率比较不同股票的投资价值时，这些股票必须属于同一个行业，因为此时公司的每股收益比较接近，相互比较才有效。

【例 4-16】假设某公司的股票价格为 6.5 元/股，公司 2018 年净利润为 5.52 亿元，普通股股数为 10 亿股，求该公司 2018 年的市盈率。

【解】市盈率=6.5÷（5.52÷10）=11.78

上述市盈率说明股票价格是每股收益的 11.78 倍。

4.4.3　市净率

市净率指的是每股股价与每股净资产的比率。每股净资产是股东权益与普通股总数的比值，也称每股账面价值。其计算公式为：

$$\text{市净率}=\frac{\text{普通股每股市价}}{\text{普通股每股净资产}} \tag{4-19}$$

$$\text{每股净资产}=\frac{\text{股东权益}}{\text{普通股股数}} \tag{4-20}$$

市净率可用于投资分析。每股净资产是股票的账面价值，它是用成本计量的，而每股市价是这些资产的现在价值，它是证券市场上交易的结果。市价高于账面价值时，企业资产的质量较好，有发展潜力；反之，则资产质量差，没有发展前景。优质股票的市价会超出每股净资产许多，一般说来市净率达到 3 可以树立较好的公司形象。市价低于每股净资产的股票，就像售价低于成本的商品一样，属于“处理品”。当然，“处理品”也不是没有购买价值，问题在于该公司今后是否有转机，或者购入后经过资产重组能否提高获利能力。

【例 4-17】假设某公司 2018 年的股票价格为 6.5 元/股，每股净资产为 13.6 元，求该公司 2018 年的市净率。

【解】市净率=6.5÷13.6=0.48

由此可以看出，该公司的市净率小于 1，说明公司在为其股东创造价值方面总体上是不成功的。

4.4.4 净利润增长率

净利润增长率，即本年净利润与上年净利润之差再除以上年净利润的比值。净利润是公司经营业绩的最终结果。净利润的增长是公司成长性的基本特征，净利润增幅较大，表明公司经营业绩突出，市场竞争能力强；反之，净利润增幅小，甚至出现负增长，也就谈不上具有成长性。

【例 4-18】假设某公司 2018 年的净利润为 5.52 亿元，2017 年的净利润为 4.42 亿元，求该公司 2018 年的净利润增长率。

【解】净利润增长率=（5.52-4.42）÷4.42×100%=24.89%

由此可以看出，该公司 2018 年的净利润增长率为 24.89%，说明该公司净利润的增长幅度较大，具备了较高的成长性。

4.5 杜邦分析法

杜邦分析法是一种通过分析公司盈利能力和股东权益回报水平，从财务角度评价企业绩效的经典方法。这种财务分析方法是由美国杜邦公司的皮埃尔·杜邦（Pierre DuPont）和唐纳森·布朗（Donaldson Brown）创造并首先应用的，因而被称为杜邦体系（DuPont System）。

4.5.1 杜邦分析法概述

杜邦分析法的基本思想是将公司净资产收益率逐级分解为多项财务比率乘积，并通过几种主要的财务比率之间的关系来综合地分析公司的财务状况，这样有助于深入分析比较公司的经营业绩。随着财务分析理论和实践的不断发展，杜邦财务分析体系被越来越多的财务分析者所采用，并逐渐发展成为在西方国家较有影响力的综合财务分析方法。

杜邦分析法的基本结构可以用图 4-1 加以说明。

净资产收益率
↓
总资产净利率 × 权益乘数
↓
销售净利率 × 总资产周转率
↓ ↓
净利润 ÷ 销售收入　销售收入 ÷ 资产总额
↓ ↓
销售收入 - 全部成本 + 其他利润 - 所得税　长期资产 + 流动资产
↓ ↓
营业成本 + 销售费用 + 管理费用 + 财务费用　货币资金 + 应收账款 + 存货 + 其他流动资产

图 4-1 杜邦分析图

在杜邦分析图中，净资产收益率反映所有者投入资本的获利能力，反映公司筹资、投资、资产运营等活动的效率。它是一个综合性最强、最具有代表性的指标，是杜邦财务分析体系的核心，该指标的高低取决于总资产净利率与权益乘数。总资产净利率是净利润与总资产平均余额之比，它等于销售净利率与总资产周转率之积。权益乘数是平均资产与平均权益之比，等于（1-资产负债率）的倒数，用公式表示为：

权益乘数=1÷（1-资产负债率）　(4-21)

式中：资产负债率是指全年平均资产负债率，它是公司全年平均负债总额与全年平均资产总额之比。

权益乘数主要受资产负债率的影响。负债比率高，权益乘数高，说明公司有较高的负债程度，给公司带来了较多的杠杆利益，同时也给公司带来了较多的风险。公司既要充分有效地利用全部资产，提高资产利用效率，又要妥善安排资金结构。销售净利率是净利润与销售收入之比，它是反映公司盈利能力的重要指标。提高这一比率的途径有扩大销售收入和降低成本费用等。对总资产周转率的分析，除了对资产构成部分从总占有量上是否合理进行分析外，还可以通过对存货周转率、应收账款周转率等有关资产使用效率的分析，来判明影响资产周转的主要问题所在。

杜邦财务分析体系的作用在于解释指标变动的原因和变动趋势。通过自上而下地分析、对指标的层层分解来揭示出企业各项指标间的结构关系，查明各主要指标的影响因素，为决策者优化经营理财状况、提高企业经营效率提供思路。

4.5.2　具体应用

随着资本市场的蓬勃发展，财务分析的需求越来越旺盛，在纽约证券交易所附近，寻求对公司进行财务分析的人络绎不绝，而供应明显不足，财务分析已成为炙手可热的行业。

1. 历史分析法

历史分析法是为了说明财务信息之间的数量关系与数量差异，为进一步分析指明方向。这种分析法可以是实际与计划相比，也可以是本期与上期相比。

具体方法是对不同时期财务报表中的同一项目进行比较，列出各个项目变动的金额和百分比。将两个时期的报表进行比较，我们通常把前一个时期的数字作为基数来计算变动的百分比。然而，如果基数为负数（如利润表中的税后利润以负数表示亏损），则不能以百分比来表示变动。当将两个以上时期的报表做横向比较分析时，可以有两种选择基数的办法：①把最早一个时期的数字作为基数，其他时期的数字依次与基期基数比较；②把上一个时期的数字定为基数，后一个时期与前一个时期依次进行环比。

历史分析可以是公司以现在的财务数据与过去几年的财务数据进行对比，其趋势十分明显。历史分析还可以是与竞争者的历史财务数据和行业的历史财务数据进行比较，从中挖掘出财务大数据内在的增长趋势。

2. 行业分析法

行业分析法是以公司所属行业在同一时期的平均比率作为标准来进行比较，即将某公司的财务比率与同一时期同行业其他公司的财务比率做比较，以便对该公司的经营情况进行较深入的了解。行业分析除了采用历史分析法进行分析外，还可以将公司、竞争者和行业的未来发展趋势以历史数据为基础进行未来趋势性的分析。

目前，标准财务比率的建立主要采用统计方法，推理方法处于次要地位，这可能与人们对财务变量之间的关系的认识尚不充分有关。有资料表明，美、日等工业发达国家的某些政府机构和金融企业会定期发布各行业财务方面的统计指标，为报表使用者进行分析提供帮助。在各种统计年鉴上可以找到一些财务指标，但行业划分较粗，并且是现行会计准则实施以前的指标口径，不适合当前的报表分析。对于行业的平均财务比率，在使用时要注意以下问题：

（1）行业平均指标是根据部分企业抽样调查来的，不一定能真实反映整个行业的实际情况。如果其中有一个极端的样本，则可能歪曲整个状况。

（2）计算平均数的每个公司采用的会计方法不一定相同，资本密集型与劳动密集型企业可能加在一起平均。因此，分析报表时往往要对行业平均财务比率进行修正，尽可能建立一个可比的基础。

3. 财务分析使用者

（1）内部使用者。企业内部使用财务分析可以明确地看到各个事业部的经营状况，有助于各个部门了解自身的经营质量，也有助于管理层掌握公司的整体状况，开展全面的财务质量管理。内部使用财务分析的最大好处是各个事业部之间展开竞争，降低成本，规划未来的发展和竞争策略。

（2）外部应用者。外部投资者通过使用财务分析可以更好地了解公司的短期和长期经营状况，特别是债权人、银行、潜在投资者。大客户通过财务分析可以有效地了解公司的经营状况，有助于战略合作。评级部门使用财务分析可以准确确定公司的信用等级，及时了解公司的财务健康状况。了解竞争者的财务分析可以做到知己知彼，更重要的是在重组的过程中有效地制订重组计划。

财务比率分析在财务分析中用途最广，但也有局限性。其突出表现在：比率分析属于静态分析，对预测未来并非绝对合理可靠。比率分析所使用的数据以账面价值为主，难以反映现行市场的变动影响。可见，在运用比率分析时，要注意以下几点：一是要注意将各种比率有机联系起来进行全面分析，不可单独地看某种或各种比率，因为单独的指标毫无生命和内涵。只看单独的指标，很难准确地判断公司的整体情况。二是要注意结合差额分析，这样才能对公司的历史、现状和将来有一个详尽的分析、了解，达到财务分析的目的。

本章小结

（1）流动比率是指流动资产与流动负债的比率，说明公司每 1 元流动负债有多少流动资产可以作为支付的保证。如流动比率为 1.24 倍，则说明每 1 元的流动负债就有 1.24 元的流动资产作为保障。

（2）速动比率也称酸性实验比率，指公司速动资产与流动负债之比。速动资产是指能够迅速变现的流动资产，是流动资产扣除存货等流动性较弱的流动资产后的余额。

（3）现金比率也称为即付比率，是公司现金与流动负债的比率，反映公司的流动资产中有多少现金能用于偿债。净营运资金与总资产比率=净营运资金÷总资产。这一比率用百分比表示，检测总资产与净营运资金的关系，用更通俗的方法则可以解释为每 1 元总资产有多少净营运资金来支持。

流动性比率中最后一个比率是内测率，公式为：内测率=流动资产÷平均日营运成本。

这一比率用日来表示，即公司下一个资金周期需要多长时间。

(4) 产权比率即每1元的权益支撑了多少元的负债。

(5) 如利息保障倍数为1.38倍，表明该公司息税前利润只是利息费用的1.38倍。该利息保障倍数可以解释为，每1元的利息费用有1.38元的息税前利润来保障。

(6) 应收账款周转率是考核应收账款变现能力的重要指标，反映了应收账款转化为货币资金的平均次数。

(7) 流动资产周转率是销售收入与流动资产的比率，该指标反映流动资产的周转速度和营运能力。正常情况下，流动资产周转次数是大于1的，只有这样，公司才能正常盈利。

(8) 固定资产周转率是销售收入与固定资产的比率，一般来说，该指标越高，说明公司的固定资产周转速度越快，资源利用效率越好，公司的盈利能力越强。

(9) 总资产周转率是最经常使用的指标之一，通常被用来分析公司全部资产的使用效率，总资产周转率越高，资产管理效率越高。

(10) 总资产报酬率反映了公司所拥有的资源创造价值的能力，反映的是每1元总资产创造的净利润大约是多少。

(11) 销售净利率是公司净利润与销售收入的比率，反映公司通过经营活动实现的净利润水平。该指标越高，说明公司获取收益的能力越强。

(12) 权益报酬率 (return on equity, ROE)，又叫净资产报酬率，是指一定时期企业净利润与股东权益总额的比率，反映公司股东获取投资报酬的高低。该比率越高，说明公司的盈利能力越强。

(13) 每股收益即每股盈利，是指普通股股东每持有1股所能享有的公司净利润或需承担的公司净亏损。每股收益通常被用来反映公司的经营成果。

(14) 市盈率指在一个考察期 (通常为12个月的时间) 内股票的价格和每股收益的比率，反映了股份公司的获利情况。

(15) 市净率指的是每股股价与每股净资产的比率。每股净资产是股东权益与普通股总数的比值，也称每股账面价值。

(16) 净利润增长率，即本年净利润与上年净利润之差再除以上年净利润的比值。净利润是公司经营业绩的最终结果。

(17) 杜邦分析法是一种通过分析公司盈利能力和股东权益回报水平，从财务角度评价企业绩效的经典方法。这种财务分析方法被称为杜邦体系。

基本训练

◆ 简答题

1. 如何运用财务比率分析企业的偿债能力、营运能力和盈利能力？
2. 如何利用市值比率来进行投资分析？
3. 如何理解企业的成长能力？
4. 如何理解杜邦分析法？
5. 企业的偿债能力、营运能力、盈利能力和成长能力之间有什么关系？

◆ 本章思考

绩效评价方法标准

企业的绩效评价有一定的标准，市场要求企业公开其财务报表并按照财务比例进行计算得到排序，使企业间的竞争更加激烈。然而，政府和行政事业单位的绩效评价仍然处于灰色地带，如何评价政府的经济行为成了公众讨论的热点。

近年来，用经济标准、效率标准和效果标准对政府和行政事业单位进行评价引发公众的强烈呼声。经济标准是指用最小的成本获得事实上的资源。在关于政府和行政事业单位"不经济"的典型案例中，人们发现拨给政府和行政事业单位的项目专款中，实际用于项目每百元支出中，有将近90%用于行政开支；自西向东，越接近发达地区，预算中的行政开支比例越高。在沿海发达地区，如深圳市，在用于道路维护预算的开支中，人员工资、经费的开支占了90%以上。

效率标准考核投入（使用的资源：资金、设备等）和产出（所提供的服务）间的关系，被界定为"投入与产出/结果的比率"，如每增加一个信号灯减少的事故数、每增设一个监视器增加的保证安全行驶的车辆数等。低投入高产出即为高效率：用一定量的投入实现尽可能多的产出，用尽可能少的投入实现某种量的产出。效率向来被视为公共部门管理的一大价值取向，如何提高行政效率是公共行政专家们孜孜以求的目标。然而，投入的增加导致出现了以下两种现象：一是全国交通拥堵的情况没有好转；二是违章罚款却得以逐年提高。据大连交通年鉴统计，大连市2010年罚款达1亿元，比2009年提高了20%。

效果评价是对政府和行政事业单位的工作或活动的产出价值的衡量，体现产出与结果之间的关系。效果可能是这三大标准中最不易测量的一项。粗略来说，效果评价所产生的效果可从两个层面衡量，一般指对政府和行政事业单位所提供服务对象产生的影响的衡量，即指对整个社会来讲所产生的效果，如投入一些先进的设备对国家经济实力、社会稳定等方面的积极影响。但这种层次高、范围广的效果评价很难做出，所以更多地应属于政治性影响的范畴。由于效果的多重性、复杂性、潜在性，很多时候要借助定性的描述来定义那些不易量化的效果。然而，公众可以看到，我国近十年GDP数据呈逐年增长的趋势，但教育经费增长却低于世界平均水平。另外，医疗投入未见起色，似乎医学院的学生毕业后难以找到工作，同时，患者就医难。

用最低的成本、最少的资源、最高的效率提供一种被指定数量和要求的服务，达到最佳质量，使港航企业满意、政府满意和社会满意是绩效评价的基本目标。

资料来源　刘斌. 港口和航运上市公司绩效评价［M］. 大连：大连海事大学出版社，2007：63-70.

财务管理第四黄金定律

第5章　货币的时间价值

学习目标

◆ 理解货币时间价值的相关概念。

◆ 掌握现值与终值、折现率等这些与货币时间价值计算相关的概念，单一现金流和多重现金流的时间价值的计算方法，内部增长率与可持续增长率的含义与计算。

◆ 了解利率的意义、分类结构和费雪效应。

引例　　拿破仑与玫瑰花悬案

1797年3月，拿破仑偕同新婚妻子约瑟芬参观了卢森堡大公国第一国立小学。在那里，他们受到全校师生的热情款待，拿破仑夫妇很过意不去。

在辞别的时候，拿破仑慷慨、豪爽地向该校校长送上了一束价值3个金路易的玫瑰花。他说："为了答谢贵校对我们，尤其是对我夫人约瑟芬的盛情款待，我不仅今天呈上一束玫瑰花，并且在未来的日子里，只要我们法国存在一天，每年今天我将亲自派人送给贵校一束价值相等的玫瑰花，作为法兰西与卢森堡友谊的象征。"

事过境迁，疲于应付连绵不断的战争和此起彼伏的政治事件，最终惨败而被流放的拿破仑把青年时期在卢森堡的许诺忘得一干二净，可卢森堡这个小国却把这段"欧洲巨人与卢森堡孩子亲切和睦相处的一刻"载入史册。

1984年底，这件相隔百年的轶事却给法国惹出个大麻烦——卢森堡通知法国政府，提出了"玫瑰花悬案"之索赔。卢森堡要求：要么从1797年起，用3个金路易作为一束花的本金，双五厘复利息（即利滚利）结算，全部清偿这笔玫瑰花外债；要么法国各大报纸承认"你们的一代英豪拿破仑是言而无信的小人"。

法国政府打算不惜重金赎回拿破仑的名誉。但是，财政部门的官员看到从电子计算机里输出的数据时，不禁面面相觑，叫苦不迭。原本3个金路易的"玫瑰花债项"核算的本息竟高达1 375 500多法郎。

在这个故事中所指的复利是指在每过一个计息期后，都要将所得利息计入本金，以计算下期的利息。这样，在每一个计息期，上一个计息期的利息都将成为生息的本金，即以利生利，也就是俗称的"利滚利"。爱因斯坦曾说过，复利是宇宙中强大的力量之一。复利的计算是对本金及其产生的利息一并计算，也就是利上有利。复利计算的特点是：把上期期末的本利和作为下一期的本金，在计算时每一期本金的数额是不同的。

复利现值是指在计算复利的情况下，要达到未来某一特定的资金金额，现今必须投入的本金。所谓复利也称利上加利，是指一笔存款或者投资获得回报之后，再连本带利进行新一轮投资的方法。复利终值是指本金在约定的期限内获得利息后，将利息计入本金再计利息，逐期滚算到约定期末的本金之和。

时间是了不起的因素，复利是最伟大的财富秘密。

5.1 货币时间价值概述

财务管理有其独特的视角和专业的寻求价值的意识，货币时间价值的提出是对人类价值的一大贡献。货币时间价值经常与银行的存贷款利率、债券利率、通货膨胀率等联系在一起，成为各种资产定价的基础。它是现代财务管理的价值观念之一，因其涉及企业的投资、融资以及股利分配等所有财务管理活动，因而被称为企业理财的“第一原则”。

5.1.1 货币时间价值的定义

货币时间价值，是指一定量的货币在不同时点上的价值量的增量，简而言之就是今天的 1 元钱大于明天的 1 元钱。例如，你今天有 1 元钱，但你不使用，存入银行，利率是 10%，则明年的今天你将得到 1.10 元，0.10 元就是今天的 1 元钱到明年今天的时间价值。这种由于放弃现在使用货币的机会而用时间换取的报酬，就是货币时间价值。

5.1.2 货币时间价值的来源

为什么货币会具有时间价值？因为货币进入社会再生产过程后能产生价值增值。货币投入生产经营活动之后，用它购买生产所需的资源，劳动者利用这些资源生产出新产品，创造出新价值，产品售出之后的所得大于原来投入的货币额，就形成了货币的增值。具体说来有以下几个原因：

1. 资源是有限的

我们今天生活所依赖的基本资源，包括空气、水、天然气、铁矿、金钱和权力的提供量等都是有限的。我们说的空气是指人们生存所需的新鲜空气，但人们发现空气中弥漫的却是 PM2.5 的有害物，因此，新鲜空气显得十分珍贵和有限。我们今天需要的天然气、铁矿随着开发量的增加而日益减少，供应减少，需求增加，价格上涨。金钱对巴菲特来说是很多，权力对秦始皇来说是足够大，但时间对他们来说都是有限的。因此，地球上很难找到无限供给的资源。货币的时间价值说的就是现在货币的价值自然高于未来货币的价值，因为今天的货币可以进行投资。市场利息率是对平均经济增长和社会资源稀缺性的反映，也是衡量货币时间价值的标准。

2. 息加息、利滚利

“利滚利”是复利的计算方法。复利计算法把第 1 年的本金加利息一起算为第 2 年的本金，由第 2 年的本金加上第 2 年的本金乘以利息率作为第 3 年的本金，依次叠加，有多少年就叠加多少次。利滚利是高利贷的一种，即得到利息后，把利息加入本金一起生利息，生出的利息，当然还要再加入本金的行列。利滚利的计算是后一年的钱等于前一年的钱加上前一年的利息，由于每个后一年的本金都等于前一年的本金加利息，所以时间越长本金越大。即使复利的利率不变，时间长了也可以使钱越变越多。这是货币时间价值的本质。

5.1.3 货币时间价值的影响因素

在单位时间资金增值率一定的条件下，资金使用时间越长，则资金的时间价值越大；

在总投资一定的情况下，前期投资越大，资金的负效益越大；在回收资金额一定的情况下，在离现时点越远的时点上，回收资金越多，资金时间价值越小。

5.2 单一现金流的终值与现值

在财务管理中，考虑货币时间价值时，往往与现金流量有关，同时还需要将不同时间的现金流量按照一定的折现率折算为同一时点上的现金流量，这样在价值上才可以进行比较。现金流是把资金的流动作为时间的函数用图形和数字表示出来。按照现金流量的期数可以分为单一现金流和多重现金流。单一现金流指的是单期的现金流动，多重现金流指的是多期的现金流动。

5.2.1 终　值

终值（final value）是指现在一定量的货币投资一段时间所能增长到的数量。换句话说，终值是现在的货币换算成未来一定时点上的货币价值，通常记作 F。

在终值的计算中有两种方法可供选择：一是单利计息法；二是复利计息法。两者的主要区别在于计息基础不同。单利是指不论时间长短，只按本金计算利息，其所生利息不计入本金计算利息，即本能生利，利不能生利。我国目前银行系统公布的利率大部分是单利计算方式，但是如果我们选择自动转存方式，则利息计算实际上是采用了复利的方式。

1. 单利的终值

单利终值的计算公式为：

$$F=P+P\times i\times n=P\times(1+i\times n) \tag{5-1}$$

式中：F 为终值，P 为现值，i 为利率，n 为计息期数。

【例 5-1】李赞将 100 元存入银行，存期为 1 年，已知存款利率为 3%，按单利计息，那么 1 年后的本利和为多少？

【解】$F_1=100+100\times3\%\times1=103$（元）

现在的价值是 100 元，存到银行 1 年后，100 元的价值增长到了 103 元。103 元就是终值。

2. 复利的终值

复利（compound rate）是指不仅本金要计算利息，利息也要计算利息，即本能生利，利也能生利，即俗称的“利滚利”。简单地说，复利是指在每次利息计算时，都将上一次收到的利息转为本金，在此基础上计算利息的计算方式。

复利终值是指经过若干计息期后包括本金和利息在内的未来值，即本利和。这里所说的计息期，是指相邻两次计算利息的时间间隔，如年、季、月等。一般情况下，无特殊说明，计息期通常以年为单位。

复利终值的计算公式为：

$$F=P\times(1+i)^n \tag{5-2}$$

式中：$(1+i)^n$ 称作终值系数，记为 $FVIF_{i,n}$ 或（F/P，i，n）。可以通过查阅复利终值系数表直接得到该系数，简化计算。

【例 5-2】秦天生将 100 元存入银行，存期为 1 年，已知存款利率为 3%，按复利计息，按年复合。那么第 1 年年末的本利和为多少？

【解】1 年后的本利和 $F_1=100\times(1+3\%)^1=103$（元）

现在的价值是 100 元，存到银行 1 年后的 100 元的价值按照复利计算增长到了 103 元。103 元就是终值。比较上述两个例题可以发现，李赞和秦天生把 100 元存到银行，一年后得到的都是 103 元。看上去单利和复利计算的结果是相同的，但接下来的计算结果你将发现单利和复利的差距就产生了。

【例 5-3】秦天生将 100 元存入银行，存期为 3 年，已知存款利率为 3%，按复利计息，按照年复合。那么第 3 年年末的本利和为多少？

【解】第 3 年年末的本利和 $F_3=100\times(1+3\%)^3=109.27$（元）

经过计算我们发现，3 年后 100 元的本息按照复利每年复合的方式增加到了 109.27 元。如果按照单利的方式计算，3 年的本利和是 109 元（100+100×3%×3），二者之间有了 0.27 元的差异。

比较以上两例的结果可以发现，复利计息法下计算的结果要高于单利计息法下的结果。原因很简单，复利计息法中的利息被用于继续投资，而单利计息法中的利息退出了价值创造过程。在这 3 年中，每年的单利为 3 元（100×3%），累计 9 元；0.27 元则来自于复利，这说明了复利的重要意义。

上述计算都是假设复利计息是以年为单位进行的。然而在现实中，复利计息会在一年内发生多次。随着计息期的不同，最终收益也会发生变化。n 年中一项投资每年按复利计息 m 次的年末终值为：

$$F=P\times(1+i/m)^{mn} \tag{5-3}$$

式中：m 为每年复利计息次数，n 为期限，F 为终值，P 为现值，i 为利率。

【例 5-4】张晓霞将 100 元存入银行，存期为 1 年，已知存款利率为 3%，按复利计息，按照每半年复合。那么第一年年末的本利和为多少？

【解】$F=100\times(1+3\%\div2)^{2\times1}=103.02$（元）

经过上述计算可以发现，一年期的本金与利息和多出了 0.02 元（103.02-103），利息增加的部分是一年两次复合的结果。

假如张晓霞仍以 100 元为基数，采用一年内每一季度复合一次、每一个月复合一次、每一天复合一次、每一小时复合一次、每一秒复合一次来计息，那么，这 100 元产生的利息又会是怎样的呢？

假如每一年按照每一季度复合一次来计息，这 100 元的本利和是：

计息期为季的本利和 $F=100\times(1+3\%\div4)^4=103.03$（元）

假如每一年按照每一个月复合一次来计息，这 100 元的本利和是：

计息期为月的本利和 $F=100\times(1+3\%\div12)^{12}=103.04$（元）

假如每一年按照每一天复合一次来计息，这 100 元的本利和是：

计息期为日的本利和 $F=100\times(1+3\%\div365)^{365}=103.05$（元）

我们将上述一年内的多次复合产生的利息制成表 5-1，我们可以发现，在规定的期限内，复合的次数越多，频率越高，利息也就越高，反之亦然。人们可以以每半年、每季、每月、每天或更短的时间进行复利计算。最极端的情况是在无限短的时间间隔按复利计息，即时时计息，也就是一般所称的连续复利计算。国际上很多银行和金融机构经常采用连续复利计算方式。

表5-1　**复利计息期与终值**

P（元）	复利计息次数	F（元）
100	每年（m=1）	103.0000
100	每半年（m=2）	103.0225
100	每季（m=4）	103.0339
100	每日（m=365）	103.0453
100	无限（m→∞）	103.0455

由表5-1不难发现，随着复合频率的不断增加，复利终值也不断增大，终值也在不断上升。

根据公式5-3可得：

$$F=P\times（1+i/x）^{x}$$
$$=P\times[（1+i/x）^{x/i}]^{i}=P\times e^{i} \quad （5-4）$$

式中：x→∞，e是自然常数。

根据上式可以计算例5-3中的连续复利是：

$F=P\times e^{i}=100\times e^{3\%}=103.0455$（元）

连续复合的计算很简单，一般的计算器中都预设了这一功能。只要在计算器中选择$P\times e^{i}$输入100，就可以得到103.0455。

当我们的计算以100元为基数，保留两位小数时，多次复合的结果不明显。如果像表5-1中保留四位小数那样，结果会非常明显。当以亿元或十亿元或万亿元为当期现值计算未来终值的时候，复合的差距就会非常明显。这100元就是我们所说的单一现金流，它的终值在一年期内因为复合的频率不一样，利息的收益千差万别。频率越高，利息就越多，反之亦然。

【例5-5】江西瑞金毛凤菊一家发现了一张100年前的银行存款单，存单本金是200元，利息率是10%，现在按照半年复合一次去承兑。那么，现在应有多少钱？

【解】$F=200\times（1+10\%\div2）^{2\times100}=3\ 458\ 516.16$（元）

而如果按照公式5-1的$F=P+P\times i\times n=P\times（1+i\times n）$来进行计算，今天只有2 200元（200×（1+0.1×100））。3 456 316.16元（3 458 516.16- 2 200）是由复利产生的。二者之间的差距之大，令人惊讶。这就是复利的力量。在已知报酬率的条件下，当期投资的未来时点的价值可以由计算该项投资的终值来决定。

5.2.2　现　值

现值（present value）是指资金折算至基准年的数值，是指对未来现金流量以恰当的折现率进行折现后的价值。资产按照预计从其持续使用和最终处置中所产生的未来净现金流入量折现的金额计量，负债按照预计期限内需要偿还的未来净现金流出量折现的金额计量。从时间的角度审视现值，当预期的现金流量需要等待一段时间才能流入时，或预期的现金流量需要等待一段时间才能流出时，这些收入或支出的现值比收取或支付的实际数额要少。时间越长，其现值越小。复利现值是复利终值的对称概念，也可用倒求本金的方法计算。

由公式 5-2 可以推出复利现值的计算公式：

$$P=F\times(1+i)^{-n} \tag{5-5}$$

式中：$(1+i)^{-n}$ 称为现值系数，记为 $PVIF_{i,n}$ 或（P/F，i，n），是用来计算未来现金流现值的系数。

通过查阅复利现值系数表直接得到该系数，简化计算。$(1+i)^{-n}$ 通常叫作贴现系数，或 $1/(1+i)^{n}=PVIF_{i,n}$。从这个名称可以看出，在计算过程中所采用的利率通常也叫作折现率。

【例 5-6】王琳希望 1 年后从银行提取 10 000 元，已知存款利率为 5%，按复利计息，那么现在需一次存入多少钱？

【解】F=10 000，i= 5%，n=1，求 P=?

$P=10\,000\times(1+5\%)^{-1}=10\,000\div(1+0.05)^{1}=9\,523.81$（元）

这说明如果一年以后得到 10 000 元，现在应存入 9 523.81 元。单期一年（n）的现值是 9 523.81 元，终值是一年以后的 10 000 元，现值因子 $1/(1+i)^{n}=1\div1.05^{1}$。i 在这里不再是指利息率，而是折现率。

通过考察单期的现值，我们还可以得到多期现值的计算方法。

【例 5-7】武丹丹希望 5 年后从银行提取 10 000 元，已知存款利率为 10%，按复利计息，那么现在需一次存入多少钱？

【解】F=10 000，i=10%，n=5，求 P=?

$P=10\,000\div(1+10\%)^{5}=6\,209.21$（元）

通过上述多期现值例子的计算可以发现，时间越久远，折现率越高，现值的价值就越低。下面的例子可以证明这一说法。

【例 5-8】一家公司宣称投资 10 元可以得到 100 元。说明书告诉你 20 年后你才能得到 100 元。假如投资回报率是 15%，100 元的现值是多少？

【解】$1\div1.15^{20}=1\div16.3665=0.0611$（元）

这意味着如果折现率是 15%，则 20 年后的 1 元钱是今天的 0.0611 元。如果投资者接受这一项目，则现值为 0.0611×100=6.11（元），而不是 10 元。

通过对现值与终值的计算，我们可以发现 72 法则，举例如下。

【例 5-9】假设我国经济每年保持 7.2% 的增长，10 年之后能达到翻两番的增长吗？

【解】$1\times(1+0.072)^{10}=2$

这个例子的意思是，经过 10 年的时间，每年增长 7.2%，10 年以后可以翻番。在已知报酬率的条件下，终期现金流是各期现金流推演到未来的总和。

5.2.3 现值和终值的折现率

折现率（discount rate）是指将未来有限期预期收益折算成现值的比率。本金化率和资本化率或还原利率则通常是指将未来无限期预期收益折算成现值的比率。要搞清楚折现率，就必须先从折现开始分析。折现作为一个时间优先的概念，随着收益时间向将来推迟的程度会系统地降低价值。同时，折现作为一个算术过程，是把一个特定比率应用于一个预期的现金流，从而得出当前的价值。

从企业估价的角度来讲，折现率是企业各类收益索偿权持有人要求报酬率的加权平均数，也就是加权平均资本成本；从折现率本身来说，它是一种特定条件下的收益率，说明资产取得该项收益的收益率水平。投资者对投资收益的期望、对投资风险的态度，都将综合地反映在折现率的确定上。同样，现金流量会由于折现率的高低不同而使其内在价值出现巨大差异。

在财务管理中，经常需要确定一项投资所隐含的折现率。从公式5-5中可以看出，这个等式包含4部分内容：现值P、终值F、折现率i、投资期限n。只要给定其中3个数值就可以求出第4个，由此可以得出复利折现率计算公式为：

$$i=\sqrt[n]{\frac{F}{P}}-1 \tag{5-6}$$

【例5-10】假定有一项投资必须花500元，而且将在1年后使我们所投资的钱变成600元。投资的报酬率是多少？

【分析】这是一个单期投资的折现率问题。年初投资500元，年末收到600元，其中多出100元。这100元就是500元投资的报酬。那么，100÷500×100%=0.2×100% =20%。

使用求现值的公式进行计算，P=500，F=600，n=1，求i=?

【解】$500=600\div(1+i)^1$

$1+i=600\div500=1.2$

$i=1.2-1=0.2$

多期的投资折现率的例子如下：

【例5-11】假定有一项投资必须花500元，而且将在8年后使我们所投资的钱变成2倍。为了和其他投资进行比较，我们想要知道隐含的折现率是多少。

【解】$i=\sqrt[t]{\frac{F}{P}}-1=\sqrt[8]{\frac{1\,000}{500}}-1=0.0905$

或 $500=(500\times2)\div(1+i)^8$

经过整理：

$(1+i)^8=1\,000\div500=2$

两边各开8次方根，求出：

$1+i=2^{1/8}=1.0905$，$i=1.0905-1=0.0905$

从结果可以看出，只要折现率达到9.05%，经过8年的时间就可以使现在投资的500元变成1 000元。

下一道例题可以强化我们对折现率或收益率的认识。

【例5-12】40年前，你父亲投资了2 500元，今天的价值是107 921元，投资收益率是多少？

【解】$107\,921=2\,500\times(1+i)^{40}$

$i=9.87\%$

或 $2\,500=107\,921\div(1+i)^{40}$

经过整理：

$(1+i)^{40}=107\ 921\div 2\ 500=43.1684$

两边各开 40 次方根，求出：

$1+i=43.1684^{1/40}=1.0987$

$i=1.0987-1=0.0987$

我们讨论了单一现金流的现值和终值，也讨论了单利和复利状况下的现值和终值、收益率和折现率。我们知道，在已知的条件下，如果知道了现值或终值、收益率或折现率，我们就可以求出期限，即时间或次数。这就是我们接下来要探讨的期限问题。

5.2.4 期　限

同样，在财务管理中，经常需要确定一项投资所需要的期限。从公式 5-6 中可以看出，复利期限计算公式为：

$$t=\frac{\ln\frac{F}{P}}{\ln(1+i)} \tag{5-7}$$

【例 5-13】假定我们想要买一项价值 5 000 元的资产。目前，我们有 2 500 元可以赚取 12% 的报酬，多长时间才能达到 5 000 元呢？

【解】$t=\frac{\ln\frac{F}{P}}{\ln(1+i)}=\frac{\ln\frac{5\ 000}{2\ 500}}{\ln(1+12\%)}=6.1163$（年）

下面我们根据上述例题的方法将例 5-13 以分步的形式分析其解题过程。

【例 5-14】某同学大学 4 年期间以 5% 利率借了 2 万元的助学金。如果拟以每年 7 344.20 元偿还债务，多少年可以偿还完助学金？

【解】$20\ 000=7\ 344.20\times[1-1\div(1+0.05)^t]\div 0.05$

$0.136161869=1-1\div 1.05^t$

$1\div 1.05^t=0.863838131$

$1.157624287=1.05^t$

$t=\ln 1.157624287\div\ln 1.05=3$（年）

结果是 3 年就可以偿还完大学期间 2 万元的助学金贷款。

在已知报酬率为 i、期限为 t 的条件下，终期和现值的基本等式为 $PV=FV_t/(1+i)^t$。

企业经营中许多问题涉及期限问题，如上市公司要解决的分红的问题、工资增长的问题、经济增长的问题都涉及期限，在本章的练习里还有许多解决此类问题的练习。本章涉及的许多核心概念还将在以后各章中展开，因为实体投资和金融投资都可以用贴现现金流的方式来解决。由此可见，贴现现金流使用范围相当广泛。

5.3 多重现金流的终值和现值

在现实生活中，企业的业务是起伏不定、连续不断发生的，所以资金的收付并不是一次性完成的，而是一系列的收付过程。例如，支付宝在建立时会有一笔现金流出，在接下来的几年中都会有现金流入，其中有的是等额的连续收付业务，有的是不等额的现金流。我们按照顺序先来讨论等额的连续收付业务的现金流，即均衡现金流的计算，然后再来讨论非均衡现金流的终值和现值。2005 年 8 月 31 日，姚明与休斯顿火箭队签订了一份 5 年 7 600 万美元的合同，加上 2004 年签订的一份 4 年 1 800 万美元的新秀合同，姚明在 NBA 拼杀 9 年后拿到 9 400 万美元的薪水。在之后的 3 年里，姚明先后签下了苹果电脑、VISA 信用卡、搜狐网、中国联通、百事可乐、MIG、SORRENT 手机游戏、麦当劳和豪雅手表等多个商家的广告，广告赞助总收入超过 2 000 万美元。根据媒体报道，姚明在 9 年里可以拿到总计 1.14 亿美元的收入，按照当时汇率计算，其约合人民币 7.98 亿元，每年约 1 267 万美元，约合人民币 8 867 万元，其 9 年的收入创下了当时之最。但实际上姚明远没有像媒体报道的那样拿到这么多，因为合约规定，假如姚明没有违约，这些钱必须在 5 年和 9 年到期后才能拿到，有很大一部分是在 9 年期内分批拿到的。因此，专业人士需要考虑货币的时间价值，通过一个折现率将未来终值折算为现值才是姚明理论上的收入。下面我们就来解决这类问题。

5.3.1　均衡现金流

在现实中，均衡现金流是非常普遍的形式。在一定的期限内，工资收入是一种均衡的收入；同时，人们也是均衡地支付住房按揭和汽车按揭。这些均衡的收入和支出都具有固定收付款额的特点，而且通常情况下是每月收入或支付一次或以每年为单位。这种在固定的时期内发生的均衡的现金流就叫作年金，通常记作 A。年金的用途多种多样，如保险费、分期付款、零存整取等。年金按其每次收付发生的时点不同，可分为普通年金、预付年金、递延年金和永续年金。

1. 普通年金

普通年金（ordinary annuity）是指每期期末发生的均衡现金流。在现实生活中，这种年金最为常见，比如个人住房贷款中的等额还款等。普通年金的资金收付如图 5-1 所示。

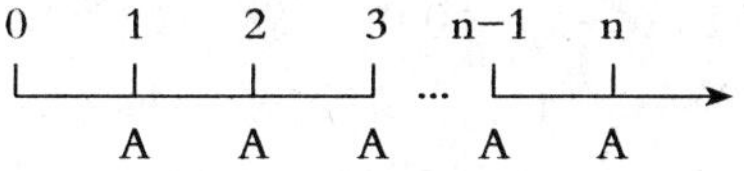

图 5-1　普通年金示意图

（1）普通年金终值。

当普通年金按复利计息时，普通年金终值的计算公式是：

$$F_A = A \times \frac{(1+i)^n - 1}{i} \tag{5-8}$$

式中：F_A 为年金终值，A 为年金，i 为利率，n 为计息期数；$\frac{(1+i)^n-1}{i}$ 称为普通年金终值系数，用 $FVIFA_{i,n}$ 或（F/A，i，n）表示。也可以直接查阅普通年金终值系数表得到该数值，简化计算。

普通年金的现值和终值的计算公式还可以下列方式来表示。PV 代表现值，FV 代表终值，C 代表年金，r 代表利率或折现率，t 代表期限或年份。

$$PV = C\left[\frac{1-\frac{1}{(1+r)^t}}{r}\right] \tag{5-9}$$

$$FV = C\left[\frac{(1+r)^t - 1}{r}\right] \qquad (5\text{-}10)$$

根据上述分析，我们知道了终值、现值、利率、期限 4 个变量当中的 3 个时，可以求出第 4 个。

【例 5-15】12 月 1 日某人贷款 21 万美元购买房子。房贷利率为 8.25%，贷款须在 20 年内每月以月供的形式偿付，付款始于 1 月 1 日，那么付款总额是多少？

【解】$210\ 000 = C \times \left\{\frac{1-\left[1 \div (1+\frac{0.0825}{12})^{20\times12}\right]}{\frac{0.0825}{12}}\right\}$

$210\ 000 = C\times117.362$

$C = 1\ 789.34$

付款总额=1 789.34×（20×12）= 429 441.60 ≈ 429 442（美元）

投资银行的直接例子如下：

【例 5-16】张河在银行办理了零存整取业务，每年年末存款 1 000 元，已知存款利率为 3%，按复利计息，那么第 3 年年末的本利和为多少？

【解】A=1 000 元，i=3%，n=3 年，求 F_A=?

F_A=1 000×［（1+0.03）^{3}-1］÷0.03=3 090.90（元）

一般来讲，如果没有特殊说明，求解终值的复合都是以年为单位。

【例 5-17】杨帆在银行办理了零存整取业务，每年年末存款 1 000 元，存款利率为 6%，那么第 30 年年末的终值为多少？

【解】A=1 000 元，i=6%，n=30 年，求 F_A=?

$F_A=A \cdot FVIFA_{i,n}$

$=1\ 000\times FVIFA_{i=6\%,n=30}$

=1 000×79.05819=79 058.19（元）

$FVIFA_{i=6\%,n=30}$=79.05819=（1.06^{30}-1）÷0.06，就是终值年金的利息因子，能够求出终值年金的利息因子，在计算中就简单多了。目前这是一种最便捷的计算方法。

在上述终值的计算中，计息是以复利为基础，复合是以年为基础，即一年复合一次。第一年年末的 1 000 元和最后一年的 1 000 元产生的利息差距很大。要记住，最后一年的 1 000 元几乎没有参加利息的滚动增值。

（2）终值年金。

我们讨论了年金终值的问题，现在来探讨终值年金的问题。终值年金在不同环境下有很多不同的定义，在这里我们再次将其定义为：相等时间段里等额的收入或支出，如每一个月或每一年的等额现金流入或支出。终值年金的计算很简单，将公式 5-8 推导得到下列公式。其计算公式如下：

$$A=F_A/FVIFA_{i,n} \qquad (5\text{-}11)$$

【例 5-18】吴进 10 年后需要 50 万元，现有一项投资利率为 12% 的收益项目，需要每年投资多少才能达到 10 年后的目标？

【解】i=12%，n=10 年，F=50 万元，求 A=?

$A=50\div\{[(1+0.12)^{10}-1]\div0.12\}=50\div17.55=2.8490$（万元）

下面这个例子能够对终值年金有一个很好的解释。

【例 5-19】伟江集团 4 年前存入银行 200 万元，3 年前又存入 400 万元，去年又存入 100 万元。利率是 5%（年复合），那么现在账上有多少万元？

【解】$F_A=200\times(1+5\%)^4+400\times(1+5\%)^3+100\times(1+5\%)^1$

$=243.10+463.05+105$

$=811.15$（万元）

（3）普通年金现值。

普通年金现值是指为在每期期末取得相等金额的款项，现在需要一次性投入的金额，即一定期间内每期期末等额的系列收款项的复利现值之和。

普通年金的计算公式为：

$$P_A=A\times\frac{1-(1+i)^{-n}}{i}t \tag{5-12}$$

式中：$\frac{1-(1+i)^{-n}}{i}$为普通年金现值系数，用 $PVIFA_{i,n}$ 或（P/A，i，n）表示，也可以直接查阅普通年金现值系数表得到数值，简化计算。

【例 5-20】张祥坚持不懈地购买彩票，终于中了 1 000 万元的大奖。奖项领取规定，他们一家只能在 40 年内每年拿到 25 万元的奖金。如果现在的国库券利息率是 6%，以此为折现率，这 1 000 万元的大奖对于张祥一家的现值是多少？

【解】i=6%，n=40 年，A=25 万元，求 P_A=?

$$P_A=A\times\frac{1-(1+i)^{-n}}{i}$$

$=25\times(1-1\div1.06^{40})\div0.06$

$=376.16$（万元）

1 000 万元大奖的现值只有 376.16 万元，远没有 1 000 万元那么多。你有一种上当受骗的感觉吗？不是，之所以现值这么低是因为时间的因素。期限越长，折现率越高，现值就越低，反之亦然。如果其他条件相同，时间发生改变，由 40 年改到 20 年，年金现值就要高出很多。用上述公式自己算一下，你会有惊人的发现。

年金的现值系数还可以在计算器上用下列方式来表达，这样更直观和简便。年金现值=A（$1-PVIFA_{i,n}$）/i=$A\times\frac{1-(1+i)^{-n}}{i}$。我们时常会遇到这种情况，每一次我们都要等额地多次支付一项购买款项，或每一次都多次地等额地收到某项付款。这里面现值系数非常重要，只要掌握了现值系数的计算方式，一切问题便会迎刃而解。

【例 5-21】人寿保险公司正在实行一个新的保险险种，要求你一次性投入 7.02 万元，以后 10 年每年可以得到 1 万元。隐含的利率是多少？

【解】A=1 万元，P_A = 7.02 万元，t=10 年，求 i=?

$$7.02=1\times\frac{1-(1+i)^{-10}}{i}=\frac{1-1\div(1+i)^{10}}{i}$$

毫无疑问，上述计划是一个不错的方案，但如何判断其是否是一个不错的投资计划呢？

我们无法得到 i，只能采用反复调试的方法，即试错法，来进行核对，看一看是否接近 7.02。如果 i=8%，那么，现值为 6.71，6.71<7.02,；如果 6%，现值为 7.36，7.36>7.02。通过调试，我们知道 i 介于 6% 和 8% 之间，我们试一试 7%，结果现值是 7.02，7.02=7.02，由此我们可以断定 i=7%，则隐含的利率是 7%。试错法需要有一定的经验才能迅速地完成对 i 的验证。

【例 5-22】广西桂林两江机场需要 160 亿元建设机场和机场公路，贷款利率为 7%，40 年偿还完毕，每年由过路费偿还贷款。那么每年要征收多少过路费？（不考虑征收成本）

【解】P_A = 160 亿元，t=40 年，i=7%，求 A=?

$$A=\frac{P_A}{\frac{1-\frac{1}{(1+i)^n}}{i}}=160\div\frac{1-\frac{1}{1.07^{40}}}{0.07}$$

=160÷13.33

=12.00（亿元）

广西桂林两江机场每年需要征收至少 12 亿元的过路费来偿还 160 亿元的贷款。

【例 5-23】顺丰快递分公司正在进行战略规划，以实施进一步的扩张。该公司现有 935 万元用于投资的资金，需要 1 200 万元的目标资金进行扩张。现将可用于投资的资金投入到一个回报率为 5% 的项目上，需要多少年能达到 1 200 万元的资金扩张规模？

【解】i=5%，FV=1 200 万元，P_A = 935 万元，求 t=?

$FV=PV\times(1+i)^t$

$1\,200=935\times(1.05)^t$

$1.2834=1.05^t$

$\ln1.2834=t(\ln1.05)$

$0.2495=0.0488t$

t=5.11（年）

顺丰快递需要 5.11 年才能实现 1 200 万元的资金目标。

【例 5-24】研究机构发现中国工商银行每年的分红为 10 股分 0.8 元。该公司正在以每年 4% 的速度增加分红比例。那么中国工商银行需要多长时间才能达到 10 股分 1.5 元的目标？

【解】i=4%，F_A=1.5 元/10 股，P_A = 0.8 元/10 股，求 t=?

$1.50=0.8\times(1.04)^t$

$1.875=1.04^t$

$\ln1.875=t(\ln1.04)$

$0.62861=0.03922t$

t = 16.03（年）

中国工商银行需要 16.03 年的时间实现 10 股分 1.5 元的目标。

2. 预付年金

预付年金又称为即付年金，是指从第一期起，在一定时期内每期期初等额收付的系列款项。它与普通年金的区别在于其支付期较普通年金提前了一期（如图 5-2 所示）。

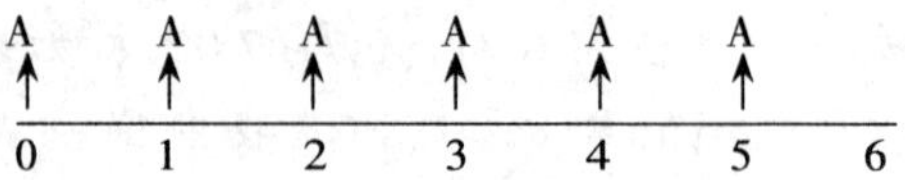

图 5-2 即付年金示意图

（1）预付年金终值。

相同计息期数的预付年金与普通年金的付款次数相同，但由于付款时间不同，所以预付年金终值的计算实际上比普通年金多计算一期利息。计算时要先把即付年金转换成普通年金，转换的方法是，求终值时，假设最后一期期末有一个等额的收付，这样就转换为n+1期的普通年金的终值问题，计算出期数为n+1期的普通年金的终值，再把多算的终值位置上的这个等额的收付A减掉，就得出即付年金终值。即付年金的终值系数和普通年金终值系数相比，期数加1，而系数减1。

预付年金终值的计算公式为：

$$F_A = A \times \left[\frac{(1+i)^{n+1}-1}{i} - 1\right] \tag{5-13}$$

式中：$\frac{(1+i)^{n+1}-1}{i}-1$ 称为预付年金终值系数，与普通年金终值系数相比，期数加1，系数减1，所以 $F_A=A\times(FVIFA_{i,\ n+1}-1)$，期数为n的预付年金终值系数也可以表示为[(F/A，i，n+1) −1]，可以通过查询年金终值系数表得到该值，简化计算。

【例5-25】孙亮现在以零存整取方式于每年年初存入银行500元，利率为3%，按复利计息，孙亮第5年年末能一次取出多少钱？

【解】$F_A=A\times\left[\frac{(1+i)^{n+1}-1}{i}-1\right]=500\times\left[\frac{(1+3\%)^{5+1}-1}{3\%}-1\right]=2\ 734.20$（元）

（2）预付年金现值。

与预付年金终值计算类似，相同计息期数的预付年金与普通年金的付款次数相同，但由于付款时间不同，所以预付年金终值的计算实际上比普通年金少贴现一期。把即付年金转换成普通年金，转换的方法是，求现值时，假设0时点（第1期期初）没有等额的收付，这样就转化为n−1期的普通年金的现值问题，计算期数为n−1期的普通年金的现值，再把原来未算的第1期期初位置上的这个等额的收付A加上，就得出即付年金现值，即付年金的现值系数和普通年金现值系数相比，期数减1，而系数加1。

预付年金现值的计算公式为：

$$P_A = A \times \left[\frac{1-(1+i)^{-(n-1)}}{i} + 1\right] \tag{5-14}$$

式中：$\frac{1-(1+i)^{-(n-1)}}{i}+1$ 称为预付年金现值系数，与普通年金现值系数相比，期数减1，系数加1，所以 $P_A=A\times(PVIFA_{i,\ n-1}+1)$，期数为n的预付年金现值系数也可以表示为［（P/A，i，n−1）+1］，通过查询年金现值系数表得到该值，简化计算。

【例5-26】你打算一次性往银行存入一笔钱，之后5年每年年初从银行取出2 000元，银行利率为3%，按复利计息，那么你应该一次性向银行存入多少钱？

【解】$P_A=A\times\left[\frac{1-(1+i)^{-(n-1)}}{i}+1\right]=2\ 000\times\left[\frac{1-(1+3\%)^{-(5-1)}}{3\%}+1\right]=9\ 433.74$（元）

3. 递延年金

递延年金是指在最初若干期没有收付款项的情况下，后面若干期等额的系列收付款项。它是普通年金的特殊形式，凡不是从第一期开始的年金都是递延年金。例如，最初有m期没有付款，后面有n期等额的收支款项，这样的年金就是一个递延年金（如图5-3所示）。

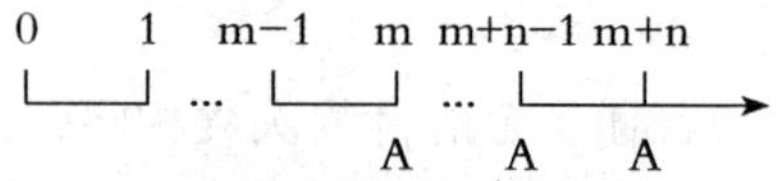

图 5-3 递延年金示意图

（1）递延年金终值。

递延年金终值的计算与普通年金终值的计算方法完全相同，只要按其实际支付期计算即可，即：

$$F_A = A \times \frac{(1+i)^n - 1}{i} \tag{5-15}$$

式中的 n 表示 A 的个数，与递延期无关。

（2）递延年金现值。

$$P_A = A \times (P/A, i, n) \times (P/F, i, m+n) \tag{5-16}$$

【例 5-27】某中小企业向银行借入一笔钱，年利率为 15%，银行规定前 5 年不用还本付息，从第 6 年开始到第 10 年每年年末偿还本息 4 000 元，那么该笔贷款的现值是多少？

【解】$P_A = A \times (P/A, i, n) \times (P/F, i, m) = 4\,000 \times (P/A, 15\%, 5) \times (P/F, 15\%, 5)$

$= 6\,666.88$（元）

4. 永续年金

永续年金（perpetual annuities）也称为终身年金，是指无限期每期期末等额收付的特种年金，是年金的一种特殊形式，即期数趋于无限的年金。

永续年金发生在每期期末，即普通年金的一种特殊情况，可以根据普通年金现值的公式推导出永续年金现值的公式（如图 5-4 所示）。

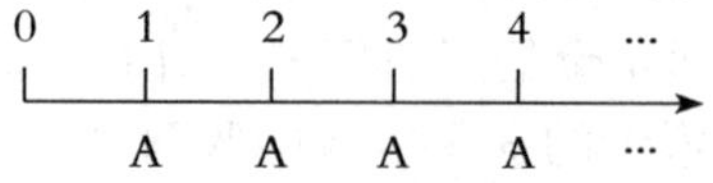

图 5-4 年金发生在期末的永续年金示意图

由 $P_A = A \times \frac{1-(1+i)^{-n}}{i}$，当 $n \to \infty$ 时，$(1+i)^{-n}$ 的极限为零，所以永续年金现值公式为：

$$P_A = \frac{A}{i} \tag{5-17}$$

5.3.2 非均衡现金流

现实中并不总是单一现金流或者每期收付款项都相等，更多的情况是每次收付款项不完全相同。在财务管理中，也常常需要计算这样的非均衡现金流的终值和现值（如图 5-5 所示，其中 A_0，A_1，…，A_n 不完全相等）。

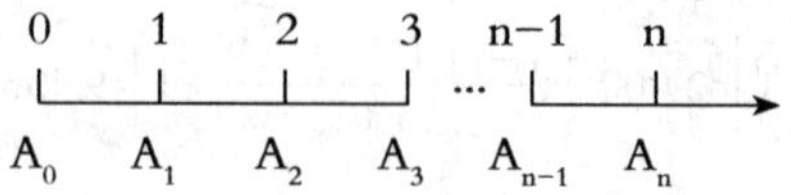

图 5-5 非均衡现金流示意图

1. 非均衡现金流终值

根据图 5-6 并结合均衡现金流的普通年金终值，那么非均衡现金流终值的计算公式为：

$$F_V=A_n\times(1+i)^0+A_{n-1}\times(1+i)^1+\cdots+A_1\times(1+i)^{n-1}+A_0\times(1+i)^n$$
$$=\sum_{t=0}^{n}A_{n-t}(1+i)^t \tag{5-18}$$

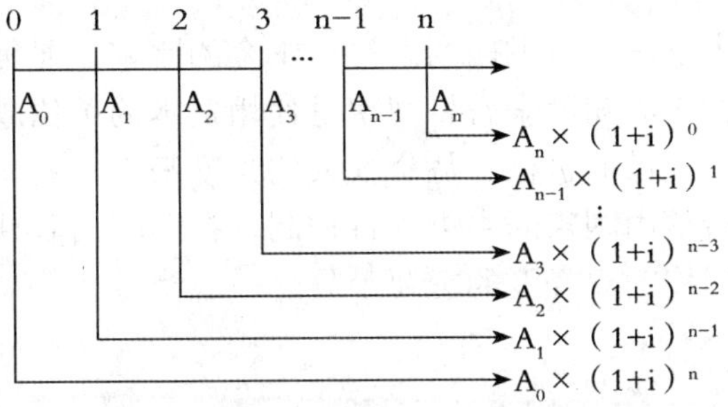

图 5-6　非均衡现金流终值示意图

【例 5-28】某装备制造企业第 1 至 5 年每年年末追加的投资见表 5-2，假设回报率为 10%，则 5 年后该企业能获得的回报是多少？

表 5-2　某装备制造企业第 1 至 5 年的追加投资表

年（t）	1	2	3	4	5
现金流量（亿元）	80	120	100	70	150

【解】$F_V=A_n\times(1+i)^0+A_{n-1}\times(1+i)^1+\cdots+A_1\times(1+i)^{n-1}+A_0\times(1+i)^n$

$=150\times(1+10\%)^0+70\times(1+10\%)^1+100\times(1+10\%)^2+120\times(1+10\%)^3+80\times(1+10\%)^4$

$=624.85$（亿元）

2. 非均衡现金流现值

根据非均衡现金流终值公式可知，非均衡现金流现值的计算公式为：

$$P_V=A_0\times(1+i)^0+A_1\times(1+i)^{-1}+\cdots+A_{n-1}\times(1+i)^{-(n-1)}+A_n\times(1+i)^{-n}$$
$$=\sum_{t=0}^{n}A_t(1+i)^{-t} \tag{5-19}$$

【例 5-29】某装备制造企业有一笔投资，每年年末的现金流量见表 5-3，折现率为 10%，则这笔投资的现值是多少？

表 5-3　某装备制造企业第 1 至 5 年的现金流量表

年（t）	1	2	3	4	5
现金流量（亿元）	80	120	100	70	150

【解】$P_V=A_0\times(1+i)^0+A_1\times(1+i)^{-1}+\cdots+A_{n-1}\times(1+i)^{-(n-1)}+A_n\times(1+i)^{-n}$

$=80\times(1+10\%)^{-1}+120\times(1+10\%)^{-2}+100\times(1+10\%)^{-3}+70\times(1+10\%)^{-4}+150\times(1+10\%)^{-5}$

$=387.98$（亿元）

货币的时间价值还具有以下的意义：

只要你每天进步一点点，你的人生大不一样：$(1+0.01)^{365}=37.7834$。只要你每天差那么一点点，一年下来你的差距就大了：$(1-0.01)^{365}=0.02552$。只要你每天比你的竞争对手多那么一点点：$(1+0.02)^{365}=1\ 377.4083$，一年下来你就比你的对手强了 1 376 倍。同理可证，$(1-0.02)^{365}=0.0006$，0.0006 的含义是什么？不言自明。

5.4 利率与费雪效应

利率又称利息率，表示一定时期内利息量与本金的比率，通常用百分比表示，按年计算则称为年利率。从借款人的角度来看，利率是使用资本的单位成本，是借款人使用贷款人的货币资本而向贷款人支付的价格，从贷款人的角度来看，利率是贷款人借出货币资本所获得的报酬率。利率通常由国家的中央银行控制，在美国由联邦储备委员会管理，几乎所有国家都把利率作为调控宏观经济的重要工具之一。

5.4.1 利　率

利率按照不同的标准可以划分为不同的类别：

1. 按利率之间的变动关系，分为基准利率和套算利率

（1）基准利率（benchmark interest rate），是指在多种利率并存的条件下起决定作用的利率。简单来说，就是这种利率的变化会引起其他利率的共同变化。通常各国把银行间的拆借利率作为基准利率。世界上比较著名的基准利率有伦敦同业拆借利率和美国联邦基准利率。我国的基准利率是中国人民银行对商业银行贷款的利率。

（2）套算利率，指基准利率确定后，各金融机构根据基准利率和借贷款项的特点而换算出的利率。通常是在基准利率的基础上考虑到借贷企业实际信用等级等因素折算出的利率。

2. 按与通货膨胀的关系，分为名义利率和实际利率

（1）名义利率（nominal interest rate），是指未剔除通货膨胀率时储户或投资者得到利息回报的利率。

（2）实际利率（effective interest rate），是指剔除通货膨胀率后储户或投资者得到利息回报的真实利率。

3. 按借贷期内利率是否浮动，分为固定利率和浮动利率

（1）固定利率（fixed interest rate），是指借贷期内不变的利率。这种利率的计算比较简单，我国采用的是这种利率方式。但由于近年来世界范围内尤其是新兴经济体的通货膨胀压力较大，实行固定利率会使债权人利益受到损害。

（2）浮动利率（floating interest rate），是指在借贷期内可调整的利率。浮动利率是在借贷期内随市场利率变动而调整的利率。使用浮动利率可以规避利率变动造成的风险，但同时不利于借贷双方预估收益和成本。

4. 按利率的决定方式，分为市场利率和官定利率

（1）市场利率（market interest rate），是指根据资金市场的需求，随市场规律自由变化的利率。

（2）官定利率（official rate of interest），也称为法定利率，是指由政府金融部门或中央银行确定的利率，是国家宏观调控的一种手段。

5. 按国家政策导向，分为一般利率和优惠利率

（1）一般利率，是指在不享受任何优惠条件下的利率。

（2）优惠利率，是指对某些部门、行业、个人所制定的利率优惠政策。

5.4.2 费雪效应

费雪效应（Fisher Effect）是由著名的经济学家埃尔文·费雪（Irving Fisher）提出的。他第一个揭示了通货膨胀率预期与利率之间的关系。费雪认为，债券的名义利率等于实际利率与通货膨胀率之和，名义利率 K 可以表示为：

$$1+K=(1+KP)(1+IP) \tag{5-20}$$

$$K=IP+KP+KP\cdot IP \tag{5-21}$$

式中：K 为名义利率；KP 为实际利率；IP 为金融工具寿命期间的预计年通货膨胀率。

当通货膨胀率仅处于一般水平时，KP·IP 这个乘积项会很小，计算时通常忽略不计，因此也可以记为：

$$K=KP+IP \tag{5-22}$$

这个公式被称为费雪效应，它表明名义利率（包括年通货膨胀溢价）能够足以补偿贷款人到期收到的货币所遭受的预期购买力损失，即贷款人要求的名义利率要足够高，使他们能够获得预期的实际利率，而要求的实际利率就是社会中实物资产的经营报酬加上给予借款人的风险补偿。费雪效应意味着如果预期通货膨胀率提高 1%，名义利率也将提高 1%。

费雪效应表明：物价水平上升时，利率一般有增高的倾向；物价水平下降时，利率一般有下降的倾向。

假如银行储蓄利率有 3%，你的存款在 1 年后就多了 3%，是说明你富了吗？这只是在不考虑通货膨胀的理想情况下的假设。如果通货膨胀率是 1%，那你只富了 2% 的部分。如果通货膨胀率是 4%，那你 1 年前 100 元能买到一件 T 恤现在要 104 元了，而存了一年的钱只有 103 元了，你反而买不起这件 T 恤了。

5.4.3 利率的构成

利率的构成主要有以下几个因素：无风险利率、通货膨胀率、证券风险及证券的市场性溢酬要素，其关系可以由下式表达：

$$K=K^{*}+IP+DRP+LP+MRP \tag{5-23}$$

式中：

（1）K 为某一特定证券的名义利率。资本市场上存在不同的证券，也就存在不同的名义利率。

（2）K^{*}为无风险利率，是指将资金投资于某一项没有任何风险的投资对象而能得到的利息率。假如通货膨胀率预期为零，则 K^{*}为无风险证券的利率。例如政府发行的国库券的利率，通常被认为是无风险利率。

（3）IP 为通货膨胀溢酬。投资者考虑把钱以不同期间借出去，未来的通货膨胀会侵蚀到钱还回来时的价值。此时，投资者就会要求较高的名义利率，以补偿损失。这个额外的补偿就叫作通货膨胀溢酬。预期通货膨胀率越高，通货膨胀溢酬也就相应越高；反之，通货膨胀溢酬越低。IP 等于证券到期前的平均预期通货膨胀率。

（4）DRP 为违约风险溢酬。和无风险的国债相比，其他信用工具，如债券的投资者必须承担由于公司无力偿还债券本息的额外违约风险。因此，根据风险收益对称原则，公司债券的收益率应该高于同一时期的无风险利率。二者之间的差额即公司的违约风险溢酬。这种风险反映了：发行者无法在约定时间依约定金额支付证券的本金或利息。DRP会随发行者的风险增加而提高，政府债券的违约风险为零。

（5）LP为流动性或市场性溢酬。债券有不同程度的流动性。如果你想要很快地脱手，你可能没办法卖到非常好的价格。流动性溢酬是投资者为反映许多证券无法在短期内以合理价格变现的事实所要求的溢酬。投资者偏好流动性高的资产，流动性越强，变现越容易，利率越低；反之，流动性越弱，利率越高。

（6）MRP为到期风险溢酬，是指债权人可能偏好短期的债务，因此对越长期的证券所要求的补偿越多，同一种类证券的长期及短期利率之差，即为到期风险溢酬。证券的到期日越长，其本金收回的不确定性越大，在此期间市场利率等其他因素不确定性也会增多，因此证券随着到期日的增长给持有者带来的风险会逐渐增大。为了弥补这个风险，证券发行人必须要给予一定的补偿。这个补偿就是到期风险溢酬。

5.4.4 内部增长率与可持续增长率

从资金的来源看，企业增长的主要方式有三种：

（1）依靠企业内部资金实现资金增长。一些中小企业无法通过外界获取借款，而一些大企业不愿意通过外部融资借款，它们主要通过内部的积累实现增长。内部有限的财务资源往往会限制企业的发展，使得企业无法充分利用扩大企业财富的机会。

（2）从外部筹资，包括债务筹资和股东投资。主要依靠外部资金实现增长是不能够持久的，增加负债会使得企业的财务风险增加，而通过增发股票增加股东投资会分散控股权，而且会稀释每股收益，除非追加的投资有更高的报酬率，否则不能增加股东财富。

（3）平衡增长则是保持目前的财务结构和有关的财务风险，按照股东权益的增长比例增加借款，以此支持销售增长，这种增长不会消耗企业的财务资源，是一种可持续增长。

内部增长率（internal growth rate）是指在没有任何形式的外部筹资的情况下所达到的最大的增长率。它是在只有内部筹资的情况下企业所能够维持的最大增长率。计算公式是：

$$\text{内部增长率} = \frac{\text{ROA}\cdot b}{1-\text{ROA}\cdot b} \tag{5-24}$$

式中：ROA为资产报酬率；b为再投资率或提存率，等于留存收益与净利润的比值。

再投资率又称内部成长性比率，是指企业每年赚取的钱有百分之几用于投资支出（如净营运资金、固定设备新购、其他资产新购等）。这一比率表明公司用其盈余所得再投资，以支持公司成长的能力。再投资率越高，公司扩大经营能力越强，反之则越弱。

可持续增长率是指企业在保持固定的债务权益率，同时没有任何外部权益筹资的情况下所能够达到的最大的增长率。它是企业在不增加财务杠杆的情况下所能够保持的最大增长率。可持续增长率公式是：

$$\text{可持续增长率} = \frac{\text{ROE}\cdot b}{1-\text{ROE}\cdot b} \tag{5-25}$$

式中：ROE为权益报酬率；b为再投资率或提存率。

本章小结

(1) 货币时间价值，是指一定量的货币在不同时点上的价值量的增量。这种由于放弃现在使用货币的机会而用时间换取的报酬，就是货币时间价值。

(2) 复利计算法为把第一年的本金加利息一起算为第二年的本金，由第二年的本金加上第二年的本金乘以利息率作为第三年的本金，依次叠加，有多少年就叠加多少次。时间越长本金越大。即使复利的利率不变，时间长了也可以使钱越变越多。复利是指在每次利息计算时，都将上一次收到的利息转为本金，在此基础上计算利息的计算方式。

(3) 终值是指现在一定量的货币投资一段时间所能增长到的数量。换句话说，终值是现在的货币换算成未来一定时点上货币的价值。

(4) 单利是指不论时间长短，只按本金计算利息，其所生利息不计入本金计算利息，即本能生利，利不能生利。

(5) 折现率是将未来资产折算成现值的利率，一般是用当时零风险的利率来当作折现率。

(6) 现值（present value）也称折现值、贴现值或资本化价值。从现金流的角度来看，现值是指未来现金流量以恰当的折现率进行折现后的价值，是考虑货币时间价值属性的一种计量方式。时间越长，其现值越小。现值是复利终值的对称概念，也可用倒求本金的方法计算。

(7) 普通年金又称后付年金，指每期期末发生的均衡现金流。预付年金又称为即付年金，是指从第一期起，在一定时期内每期期初等额收付的系列款项。

(8) 永续年金也称为终身年金，是指无限期每期期末等额收付的特种年金，是年金的一种特殊形式，即期数趋于无限的年金。

(9) 递延年金是指在最初若干期没有收付款项的情况下，后面若干期等额的系列收付款项。它是普通年金的特殊形式，凡不是从第一期开始的年金都是递延年金。

(10) 费雪效应（Fisher Effect）是由著名的经济学家埃尔文·费雪（Irving Fisher）提出的。他第一个揭示了通货膨胀率预期与利率之间的关系。费雪认为，债券的名义利率等于实际利率与通货膨胀率之和。

(11) 利率的构成主要有以下几个因素：无风险利率、通货膨胀率、证券风险及证券的市场性溢酬要素，其关系可以下式表达：$K=K^*+IP+DRP+LP+MRP$。

(12) 内部增长率是指在没有任何形式的外部筹资的情况下所达到的最大的增长率。它是在只有内部筹资的情况下企业所能够维持的最大增长率。

(13) 可持续增长率是指企业在保持固定的债务权益率，同时没有任何外部权益筹资的情况下所能够达到的最大的增长率。

基本训练

◆ **简答题**

1. 什么是货币的时间价值及产生根源？

2. 什么是终值和现值?
3. 四种不同年金有何差异? 举例说明年金在日常生活中的应用。
4. 什么是基准利率和套算利率? 两者之间的区别是什么?
5. 利率如何分类?
6. 什么是费雪效应? 说明费雪效应对日常经济生活的影响。
7. 简述利率的期限结构。
8. 什么是再投资率?

◆ **本章思考**

董明珠面临的财务危机

一场10亿元的世纪对赌将董明珠推到了舆论聚光灯下。而就在她痛批美的一晚一度电是虚假宣传，炮轰小米与美的联姻是两个骗子在一起后不久，格力的后院起火了：国内空气净化器品牌贝昂科技创始人冉宏宇发表公开信，指责格力是专利强盗。而小米也正式获准进入印度市场，这对董明珠无疑是一个不小的讽刺。

格力连续12年上榜美国《财富》杂志“中国上市公司100强”，董明珠荣登《财富》“中国最具影响力的商界领袖”榜单，排名第三位。领衔传统制造业的董明珠戴上了“空调女皇”的桂冠，到2017年，再造一个格力、格力走向全球成为她的新目标。然而，这个“我永远是对的”的女钢铁侠或许自己都不清楚，格力的辉煌还能维持多久。因为不容忽视的问题是，技术人才流失、与美的差距缩小、触网之旅刚刚启动，这三个因素中的某一个或许将是致命的，一场危机已悄悄降临。

不按规矩出牌的她，仅用很低的成本解决了重庆市的一个营销问题。她制定的“要提货先交钱”的措施，解决了中国零售批发行业拖欠货款这一老大难问题。董明珠是一个充满智慧的女人。空调行业的淡季是8月至次年4月，有人想方设法缩短淡季，她却反其道而行之，延长淡季一个月，并展开疯狂促销。仅仅一个月，格力销售业绩逆市暴增，此时同行才如梦方醒。狠招祭出后，格力没有拖欠的货款，研发、生产的资金有了保障。在她的领导下，格力电器从1995年至2005年连续11年空调产销量、销售收入、市场占有率均居全国首位。2003年以后，销售额每年均以30%的速度增长，净利润保持15%以上的增幅。

在格力保持高速增长之时，业绩大幅增长的美的与格力的差距正在大幅缩小，并且大有赶超之势。2013年财报数据显示，格力电器的空调营业收入达到1 054亿元，美的集团的空调收入为621亿元。格力整整领先美的400亿元。但2014年的半年报显示，格力的空调销售收入为507亿元，美的空调销售收入为417亿元，两者半年差距已经缩小到了90亿元。按照格力的规划，2014年的营业收入为1 400亿元，截至9月30日完成了984亿元。空调行业每年8月份便进入淡季，这意味着，在四季度淡季时需要冲击400亿元销售额。进入第四季度以来，20年来不打价格战的格力，令人意外地接连大规模促销。继在国庆节前号称斥资百亿回馈大众后，又推出全国“定频换变频立减1 000元”的大型促销活动。

虽然董明珠极力否认“价格战”，声明是回馈用户，但国内几乎所有主流品牌空调厂家在第一时间做出回应，纷纷“应战”。有空调厂家公开表示，格力打价格战，是在破坏行业规则。眼下，因为格力目标太高，实现有困难，库存太多，无奈祭出价格战，这一做法很可能成为格力的转折点。国内空调库存大幅攀高，总数在2 500万～2 800万台，而2013年这一数据仅为1 200万台左右。业内人士分析认为，无论情况怎样，格力凭借其强大的渠道掌控力，一定能实现今年1 400亿元的销售目标，关键是明年1 600亿元的目标如何实现。显而易见的是，每年200亿元的增量横亘在格力面前，会令董明珠骑虎难下。长远来看，如何才能保持长期超高速增长，令人担忧。

前不久，美的牵手小米，打造智能家居生态链。有了小米的加入，美的如虎添翼，形成的赶超力量和市场增速将远远高于格力。面对美的欲借联姻小米弯道超车的行为，董明珠给予痛批，并炮轰美的和小米是两个骗子，言辞中多多少少也存在一点如雷军所言“董总认输”的意思。

空调业前三的美的、海尔早已发力电商，而格力今年才启动。在业内人士看来，于格力而言，线下渠道优势越强大，对线上的反制越明显。发力这么晚，是因为担心布局电商会遭到线下经销商的反对，这也暗示格力未处理好电商与经销商的关系。电商是未来重要的销售模式，如果格力没有迅速将其培育起来，意味着其将在互联网时代掉队。格力曾经花了很多心思进行销售渠道变革，电商来袭，格力将线下渠道打包上市的可能性较小。每年200亿元的增长目标横亘在前，格力将业绩增长点锁定在中央空调、小家电以及晶弘冰箱上。相较于缺乏有前瞻性的变革，格力在变革上的保守，有可能会导致未来增速放缓。

货币时间价值中时间是不能忘记的因素，格力旗手董明珠的辉煌能持续多久？

资料来源　沈佑荣. 格力女皇董明珠面临三大危机［N］. 长江商报，2014-12-22.

财务管理第五黄金定律

第6章　资产评估

学习目标

◆ 重点掌握普通股估价基本方法及股票收益率的计算、债券的估价方法及到期收益率的计算。

◆ 掌握普通股的基本特征及普通股股东的基本权利、优先股的估价方法及收益率的计算、债券的特征及分类。

◆ 了解资产评估的基本要素、优先股的基本特征及优先股股东的基本权利。

引例

股票制度起源于1602年的荷兰东印度公司。当时该公司经营航海事业，它在每次出海前向人集资，航次终了后即将各人的出资以及该航次的利润交还给出资者。1613年起该公司改为四航次才派一次利润。这就是“股东”和“派息”的前身。1984年11月，“飞乐音响”公开发行股票50万元，成为中华人民共和国成立后发行的第一只股票。1992年2月，“真空电子”发行首只B股。上海证券交易所创立于1990年11月26日，同年12月19日开始正式营业。

股票是代表公司股份的股权资产，其目的是为企业筹措长期资金。股票分为两种：(1) 普通股：持有公司一般的股权，可选择董事、监事，实际经营企业。(2) 特别股：又称优先股，有较普通股优先分配股息及剩余财产的权利。此外，优先股通常仅有特定的股息，但无选举董事的权利。

股票没有到期日，企业不必因为到期而收回股票。股票在初级市场上由证券商承销，在次级市场上可在集中交易的市场买卖或在柜台上买卖，使股票有良好的流通性。股票没有确定的股息及红利，其市场价格变动幅度大，面额却是固定的。影响股票价格的因素甚多，如预期股息、货币供给额增加率、利率水平、通货膨胀及经济景气状况等，皆是相当重要的影响因素。正常情况下，预期股息愈高，利率水平愈低，货币供给额增加率愈快，通货膨胀率愈高，以及前景愈被看好，都会促使股票价格愈加上涨。对投资者而言，从股票中谋利的方式有两种：一是赚取股息股利；二是资本收益，即股价上涨带来的差价收益。股票价格永远没有风平浪静的时候，因此，剧烈波动是其普遍的特征。股价波动的根源在于对风险的预期。乐观和悲观的预期都会让股价大起大落。股价高则融资成本低廉，反之亦然。权益融资没有偿还期，不需支付特定的股息或红利。

国债是由政府发行的债务凭证，订明按期付息若干，到期偿还本金的长期信用工具。其目的在于调节政府财政收支及支持公共建设。其发行方式分竞标和非竞标两种，只有国债交易商才能在初级市场购得，交易商再将国债出售给金融机构或社会大众。国债有一定的期限，债务到期时需偿还本息。发行时按票面利率折价或溢价发行。对投资者而言，国债的报酬为每期利息收入，其报酬率相当于定期存款利率。此外，国债可作为质押的保证，且安全可靠，风险甚低，国债资本利得具有免税的好处。国债流动性低，价格波动小。

公司债是由企业发行的债务凭证，订明按期付息，到期偿还本金的长期有价证券。其目的在于吸收中长期资金。公司债可分为有担保公司债与无担保公司债。公司债的发行，若以公司资产的全部或部分为偿还本息的担保，为有担保公司债，或称抵押公司债。公司债还可分为可转换公司债与不可转换公司债。公司债的持有人在一定期间内，能够以一定价格将公司债转换为该公司的股份，称为可转换公司债；反之，公司债不得转换为股份，称为不可转换公司债。公司债通常由银行保证，委托证券商承销发行，有一定的期限，债务到期时需偿还本息。清算时债权人较股东优先受偿。公司债发行时按票面利率折价或溢价发行。对投资者而言，公司债的报酬为每期利息收入，其报酬率略高于定期储蓄存款和国债的利率，但风险相对较高。可转换公司债的利率较低，但是若未来公司股票价格上涨，可因转换成股票而获利。

资本市场是指期限在1年以上的各种资金借贷和证券交易的场所，是金融市场的三个组成部分之一，是进行长期资本交易的市场。长期资本指还款期限超过1年、用于固定资产投资的公司债务和股东权益——股票。

企业筹集资金有两种途径：负债资金和权益资金。负债资金中最主要的就是银行借款和债券；权益资金中主要的是股票。负债资金的资金筹集成本较低，但财务风险比较高；权益资金筹集则正好相反，其资本成本较高，但财务风险比较低。有些企业需要太多的资金，不可能都去银行贷款，银行贷款是有限制的，发行股票的财务风险会比较低，因为不像银行贷款需要还本付息，一般情况下是不需要偿还的，除非是企业破产清算。

资料来源　马忠. 公司财务管理理论与案例［M］. 北京：机械工业出版社，2009：334-342.

6.1 评估要素

在公司中，经营者的某些决策将会影响到投资者对公司资产价值的认定。因此，了解投资者如何确定金融资产价值对公司经营者来说是非常关键的问题。这种确定某一资产价值的过程，就是资产评估。在资产评估中，经常会用到多种价值观念，由于这些观念比较相似，需要对其进行明确的界定才能使其在资产评估中得到正确的应用。

6.1.1 几种价值的概念

1. 市场价值

市场价值是指一项资产在交易市场上的价格，它是买卖双方竞价后产生的双方都能接受的价格。这种市场价值是由该资产的供给与需求共同决定的，大多数情况下与账面价值不同。在很多报纸的金融版面上登载的股票和债券价格就是它们的市场价值。

2. 变现价值

资产的变现价值是指资产在被单独出售，而不是作为整体的一部分时所获得的资金。普通股的变现价值就是指将公司的所有资产独立售出，并偿付所有的债务之后所剩余的资金总量。由于公司的各项资产组合起来的总体价值要高于各项资产单个价值的加总，所以公司普通股的变现价值通常都低于它的市场价值。

3. 账面价值

资产的账面价值是指资产在公司的资产负债表上体现出来的价值。相对于当前价值而言，资产账面价值是一种历史价值，如普通股的账面价值指的是公司所有者权益，债券的账面价值指的是其到期后承诺支付的金额，指的是过去的价值。

4. 实际价值

资产的内在价值是一种公平的价值尺度。虽然投资者无法知道资产的实际价值，但是他们可以对资产的实际价值进行评估，并与该资产当时的市场价格进行比较。如果对资产的评估价值超过资产当时的市场价格，投资者们会考虑购买该资产；反之，则不会考虑购买。

在关于实际价值的讨论中，有一个基本假定，即金融市场不是一个完全有效市场。如果金融市场是完全有效的话，那么所有资产的市场价值与它们的实际价值将会完全一致。因为在一个完全有效的市场中，投资者能够进行正确的评估，并且能对所有新信息做出非常迅速的反应，导致了资产的价格会针对新的市场信息做出及时的调整。因此，在一个完全有效的市场中，资产的市场价值与实际价值总是一致的。

大多数专家认为金融市场不是十分有效的，但是关于金融市场有效的程度问题，仍然争论不休。对我们而言，了解投资者是如何对金融资产进行评估的，比单纯地知道市场有效的程度更为重要。在本章接下来的内容中，提到的价值都是指由投资者评估的实际价值。

6.1.2 评估步骤

通过计算持有金融资产而预期获得现金流量的现值，可以对金融资产（普通股、优先股、债券）进行评估。其步骤如下：

（1）估计该资产的现金流量。

（2）确定该资产所需要的回报率。这一回报率的确定受诸多因素的影响，其中包括投资的风险。

（3）把投资回报率作为贴现率，确定预期资金收入的现值。

需要注意的是，资产评估的结果是由估计的现金流量和投资回报率确定的，而在大多数实例中，现金流量和投资回报率都是不确定的，导致了资产评估也是无法确定的。不确定条件下的资产评估是企业经营者颇为感兴趣的，需要进一步地论述。

6.2 普通股

普通股是随着企业利润变动而变动的一种股份，是股份公司资本构成中最普通、最基本的部分。它是指在公司的经营管理和盈利及财产的分配上享有普通权利的股份，代表满足所有债权偿付要求及优先股股东的收益权与求偿权要求后对企业盈利和剩余财产的索取权。目前在上海和深圳证券交易所上市交易的股票，都是普通股。在讨论普通股评估之前，我们首先应该了解一下普通股的相关概念。

6.2.1　普通股概述

1. 普通股的特征

普通股的基本特点是其投资收益不是在购买时约定的，而是事后根据股票发行公司的经营业绩来确定的。公司的经营业绩好，普通股的收益就高；反之，若经营业绩差，普通股的收益就低。一般可把普通股的特点概括为如下四点：

（1）永久性。股票是一种无偿还期限的有价证券，投资者认购了股票后，就不能再要求退股，只能到二级市场卖给第三者。股票的转让只意味着公司股东的改变，并不减少公司的资本。从期限上看，只要公司存在，它所发行的股票就存在，股票的期限等于公司存续的期限。

（2）流通性，是指股票在不同投资者之间的可交易性。流通性通常以可流通的股票数量、股票成交量以及股价对交易量的敏感程度来衡量。可流通股数越多，成交量越大，价格对成交量越不敏感（价格不会随着成交量一同变化），股票的流通性就越好；反之就越差。股票的流通使投资者可以在市场上卖出所持有的股票，取得现金。通过股票的流通和股价的变动，可以看出人们对相关行业和上市公司的发展前景和盈利潜力的判断。

（3）价格波动性和风险性。股票在交易市场上作为交易对象，同商品一样，有自己的市场行情和市场价格。由于股票价格要受到诸如公司经营状况、供求关系、银行利率、大众心理等多种因素的影响，其波动有很大的不确定性。正是这种不确定性，有可能使股票投资者遭受损失。价格波动的不确定性越大，投资风险也越大。因此，股票是一种高风险的金融产品。例如，称雄于世界计算机产业的 IBM 公司，当其业绩不凡时，每股价格曾高达 170 美元，但在其地位遭到挑战，出现经营失策而招致亏损时，股价曾下跌到 40 美元。如果投资者不合时机地在高价位买进该股，就会导致严重损失。股价的波动性正是股票和资本市场的魅力所在。

（4）参与性。股东有权出席股东大会，选举公司董事会，参与公司重大决策。股票持有者的投资意愿和享有的经济利益，通常是通过行使股东参与权来实现的（见表 6-1）。

表 6-1　**股票的基本特征**

永久性	发行股票所筹资金属于公司的长期自有资金，没有期限，无须归还
流通性	股票特别是上市公司发行的股票具有很强的变现能力，流通性很强
价格波动性和风险性	股票价格的波动性、红利的不确定性
参与性	股东作为股份公司的所有者，拥有参与企业管理的权利

2. 普通股股东的权利与义务

根据普通股的上述四个特征，普通股股东相应地按其所持有股份比例享有以下基本权利：

（1）利润分配权。普通股股东有权从公司利润分配中得到股息。普通股的股息是不固定的，由公司盈利状况及其分配政策决定。普通股股东在优先股股东取得固定股息之后才有权享受股息分配权。

（2）剩余资产索取权。当公司破产或清算时，若公司的资产在偿还负债后还有剩余，其剩余部分按先优先股股东、后普通股股东的顺序进行分配。

（3）公司决策参与权。普通股股东有权参与股东大会，并有表决权、选举权和知情权。

①表决权。股东不论大小都有权参加股东会，并依章程行使表决权。如果股东本人因故不能参加股东大会，有权委托他人代为参加并代为行使表决权。股东在股东会的职权范围内拥有了表决权，也就相应地拥有了对董事、监事的任免权，以及体现在对公司重大事项上的决策权，如公司资本的增减、公司的合并分立等。

②选举权。我国《公司法》对股东的选举权和被选举权做了规定，股东有权根据公司章程的规定，选举自己信任的、符合任职资格的董事或监事。同时，股东本人符合《公司法》规定的公司董事和监事的任职资格，也有权被选举为公司的董事或监事。

③知情权。股东知情权是股东对公司重大事项有了解的权利，这是股东参与公司重大事项决策、行使权利的前提。就公司的经营管理来说，股东有权查阅、复制公司章程、股东会会议记录、董事会会议决议、监事会会议决议和财务会计报告。股东可以要求查阅公司会计账簿。股东要求查阅公司会计账簿的，应当向公司提出书面请求，说明目的。

（4）优先认股权。如果公司需要扩张而增发普通股股票，现有普通股股东有权按其持股比例，以低于市价的某一特定价格优先购买一定数量的新发行股票，从而保持其对公司所有权的原有比例。

（5）累积选举制，是指选举权可以给多个或全给一个候选人的选举制度。该制度有利于少数股东进入董事会，参与公司管理，避免完全被大股东垄断董事会。其公式如下：

$$NE=\frac{OD}{TN+1}+1$$

式中：NE 表示需要选举一定董事会董事的票数；O 表示流通股股数；D 表示需要的董事人数；TN 表示选举董事总数。例如，某公司有流通股 1 000 股，大股东占有 60%。董事会有 3 名董事，大股东支持的人选有 A、B、C 三人，少数股东支持的也有三人（D、E 和 F）。根据上述公式，O（1 000），TN（3），D=1，2，3，那么，NE 分别是 251 票、501 票和 751 票。

普通股持有者在享有各种法定权利的同时，也必须承担相应的义务。根据我国《公司法》的规定，普通股股东应承担下列义务：

①遵守公司章程的义务。

②对公司债务负有限责任。以股东持股数量的比例作为其承担责任的界限。这种责任又是间接的，它是以公司对债权人承担责任的方式间接表现出来的。

③承受股本的非返还性义务。股本作为公司经营的资本金需要长期使用下去，只要公司不解散、不倒闭，股本永远存在于公司中，不能退还给股东。股东想把所持有的股票变现，只能将股票在流通市场上转手交易，不能从公司中抽回资金而损害公司和其他股东的利益。

3. 普通股交易机制

股票交易采用拍卖制，具体由撮合交易的方式完成。

股票的买卖方式以荷兰式的拍卖为核心，即卖给最高的出价者。拍卖是一种公开竞价的买卖方式，能够体现公开、公平、公正和诚实信用的市场运作形式。股票拍卖有以下特点：（1）一个卖主有两个以上的买主，形成股票的竞价竞争；（2）股票市场有不断的卖主和买主以及不断变化的价格；（3）不断有竞价的卖主和买主，形成价格的不断上升和下降。

撮合交易是指卖方在交易市场委托销售订单/销售应单、买方在交易市场委托购买订单/购买应单，交易市场按照价格优先、时间优先原则确定双方成交价格并生成电子交易合同，并按交易订单指定的交割仓库进行实物交割的交易方式。计算机在撮合时实际上是依据前一笔成交价而定出最新成交价的。如果前一笔成交价低于或等于卖出价，则最新成交价就是卖出价；如果前一笔成交价高于或等于买入价，则最新成交价就是买入价；如果前一笔成交价在卖出价与买入价之间，则最新成交价就是前一笔的成交价。

沪深两市每日集合竞价时间为上午 9 时 15 分—9 时 25 分，在这段时间内交易系统只接受申报，不进行撮合，但 9 时 15 分—9 时 20 分可以撤单，9 时 20 分—9 时 25 分不可以撤单。9 时 25 分—9 时 30 分的 5 分钟既不能报单也不能撤单，9 时 27 分由集合竞价产生开盘价，9 时 30 分开始进入连续竞价阶段。

股票交易所由做市商、经纪人和会员组成。

（1）做市商。做市商制度具有调节买卖盘不均衡状况、随时保证提供买卖双向价格的特点，决定了其功能实现的前提条件是拥有高素质的做市商。一旦某家做市商答应为某个金融产品做市，那么它必须完成两项基本功能：为该金融产品连续报出买价和卖价；用自有资金或证券库存，无条件地按自已所报出的买价或卖价，买入或卖出投资者指定数量的金融产品。在做市商市场，交易是在投资者和做市商之间完成的，它作为买者和卖者的中介，解决了买者和卖者在出价时间上的不对称问题，因此，它的存在可大大改善金融市场的流动性。由于做市商市场的交易开始于做市商们的报价（quote），因此，做市商市场又被称为报价驱动的市场（quote-driven-market）。对做市商的选择比较严格，只有那些运营规范、资本实力雄厚、规模较大、熟悉市场运作，而且风险自控能力较强的商家才能担当。

作为做市商，其首要的任务是维护市场的稳定和繁荣，所以做市商必须履行“做市”的义务，即在尽可能避免市场价格大起大落的条件下，随时承担所做证券的双向报价任务，只要有买卖盘，就要报价。

（2）经纪人。证券法规定，在证券交易中，代理客户买卖证券，从事中介业务的证券公司，为具有法人资格的证券经纪人。证券经纪人指在证券交易所中接受客户指令买卖证券，充当交易双方中介并收取佣金。它可分为以下五类：

①佣金经纪人。佣金经纪人与投资公众直接发生联系，其职责在于接受顾客的委托后，在交易所交易厅内代为买卖，并在买卖成交后向委托客户收取佣金的证券商。佣金经纪人是交易所的主要会员。

②两元经纪人，不接受一般顾客的委托，只接受佣金经纪人的委托，从事证券买卖。

③特种经纪人（又称专业经纪人），是专门从事某种行业的证券买卖，接受佣金经纪人的委托成为经纪人的经纪人。特种经纪人是交易所内具有特殊身份，有固定交易台从事

特定种类股票买卖的经纪人，其具有经纪人和证券商双重身份，又可兼营零售业务。

④零股经纪人，指专门为筹资者和投资者代理买卖每笔交易不足1手（100股）的小股股票的经纪人。

⑤交易厅经纪人，是配合证券商进行交易的经纪人，当证券商接到不同种类、数额较大的订单时，短期内难以办完交易，则商请交易厅经纪人协助进行，并付出一定佣金和费用。

（3）会员。会员包括股票经纪人、股票自营商及专业会员。

①股票经纪人，是指佣金经纪人，即专门替客户买卖股票并收取佣金的经纪人。交易所规定只有会员才能进入大厅进行股票交易。因此，非会员投资者若想在交易所买卖股票，就必须通过经纪人。

②股票自营商，是指不是为顾客买卖股票，而为自己买卖股票的证券公司。根据其业务范围可以分为直接经营人和零数交易商。直接经营人是指在交易所注册的、可直接在交易所买卖股票的会员，这种会员不需支付佣金，其利润来源于短期股票价格的变动。零数交易商是指专门从事零数交易的交易商（零数交易是指不够1单位所包含的股数的交易），这种交易商不能收取佣金，其收入主要来源于以低于整份交易的价格从证券公司客户手中购入证券，然后以高于整份交易的价格卖给零数股票的购买者所赚取的差价。

③专业会员，是指在交易所大厅专门买卖一种或多种股票的交易所会员，其职责是就有关股票保持一个自由的、连续的市场。专业会员的交易对象的其他经纪人，按规定不能直接同公众买卖证券。在股票交易实践中，专业会员既可以经纪人身份，也可以自营商身份参与股票的买卖业务，但其不能同时身兼二职参与股票买卖。

根据纽约证券交易所的报告，2008年纽交所共有1 366家会员，会员费每年400万美元。只有会员才能在交易所进行交易。

6.2.2 普通股估价

普通股的价值指的是预期现金收入的现值，但是实际计算起来要比债券困难得多。原因如下：

首先，普通股持有者希望通过每年派发股利获利，这就迫使投资者预测将来所能获得的股利收入。然而，通过我们的实证研究发现，中国资本市场在过去的10年里多数企业并未派息。其次，对大多数的普通股而言，投资者都期望能够通过价格的上涨来获得收益，这就是所谓的资本性收益。这一理论解释了为什么多数上市公司不派息的现象。对普通股进行评估可以有许多方法，这些方法通常在预期投资期限的长短及股利派发方式上存在着区别。

1. 基本模型

一项金融资产的价格是由其未来现金流量的现值决定的。如果投资者打算永久持有股票，则投资者从股票中获得的收益就是各期的股利，其股价模型如下：

$$P_0=\frac{D_1}{(1+k_s)^1}+\frac{D_2}{(1+k_s)^2}+\cdots+\frac{D_x}{(1+k_s)^x} \qquad (6\text{-}1)$$

式中：P_0为普通股价值；D_1，D_2，…，D_x为1到x年的预期股利；k_s为要求的回报率。

这个模型告诉投资者，要对普通股进行评估，必须预测每年派发的股利，并且用要求的回报率将其贴现。投资者一般是在有限的时期内持有股票，所以股票价格的上涨成为比股利派发更为重要的收入来源。这种情况在下面的评估模型中将会具体地涉及。

2. 有限期持有模型

如果投资者打算有限期地持有某只股票，而且可以比较准确地预测它的未来售价，只要将限期内预期的股利收入折算成现值，再加上未来预期售价的现值，就可以得到该普通股的价值。用公式表示为：

$$P_0=\frac{D_1}{(1+k_s)^1}+\frac{D_2}{(1+k_s)^2}+\cdots+\frac{D_n+P_n}{(1+k_s)^n} \tag{6-2}$$

式中：P_n为第 n 期期末股票的价格。

【例 6-1】某投资者预期 Y 集团公司将在下一年派发 1 元的普通股股利，再下一年达到 1.1 元。他所预期的两年后该股票每股售价为 27.5 元，如果他对该股票所要求的回报率为 15%，则这只股票的价值是多少？

【解】$P_0=\frac{1}{(1+0.15)^1}+\frac{1.1+27.5}{(1+0.15)^2}=0.87+21.63=22.5$（元）

虽然这一模型与前面所讲的概念，即普通股价值等于所有未来股利收入的现值看起来格格不入，但是它在评估普通股时却比较实用。在评估过程中，必须考虑股票未来售价，因为它体现的是这只股票从要被售出时起所有股利收入的现值。所以，这个模型与普通股价值等于所有未来股利收入现值的概念实质上是一致的。

根据不同的股利特征，可以由基本模型推导出相应的股票估价模型。

（1）股利零增长的股票估价模型。

如果一个公司每年派发的股利都稳定不变，则股利呈现零增长。对普通股而言，意味着每一年的股利 D 都是一个常数，相当于一个永续年金的例子。运用永续年金的公式，可以得到股票的估价模型：

$$P_0=\frac{D}{k_s} \tag{6-3}$$

（2）股利固定增长的股票估价模型。

在通常情况下，人们认为普通股股利每年都会持续地增长，这种想法也是比较正常的。下面的公式描述的就是这种持续增长模型：

$$P_0=\frac{D_1}{k_s-g} \tag{6-4}$$

式中：g 为普通股股利的增长率；D_1为预计下一年的股利。

只有当股利持续增长时，才可以使用这个模型。当然上式中的 D_1 也不能等于 0，否则股票价值将无法确定。同时，k_s必须大于 g。如果 k_s 小于或等于 g，那么股票价值看似会变成负值或者无法确定。但这种情况是不会发生的，如果 k_s 小于或等于 g，则股价会变为无穷大。因为如果 k_s 小于或等于 g，则股利的现值会越来越大，在这种情况下，采用这个模型则是不恰当的，必须选择其他模型进行评估。

在实际操作中，持续增长模型被广泛地运用，以描述一些经营决策对普通股价值产生的重大影响。另外需要解释的是，不管投资者使用什么评估方法，也不管投资者的收益是通过股利还是价格浮动获得，他们的收益最终都来源于公司的利润。

在公式 6-4 中，g 表示的是公司股利的增长率。为了保持股利的持续增加，公司的每股收益也必须以不低于 g 的增长率增长，因为股利的派发主要依靠每股收益。在具体分析的时候，一般都假设每股收益的增长率也为 g。另外，在给定的条件下，股利的持续增长将会导致股票价格的连续上涨，也就是在公式 6-4 中，如果分母中的回报率和增长率都保持不变，而分子保持 g 的增长率，那么 P_0 即股票价值也会以 g 的增长率保持增长。因为 g 是股利的增长率，所以还存在着以下的关系式：$D_1=D_0(1+g)^1$，$D_2=D_0(1+g)^2$ 等。

如果上一年的股利 D_0 是每股 1 元，股利增长率为 10%，则今年的股利 D_1 和明年的股利 D_2 将能达到 1.1 元和 1.21 元，即 $D_1=1\times(1+0.1)^1=1.1$（元），$D_2=1\times(1+0.1)^2=1.21$（元）。

【例 6-2】上一年 Y 集团公司每股派发股利 2.23 元，假设其股利增长率为 8%，要求的回报率为 13%，则该普通股价值是多少？

【解】$P_0=\frac{D_1}{k_s-g}=\frac{2.23\times(1+0.08)^1}{0.13-0.08}=48.17$（元）

从投资者的角度来说，如果他们评估出的普通股价值高于或等于它的市场价格，那么他们就会买进该只股票。相反，如果评估的价值低于市场价格，那么他们就不会购买该股票；若他们现在已经持有该股票的话，则会选择卖出。但是，需要告诫投资者的是，评估的结果只是一个估计量，具有很强的主观性。另外，这里所讲述的评估程序也被极大地简化了。

（3）股利超常增长的股票估价模型。

在现实的生活中，有的公司股利并不是固定的。这种情形允许股利在一定时间内超常增长，从未来某个时候开始，以固定的增长率增长。举一个简单的例子，某一公司在一段时间里高速增长，而在另一段时间里正常固定增长或者固定不变。在这种情形下，需要分段来计算股票的价值。

【例 6-3】某公司因为迅速的扩张和超强的销售，每年都以 20% 的速度增长，预计这个增长率可以再维持 3 年，以后就会转为正常增长，增长率为 12%。公司最近支付的股利是 2 元，必要报酬率为 16%。请计算股票的价值。

【解】首先，计算超常增长期的股利现值总额（见表 6-2），则 3 年股利的现值总额为 6.603 元。

表 6-2 **超常增长期的股利现值总额**

年份	股　利	折现率（16%）	现值（元）
1	2×1.2=2.4	2.4×0.862	2.069
2	2.4×1.2=2.88	2.88×0.743	2.140
3	2.88×1.2=3.456	3.456×0.641	2.215

其次，第 3 年年末普通股的价值是：

$P_3=\frac{D_4}{k_s-g}=\frac{3.456\times(1+0.12)^1}{0.16-0.12}=96.77$（元）

计算其现值：

PV（P_3）$=96.77\times0.641=62.03$（元）

最后，计算股票当前的价值：

6.424+62.03=68.454（元）

3. 到期收益率

持有普通股的投资者们，一般都期望能通过现金股利的派发和股价的上涨来获得收益，可以把收益率表示为：

$$K_s=\frac{D_1}{P_0}+g \qquad (6-5)$$

式中：K_s 为普通股的预期收益率，而不是所要求的回报率；D_1/P_0 为预期股利收益率；P_0 为股票的市场价格，而不是股票的价值；g 仍然是增长率，只不过在这个等式中，它所代表的是普通股价格的增长率。这里虽然没有证明，但暗含着一个等式关系，即在特定条件下，股票价格的长期增长率等于公司股利长期的增长率。

【例 6-4】Y 集团公司在下一年将会派发普通股股利，每股 1.37 元，该股票当前的市价为每股 17.25 元。在过去的 10 年里，股利是以每年 8% 的比率在增长，预计在未来的时期内，股利仍会以这一比率持续增长。Y 集团公司普通股的预期收益率是多少？

【解】$K_s=\frac{D_1}{P_0}+g=\frac{1.37}{17.25}+8\%=15.94\%$

计算出预期的收益率之后，投资者就可以通过与他们所要求的回报率进行对比来做出投资的决策。如果预期收益率高于或等于所要求的回报率，投资者就会买进该只普通股；反之，若预期收益率低于要求的回报率，投资者就会做出相反的决策。

大多数从业者是通过评估一种正确的价格/利润比例（市盈率）来确定普通股价值的。通过该比例，使公司的每一分利润多倍地增长，从而达到对公司普通股价值估计的目的。比方说，每股收益为 1 元，估计 10 股的收益为 10 元，如果当前的股价为 9 元/股，则股票的价值就被低估了，低估的原因就在于它目前的利润倍数是 9（9 元/1 元），要低于分析人员预想的价值。

尽管这个过程看起来与本章前面所描述的普通股评估非常不同，但本质上是一样的。为了估计一个公司的价格/利润比例，分析人员必须先估量一下这个比例所能带来的各种影响，如红利、红利及利润的增长率，以及所要求的股票回报率。需要注意的是，其中有两个变量与进行普通股评估时所用的变量是相同的。

6.2.3 普通股投资风险

债券和优先股的投资者，希望在一定的时期内能获得固定的收益；而普通股的投资者，他们的预期收益是由少量定期的股利收入加上股价浮动所带来的资本增量而形成的。虽然对投资者而言，股利也是一项重要的收入（股利是股票价值的最终源泉），但是股票价格的浮动，才是普通股投资者最主要的收益来源。只有当所有债务利息和优先股股利都已经派发完之后，才会派发普通股的股利，因此从这一角度来说，普通股是更具有风险性的一项投资。另外需要补充的是，公司没有支付普通股股利的法定义务。

普通股的主要投资风险产生于：

（1）公司盈利和股利的增长率 g 下降，导致普通股价值下跌。

（2）关于公司盈利和股利的不确定因素增加，促使投资者提高要求的回报率，从而导致普通股价值下跌。

每项资产要求的回报率概括起来由两个部分组成：一个是无风险收益率：另一个是当某项资产存在着一定的风险时，投资者会获得额外的收入以做补偿。可以用资本资产定价模型来解释，每一资产要求的回报率应等于无风险利率加上该资产由β系数测定的风险溢价：

$$E(r_i)=r_F+[E(r_M)-r_F]\beta_i \tag{6-6}$$

式中：$E(r_i)$为该资产要求的回报率；$E(r_M)$为整个市场的期望报酬率；r_F为无风险收益率；$E(r_M)-r_F$为整个市场的风险溢酬；β_i为该资产的系统风险系数。

通过一定的分析，投资者可以对这两个部分进行评估。

6.3 优先股

优先股属于公司的权益，但它不同于普通股，是“普通股”的对称，主要指在利润分配及剩余财产分配的权利方面，优先于普通股。优先股也是一种没有期限的所有权凭证，优先股股东一般不能在中途向公司要求退股（少数可赎回的优先股例外）。

6.3.1 优先股概述

1. 优先股特征

（1）优先股通常预先设定股息收益率。由于优先股股息收益率事先固定，所以优先股的股息一般不会根据公司经营情况而增减，而且一般也不能参与公司的分红，但优先股可以先于普通股获得股息。对公司来说，由于股息固定，它不影响公司的利润分配。简单地说，就是优先股有固定的股息，不随公司业绩好坏而波动，并可以先于普通股股东领取股息。

（2）优先股的股东权益有限。优先股一般不参加公司的红利分配，持股人亦无表决权，不能借助表决权参加公司的经营管理。

（3）优先分配股东财产。当公司破产进行财产清算时，优先股股东有对公司剩余财产优先于普通股股东的要求权，但次于债权人。因此，优先股与普通股相比较，虽然收益和决策参与权有限，但风险较小。

（4）股票可由公司赎回。优先股股东不能要求退股，但却可以依照优先股股票上所附的赎回条款，由公司予以赎回。大多数优先股股票都附有赎回条款。

2. 优先股股东的权利

与普通股股东相比，优先股股东具有以下权利：

（1）优先股股东享受优先分红权，普通股股东不享受。

（2）企业破产清算时，优先股股东先于普通股股东获得清偿。

6.3.2 优先股估价

1. 优先股评估

优先股与其他证券一样，每年也要向股票的持有人支付固定数量的现金，以做补偿。但是大多数的优先股是没有期限的，优先股和其他一些承诺永远支付固定现金补偿的资产一样，都被称为永续年金。这种永续年金的价值，是指所有未来现金收入的现值，对永续年金而言，它的现金收入是无限期的。而优先股的价值评定可以用公式6-7

来表示：

$$V_p=\sum_{t=1}^{\infty}\frac{D_p}{(1+k_p)^t} \tag{6-7}$$

式中：V_p 为优先股价值；D_p 为优先股每年的现金股利；k_p 为要求的回报率；t 为时期。

公式 6-7 可以简化成下面的式子：

$$V_p=\frac{D_p}{k_p} \tag{6-8}$$

【例 6-5】Y 集团公司发行优先股，每年每股派发的股利为 9.75 元，如果投资者所要求的回报率为 11.5%，那么这一股票的价值是多少？

【解】$V_p=\frac{D_p}{k_p}=\frac{9.75}{0.115}=84.78$（元）

投资者对优先股进行评估时，所采取的措施与债券相同，即当评估的价值高于或等于市场价格时，投资者就会买进该股票；当评估的价值低于市场价格时，投资者则不会购买该股票，如果他已经拥有该股票，就会选择卖出。

2. 预期收益率

优先股的预期收益率比较容易计算，计算公式为：

$$K_p=\frac{D_p}{V_p}\times100\% \tag{6-9}$$

式中：K_p 为预期收益率，它不同于公式 6-8 中的 k_p，k_p 表示所要求的回报率；V_p 为优先股的市场价格，而非公式 6-8 中的优先股价值。

【例 6-6】假设 Y 集团公司每年每股派发 4.25 元的股利，它的当前价格为 47.22 元。计算优先股的预期收益率。

【解】$K_p=\frac{D_p}{V_p}\times100\%=\frac{4.25}{47.22}\times100\%=9\%$

投资者一旦确定了股票的预期收益率，他们就会将其与他们所要求的回报率相比较来进行投资决策。只有当预期收益率高于或等于他们所要求的回报率时，投资者才会买进该股票。用预期收益率作为判断标准，与将股票价值和市场价格进行比较，得出的结果应该是一致的。

6.3.3　优先股投资风险

履约风险和利率风险是优先股投资者所面临的两个主要风险。然而优先股的利率风险大小，并不受股利及股票期限的影响，因为优先股是没有到期日的，所以，优先股的利率风险是其仅仅受市场利率变化的影响。

优先股的投资者同样还面临着公司无法按期支付股利的风险，投资者可以通过金融分析，确定一个公司无法对其支付股息的风险有多大，再以此为依据，来认定公司存在履约风险的可能性大小。在通常情况下，债务的利息要先于优先股股利被支付，因此优先股的投资风险要高于债券投资的风险。

6.4　债　券

债券是政府、金融机构、工商企业等机构直接向社会借债筹措资金时，向投资者发行，承诺按一定利率支付利息并按约定条件偿还本金的债权债务凭证。在讨论债券评估之前，我们首先应该了解一下债券。

6.4.1 债券概述

1. 债券的票面要素

（1）面值。债券的面值是指债券发行者在债券到期之后必须支付给债券持有者的现金，国际上，大多数公司在发行债券时通常将面值确定为 1 000 元。在我国，债券面值较小，多为 100 元人民币。

（2）票面利率。债券的票面利率是指债券发行者每一年向投资者支付的利息占票面金额的比率，它在数额上等于债券每年应付给债券持有人的利息总额除以债券总面值得到的百分比。因此，用债券的面值乘以票面利率就得出了每年应支付给债券持有人的利息总额，这一数量是固定不变的，与债券最初的出售和之后的转让价格无关。

（3）到期日。债券的到期日是指债券发行者按债券的票面价值向投资者偿还本金的日期，同时，这一到期日也是债券持有者获得利息收入的终止日期。

（4）发行人名称。发行人名称指明债券的债务主体，为债权人到期收回本金和利息提供依据。

上述四个要素是债券票面的基本要素，但在发行时并不一定全部在票面上印制出来。例如，在很多情况下，债券发行人以公告或条例形式向社会公布债券的期限和利率。此外，一些债券还包含其他要素，如还本付息方式。

2. 债券的特征

债券作为一种债权债务凭证，与其他有价证券一样，也是一种虚拟资本，而非真实资本，它是经济运行中实际运用的真实资本的证书。债券作为一种重要的融资手段和金融工具，具有如下特征：

（1）期限性。债券一般都规定有偿还期限，发行人必须按约定条件偿还本金并支付利息。

（2）流通性。债券一般都可以在流通市场上自由转让。债券具有流通性，持券人需要现金时可以在证券市场上随时卖出或者到银行以债券作为抵押品取得抵押借款。

（3）安全性。与股票相比，债券通常规定有固定的利率。与企业绩效没有直接联系，收益比较稳定，风险较小。此外，在企业破产时，债券持有者享有优先于股票持有者对企业剩余资产的索取权。

（4）收益性。债券的收益性主要表现在两个方面：一是投资债券可以给投资者定期或不定期地带来利息收入；二是投资者可以利用债券价格的变动，买卖债券赚取差价。

3. 债券的种类

债券按照不同的标准，可以分为不同的种类。按付息方式分类，可以分为贴现债券和附息债券；按计息方式分类，可以分为单利债券、复利债券和累进利率债券；按利率确定方式分类，可以分为固定利率债券和浮动利率债券；按发行主体分类，可以分为国债、地方政府债券、公司债券。我们主要讲解按发行主体分类的债券。

（1）国债，也叫国债券，是中央政府根据信用原则，以承担还本付息责任为前提来筹措资金的债务凭证。我国历史上发行的国债主要品种有：国库券和国家债券。其中，国库券自1981年后基本上每年都发行，主要面向企业和个人发行。国家债券曾经发行过国家重点建设债券、国家建设债券、财政债券、特种债券、保值债券、基本建设债券，这些债券大多对银行、非银行金融机构、企业、基金等定向发行，部分也对个人投资者发行。

（2）地方政府债券，指某一国家中有财政收入的地方政府机构发行的债券。地方政府债券一般用于交通、通信、住宅、教育、医院和污水处理系统等地方性公共设施的建设。地方政府债券一般也是以当地政府的税收能力作为还本付息的担保。地方发债有两种模式：第一种为地方政府直接发债；第二种是中央发行国债，再转贷给地方，也就是中央发国债之后给地方用。在某些特定情况下，地方政府债券又被称为“市政债券”。

（3）公司债券，是企业依照法定程序发行，约定在一定期限内还本付息的债券。公司债券的发行主体是股份公司，但也可以是非股份公司的企业。所以，一般归类时，公司债券和企业发行的债券合在一起，可直接称为公司债券。

公司债券代表着发债公司和投资者之间的一种债权、债务关系。债券持有人是公司的债权人，债券持有人有权按期收回本息。公司债券与股票一样，属于有价证券，可以自由转让。公司债券风险与公司本身的经营状况直接相关。如果公司发行债券后，经营状况不好，连续出现亏损，可能无力支付投资者本息，投资者就面临着遭受损失的风险。所以，在公司发行债券时，一般要对发行公司进行严格的资格审查或要求发行公司有财产抵押，以保护投资者的利益。另一方面，在一定限度内，证券市场上的风险与收益成正相关关系，高风险伴随着高收益。公司债券由于具有较大风险，它们的利率通常也高于国债。

特殊类型债券——可转换公司债券是一种被赋予了股票转换权的公司债券，简称可转换债券，兼有股票和普通债券的双重特征。发行公司事先规定债权人可以选择有利时机，按发行时规定的条件把其债券转换成发行公司的等值股票（普通股票）。可转换债券的利率是年均利息与票面金额的比率，一般要比普通企业债券的利率低，通常发行时以票面价发行。转换价格是转换发行的股票每一股所要求的公司债券票面金额。当投资者不太清楚发行公司的发展潜力及前景时，可先投资于这种债券。待发行公司经营业绩显著，经营前景乐观，其股票行市看涨时，则可将债券转换为股票，以受益于公司的发展。可转换债券对投资者来说，是多了一种投资选择机会。因此，即使可转换债券的收益比一般债券收益低些，但在投资机会选择的权衡中，这种债券仍然受到投资者的欢迎。

4. 债券评级

公司经常花钱请人对它们的债券进行评级。目前国际上公认的最具权威性的信用评级机构主要有美国标准普尔公司和穆迪投资服务公司。上述两家公司负责评级的债券很广泛，包括地方政府债券、公司债券、外国债券等。由于它们拥有详尽的资料，采用先进科学的分析技术，又有丰富的实践经验和大量专门人才，因此它们所做出的信用评级具有很高的权威性。债券评级就是评估债券发行公司的信誉。这里的信誉是指公司违约的可能程度，以及万一违约，债权人有哪些保障。

标准普尔公司信用等级标准从高到低可划分为：AAA级、AA级、A级、BBB级、BB级、B级、CCC级、CC级、C级和D级。穆迪投资服务公司信用等级标准从高到低可划分为：Aaa级、Aa级、A级、Baa级、Ba级、B级、Caa级、Ca级、C级和D级。两家机构信用等级划分大同小异。前四个级别债券信誉高，风险小，是“投资级债券”；从第五级开始，债券信誉低，是“投机级债券”。

当发行公司的财务状况变好或者变坏时，债券的信用评级可能随之改变。例如2010年11月11日，穆迪投资服务公司宣布，将中国政府债券评级由A1上调至Aa3，并维持正面展望。在此次评级调整中，穆迪投资服务公司将中国政府的外币及本币债券评级从A1上调至Aa3，外币及本币银行存款评级的国家上限从A1上调至Aa3。这主要是因为中国经济在全球金融危机爆发之后，表现出良好的恢复能力，预计中期内仍将继续强劲增长，宏观经济保持稳定；同时，中国政府财政信用基本面未受到损害，异常强劲的对外收支状况也使中国免受全球金融市场动荡的影响。

标准普尔公司和穆迪投资服务公司都是独立的私人企业，不受政府的控制，也独立于证券交易所和证券公司。它们所做出的信用评级不具有向投资者推荐这些债券的含义，只是供投资者决策时参考，因此，它们对投资者负有道义上的义务，但并不承担任何法律上的责任。

6.4.2 债券估价

1. 债券评估

（1）一年期复合。

下面我们通过举例来说明如何评估债券。

【例6-7】假设Y集团公司发行一种债券，票面价值为1 000元，5年到期，票面利率为11%，假定每年偿付一次利息。对一个要求回报率为10%的投资者来说，债券的价值是多少？

【解】从以上的描述中可以看出，债券的持有者所预期的现金收入包括未来5年中每年年末的110元利息收入和第5年年末发行者应偿付的1 000元本金。该种债券的价值可以通过以下几个步骤来确定：

①确定债券持有者预期的现金收入，如图6-1所示。

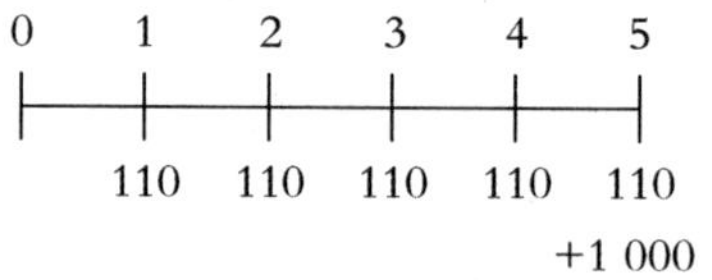

图6-1 现金流量图

②确定债券持有者要求得到的回报率。本例中，回报率为10%。

③计算预期现金收入的现值。本例中，债券的预期现金流量和投资者需要的回报率都是已知的，为了确定债券的价值，我们把回报率作为贴现率来计算预期现金收入的现值，计算公式为：

$$V_b=\sum_{t=1}^{n}\frac{I}{(1+k_b)^t}+\frac{M}{(1+k_b)^n} \tag{6-10}$$

式中：V_b为债券的价值；I为债券的年利息；M为债券的票面价值；k_b为回报率；n为到期年数；t为时间。

简单地讲，式6-10就是每年所得利息的现值加上债券到期时所得本金的现值，即可得到债券价值。利用前一章的知识，可以将公式6-10另表示为：

$V_b=I \cdot PVIFA_{k_b,n}+M \cdot PVIF_{k_b,n}$　　(6-11)

现在，我们可以用公式6-11算出Y集团公司发行的债券的价值，即每年110元利息的现值，加上到期时一次支付的1 000元的现值。

$V_b=110 \cdot PVIFA_{k_b=10\%,n=5年}+1\ 000 \cdot PVIF_{k_b=10\%,n=5年}$

$=110\times3.7908+1\ 000\times0.6209=1\ 037.89$（元）

计算得出该债券的价值为1 037.89元，这是投资者愿意支付的最高价格；如果投资者正好用1 037.89元买下该债券，那么他将获得10%的回报率。

（2）溢价、折价和平价发行。

当债券以高于票面价值的价格发行时，称为溢价发行；当债券以低于票面价值的价格发行时，称为折价发行；当债券以等于票面价值的价格发行时，称为平价发行。在我国，债券可以溢价发行，但不允许折价发行。

①溢价发行。从例6-7中可以看出，债券的发行价格为1 037.89元，高于面值1 000元，所以为溢价发行。债券溢价受两方面因素的影响：一是受市场利率的影响。当债券的票面利率高于金融市场的通行利率即市场利率时，债券就会溢价。二是受债券兑付期的影响，距兑付期越近，购买债券所支付的款项就越多，溢价额就越高。

②折价发行。当债券以低于票面价值的价格发行时，称为折价发行。一般而言，债券折价发行的原因是：一是发行者信用低或是新发行债券，为保证债券顺利销售而采用折价发行；二是债券发行数量很大，为了鼓励投资者认购，用减价的方式给予额外收益补贴；三是由于市场利息率上升，而债券利息率已定，为了保证发行，只能降低发行价格。折价发行时，由于债券的发行价格低于票面价值，投资者的收益率大于债券票面利率，因此折价发行债券的票面利率可适当降低。

【例6-8】假设Y集团公司发行一种债券，票面价值为1 000元，5年到期，票面利率为11%，假定每年偿付一次利息。对一个要求回报率为12%的投资者来说，债券的价值是多少？

【解】$V_b=110 \cdot PVIFA_{k_b=12\%,n=5年}+1\ 000 \cdot PVIF_{k_b=12\%,n=5年}$

$=110\times3.6048+1\ 000\times0.5674=963.93$（元）

债券溢价或折价发行是对票面利率与市场利率之间的差异所做的调整，其差异的值就是一种利息费用。发行企业多收的溢价是债券购买人因票面利率比市场利率高而对发行企业的一种补偿，而折价则是企业因为票面利率比市场利率低而对购买者做的利息补偿。

③平价发行。当债券票面利率与市场利率一致时，企业债券可按其面值出售，这种情况称为平价发行或按面值发行。

【例6-9】假设Y集团公司发行一种债券，票面价值为1 000元，5年到期，票面利率为11%，假定每年偿付一次利息。对一个要求回报率为11%的投资者来说，债券的价值是多少？

【解】$V_b=110 \cdot PVIFA_{k_b=11\%,n=5年}+1\ 000 \cdot PVIF_{k_b=11\%,n=5年}$

$=110\times3.6959+1\ 000\times0.5935=1\ 000$（元）

Y集团公司发行的债券，票面价值为1 000元，票面利率为11%，期限为5年。如果投资者需要11%的回报率，那么债券仍将以1 000元来发行，因为投资者每年的利息收入完全等于他们所要求的投资回报。同时，他们在到期日又可以收回初始投资，所以这一定价是切实可行的。

（3）半年期复合。

正如前面所提到的那样，绝大多数债券都是每半年支付一次利息的。由于在年中就获得了利息收入，投资者就可以用收回的这部分利息进行再投资，以获得额外的回报。如果半年支付一次利息，那么该债券的购买方就能够获得更多的收益，可以通过公式 6-12 或公式 6-13 计算此类债券的价值。

$$V_b=\sum_{i=1}^{2n}\frac{I}{2\cdot(1+\frac{k_b}{2})^t}+\frac{M}{(1+\frac{k_b}{2})^{2n}} \quad (6-12)$$

$$V_b=\frac{I}{2}\cdot PVIFA_{\frac{k_b}{2},2n}+M\cdot PVIF_{\frac{k_b}{2},2n} \quad (6-13)$$

【例 6-10】Y 集团公司发行的债券，票面价值为 1 000 元，5 年到期，票面利率为 11%，假设每半年支付一次利息，对于一个要求回报率为 10% 的投资者来说，债券的价值是多少？

【解】 $V_b=\frac{110}{2}\cdot PVIFA_{\frac{k_b}{2}=5\%,2n=10期}+1\ 000\cdot PVIF_{\frac{k_b}{2}=5\%,2n=10期}$

$=55\times7.7217+1\ 000\times0.6139=1\ 038.59$（元）

计算得出的债券价值是 1 038.59 元，比 1 年期复合的债券价值高 0.7 元（1 038.59-1 037.89）。

（4）零息债券。

零息债券，是指债券不支付利息，而是在到期后支付债券票面价值。由于零息债券不支付利息，债券持有人未来的现金流入只有到期的票面金额，因此，其债券的估价公式如下：

$$V_b=\frac{M}{(1+k)^n}=M\cdot PVIF_{k,\ n} \quad (6-14)$$

【例 6-11】某公司发行零息债券，债券面值为 1 000 元，期限为 5 年，市场报酬率为 8%，则其债券的价值是多少？

【解】 $V_b=\frac{M}{(1+k)^n}=M\cdot PVIF_{k,\ n}=1\ 000\times0.681=681$（元）

2. 到期收益率

先前的阐述表明，如果投资者用 1 037.89 元购进该债券，每年付息一次，并且持有这一债券直至到期日为止，那么他将获得 10% 的回报率。债券的预期回报包括利息收入和到期时的本金收入，由于缺少相应的计算程序，因此解决到期收益率的问题只能通过试错法。

【例 6-12】某一债券的票面价值为 1 000 元，票面利率为 8%，市场价格为 911.33 元，期限为 6 年，假定半年复合。请计算这种债券的到期收益率。

【解】通过债券的价格和票面利率，可以对债券的到期收益有一个初步的估价。如果债券是按票面价值出售的，那么它的到期收益率就等于票面利率。如果债券出售价格低于票面价值，那么到期收益率就高于票面利率；反之亦然。在其他条件不变的情况下，债券价格与票面价值差价越大，票面利率与到期收益率之间的差距也就越大。同样地，其他条件不变，债券期限越短，票面利率与到期收益率之间的差距越大。

在这个例子中，因为债券售出价格要低于票面价值，所以到期收益率必然要高于8%的票面利率，不妨设为12%。首先，看看12%是不是到期收益率。将12%作为贴现率，计算出预期现金收入的当前价值。

$$V_b=\frac{80}{2}\cdot PVIFA_{\frac{k_b}{2}=6\%,2n=12期}+1\,000\cdot PVIF_{\frac{k_b}{2}=6\%,2n=12期}$$

$$=40\times 8.3838+1\,000\times 0.4970=832.35\text{（元）}$$

由于832.35元低于债券的市场价格，所以12%并不是到期收益率。再尝试用低一点的贴现率，就能增加预期现金收入的现值，使它等于债券价格，假设为10%，则：

$$V_b=\frac{80}{2}\cdot PVIFA_{\frac{k_b}{2}=5\%,2n=12期}+1\,000\cdot PVIF_{\frac{k_b}{2}=5\%,2n=12期}$$

$$=40\times 8.8633+1\,000\times 0.5568=911.33\text{（元）}$$

因为用10%作为贴现率计算出来的现金收入的现值恰好等于债券价格，所以得出10%就是该债券的到期收益率。

投资者可以用到期收益率评估债券的价值，与市场价格进行比较，以做出投资决策。另外一种方式，就是将到期收益率与投资者所要求的回报率进行对比，来进行投资决策。当到期收益率高于或等于所要求的回报率时，投资者将买进该债券；反之，则不会购买该债券。而在实际操作过程中，通过上述两种方式做出的投资决策，往往是一致的。

6.4.3 债券投资风险

债券投资主要存在着履约风险和利率风险。

1. 履约风险

履约风险是指债券到期之后，投资者可能无法收回利息和本金，这种风险通常在公司发生财务危机时出现，它将导致债权人权益的巨大损失。而在投资过程中，通过一些谨慎的金融分析，投资者是可以对履约风险进行评估的。然而，有些时候市场对公司履约风险的看法会发生变化，就可能使投资者提高要求的回报率，从而导致该公司债券的市场价值下跌。

2. 利率风险

利率风险是指买进债券后，利率可能会上升而带来的风险。通常情况下，可借贷资金的供求发生变化，或者通货膨胀率变化，都会造成利率浮动。当资金需求或通货膨胀率上升时，会使投资者提高要求的回报率，从而导致债券的市场价值下跌，这对债券投资者而言是非常重要的一项风险。

利率风险对债券市场价值的影响要大于其他风险的影响，而票面利率低、期限比较长的债券比票面利率高、期限短的债券更容易受到市场利率变化的影响。债券价格变化与票面利率和债券期限之间的关系，可以通过表6-3和表6-4表示出来。表6-3说明的是，当投资者要求的回报率发生变化时（假定是由于市场利率变化而引起的），具有不同票面利率的债券，它们的价值是如何变化的。假定所有的债券票面价值为1 000元，期限为10年，其中票面利率为8%的债券，当要求的回报率从8%上升到14%时，该债券的价格下跌了31.8%。同样条件下，另一票面利率为14%的债券，价格仅仅下跌了29%。

表 6-3 **债券价格变化与票面利率的关系** 金额单位：元

要求的回报率 \ 债券价格 \ 票面利率	8%	10%	12%	14%
8%	1 000	1 136	1 272	1 408
10%	875	1 000	1 125	1 249
12%	771	886	1 000	1 115
14%	682	788	894	1 000

表 6-4 **债券价格变化与债券期限的关系** 金额单位：元

要求的回报率 \ 债券价格 \ 期限	6年	10年	16年	20年
8%	1 081	1 136	1 173	1 198
10%	1 000	1 000	1 000	1 000
12%	926	886	862	850
14%	859	788	752	733

表 6-4 说明的是利率的变化对具有不同期限的债券价格的影响。表 6-4 所列举的债券票面价值都为 1 000 元，票面利率为 10%，当投资者要求的回报率从 8% 上升到 14% 时，6 年期的债券的价格下跌了 20.54%，而 20 年期债券的价格则下跌了 38.81%。因为，票面利率低、期限长的债券，价格浮动往往比较大，所以投资者为了降低风险，更愿意购进票面利率高、期限比较短的债券，当然，它潜在的收益率就会下降。

本章小结

（1）市场价值是指一项资产在交易市场上的价格，它是买卖双方竞价后产生的双方都能接受的价格。资产的变现价值是指资产在被单独出售，而不是作为整体的一部分出售时所获得的资金。资产的账面价值是指资产在公司的资产负债表上体现出来的价值。资产的内在价值是一种公平的价值尺度。

（2）普通股是在公司的经营管理和盈利及财产的分配上享有普通权利的股份，代表满足所有债权偿付要求及优先股东的收益权与求偿权要求后对企业盈利和剩余财产的索取权。一般可把普通股的特点概括为如下四点：①永久性。股票是一种无偿还期限的有价证券，投资者认购了股票后，就不能再要求退股，只能到二级市场卖给第三者。②流通性，是指股票在不同投资者之间的可交易性。③价格波动性和风险性。股票在交易市场上作为交易对象，同商品一样，有自己的市场行情和市场价格。④参与性。股东有权出席股东大会，选举公司董事会，参与公司重大决策。

（3）普通股股东享有以下五项基本权利：①利润分配权。②剩余资产索取权。③公司决策参与权。④优先认股权。⑤累计选举权。

（4）股票交易采用拍卖制，具体用撮合交易的方式完成。交易所由做市商、经纪人和会员组成。

（5）普通股估价。

①基本模型：

$$P_0=\frac{D_1}{(1+k_s)^1}+\frac{D_2}{(1+k_s)^2}+\cdots+\frac{D_x}{(1+k_s)^x}$$

②有限期持有模型：

$$P_0=\frac{D_1}{(1+k_s)^1}+\frac{D_2}{(1+k_s)^2}+\cdots+\frac{D_n+P_n}{(1+k_s)^n}$$

股利零增长的股票估价模型：

$$P_0=\frac{D}{k_s}$$

股利固定增长的股票估价模型：

$$P_0=\frac{D_1}{k_s-g}$$

（6）资本资产定价模型。每一资产要求的回报率应等于无风险利率加上该资产由β系数测定的风险溢价：

$$E(r_i)=r_F+[E(r_M)-r_F]\beta_i$$

（7）优先股特征：①优先股通常预先设定股息收益率。②优先股的股东权益有限。③优先分配股东财产。④股票可由公司赎回。

优先股的价值评定公式：

$$V_p=\sum_{t=1}^{\infty}\frac{D_p}{(1+k_p)^t};\quad V_p=\frac{D_p}{k_p}$$

（8）债券的票面要素：①债券的面值；②票面利率；③到期日；④发行人名称。

（9）债券的特征：债券是一种虚拟资本，而非真实资本。

（10）债券的种类：国债、地方政府债券、公司债券。我们主要讲解按发行主体分类的债券。

（11）债券评级。标准普尔公司信用等级标准从高到低可划分为：AAA级、AA级、A级、BBB级、BB级、B级、CCC级、CC级、C级和D级。

（12）为了确定债券的价值，把回报率作为贴现率来计算预期现金收入的现值，计算公式为：

$$V_b=\sum_{t=1}^{n}\frac{I}{(1+k_b)^t}+\frac{M}{(1+k_b)^n};\quad V_b=I\cdot PVIFA_{k_b,n}+M\cdot PVIF_{k_b,n}$$

（13）当债券以高于票面价值的价格发行时，称为溢价发行；当债券以低于票面价值的价格发行时，称为折价发行；当债券以等于票面价值的价格发行时，称为平价发行。在我国，债券可以溢价发行，但不允许折价发行。

（14）半年支付一次债券利息，可以通过下式计算债券的价值：

$$V_b=\sum_{i=1}^{2n}\frac{I}{2\cdot(1+\frac{k_b}{2})^t}+\frac{M}{(1+\frac{k_b}{2})^{2n}}$$

$$V_b=\frac{I}{2}\cdot PVIFA_{\frac{k_b}{2},2n}+M\cdot PVIF_{\frac{k_b}{2},2n}$$

基本训练

◆ **简答题**

1. 对比说明普通股和优先股的特征及股东的权利。

2. 如何计算不同股票的价值？如何计算股票的预期收益率？

3. 举例说明股票的价值受哪些因素影响。

4. 如何对债券进行估价？不同的债券，其估价模型有何不同？其到期收益率如何计算？

5. 如何计算优先股的价值？

6. 什么是认股权证？有哪些分类？

◆ **本章思考**

击倒巨人牛顿的金融危机

金融危机必须具备几个条件，条件一旦具备，必将出现危机。(1) 政府与企业沆瀣一气，政府从企业手里拿钱，企业从政府手里拿回独家经营权，政府给企业撑腰，企业有恃无恐。(2) 市场上没有更多的投资渠道，过剩的资本找不到投资的出路。(3) 缺少监管，企业财务报表虚假，市场运作无序，舆论推波助澜，存在大量虚假信息。(4) 对市场超预期的盈利，使贪婪弥漫于整个社会。纵观古今中外，每一场金融危机无不如此。“南海泡沫”虽然发生在 1720 年，但拂去历史的尘埃，我们可以发现，股票市场的危机有着惊人的相似之处。

南海公司是英国的一家贸易公司，1711 年成立。所谓南海，就是英国人所指的现在的拉丁美洲、大西洋沿岸地区。《乌得勒支和约》签订后不久，英国政府即面临着如何应付大量政府债务的问题。南海公司向政府表示愿意支付 750 万英镑，以换取管理国债之特权。当时，英格兰银行也向英国政府递交了相同的建议。为了赢得竞争，南海公司许诺向国会的主要议员和皇室支付一笔巨额贿款，使得把 3 100 万英镑的国债管理特权判给该公司的法案在国会上顺利获得通过。权钱交易的结果是，英国政府还对该公司经营的酒、醋、烟草等商品给予了永久性退税政策，并把对南美的贸易垄断权给了南海公司。南海公司开始发行新股，并制造了“南海泡沫”。

英国社会公众对南海公司的发展前景充满了信心，南海公司的股票供求关系严重失衡，多年来价格不断上涨。1719 年，英国政府允许公司债券与南海公司股票进行转换。同年年底，南美贸易障碍扫除，加上英国民众对股价上扬的预期，促进了债券向股票的转换，进而带动了南海股价上升，也由此拉开了南海公司的公司市值由 1.4 亿英镑到 0 的过程的序幕。

自 1720 年 1 月起，南海公司的股票价格开始飙升，从 1 月的每股 128 英镑上升到 3 月的 330 英镑。在 4 月的时候，南海公司的董事们已经以每股高达 300 英镑的价钱售出 225 万股股票。到 5 月，南海股价上扬至 500 英镑，6 月升到 890 英镑，7 月的时候更上升到每股 1 050 英镑的价位，6 个月涨幅高达 700%。一时间，投机、违法案件剧增。许多英国国会议员和政府要员与南海公司相互勾结，疯狂牟利。先后有542位议员、250位贵族卷入了股票交易。议员持有的股份总额为110万英镑，贵族持有的股份总额为54.8万英镑。连国王也禁不住诱惑，认购了价值10万英镑的股票。一个快速膨胀的股市于是形成。加尔布里斯在《大恐慌》中感慨道："政治家忘记政治、律师放弃打官司、医生丢弃病人、店主关闭铺子、牧师离开圣坛，就连贵妇也放下了高傲和虚荣。"

自1720年7月以后，随着热潮减退，南海公司的股价由原本1 000英镑以上的价位急速下滑。南海公司的股价到8月25日已跌至900英镑，9月9日，南海公司股价已暴跌至540英镑，在9月12日商讨解决方法无果后，收市时更急挫至400英镑。到9月28日的时候，南海股价已暴跌到190英镑，至12月更跌剩124英镑。英国政府介入后发现，南海公司的净资产为负，不得不宣布倒闭。艾萨克·牛顿爵士在5月份第一次交易时买进7 000英镑，6月份清仓大赚7 000英镑；在7月份的第二次交易中又一次逢高建仓，结果踏空，10月份被迫清仓，净赔2万英镑，让77岁的牛顿从此过上了节衣缩食的生活。这位伟大的科学家痛不欲生，他感叹道："我能计算天体运行，却无法计算人类的疯狂。"

英国经济因受此影响遭受了沉重打击，政府的信用一落千丈。1720年年底，那些高价买进南海股票的投资者遭受巨大损失。人们发现，毕生的积蓄或刚刚继承的遗产顷刻间化为乌有。南海事件之后，英国民众不敢再问津股票之事，闻股份公司而色变。整整一个世纪中，英国竟没有发行过一只股票。

资料来源　刘斌. 击倒巨人牛顿的金融危机［EB/OL］.（2011-12-10）［2015-06-15］. http://blog.sina.com.cn/s/blog_62df218b0100vyxd.html.

财务管理第六黄金定律

第7章 资本预算

学习目标

◆ 重点掌握资本预算的现金流模型、主要现金流要素（如初始投资、营运现金流、终结现金流和增量现金流等）。

◆ 掌握资本预算的两类项目、沉没成本和机会成本的定义、现金流模型的实际应用。

引例

中国石油化工股份有限公司（简称“中国石化”）是一家石油石化主业突出、拥有比较完备的销售网络、境内外上市的股份制企业。中国石化是由中国石油化工集团公司依据《中华人民共和国公司法》，以独家发起方式于2000年2月25日设立的股份制企业，并分别在香港、纽约、伦敦和上海等地交易所成功发行上市。截至2010年底，中国石化总股本共计867亿股，中国石油化工集团公司持股75.84%，是中国石化最大的股东，外资股占19.35%，境内公众股占4.81%。中国石化主要从事石油、天然气的勘探、开采、储运（含管道运输）、销售和综合利用，它是中国最大的石油产品和石化产品生产商和供应商。中国石化连续多年保持标准行业市值排名第1位，营业收入排名第1位。2011年，中国石化以营业收入19 131.82亿元人民币位列中国企业500强之首。不仅如此，中国石化在2011年全球《财富》500强企业中排名第5位。

中国石化投资的项目主要包括武汉乙烯工程项目、安庆分公司含硫原油加工适应性改造及油品质量升级工程项目、石家庄炼化分公司油品质量升级及原油劣质化改造工程项目、榆林–济南输气管道工程项目、日照–仪征原油项目这五大项目。在预算中，最能体现战略的无疑就是资本预算。可以说，资本预算就是将战略落实在一个又一个具体投资项目的行动计划中。中国石化的总体愿景是建设世界一流的能源化工企业。五个投资项目对中国石化实现前述愿景具有不可替代的作用，同时也是公司能否实现发展战略的关键所在。武汉乙烯工程项目重点强化下游石油化工产能，进一步巩固中国石化在石油附加产品深加工市场的竞争地位。榆林–济南和日照–仪征管道项目落成之后将极大改善中国石化上游油气的调动能力，降低运输成本，提升下游产品的成本竞争力。安庆和石家庄油品炼化改造项目提升了公司油品炼化的适应性，更加适应进口原油的炼化，对中国自产原油的逐步减少形成很好的缓冲。上述项目投产后，可以极大地增强中国石化在全产业链的实力和竞争能力，构建更加完整的竞争平台。

如果资本预算缺乏严格的标准，往往会变成一个讨价还价的过程。预算过程涉及对资本投资实现的保证和对近期经营效果的关注。资源的分配往往是权力平衡的结果，而不是价值最大化的考量，不同部门的多个经营单位均要求投资各自的项目，公司管理层必须在这些相互竞争的项目中进行选择。如何评价与选择投资项目并将其纳入资本预算是一大难点。一般有两种最常见的方法，即回收期法和净现值法。回收期是指收回项目投资所需的时间，回收期越短越好。决策者利用回收期的主要目的是用它来清除异常风险项目，对高风险产业或集团新兴产业而言，利用回收期法进行财务评价可能更为稳健，也更加实用。

净现值法则利用最低回报率来计算所有现金流入和流出的现值，净现值为正即意味着项目满足所期望的最低回报率，因此可以进一步考虑该项目是否可行。另外，中国石化在估算年均销售收入、利润总额与净利润的基础上，还使用了财务内部收益率。这一方法与净现值法的作用是异曲同工的，净现值法使用估算的回报率贴现计算投资项目的总收益，而内部收益率法则是假定净现值等于零时计算贴现的收益率。内部收益率越高代表该项目的财务结果越好，该项目应该优先考虑。

作为知名企业，中国石化在募资投向管理和资本预算上都起了很好的示范作用，将募集资金集中存放于中国工商银行北京和平里支行，通过一系列制度，建立了严格的财务管理监控体系，制定了对公司募资的保管和使用细则，规定了明确的批准程序，资本预算与公司战略协调一致，拥有有效的资本预算系统，公司能更好地筹集额外资本进行投资、研发及革新并获得增长，可以增强中国石化全产业链的实力和竞争能力，构建更加完整的竞争平台。

资料来源 胡小秋. 中国石化资本预算案例［EB/OL］.［2017-12-20］. http://www.doc88.com/p-2083470121378.html.

7.1 资本预算概述

7.1.1 项目种类

项目投资是对企业内部生产经营所需要的各种资产的投资，其目的是保证生产经营过程的连续和生产经营规模的扩大。在企业的整个投资项目中，项目投资具有十分重要的地位，它不仅数额大、投资面广，而且对企业的稳定与发展、未来盈利能力和长期偿债能力的增强都有着重大影响。对上市公司而言，设备及无形资产的增减都对企业价值的增减起着重要作用。最普通的三种项目类型是独立项目、排他性项目和替代性项目。

1. 独立项目

独立项目是指那些现金流相互不相关或者相互独立的项目，即接受一个项目意味着并不排除对其他项目做进一步的考虑。如果一个公司有无限的资金可以投资，那么所有满足最小接受标准的独立项目都能被执行。例如，一个拥有无限资金的公司可能面对以下三种可接受的独立项目：（1）在工厂安装空调；（2）并购一家小型的供应商；（3）购买一套新的计算机系统。显然，接受其中的任何一个项目都不会排除进一步考虑其他项目，这三个项目都能被执行。

2. 排他性项目

排他性项目是指那些具有相同功能并由此相互竞争的项目。接受排他性项目组中的一个就排除了考虑该组中的其他项目。例如，一家公司需要一个提高吞吐能力的港口，可能通过下列方式实现：（1）改造原有码头；（2）建设新码头；（3）租赁其他码头。显然，接受其中一个方案就会排除其他任何一个。

3. 替代性项目

替代性项目是指是否用一个项目替代另一个项目。如果替代的话，则意味着采用新项目；如果不替代，则意味着继续使用旧项目。例如，固定资产更新改造项目，指的是对技术上或者经济上不宜继续使用的旧资产，用新资产进行更换或者用先进的技术进行改造。

7.1.2 资本限额

资本限额意味着用于资本预算的资金仅有固定的数额，并且许多项目将为这些有限的资金而相互竞争。如果一个公司拥有无限的资金用来投资，那么，制定资本预算就相当简单，所有提供的收益比预设的标准高的独立项目都能被接受。一般情况下，公司并不是处于这种境况；相反，它们是在资本限额下经营的，因此，公司必须将这些资金分配给那些能将企业价值最大化的项目。接下来的讨论都是基于资金是有限的假设。

7.2 现金流模型

与资本投资项目相联系的现金流模型分为传统的和非传统的两种。传统现金流模型包括初始现金流出，之后是一系列现金流入，很多资本支出适用这种模型。例如，一家公司今天可能支出 10 000 元，预期在未来 8 年中每年都获得 2 000 元的现金流入（见图 7-1）。

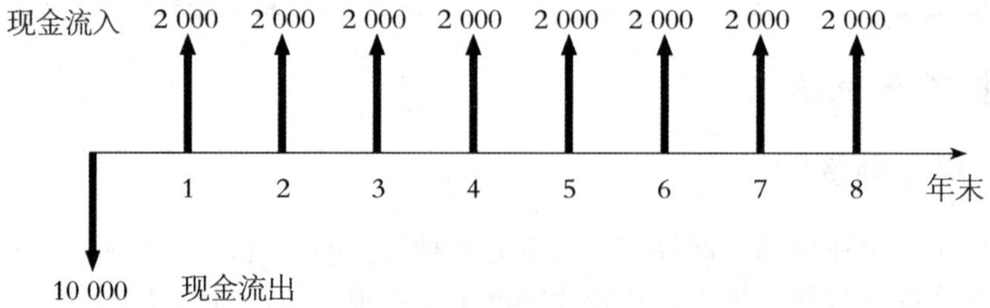

图 7-1 传统现金流模型（单位：元）

非传统现金流模型指的是初始现金流并不伴随着一系列的现金流入。例如，购买一台机器可能需要初始现金流出 20 000 元，在 4 年中可能每年产生 5 000 元的现金流入。在购买后的第 5 年，可能需要 5 000 元的现金流出用于翻新这台机器，之后在未来的 5 年中它每年产生 5 000 元的现金流入。图 7-2 展示了这种非传统现金流模型的时间线。

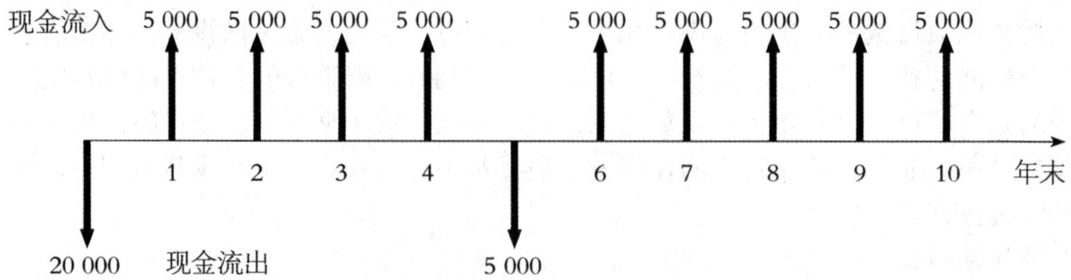

图 7-2 非传统现金流模型（单位：元）

在评价具有非传统现金流模型的项目时经常会出现一些困难，因此，本章的讨论仅限于对传统现金流模型的评价。

1. 年金和混合现金流

正如前面章节中介绍的，年金是指每期是相等的现金流。展示非年金的任何模型的现金流就是混合现金流。在图 7–1 中，每年（8 年）2 000 元的现金流入来自于年金的流入，而图 7–2 中的不相等的现金流入代表混合现金流。

2. 相关现金流

为了评价资本支出可供选择的方案，我们必须决定相关现金流——增长的税后现金流出（投资）和由此导致的接下来的现金流入。增加的现金流表示附加的现金流（现金流入和现金流出）来源于预计的资本支出。正如前面章节所述，现金流，而非那些会计数字，之所以被使用，是因为这些现金流并没必要相等，因为在公司的利润表中存在某些非现金支出。这一章剩下的部分主要介绍衡量与预期资本支出相联系的相关现金流的步骤。

7.3　现金流要素

任何具有传统现金流模型的项目的现金流都包括三个基本要素：(1) 初始投资；(2) 营运现金流；(3) 终结现金流。所有的项目——无论是扩张、重置、更新或者其他目的——都具有前两个要素。然而，有一些项目缺少最后一个要素——终结现金流。

图 7–3 在时间线上描述了一个项目的现金流，每一个现金流要素都被标示出来了。初始投资，是在零点时的相关现金流出，在假设的项目中为 50 000 元。营运现金流，在项目的生命周期中由于它的使用而引起增加的税后现金流入，逐渐地由第 1 年 4 000 元增加到第 10 年（即项目的最后 1 年）的 10 000 元。终结现金流，出现在项目最后 1 年的税后非营运现金流，通常归属于项目的变现，在项目 10 年年限的最后收到 25 000 元。需要注意的是，终结现金流并不包括第 10 年的 10 000 元的营运现金流。

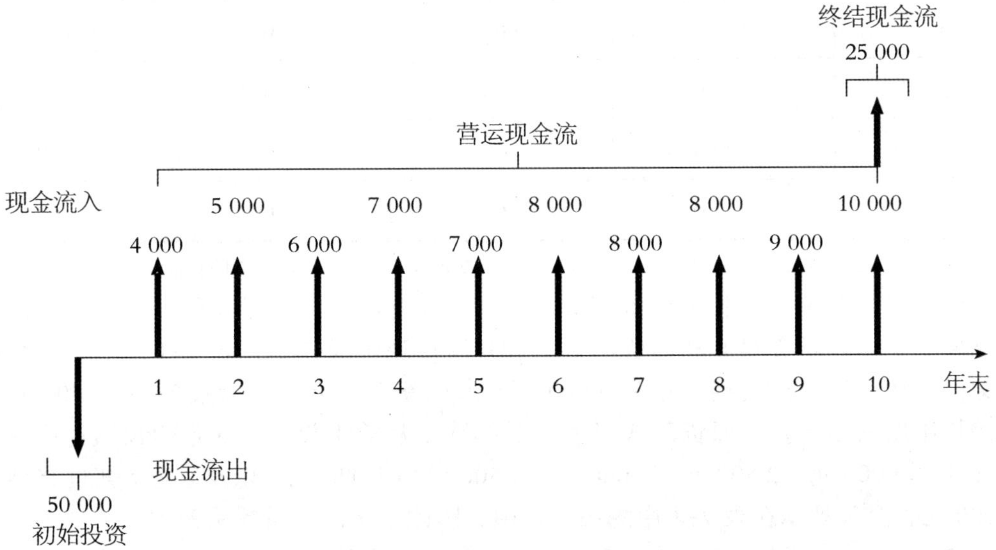

图 7–3　现金流要素（主要现金流要素时间线）（单位：元）

7.3.1 扩张和相关现金流量

在扩张决策的案例中，相关现金流的确定是最简单的。下例中，初始投资、营运现金流和终结现金流仅仅是与假设的费用支出相联系的税后现金流入和现金流出。用于重置决策的相关现金流的决定要更复杂一些，公司必须找到由假设的重置导致的增加的现金流出和现金流入。在这个例子中的初始投资，是通过用来购买新资产的初始投资形成的。任何税后现金流入都来源于被重置的旧资产的变现。营运现金流是通过计算来自于新资产和被取代的资产的营运现金流入的差额来获得。终结现金流等于终止使用新资产和旧资产时预期的税后现金流的差额。

表 7-1 的第一栏显示了购买新资产 A 的扩张决策中的初始投资、营运现金流和终结现金流。新资产 A 的购买价格为 13 000 元，企业预计未来 5 年每年可获得营运现金流入 5 000 元，并且在最后 1 年获得终结现金流 7 000 元。

表 7-1 **扩张和重置现金流表** 单位：元

扩张现金流			重置现金流	
	新资产 A	新资产 B	旧资产 A	相关现金流
	(1)	(2)	(3)	(4) = (2) - (3)
初始投资	13 000[a]	10 000[b]		10 000
年份	营运现金流			
1	5 000	5 000	3 000	2 000
2	5 000	5 000	2 500	2 500
3	5 000	5 000	2 000	3 000
4	5 000	5 000	1 500	3 500
5	5 000	5 000	1 000	4 000
终结现金流	7 000	7 000	2 000	5 000

注：a 表示购买价格；b 表示新资产 B 的购买价格减去清算旧资产 A 的预期税后现金流入。

如果新资产 B 被用来代替旧资产 A，相关现金流等于新资产 B 预期现金流减去旧资产的预期现金流。新资产 B 和旧资产 A 的预期税后现金流分别在表 7-1 的第二栏和第三栏中列示。由于旧资产变现价值为 3 000 元，所以新资产 B 的初始投资为 10 000 元，正如第二栏中所列示。置换旧资产 A 就意味着排除了从第 1 年到第 5 年的预期营运现金流入，分别为 3 000 元、2 500 元、2 000 元、1 500 元和 1 000 元，以及它第 5 年的终结现金流 2 000 元，全都列示在表 7-1 中的第三栏中。因此，来源于重置决策的相关现金流等于新资产 B（第二栏）和旧资产 A（第三栏）的预期现金流的差额，这一相关现金流在表 7-1 中的第四栏列示。

实际上，所有的资本预算决策都可以视为重置决策。扩张决策可以视为当来源于旧资产的现金流为零时的重置决策。基于这一事实，接下来的讨论将着重于更一般的重置决策。

7.3.2 沉没成本和机会成本

沉没成本是指由于过去的决策已经发生了的，而不能由现在或将来的任何决策改变的成本，而机会成本是指为了得到某种东西而所要放弃另一些东西的最大价值。当评价相关现金流时，正确地对待任何沉没成本和机会成本是非常重要的。尤其当决定一个项目增加的现金流时，这些成本很容易因处理不当而被忽视。沉没成本是那些已经形成的现金支出，对当前决策相关的现金流没有任何影响，因此，沉没成本不应该包括在一个项目增加的现金流中。机会成本是指最佳使用所拥有的资产所产生的现金流，而这种资产却用于假定的项目。由于给定的资产在假定的项目中使用，因此，机会成本代表不被实现的现金流。由于这个原因，在决定增加的现金流时应该把机会成本包括在现金流出当中。

7.3.3 国际资本预算和长期投资

尽管在国内和国际项目中，我们都使用相同的资本预算原理，但是在考虑外国投资机会的时候，我们仍然要提出一些额外的因素。国际资本预算与国内资本预算不同的原因是：（1）现金流入和现金流出是以外币形式出现的（如果汇率变动，这些现金流的原价值会完全改变）；（2）外国投资面临潜在的政治风险，包括公司的资产可能被没收的风险。两种风险都能通过谨慎的公司计划而最小化。

政治风险可以通过使用财务的和运营的策略得到最小化，通过选择一个有能力的、关系密切的合伙人，公司可以将它的经营风险降到最小。此外，公司可以将这些投资作为负债而不是所有者权益，以避免地方政府对其投资收益的影响。

尽管存在前面所述的种种困难，但是对外直接投资，包括资本、管理和技术性资产转移到国外，在最近几年急剧上升。我国公司所拥有的外国资产和外国公司，尤其是在英国、加拿大、德国、日本和美国等国，其市场价值在不断增长。

7.3.4 初始投资

此处的初始投资，指评价预期的资本支出时所考虑的相关现金流出。因为资本预算主要是围绕传统现金流项目，所以初始投资在零点出现。初始投资是通过在零点的所有现金支出减去在零点的所有现金流入的计算而得到。

当决定与资本支出相联系的初始投资时，必须考虑的基本的现金流是需要安装的新资产的成本、变卖旧资产的税后收益（如果有的话）和净营运资金的变化（如果有的话），决定初始投资的基本公式在式7-1中给出。如果没有安装成本，而且公司也不打算取代现存的资产，那么经过净现金变化调整的资产购买价格就等于初始投资。

初始投资=需要安装的新资产的成本-出售旧资产的税后收益+（-）净营运资金的变化 (7-1)

式中：需要安装的新资产的成本=新资产的成本+安装成本

出售旧资产的税后收益=出售旧资产的收益-（+）出售旧资产缴纳的税额

7.3.5 需要安装的新资产的成本

正如式 7-1 所示，需要安装的新资产的成本等于新资产的成本加上安装成本。新资产的成本是购买该资产的净现金流出。安装成本是指将资产投入运营所需要的附加成本。它们被认为是公司资本支出的一部分。每一项资本支出决策都应该被检查，以保证安装成本没有被忽视。美国国内税务署要求公司将安装成本加到资产的购买价格中来决定资产的折旧价值，这一折旧价值要在若干年内折旧。新资产的总成本通过将资产的成本加上安装成本计算得到，再按照一定的折旧率计算可得资产的折旧价值。

7.3.6 出售旧资产的税后收益

式 7-1 表明出售旧资产的税后收益减少了企业对新资产的初始投资。这些收益等于旧资产的出售收益减去适当的税额（或者加上任何税收退款）。出售旧资产的收益就是它提供的净现金流入，这一数额是除去拆迁资产的过程中形成的成本的净值。包含在拆迁成本中的清理成本并不是微乎其微的，出售旧资产的收益一般涉及某种税。对旧资产的出售收益征收的税取决于它的出售价格、最初购买价格和账面价值的关系。实际的税务处理并不是被公司控制，而是由税法、程序和形式强行规定的。税法的定期修改使得财会人员必须随时了解税法的修订情况。账面价值是出售旧资产的尺度，而了解税率则是纳税额高低的基础。

7.3.7 账面价值

资产的账面价值是指它的会计价值，它能够通过下面的公式计算而得：

账面价值=资产成本-累计折旧 （7-2）

Q 集团公司在两年前购买了 1 台需要安装的机器设备，成本为 100 000 元。这项资产使用 MACRS 方法折旧，折旧期为 5 年。换句话说，在第 2 年年末该项资产的累计折旧额为 100 000 元的 52%，即 52 000 元（0.52×100 000），代入式 7-2，得到：

账面价值=100 000-52 000=48 000（元）

因此，在第 2 年年末资产的账面价值是 48 000 元。

7.3.8 纳税规则

当出售资产时，可能出现 4 种税收情况，这些情况的不同取决于资产的售价、最初购买价格和账面价值之间的关系：（1）资产的售价高于它的最初购买价格；（2）资产的售价高于账面价值但低于最初购买价格；（3）资产的售价等于它的账面价值；（4）资产的售价低于它的账面价值。表 7-2 定义并且总结了应税收入和与之相联系的税务处理的 3 种主要形式。下面我们举一个例子来说明一下。

Q 集团公司两年前以 100 000 元购买的资产，其现在的账面价值是 48 000 元。如果该公司现在决定卖掉旧资产，将之替换掉，那么将会发生什么呢？与资产的出售有关的税收处理主要取决于它的售价。这里我们考虑 4 种不同的售价——110 000 元、70 000 元、48 000 元和 30 000 元。图 7-4 描述了由 4 种不同的售价导致的应税收入，均按照资产的原始售价 100 000 元和现在的账面价值 48 000 元计算。接下来我们将对这些不同的售价的应税结果进行阐述。

表 7-2　**资产出售的税收处理**

收入形式	定　义	税收处理	假定的税率
资本利得	出售价格中超过最初购买价格的那一部分	无论资产持有的时间有多长，总的资本利得都是按正常收入征税的	20%
折旧	出售价格中超过账面价值的那一部分，它代表对以前已经计提折旧的收回	所有已收回的折旧都是按正常收入征税的	20%
资产出售损失	出售价格低于账面价值的那一部分	如果资产是可折旧的并且仍在经营中使用，那么损失应该抵减正常收入。如果资产是不可折旧的或者已不在经营中使用，那么损失仅仅能够抵减资本利得	损失的20%为税收节约额

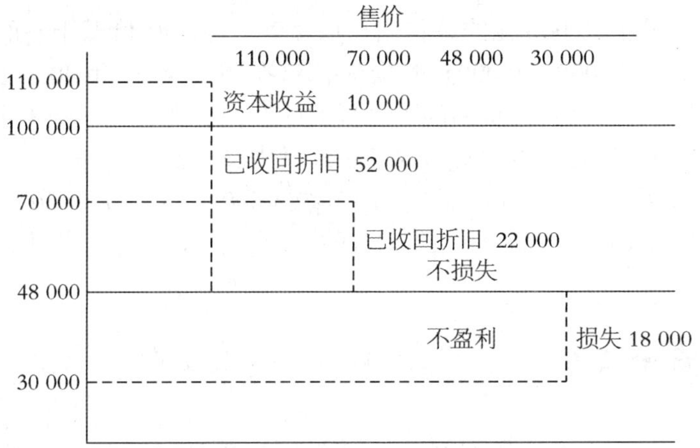

图 7-4　出售旧资产的应税收入（单位：元）

1. 资产的售价高于它的最初购买价格

如果 Q 集团公司以 110 000 元的价格卖掉该资产，那么它将获得 10 000 元的资本利得（这一数额等于它的售价超过它的最初购买价格 100 000 元的数额），该所得按照正常收入征税。该公司也以收回折旧的形式获得了正常收入，它等于超过账面价值但低于最初购买价格的那部分。在这个例子中，收回的折旧数额为 52 000 元（100 000−48 000）。无论是 10 000 元的资本利得，还是 52 000 元的已收回折旧均在图 7-4 中的 110 000 元售价下列示出来了。对总的所得 62 000 元所征收的税款的计算见表 7-3。

表 7-3　**应税收入及相关的税务处理表**

项　目	数额（元）	税　率	税额=数额×税率（元）
资本利得	10 000	20%	2 000
收回的折旧	52 000	20%	10 400
总额	62 000		12 400

我们要用式 7-1 将这些税用在计算新资产的初始投资上。实际上，征收的税额增加公司的新资产的初始投资，因为它抵减了旧资产的出售收益。

2. 资产的售价高于它的账面价值但低于最初购买价格

如果以 70 000 元的价格出售旧资产，这一售价低于它最初的购买价格但高于它的账面价值，因此不存在资本利得。然而，公司仍然以收回折旧的形式获得收入 22 000 元（70 000–48 000），它在图 7-4 中 70 000 元的售价下得以显示，这一收回的折旧按正常收入征税。因为公司假定的税率为 20%，所以对 22 000 元所得征收的税款为 4 400 元，这一税额用来计算新资产的初始投资。

3. 资产的售价等于它的账面价值

如果资产的售价为 48 000 元，等于它的账面价值，那么公司就实现了盈亏平衡。在图 7-4 中，48 000 元的售价下既没有收入也没有损失。因为在以账面价值出售资产时不征收任何税，所以它对新资产的初始投资没有任何影响。

4. 资产的售价低于它的账面价值

如果 Q 集团公司以 30 000 元的价格出售旧资产，这一售价低于它的账面价值，那么它将蒙受 18 000 元（48 000–30 000）的损失，这在图 7-4 中 30 000 元的售价下得以显示。如果这一资产是仍在经营中使用的可以折旧的资产，那么这一损失可用来抵销正常的营运收入。如果这项资产是不能被折旧或者在经营中没被使用，那么这一损失只能用来抵销资本利得。无论如何，这一损失将为公司节约 3 600 元（18 000×20%）的税额。而且，如果当前的营业收入或者资本利得不足以被抵销，公司可以将这一损失用于以前或将来若干年的税款抵减。

7.4 净营运资金变化

净营运资金等于企业流动资产减去流动负债。如果一家公司购买新机器以扩大生产规模，那么这一扩张将伴随着现金、应收账款、存货、应付账款和应计项目的增加。这一增加是由各种需求引起的，用来支持不断增加的销售额，需要更多的应付账款和应计项目来支持不断增长的用于满足扩张的生产需求的购买。正如前面所述，应收账款和存货的增加是现金的使用（现金流出或者投资），而应付账款和应计项目的增加是现金的来源（现金流入或融资）。只要扩张的生产在继续，那么流动资产（现金、应收账款和存货）中投资的增加和流动负债（应付账款和应计项目）中融资的增加也将继续。

流动资产的变化和流动负债的变化的差额就是净营运资金的变化。一般来讲，流动资产的增加超过流动负债的增加，将导致净营运资金投资的增加，这种增加被视为与项目相联系的初始现金流出。如果净营运资金的变化是负的，那么它将被视为与项目相联系的现金流入。净营运资金的变化——无论增加还是减少——都是不纳税的，因为它只代表流动账户的净增加或者净减少。

Q 集团公司正设想扩张它的运输能力来满足不断增长的需求（除了要购买多种新设备和船舶外），整个扩张周期中都会通过财务分析预测流动账户的变化（见表 7-4）。流动资产预期增加 22 000 元，流动负债预期增加 9 000 元，结果导致净营运资金增加 13 000 元。

在这一例子中，净营运资金的增加代表净营运资金投资的增加，并且在计算初始投资时被视为现金流出。

表 7-4　**计算 Q 集团公司净营运资金的变化**　单位：元

流动账户	余额的变化
货币现金	4 000
应收账款	10 000
存货	8 000
（1）流动资产	22 000
应付账款	7 000
应计项目	2 000
（2）流动负债	9 000
净营运资金的变化（(1)-(2)）	13 000

7.5　实　例

7.5.1　初始投资

在排他性项目和替代性项目中，初始投资并不相同，尤其是在替代性项目中。以下主要以替代性项目为主来研究相关投资。下面举一个例子来说明如何根据式 7-1 计算初始投资。

Q 集团公司正在讨论用一新的且更加精良、尖端的设备来代替旧机器。这台新机器的购买价格为 380 000 元，还需要 20 000 元的安装费用。它使用 MACRS 方法进行折旧，折旧期为 5 年。现在的旧机器是 3 年前以 240 000 元购买的，也使用 MACRS 方法进行折旧，折旧期为 5 年①。公司已经找到了一个买主，愿以 280 000 元的价格购买现在的这台机器，并且搬运费用由买主自己支付。伴随着重置，公司预期流动资产将增加 35 000 元，流动负债将增加 18 000 元，这些变化将导致净营运资金增加 17 000 元（35 000-18 000）；无论是正常收入还是资本利得都按照 40% 的税率征税。

初始投资计算中很难获得的唯一因素就是税，因为公司计划以高出最初购买价格 40 000 元的价格出售现在的机器，所以公司可以获得 40 000 元的资本利得。现在的账面价值是 69 600 元（240 000-（0.20+0.32+0.19）×240 000），以收回折旧形式存在的正常收入 170 400 元（240 000-69 600）也在这次出售中实现了。收入的所有税款为 84 160 元（(40 000+170 400）×0.4）。将这些税以及新机器的购买价格、安装成本、旧机器的出售所得和净营运资金的变化的数值代入表 7-1，我们得到初始投资额为 221 160 元。这一数额代表在零点需要的净现金支出，见表 7-5。

① 用加速折旧法 5 年折旧的比例分别是 20%、32%、19%、12% 和 12%,第 6 年的残值为 5%。

表 7-5 **初始投资计算表** 单位：元

建议购买的机器的成本	380 000
+安装成本	20 000
=初始投资的总成本（1）	400 000
出售现有机器的收益	280 000
-出售现有机器缴纳的税款	84 160
=初始投资的税后总收益（2）	195 840
初始投资的总成本（1）-初始投资的税后总收益（2）=初始投资（3）	204 160
净营运资金的变化（4）	17 000
初始投资（3）+净营运资金的变化（4）	221 160

7.5.2 税后的定义

预期从假定的资本支出中获得的收益必须按税后的数额来衡量，因为公司只有满足税收规定才能使用这些收益。这些税款取决于公司的应税收入，因此出于一致性的考虑，税款的缴纳或者抵减应该统一在一定的投资期限内。当评价资本支出方案时，需要一致性。

7.5.3 现金流入

从建议的项目中获得的所有收益必须在现金流的基础上进行衡量。现金流入代表能够花费的资金，而不仅仅是“会计收益”，这一现金流入并不一定能够支付公司的账单，最基本的计算需要将公司利润表上的作为费用抵减的非现金费用加到税后净利润中去。利润表上最常见的非现金费用就是折旧。接下来的例子讲的是怎样计算建议的和现存的项目的税后营运资金流入。

Q 集团公司的收入和支出（不包括折旧）的估计值在表 7-6 中列出，注意：建议购买的机器的预期可使用寿命和现存机器的余下的可使用寿命都是 5 年。建议购买的机器的可折旧金额等于购买价格 380 000 元加上安装成本 20 000 元。因为建议购买的机器的折旧方法是 MACRS，折旧期限为 5 年，所以从第 1 年到第 6 年的折旧比率分别为 20%、32%、19%、12%、12% 和 5%。建议购买的机器 6 年中每一年的折旧额和现存机器余下 3 年的折旧额在表 7-7 中计算可得。每一年的营运现金流入都可以用表 7-8 中利润表的格式计算而得。

表 7-6 **Q 集团公司建议购买的和现存的机器的收入和支出** 单位：元

年　份	收　入	支出（不包括折旧）
建议购买的机器		
1	2 520 000	2 300 000
2	2 520 000	2 300 000

续表

年　份	收　入	支出（不包括折旧）
3	2 520 000	2 300 000
4	2 520 000	2 300 000
5	2 520 000	2 300 000
现存的机器		
1	2 200 000	1 990 000
2	2 300 000	2 110 000
3	2 400 000	2 230 000
4	2 400 000	2 250 000
5	2 250 000	2 120 000

表 7-7　**Q 集团公司建议购买的和现存的机器的折旧支出**　单位：元

年份	成本（1）	适用MACRS的折旧比率（2）	折旧额（(3)=(1)×(2)）
购买的机器			
1	400 000	20%	80 000
2	400 000	32%	128 000
3	400 000	19%	76 000
4	400 000	12%	48 000
5	400 000	12%	48 000
6	400 000	5%	20 000
总额		100%	400 000
现存的机器			
1	240 000	12%（第 4 年折旧）	28 800
2	240 000	12%（第 5 年折旧）	28 800
3	240 000	5%（第 6 年折旧）	12 000
4	因为现存机器在我们对其进行分析的时候已经处于成本回收的第 3 年年末，所以它只有最后 3 年的折旧年限（第 4、5 和 6 年）还可以计提折旧		0
5			0
6			0

表 7-8 **用利润表的格式计算营运现金流入**

收入	
-支出（不包括折旧）	
税前利润	
-折旧	
税前净利润	
-所得税	
税后净利润	
+折旧	
营运现金流入	

7.5.4 增量的含义

增量现金流又称相关现金流，是指项目未来现金流的增加量。在计算项目的净现值时，只有增量现金流才有意义。用来评价项目中估计现金流入的最后一步是计算增量营运现金流入。增量营运现金流入是必需的，这是因为我们非常关心项目所形成的营运现金流的增加或减少。

例如，在第 1 年，如果 Q 集团公司采纳建议的项目，现金流入将增加 26 480 元。很显然，这就是当我们评价建议购买的机器的资本支出时所考虑的相关现金流入。表 7-9 演示了如何计算 Q 集团公司第 1 年的增量营运现金流入。表 7-9 中的营运现金流入的估计值在第二栏和第三栏中列示。第三栏的值表示在公司不替代现存机器时将获得的营运现金流入的数量。如果建议购买的机器取代现存机器，公司第 1 年的营运现金流入将是第二栏显示的那些数值。用建议购买的机器的营运现金流入减去现存机器的营运现金流入，我们就得到第 1 年的增量营运现金流入，这表明第 1 年的现金流入的增加是由于用建议购买的机器替代现存机器而形成的。其他年的增量营运现金流入可以按照此方法计算得到。

表 7-9 **Q 集团公司第 1 年的增量营运现金流入计算表** 单位：元

项　目	建议购买的机器	不替代现存机器
收入	2 520 000	2 200 000
-支出（不包括折旧）	2 300 000	1 990 000
税前利润	220 000	210 000
-折旧	80 000	28 800
税前净利润	140 000	181 200
-所得税（25%）	35 000	45 300
税后净利润	105 000	135 900
+折旧	80 000	28 800
营运现金流入	185 000	164 700
增量营运现金流入	185 000-164 700=20 300	

7.5.5　终结现金流

终结现金流是现金流的一种，是指投资项目完结时所发生的现金流。终结现金流量主要包括固定资产（如土地）残值的收回和回收原投入的流动资金。一般处理方法有两种：一种是将其单列为终结现金流量；另一种是将其视为最后一年的营运现金流量，如土地的变价收入。终结现金流量的内容不多，但数额较大，对整个现金流量的分析影响较大。终止和清算的现金流表示税后现金流量，不包括项目最后一年的营运现金流入。当运用终结现金流时，重要的是确定这一现金流，因为它在很大程度上影响了资本支出的决策。考虑这一现金流也使我们的分析更深刻，使公司的支出重回到初始状态。终结现金流，也是最积极的现金流，可以通过式7-3计算而得。

终结现金流=出售新资产的税后收益-出售旧资产的税后收益+（-）净营运资金的变化　（7-3）

式中：出售新资产的税后收益=出售新资产的收益-（+）出售新资产缴纳的税款

出售旧资产的税后收益=出售旧资产的收益-（+）出售旧资产缴纳的税额

很显然，终结现金流的计算包括用来计算初始投资的所有步骤。接下来的例子用来说明我们是如何计算重置决策的终结现金流的。

继续Q集团公司的例子，假定公司预期在5年可使用期的期末，在支付拆迁成本和清理成本之后，清理新机器获得的净收入为50 000元。由于旧机器将完全荒废，所以在第5年年末旧机器的清算收益为0，公司预计在项目终结时收回净营运资金投资17 000元。如前面所述，正常收入和资本利得都是按40%的税率征税。根据前面对净营运资金的分析，我们看到现存（旧）机器在第5年年末将被完全折旧，因而账面价值为0，而建议购买的（新）机器在第5年年末的账面价值为20 000元（等于第6年的折旧额）。由于建议购买的机器的出售价格50 000元低于它的初始成本400 000元，但高于它的账面价值20 000元，因此我们仅对已收回折旧部分30 000元（出售收益50 000-账面价值20 000）进行征税。对30 000元征收40%的正常税率，我们得到出售建议购买的机器应缴纳的税款为12 000元（0.40×30 000），因此它的税后收益为38 000元（出售收益50 000-税款12 000）。因为现存的机器在终结时净收益为0，账面价值也为0，所以我们不对出售现存机器征税，它的税后收益为0（出售收益0-税款0）。将适当的数值代入式7-3，我们得到终结现金流入值为55 000元。这表示税后现金流，不包括在第5年年末出现的营运现金流入。

7.5.6　资产性收益

出售不动产所获得的收入，包括出让资产使用权所获得的红利收入、资产增值收益。出售新资产和旧资产的收益通常被称为残值，它表示项目终结时扣除预期的拆迁或清理成本后的净额。对重置项目来说，出售新资产和旧资产的收益必须同样考虑。对于扩张、更新和其他资本支出类型来说，出售旧资产的收益为零，然而，在项目终结时资产的价值远远大于零的屡见不鲜。

7.5.7　资产应税额

资产应税额是指出售使用过的固定资产获得的收益所缴纳的税额。就像计算出售旧资产的税款一样，我们在决定重置项目中新资产和旧资产的最终出售以及其他类型项目中仅仅是新资产的出售时，必须考虑税收问题。无论一项资产的出售价格与它的账面价值怎样不同，都必须计算税款。如果出售的净收益预计超过账面价值，缴纳的税款就以现金流出的形式出现（从出售收益中抵扣）；如果出售的净收益低于账面价值，退税款将以现金流入的形式出现（增加出售收益）。当然，如果资产的售价正好等于它的账面价值，则不需考虑任何税款。

7.5.8 净营运资金变化

净营运资金变化后又回到了净营运资金作为初始投资的一部分的最初情形。通常情况下，这表示归于净营运资金抵减的那部分现金流入；到了项目终结时，增加的净营运资金投资也停止了。由于净营运资金投资根本没有使用，所以在项目终结时收回的数额等于计算初始投资的数额。因为净营运资金的变化来源于流动账户内部的减少额或者增加额，所以不考虑税收。当然，有时候净营运资金并不因为建议的投资而发生变化，因此分析时可以不考虑它。

本章小结

（1）项目投资是对企业内部生产经营所需要的各种资产的投资，其目的是保证生产经营过程的连续和生产经营规模的扩大。最普通的三种项目类型是独立项目、排他性项目和替代性项目。

（2）资本限额意味着用于资本预算的资金仅有固定的数额，并且许多项目将为这些有限的资金而相互竞争。资本预算中有两种基本的方法是可行的：第一种是接受–拒绝法，是指通过评价资本支出的几个方案来决定它们是否满足公司的接受标准，这种方法适用于拥有有限的资金或资本，必须限额使用的情况。第二种方法是评级方法，指以预先决定的基础（如报酬率）评定项目的等级。

（3）沉没成本是指由于过去的决策已经发生了的，而不能由现在或将来的任何决策改变的成本。机会成本是指为了得到某种东西而所要放弃另一些东西的最大价值。

（4）初始投资是通过在零点的所有现金支出减去在零点的所有现金流入的计算而得到的。

初始投资=需要安装的新资产的成本−出售旧资产的税后收益+（−）净营运资金的变化

需要安装的新资产的成本=新资产的成本+安装成本

出售旧资产的税后收益=出售旧资产的收益−（+）出售旧资产缴纳的税额

资产的账面价值是指它的会计价值，它能够通过下面的公式计算而得：

账面价值=资产成本−累计折旧

（5）出售资产时的4种税收状况将导致一种或更多种形式的应税收入，它们是：①资产的售价高于它的最初购买价格；②资产的售价高于账面价值但低于最初购买价格；③资产的售价等于它的账面价值；④资产的售价低于它的账面价值。

（6）净营运资金等于企业流动资产减去流动负债。如果一家公司购买新机器用来扩大它的生产规模，那么这一扩张将伴随着现金、应收账款、存货、应付账款和应计项目的增加。流动资产和流动负债的差额就是净营运资金。一般来讲，流动资产的增加超过流动负债的增加，这将导致净营运资金投资的增加，这种增加被视为与项目相联系的初始现金流出。

（7）增量现金流又称相关现金流，是指项目未来现金流的增加量。在计算项目的净现值时，只有增量现金流才有意义。用来评价项目中估计现金流入的最后一步是计算增量营运现金流入。增量营运现金流入是必需的，这是因为我们非常关心项目所形成的营运现金流的增加或减少。

（8）终结现金流是现金流的一种，是指投资项目完结时所发生的现金流。终结现金流量主要包括固定资产（如土地）残值的收回和回收原投入的流动资金。一般处理方法有两种：一是将其单列为终结现金流量；二是将其视为最后一年的营运现金流量，如土地的变价收入。

终结现金流=出售新资产的税后收益-出售旧资产的税后收益+（-）净营运资金的变化

出售新资产的税后收益=出售新资产的收益-（+）出售新资产缴纳的税款

出售旧资产的税后收益=出售旧资产的收益-（+）出售旧资产缴纳的税额

（9）资产性收益：通过出售不动产所获得的收入，包括出让资产使用权所获得的红利收入、资产增值收益。出售新资产和旧资产的收益通常被称为残值，它表示项目终结时扣除预期的拆迁或清理成本后的净额。对重置项目来说，出售新资产和旧资产的收益必须同样考虑。对于扩张、更新和其他资本支出类型来说，出售旧资产的收益为零，然而，在项目终结时资产的价值远远大于零的屡见不鲜。

（10）资产应税额是指对出售使用过的固定资产获得的收益所缴纳的税额。

基本训练

◆ 简答题

1. 资本预算的两类基本项目是什么？
2. 如何理解项目的沉没成本和机会成本？
3. 什么是初始投资？
4. 什么是终结现金流？
5. 什么是增量现金流？
6. 如何计算出售资产的收益？
7. 举例说明现金流模型在资本预算中的运用。

◆ 本章思考

为了适应国家宏观调控要求，在2011年适度提高资本预算上交比例，提高上交比例的主要对象是竞争性领域的企业，具体提高幅度会充分考虑中央企业持续发展和承担有关社会责任的资金需要。推动中央企业经济布局和结构的战略性调整，也是资本预算的重要任务。对于中央企业的调整方向，就是要向关系国家安全和国民经济命脉的重要行业和关键领域集中，向未来可能形成主导产业的行业和领域集中，向优势企业集中，加快培育和发展形成30～50家拥有自主知识产权和知名品牌、具有较强国际竞争力的大企业、大集团。

通过多年努力，中央企业户数已从国资委成立之初的196家调整到123家，今后还将减少到100家以内。但保留的100家中央企业经济布局仍然过宽，国有资本集中度水平还不高，尤其是企业间的资源配置还不尽合理，重复建设、恶性竞争和资源浪费现象仍然严重。中央企业在宾馆酒店和非主业房地产领域大量投入，引起了社会的广泛关注。多数中央企业之间的重组只是简单叠加，资源整合工作进展滞后，重组的协同效应还没有充分体现出来。中央企业大多还处于传统产业，在国际产业链上还位于低端位置，优化产业结构、提升产业层级的带动力不足，还缺少一批在国际市场中具有较强竞争力和影响力的大企业、大集团。为此，资本预算的重要任务就是充分发挥预算资金的引导和带动作用，推动中央企业加快内部资源优化整合，理顺上下游产业链，推动做强做优主业，实现联合重组的协同效应。

对于如何提高中央企业国有资本收益上交比率问题，近年来各方面意见很不一致，有的提出税后利润至少上交50%，有的提出不要超过20%，也有的提出对企业所有未分配利润进行一次统一分配等。国资委组织力量对此进行了专题研究，根据相关资料，国际大型上市公司分红率平均为33%。随着中央企业改革的深化，主要资产都进入上市公司，而且部分是境外上市公司，分红率不可能过高。另外，中央企业母公司具有特殊性，大多数企业资本金较低，负债率较高，如有大量存续资产等，企业分红收益须多数留给母公司。国有资本收益上交比例不能提得过高，而提高上交比例也应循序渐进。

要进一步完善资本预算管理制度，加强资本预算收益管理，一是抓紧理顺部分股权多元化企业的股权关系，建立依据市场机制常态化的股权分红制度，切实履行国有股东职责。要通过中央企业间的产业整合、资产置换和增资扩股等多种途径，逐步理顺有关中央企业股权关系，完善股权多元化企业的国有资本收益分配机制。二是适度提高资本预算上交比例。目前资本预算收入主要来源于资源性企业，这类企业都是国家支持发展的重点，也是国有资本需要集中的方向，因而提高上交比例的主要对象是竞争性领域的企业。具体提高幅度会充分考虑中央企业持续发展和承担有关社会责任的资金需要，不会“寅吃卯粮”。要确保资本预算资金的使用效益。资本预算与公共预算最大的区别就在于其注重效益，讲求回报。

资料来源　刘丽靓．国资委副主任孟建民撰文谈央企收益上缴［N］．证券日报，2011-01-22.

财务管理第七黄金定律

第8章　资本预算方法

学习目标

◆ 掌握资本预算的相关概念、不同方法。

◆ 了解资本预算的相关过程及重要性、资本预算不同方法的特点。

引例

中国南方航空股份有限公司（以下简称南航）总部设在广州，是中国运输飞机最多、航线网络最发达、年客运量最大的航空公司。截至2015年，南航经营客货运输机600多架，机队规模居亚洲第一、世界第五，是全球第一家同时运营空客A380和波音787的航空公司。南航围绕广州、北京、乌鲁木齐、重庆核心枢纽，打造国际化规模网络型航空公司，形成密集覆盖国内、全面辐射亚洲、有效链接欧美澳非洲的发达航线网络。南航每天有2 000多个航班飞至全球近40个国家和地区的190多个目的地，投入市场的座位数可达30万个。通过与天合联盟成员的密切合作，南航航线网络通达全球1 052个目的地，连接177个国家和地区。

2011年，南方航空购买的首架空客A380飞机的客舱布局为8个头等舱席、70个公务舱席和428个经济舱席。空客A380飞机两层客舱的总面积达到550平方米，相当于3个网球场那么大。空中客车公司根据客户需要可以设计不同的客舱布局，舒适豪华型布局有555个座位，最大经济布局则可达到840个座位。南航空客A380飞机选择了经典的三舱布局：506个座位。8个头等舱席配有平躺式按摩座椅的豪华私密包厢，位于主舱前部。70个可全平躺的公务舱座位以错位式布局，设于上舱的前部和中部。428个经济舱席分别位于主舱和上舱的后部。南航共订购了5架空客A380飞机，是中国目前唯一一家订购A380的用户，全球第7家运营A380的航空公司。

此外，南航2011年5月31日向波音公司购买了6架全新波音B777F货机。每架B777F货机的公开市场报价约为2.64亿元。此次交易所涉金额将以美元分期支付，资金来源将由公司以自有资金和商业银行贷款融资解决。不管是已交付的飞机还是即将交付的飞机，南航对各个项目的研究都要经过大半年的时间，其中包括对479个风险因子和1 262个风险行为进行测试。只有通过符合国际标准的风险测评模型以及13个核心业务流程的财务风险控制矩阵，才能开始合同的签订。

毫无疑问，上述风险测评的基础来自资本预算方法的回收期法、平均会计报酬法、净现值法、盈利能力指数法、内部收益率法等5大方法。此外，项目还要通过不同生命周期法、决策树法、敏感性分析法和模拟分析法等4大动态分析方法进行分析。南航的项目必须满足风险与收益、现金流与利润、成本与效益等指标要求；否则，难以通过。

高铁的运营、国际航油价格的上涨、公路客运的长途化给南航带来了巨大的经营冲击。天气变化为南航运营增添了难以预见的变数，盈利变得愈加扑朔迷离。近年来南航大力拓展国际业务，弥补内外收入不平衡的经营短板。

资料来源　[1] 佚名. 公司简介 [EB/OL]. [2015-06-15]. http://www.csair.com/cn/about/gongsi-jianjie. [2] 郭军. 南航正式发布中国首架 A380 飞机客舱布局 [EB/OL]. [2015-06-15]. http://www.chinanews.com/cj/2011/07-25/3208540.shtml. [3] 宋淮松. 南方航空：静待恐慌情绪的释放 [EB/OL]. [2015-06-15]. http://finance.sina.com.cn/stock/companyresearch/20110530/14489918931.shtml.

8.1 资本预算的过程

一个企业，无论是以何种组织形式存在，都要由企业的管理者去经营和决策，而共同的管理目标就是不断提高股东财富的价值。要想实现企业的管理目标，管理者不仅要有好的眼光和机会，最关键的是做出正确和适当的投资决策，而这个决策的基础就是资本预算。可以说，资本预算的过程就是企业的经营者找出好的投资机会的过程。对于好的投资机会，不能在缺乏调查研究的情况下盲目地决定，而必须按照特定的过程，运用科学的方法进行可行性分析，以保证决策的正确性。其决策过程一般包括如下几个步骤：

1. 项目的提出

项目的提出是资本预算的第一步，也是最重要的部分。企业的各级领导都可以提出新的投资项目，可以是开拓新业务的战略性投资，也可以是技术改造的战术性投资。企业管理当局根据企业的发展战略目标，结合企业生产经营条件以及外部市场条件，发现或设计资本投资项目，通常包括必要投资、替代性投资、扩张性投资和多角化投资等。

2. 项目的评价

项目的评价是对投资项目未来的现金流量以及蕴涵在现金流量中的风险因素进行预测和估量。这个过程需要企业各个部门，包括生产技术部门、管理部门和销售部门等技术人员，根据一定的标准和方法进行预测，并由财务人员进行综合处理，最后得出评估项目中预期现金流量与折现率的大小。

3. 项目的选择

这个过程是资本预算的关键步骤。运用资本预算的技术和方法对项目进行评价，采纳那些有助于企业价值最大化的项目，拒绝那些不利于企业价值最大化的项目。

4. 项目的执行

当项目正式投入运营之后，企业要密切监控项目的所有重要指标，尤其是对现金流量及其发生时间进行监控，并关注是否能够达到预定报酬率。根据项目的目标实现情况，对项目进行重新评估，以决定是否继续或放弃项目，或者调整项目方案，重新编制预算。

8.2 非折现资本预算方法

在资本预算过程中，运用科学、适当的方法对项目投资进行决策有着十分重要的意义。对项目进行排序并确定项目是否可接受的方法主要有以下两类：一类是非折现方法，即没有考虑货币时间价值的方法，包括回收期法、平均会计报酬法等；另一类是折现方法，即考虑了货币时间价值的方法，包括净现值法、盈利能力指数法、内部收益率法等。

非折现方法不考虑货币时间价值的因素，认为现在投资的资金可以用于项目期内若干年的收益补偿，若收益大于投资额就认为是有利的，否则就是不利的。这里主要介绍回收期法和平均会计报酬法两种。

8.2.1 回收期法

回收期法是通过计算一个项目所产生的经营净现金流量足以抵销初始投资所需要的年限，是用项目回收的速度来衡量项目投资方案的一种评价方法。在这里，回收期就是从项目投资之日起，用项目各年的现金流量将全部投资收回所需的期限，一般用年来表示，回收期一般越短越好。

1. 公式

具体的回收期计算因每年的净现金流量不同而不同，其公式可以表示为：

（1）原始投资一次支出，每年的净现金流量相等：

回收期=初始投资÷年初现金流 （8-1）

【例 8-1】假设某公司的某项初始投资估计为 150 000 元，5 年中每年的现金流估计为 40 000 元，那么此项目的回收期是多少？

【解】回收期=150 000÷40 000=3.75（年）

（2）原始投资一次支出，每年的净现金流量不等。如果在项目周期内的所有年限中，现金流不是均衡的，我们就不能再用式 8-1 了。这种情况下，我们必须估计累计现金流并且与初始投资做比较，直到全部初始投资收回为止。其公式为：

回收期=（n-1）+第 n-1 年尚未收回的投资额÷第 n 年的现金净流量 （8-2）

【例 8-2】假设某公司的某项目初始投资估计为 70 000 元，现金流估计见表 8-1。基于这些数据，我们计算得出累计现金流（见表 8-2）。

表 8-1 **某公司的某项目每年现金流**

年 份	每年现金流（元）
1	30 000
2	40 000
3	30 000
4	35 000

表 8-2 **某公司的某项目累计现金流**

年 份	每年现金流（元）
1	30 000
2	70 000
3	100 000
4	135 000

70 000 元的初始投资是在两年后收回的，所以项目的回收期为两年。

对于同样的项目，如果初始投资为 120 000 元，那么回收期将为 3.57 年，也就是说，3 年后企业可以回收 100 000 元，它用第 4 年的一部分来回收剩下的 20 000 元，这一部分时间等于 0.57 年（20 000÷35 000）。

2. 决策方法

当使用回收期法时，企业必须决定该项目的可接受的最长回收期。这一期间对不同企业是不同的，甚至对同一个企业的不同项目也是不同的。在决定可接受的最长回收期时没有特别的办法，通常由主观决定。在分析独立项目时，我们将其回收期与可接受的最长回收期做比较，运用下面的决策方法：

当回收期≤可接受的最长回收期时，接受该项目；

当回收期>可接受的最长回收期时，拒绝该项目。

当我们评价排他性项目时，我们应选择回收期较短的项目。

3. 回收期法的特点

由于回收期法的使用比较简单，我们经常使用；又由于回收期法能够确定收回初始投资的时间，它在分析项目时是很有价值的。回收期法将重点放在成本回收的时间上，所以它经常要与其他方法结合使用。回收期法部分承认了货币的时间价值，支持那些收回初始投资较快的项目，但它并没有完全考虑货币的时间价值，我们将举例说明这个问题。

项目甲和乙都需要初始投资 90 000 元，它们的现金流见表 8-3。

表 8-3 **项目甲和乙的现金流** 单位：元

年　份	项目甲的现金流	项目乙的现金流
1	50 000	20 000
2	30 000	30 000
3	10 000	40 000
4	40 000	10 000
5	40 000	10 000

当我们只使用回收期法评估这两个项目时，由于它们预测的回收期是相同的，我们无法确定优先次序。然而项目甲在第 1 年获得的现金流比项目乙多，考虑货币的时间价值，项目甲更受青睐。

回收期法的另一个缺点就是它没有考虑回收期以后的现金流。在前面的例子中，在回收期后的两年中项目甲比项目乙产生更多的现金流，而这一信息却被忽视了。

8.2.2 平均会计报酬法

1. 公式

平均会计报酬率是指项目的平均年度净利润与投资总额之比，用公式可表示为：

平均会计报酬率=平均年度净利润÷投资总额×100% （8-3）

【例 8-3】某公司拟建设一固定资产，原始投资为 20 万元，项目期限为 4 年，每年的会计净利润分别为 3 万元、4 万元、5 万元、6 万元，则平均会计报酬率是多少？

【解】平均会计报酬率=（3+4+5+6）÷4÷20×100%=22.50%

2. 决策方法

运用平均会计报酬法进行独立项目的投资决策时，应设置基准投资收益率 R_c：

当平均会计报酬率≤基准投资收益率 R_c时，拒绝该项目；

当平均会计报酬率>基准投资收益率 R_c时，接受该项目。

当我们评价排他性项目时，我们应选择平均会计报酬率高的项目。

3. 平均会计报酬法的特点

平均会计报酬法不仅考虑了原始投资回收期的长短，而且考虑了项目在整个生命周期内所获得的全部利润。该方法以预测数据为依据进行计算，不仅数据容易获取，而且可以根据以后的变化进行调整。其局限性在于：①该方法以会计利润为标准，未考虑现金的流动性；②未考虑到资金的时间价值；③虽然考虑了项目整个生命周期的全部利润，但未考虑项目规模对项目风险的影响。

非贴现法是在财务管理理论不完善时期经常采用的资本预算决策方法。其最大的缺点在于未考虑资金的时间价值，未将资金的机会成本作为资本预算决策的影响因素，容易误导决策而放弃高投资回报率的项目。

8.3　折现资本预算方法

折现评价方法不仅要考虑资本的时间价值，还要考虑项目周期内现金流入与现金流出的全部数据，因此，它们是比非折现评价法更全面、更科学的评价方法。

8.3.1　净现值法

1. 公式

净现值等于投资项目未来净现金流按其资本成本折算成现值，减去初始投资后的余额。其表达式为：

$$\text{净现值（NPV）}=\sum_{t=1}^{n}\frac{CF_t}{(1+k)^t}-I \tag{8-4}$$

式中：CF_t为第 t 年现金流；k 为要求的回报率；I 为初始投资。

净现值法与我们介绍的其他方法相同，都是将项目的融资成本视为评价过程不可或缺的一部分。对于净现值法，把资本成本作为贴现率意味着将项目的融资成本视为这一项目必须获得的最小收益率。

资本成本是企业长期资金的成本，由于这些资金被用来对资本预算项目进行投资，所以资本成本可看作评价这些项目的适当贴现率。然而由于资本预算项目的风险不同，企业可能使用高于或者低于资本成本的贴现率。在本章中我们假设所有的资本预算项目与企业的其他项目有相同的风险，因此，企业对资本预算项目要求的回报率就是企业的资本成本率。

2. 决策方法

如果一个项目的净现值大于零，那么这个项目预期产生的现金流将大于初始投资。这样，如果我们接受这个项目，就会增加企业的价值。如果净现值等于零，项目的预期收益率等于对项目要求的回报率，所以我们应该接受该项目。如果净现值是负的，即现金流的现值小于初始投资，这表明项目会降低企业的价值，因此应该拒绝该项目。净现值分析方法总结如下：

如果净现值≥0，接受该项目；

如果净现值<0，拒绝该项目。

当两个排他性项目都具有正的净现值时，我们应该选择净现值较大的项目，因为它将最大限度地增加企业的价值。

【例 8-4】假设 H 公司有两个项目：X 和 Y。初始投资和现金流在表 8-4 中列出。给定的资本成本为 12%，我们得出项目的净现值：项目 X 为-5 881 元，项目 Y 为 13 645 元。如果项目是独立的，我们接受项目 Y，拒绝项目 X；如果它们是排他性的，根据净现值的标准选择项目 Y。

表 8-4 **两个独立项目的净现值的计算表** 金额单位：元

项目X				项目Y	
年份	年现金流	现值系数	折现现金流	年现金流	折现现金流
1	40 000	0.8929	35 716	30 000	26 787
2	30 000	0.7972	23 916	20 000	15 944
3	40 000	0.7118	28 472	40 000	28 472
4	5 000	0.6355	3 178	40 000	25 420
5	5 000	0.5674	2 837	30 000	17 022
现金流的总现值	94 119			113 645	
减：初始投资	100 000			100 000	
净现值	-5 881			13 645	

回想一下，回收期法中项目 X 要优于项目 Y，而根据净现值分析，选择项目 X 是错误的，因为项目 X 现金流的现值小于它的初始投资。使用回收期法可能出现这些矛盾的结果是因为它并没有完全考虑货币的时间价值。

3. 净现值法的优点和缺点

（1）优点。

净现值法具有广泛的适用性，在理论上也比其他方法更加完善，主要有以下几方面的优点：①公司可以直接使用项目所获得的现金流量，体现了流动性与收益性的统一性；②包括了项目的全部现金流量，其他资本预算方法往往会忽略某特定时期之后的现金流量；③考虑了货币时间价值和投资风险性，净现值法对现金流量进行了合理折现，有些方法在处理现金流量时往往忽略货币的时间价值。

（2）缺点。

净现值法也存在以下几方面缺点：①资本成本率的确定较为困难，特别是在经济不稳定的情况下，资本市场的利率经常变化更加重了确定的难度；②净现值法说明投资项目的盈亏总额，但没能说明单位投资的效益情况，即投资项目本身的实际投资报酬率，这样会造成在投资规划中着重选择投资大和收益大的项目而忽视投资小、收益小但投资报酬率高的更佳投资方案。

8.3.2 盈利能力指数法

1. 公式

盈利能力指数法是评价项目的另一个可供选择的方法，是指项目现金流量与它的初始投资的比率。它表示的是投资项目的相对盈利能力，即每 1 元成本所带来利润的现值。

项目盈利能力指数的表达式为：

$$盈利能力指数（PI）=\frac{\sum_{t=1}^{n}\frac{CF_t}{(1+k)^t}}{I} \tag{8-5}$$

式中：CF_t 为第 t 期的现金流；k 为要求的回报率；I 为初始投资。

2. 决策方法

如果盈利能力指数大于 1，那么现金流的现值超过了初始投资，我们应该接受该项目；如果盈利能力指数小于 1，那么现金流的现值小于初始投资，我们应该拒绝该项目。基本决策方法表述如下：

如果盈利能力指数≥1，接受该项目；

如果盈利能力指数 < 1，拒绝该项目。

盈利能力指数是一个比例值，它的决策点为 1，而净现值是一个绝对数值，其决策点为 0，除此之外，两者的决策方法是完全一致的。对于独立项目来讲，盈利能力指数法所做出的接受-拒绝决策与净现值法相同。然而，当我们比较排他性项目时，盈利能力指数法所做出的结论就与净现值法不同了，在排他性项目的决策中，我们应该优先考虑净现值法。它们之间的不同我们稍后将说明。

【例 8-5】假设 H 公司有两个项目：X 和 Y 项目（前面已经讨论过），其盈利能力指数法的应用在表 8-5 中列示，在这里项目 X 的盈利能力指数为 0.94119，项目 Y 的盈利能力指数为 1.13645。根据独立项目的决策方法，我们应该选择项目 Y，因为它的盈利能力指数大于 1；而应该拒绝项目 X，因为它的盈利能力指数小于 1。

表 8-5 **两个独立项目的盈利能力指数的计算** 单位：元

项目 X				项目 Y	
年　份	年现金流	现值系数	折现现金流	年现金流	折现现金流
1	40 000	0.8929	35 716	30 000	26 787
2	30 000	0.7972	23 916	20 000	15 944
3	40 000	0.7118	28 472	40 000	28 472
4	5 000	0.6355	3 178	40 000	25 420
5	5 000	0.5674	2 837	30 000	17 022
现金流的总现值	94 119			113 645	
减：初始投资	100 000			100 000	
盈利能力指数	94 119÷100 000=0.94119			113 645÷100 000=1.13645	

3. 盈利能力指数法的特点

盈利能力指数法完全考虑了货币的时间价值，且所使用的贴现率反映了公司的资本成本。这些优点与净现值法相同。另外还有一个优点是，盈利能力指数值表明的是收益和投资的比率，因此盈利能力指数法所提供的分析结果比较容易解释。

盈利能力指数法最大的缺点就是它在排他性项目中做选择时可能出现错误。

例如，项目 S 和 T 的净现值和盈利能力指数见表 8-6。

表 8-6 **项目 S 和项目 T 的净现值和盈利能力指数比较表** 金额单位：元

项　目	项目S	项目T
初始投资	10 000	100 000
现金流的现值	12 000	110 000
净现值	2 000	10 000
盈利能力指数	1.20	1.10

在以盈利能力指数为标准时，我们将优先选择项目 S，因为项目 S 有较高的盈利能力指数，这表明项目 S 能够产生较高的现金流。然而，项目 T 的净现值要高于项目 S，因为净现值反映的是在所有成本均被考虑之后的企业价值的增加，对于企业来讲很显然项目 T 更好一些。因此，当盈利能力指数法做出与净现值法不同的决策时，我们应优先选择净现值法。

8.3.3 内部收益率法

1. 公式

内部收益率法是通过计算使项目投资的净现值等于零时的贴现率来评价项目的一种决策方法。在这里，内部收益率就是净现值为零时的贴现率。

一旦初始投资 I 和现金流 CF 确定，我们就可以计算内部收益率。可以通过下面的公式计算而得：

$$I=\sum_{t=1}^{n}\frac{CF_t}{(1+IRR)^t} \tag{8-6}$$

式中：IRR 是项目的内部收益率，是未知的，其他变量是已知的。

2. 决策方法

当我们使用内部收益率法评估项目时，公司必须首先确定它对项目要求的回报率，即最低的资本收益率。一般说来，公司的资本成本就是项目的融资成本，因此，一般把其资本成本用作对项目要求的回报率，因为它是项目的融资成本。如果计算得到的内部收益率大于它要求的回报率，我们就应该接受该项目，因为公司实现的收益大于它要求的收益；相反，如果内部收益率小于要求的回报率，我们就应该拒绝该项目。这一决策方法表述如下：

如果内部收益率≥必要报酬率，接受该项目；

如果内部收益率<必要报酬率，拒绝该项目。

【例 8-6】如果项目在它的生命周期内能够均匀地产生现金流，我们运用年金现值公式很容易计算出内部收益率的数值。例如，如果一个项目在5年的周期内每年尝试30 000元的现金流，初始投资为90 000元，那么内部收益率可以通过计算现金流的现值等于初始投资时的贴现率而得到，将这些数值代入年金现值公式，可得：

$PVA=A \cdot PVIFA_{k,n}$

$90\ 000=30\ 000\times PVIFA_{k=?,\ n=5}$

$3.0= PVIFA_{k=?,n=5}$

公式的左边是年金现值系数，可以从年金现值系数表中查找，横向找n=5，你会发现最接近3.0的现值因子是2.9906，然后我们发现它位于20%那一栏。可以推出，这个项目的内部收益率近似于20%。如果对这个项目要求的回报率低于20%，我们就接受。

上述计算内部收益率的步骤仅当现金流均衡时才能使用。不幸的是，对于许多项目来说，现金流都是不均衡的。尽管一些计算器和计算机程序能够计算得到非均衡的现金流，但是通过手工解决这些问题来保证对它们有彻底的了解是非常有用的。为此，我们运用试错法使用不同的贴现率将现金流贴现，直到找到某一个贴现率使现金流现值近似等于初始投资为止。

我们考虑在本章前面部分列举的项目X，它的现金流在表8-7中列出。由于估计项目的初始投资为100 000元，所以我们的目标就是找到使现金流的现值等于100 000元的贴现率。在表8-7中，7%的贴现率产生的现金流现值等于103 618元。由于这个贴现率产生的现值比预期的要高，所以我们应该再试一个更高一点的贴现率来减少现金流的现值。8%的贴现率产生的现金流现值为101 585元。由于这一数字还是太高，我们必须再用更高的贴现率试一试。9%的贴现率产生的现金流现值为99 627元。因此，项目X的内部收益率在8%和9%之间。通过插值法，内部收益率的值大约为8.8%时才能被接受。

表8-7 **项目X非均匀现金流项目的内部收益率的计算** 金额单位：元

年份	年现金流	7%的贴现率		8%的贴现率		9%的贴现率	
		现值系数	折现现金流	现值系数	折现现金流	现值系数	折现现金流
1	40 000	0.9346	37 384	0.9259	37 036	0.9174	36 696
2	30 000	0.8734	26 202	0.8573	25 719	0.8417	25 251
3	40 000	0.8163	32 652	0.7938	31 752	0.7722	30 888
4	5 000	0.7629	3 815	0.7350	3 675	0.7084	3 542
5	5 000	0.7130	3 565	0.6806	3 403	0.6499	3 250
现金流总现值	103 618			101 585		99 627	

项目Y的现金流见表8-8。首先，我们试一下18%的贴现率，得到的现金流现值为97 878元，由于这个数字太低了，我们再试一下17%的贴现率，得到的现金流现值为100 258元，所以内部收益率一定在17%和18%之间，用插值法，我们得到内部收益率大约为17.1%。因此，项目仅在对项目要求的回报率小于或等于17.1%时才被接受。如果项目X和Y是排他性的，由于项目Y的内部收益率要大于项目X，所以项目Y

更受欢迎。

表 8-8 项目 Y 非均匀现金流项目的内部收益率的计算 金额单位：元

年　份	年现金流	18%的贴现率		17%的贴现率	
		现值系数	折现现金流	现值系数	折现现金流
1	30 000	0.8475	25 475	0.8547	25 641
2	20 000	0.7182	14 364	0.7305	14 610
3	40 000	0.6086	24 344	0.6244	24 976
4	40 000	0.5158	20 632	0.5337	21 348
5	30 000	0.4371	13 113	0.4561	13 683
现金流总现值	97 878			100 258	

3. 内部收益率法的优点和缺点

（1）优点。

内部收益率法充分考虑了资本的时间价值，能反映投资项目的真实报酬率，这一特点类似于净现值法和盈利能力指数法的特点。另外，内部收益率概念易于理解，容易被人们接受。

（2）缺点。

当然，内部收益率法也有一些缺点：①对现金流不均匀的项目来说，如果没有计算机或精良的计算器，计算内部收益率是非常困难的。②内部收益率法假设现金流可以以项目的内部收益率进行再投资，但是这一假设不太现实，尤其对那些内部收益率很高的项目来讲，结果估计的内部收益率比它的实际值要高。③如果现金流由正变为负或者正好相反，那么内部收益率法可能会导致产生多种解决方案。

8.3.4 资本限额法

直到现在，我们所讨论的资本预算都基于这样一个假设，就是公司将接受所有获利的项目（除非它们是排他性的），而没有考虑总支出水平。现实中，公司需要对项目所使用的资金设置一个最大的限额。因此，公司必须对其有限的资金进行合理的分配。

资本限额的一个原因就是缺少能胜任的经理来监视项目，公司的管理层经常由于接受太多的项目而搞得一塌糊涂。

在某些情况下，小型公司的经理由于害怕丧失对公司的控制权而不愿意卖掉新发行的股票，其他的经理可能担心的是为接受项目而借入大量资金所产生的风险的不断增加。

进行资本合理分配的另一个可能的原因是公司的债券可能暂时地被低估，而管理层想延期接受某些项目直到公司能以更高的价格出售它们的债券。然而，在使用这一策略时经理们要十分谨慎，因为预期未来债券的价格是相当困难的。表 8-9 列出了 5 个计划项目的情况。

表 8-9　**资本限额下 5 个计划项目的选择**

项目	初始投资（元）	NPV（元）	盈利能力指数	内部收益率（%）
A	75 000	38 500	1.50	23
B	40 000	18 000	1.45	21
C	30 000	12 000	1.40	19
D	30 000	10 500	1.35	18
E	25 000	1 250	1.05	18

当资金有限时，公司需要从一系列可接受的项目中选择一个更好的组合，即选择一个项目组合使项目组合的净现值最高，而且没有超过资本限额。这一方法在理论上是合理的，因为净现值反映了公司从所采纳的项目中获得的净收益。表 8-10 列举了 5 个独立的资本预算项目组合。假定公司规定资本预算的最高限额为 100 000 元，因而该公司不可能接受所有的项目。很多项目组合都是可能的，见表 8-10。

表 8-10　**可能的项目组合表**　单位：元

项目组合	总投资	组合 NPV
A、E	100 000	39 750
B、C、D	100 000	40 500
C、D、E	85 000	23 750
B、D、E	95 000	29 750

预计为公司提供更高组合净现值的项目组合是 B、C 和 D，因此，我们应该接受项目组合 B、C 和 D。

一些分析家提出了选择资本限额的两种方法。一个就是使用盈利能力指数法，这意味着将找出那些能产生最大现金流现值与初始投资比率的项目。这一方法就是首先选择盈利能力指数最高的项目，第二高的其次，依此类推。

我们同样利用表 8-9 列举的 5 个项目，在这一方法下我们应首先选择项目 A，但是由于仅剩下 25 000 元用来采纳其他项目，所以项目 E 是唯一能产生组合净现值（39 750 元）的项目，这并不是最佳的项目组合。

另一个可供选择的方法是，首先我们选择内部收益率最高的项目，然后再选择第二高的项目，依此类推。在我们这个例子中，这将使我们选择项目 A 和 E，当然这并不是最佳项目组合。

尽管大部分公司规定了资本限额，但许多公司在预算中还是考虑了灵活性。因此，如果计划的项目非常令人满意并且不能被延期，那么我们就应该增加预算来实施。

公司的资本预算很大程度上取决于管理层对公司经济环境的总体认识。如果经济环境预计比较理想，那很可能出现大量的获利项目，因此公司管理层可以许可大量的资本预算；相反，如果经济环境不理想，那公司管理层应该许可相对较少的资本预算。例如，在 1986 年，许多经营石油运输的航运企业的资本预算由于石油价格的下降而被降低。

8.4 其他资本预算方法

折现资本预算的方法在不确定性较强的资本预算决策中有很大的局限性，其一，以固定贴现率对不确定性较强的资本预算项目进行决策分析是不合理的。其二，对于不确定性强的投资项目，往往很难准确估计其自由现金流量。另外，贴现法隐含着两个重要假定：一是投资是可逆的，二是投资是不可延迟的。而在现实中，由于资产的专有性，投资项目往往具有不可逆性，投资决策者可以根据实际情况提前或延迟投资。为解决贴现法在资本预算决策中存在的问题，人们开始寻找其他方法。

8.4.1 生命周期法

当我们评价具有不同生命周期的排他性项目时，资本预算就变得更加复杂了。为了说明这个问题，我们假设一家公司为进行产品的生产，正计划从两台可供选择的机器设备中选择一台。两台机器的初始投资 I 和每期的现金流 CF 见表 8-11。

表 8-11 **两台机器的初始投资和每期现金流表** 单位：元

年　份	机器 F	机器 G
	I=5 000	I=5 000
	CF	CF
1	3 300	3 000
2	3 300	3 000
3	3 300	3 000
4		3 000
5		3 000
6		3 000

假设这家公司对此项目要求的回报率为 10%，我们计算可得机器 F 的净现值为 3 203 元，机器 G 的净现值为 8 066 元。如果机器在可使用的周期结束后不被更换，那么我们选择净现值最高的决策是正确的。本例中，我们之所以选择机器 G，是因为它的净现值较高，然而，如果产品的生产和销售预计将无限期地继续，那么机器 F 在 3 年后要被更换。这一额外的投资和它在第 4 年到第 6 年产生的现金流必须包括在评价中，将机器 G 经过 6 年产生的净现值与机器 F 仅仅经过 3 年产生的净现值做比较，这对机器 F 是不公平的。

对这个问题的一个解决办法就是为机器 F 构建重置链。我们假设机器 F 在生命周期的最后 1 年，由于要购买新的机器来代替旧机器会产生一定的现金流出。这一现金流出被当年（本例中为第 3 年）的现金流入所补偿，新机器将产生另外 3 年同样的现金流。这一项目现在预期有 6 年的现金流入，每年为 3 300 元，假设在第 3 年年末有 5 000 元的现金流出，而且还要加上第一次购买机器 F 所形成的初始现金流出 5 000 元。重置链的净现值需要找到所有现金流入和现金流出的现值，然后减去初始投资。与重置链相关的预期现金流见表 8-12。

表 8-12　**机器 F 预期现金流表**　单位：元

年　份	机器 F
	I=5 000
	CF
1	3 300
2	3 300
3	3 300−5 000
4	3 300
5	3 300
6	3 300

机器 F 重置链的净现值（NPV）计算如下：

$$NPV=3\ 300\cdot PVIFA_{k=10\%,n=6}-5\ 000\cdot PVIF_{k=10\%,n=3}-5\ 000$$

$$=3\ 300\times 4.3553-5\ 000\times 0.7513-5\ 000$$

$$=5\ 616\text{（元）}$$

通过对机器 F 使用重置链，使两台机器的使用寿命相同，这样它们的净现值就可以做比较了。

使用重置链法的主要限制是在一些例子中我们需要进行大量的计算。例如，一台机器有 9 年的寿命，而另一台有 11 年的寿命，那每台机器需要 99 年的重置链来与它们的周期相匹配。两台的重置链必须要 99 年，是因为 9 和 11 的最小公倍数是 99。

另一个可行的方法就是计算两个项目的年度净现值（ANPV）。这种方法根据项目的周期调整净现值，较短周期项目的净现值将被估计得较高一些，其他的也一样。ANPV 计算如下：

$$ANPV=\frac{NPV}{PVIFA_{k,n}} \tag{8-7}$$

式 8-7 的分母是年金现值系数，反映了项目周期年份和对项目要求的回报率。注意，即使项目的现金流不是年金，分母也是年金现值系数。

用项目的净现值除以年金现值系数，我们可以根据货币的时间价值得出项目每年的价值。那就是说，具有相同的净现值和不同的生命周期的两个项目会有不同的 ANPV。生命周期较短的项目有较高的 ANPV，因为总的 NPV 是在较短的时期内产生的。具有较高的 ANPV 的项目是优先选择的。对机器 F 和 G 来说，各自的 ANPV 计算如下：

ANPV（F）=3 203÷2.488 =1 287（元）

ANPV（G）=8 066÷4.355=1 852（元）

我们倾向于选择项目 G 是因为它有较高的 ANPV。重置链法和 ANPV 法都可以用于比较不同生命周期的项目，而且结论相同。但是重置链法对于企业管理层来说更容易理解，所以较为常用。年度净现值法的简便性可以弥补重置链法计算烦琐的缺陷。

8.4.2 决策树法

决策树法是通过分析投资项目未来各年各种可能净现金流量及其发生概率，并计算投资项目的预期净现值来评价投资风险的一种决策方法。

1. 决策步骤

（1）确认一个项目可能产生的现金流量，某一期间实现的现金流量也许与上一个期间实现的现金流量相关。

（2）给每个可能产生的现金流量的概率赋值，所有给定期间的每个可能现金流量的概率之和为 1。

（3）决定现金流量所有可能的组合产生的所有可能的 NPV，将企业的资本成本率作为贴现率。

（4）计算每个可能 NPV 的概率，并决定所有可能 NPV 的概率分布。

（5）利用诸如期望价值和标准差这样的统计方法，估计项目可能产生的 NPV 的分布情况，以决定接受还是拒绝项目。

【例 8-7】Q 集团公司对项目 R 估计如下：（1）生命周期为 2 年；（2）初始投资为 500 000 元；（3）资本成本率为 13%（见表 8-13）。

表 8-13 **项目 R 的估计现金流量及其概率**

<table>
<tr><td rowspan="3">第 1 年</td><td colspan="2">现金流量（元）</td><td colspan="2">概 率</td></tr>
<tr><td colspan="2">500 000</td><td colspan="2">40%</td></tr>
<tr><td colspan="2">300 000</td><td colspan="2">60%</td></tr>
<tr><td rowspan="6">第 2 年</td><td>如果第 1 年现金流量是（元）</td><td colspan="2">第 2 年现金流量是以下其中的一个（元）</td><td>概 率</td></tr>
<tr><td rowspan="2">500 000</td><td colspan="2">800 000</td><td>70%</td></tr>
<tr><td colspan="2">600 000</td><td>30%</td></tr>
<tr><td rowspan="3">300 000</td><td colspan="2">300 000</td><td>40%</td></tr>
<tr><td colspan="2">200 000</td><td>50%</td></tr>
<tr><td colspan="2">100 000</td><td>10%</td></tr>
</table>

表 8-13 列出了估计的项目 R 的现金流量及其概率。第 2 年的现金流量建立在第 1 年的现金流量的条件之下，第 1 年项目可能会产生 500 000 元现金流量（概率为 40%），也可能产生 300 000 元（概率为 60%）。如果第 1 年实现了较高的现金流量，那么第 2 年的现金流量估计可能是 800 000 元（概率为 70%），或是 600 000 元（概率为 30%）。如果第 1 年实现了较低的现金流量，那么第 2 年的现金流量也可能较低。如果第 1 年的现金流量为 300 000 元，那么第 2 年的现金流量会有以下 3 种可能：300 000 元、200 000 元、100 000 元，其概率分别为 40%、50%、10%。表 8-14 决策树表格中列示出了表 8-13 的信息。图 8-1 为决策树图，更为清晰地显示了该决策的算法。

表 8-14 **决策树表格** 金额单位：元

初始投资	第1年现金流	第1年现金流概率	第2年现金流	第2年现金流概率	NPV（贴现率为13%）	联合概率	加权后的NPV
500 000	500 000	0.40	800 000	0.70	568 995	0.28	159 319
			600 000	0.30	412 366	0.12	49 484
	300 000	0.60	300 000	0.40	431	0.24	103
			200 000	0.50	−77 884	0.30	−23 365
			100 000	0.10	−156 198	0.06	−9 372
						1.00	
期望NPV=176 169							

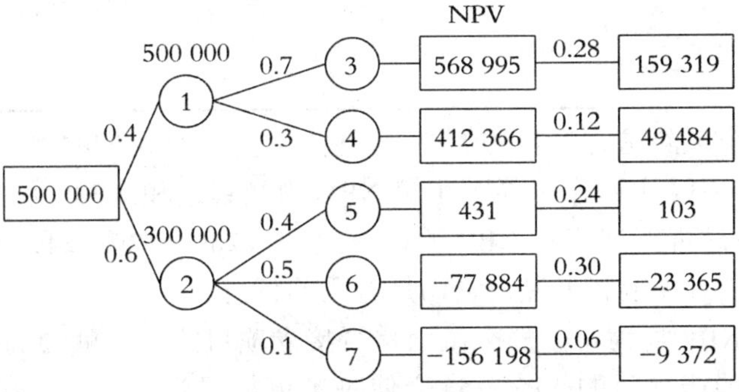

图 8-1 决策树图

在表 8-14 中，第 1 栏是初始投资，第 2、3 栏是第 1 年的可能现金流量及其概率，第 4、5 栏是第 2 年的可能现金流量及其概率。第 6 栏到第 8 栏则是对这些信息的分析。第 6 栏列出了项目将会带来的所有可能净现值。所有可能净现值的计算均是基于初始投资 500 000 元和第 1 年与第 2 年现金流量的可能组合。企业的资本成本率 13% 作为贴现率。第 6 栏的第 1 个可能的 NPV 值 568 995 元表示第 1 年产生了 500 000 元的现金流量，第 2 年产生了 800 000 元的现金流量。第 2 个可能的 NPV 值 412 366 元表示第 1 年产生了 500 000 元的现金流量，第 2 年产生了 600 000 元的现金流量。其他可能的 NPV 产生的现金流量以相同的方法计算。

第 7 栏则列示了所有可能 NPV 的概率，每个概率均是第 1 年和第 2 年的现金流量联合概率，用来决定 NPV。比如，第 1 行现金流量的概率 28%，是第 1 年概率 40% 乘以第 2 年概率 70% 得到的，这是第 1 年和第 2 年的两个现金流量均能够实现的概率，由此得出的项目 $NPV=500\ 000\div1.13+800\ 000\div1.13^2-500\ 000=568\ 995$（元）。

第 6、7 栏合起来代表着项目的可能 NPV 的概率及分布。从这个概率分布里，我们可以估计期望 NPV（如第 8 栏所示）以及可能 NPV 的标准差和变异系数。如表 8-15 所示，项目的标准差是 288 626 元，变异系数是 1.6。

表 8-15 **基于决策树信息计算 NPV 的标准差和变异系数** 金额单位：元

产出	每个产出的NPV	从期望NPV中估计NPV的方差	每个产出的概率（P_i）（%）	加权方差
1	568 995	$(568\,995-176\,169)^2$	28	43 207 434 557
2	412 366	$(412\,366-176\,169)^2$	12	6 694 682 737
3	431	$(431-176\,169)^2$	24	7 412 122 714
4	−77 884	$(-77\,884-176\,169)^2$	30	19 362 878 042
5	−156 198	$(-156\,198-176\,169)^2$	6	6 628 069 361
标准差=288 626				
变异系数$=\frac{\text{NPV的标准差}}{\text{NPV的期望值}}=\frac{288\,626}{176\,169}=1.6$				

该项目的另一个风险是，项目的 NPV 可能为负值。在我们的例子中，NPV 为负的可能性为 36%，即表 8-14 中两个可能产生负 NPV 的概率之和（30%+6%=36%）。同样，实际 NPV 为正的概率是可能产生正 NPV 的概率之和（28%+12%+24%=64%），尽管这只是对风险的简单估计，对决策者来说，它仍是有用的信息。

如果所有可能 NPV 均为正，那么做出是否接受项目的决策就会简单得多。不幸的是，大多数项目都有可能产生负的 NPV，这会使决策更加困难。因此，接受还是拒绝项目的最终决策也取决于企业厌恶风险的程度。

2. 决策树法的特点

决策树法考虑了投资项目未来各年现金流量之间的相互关系，为财务管理人员提供了投资项目未来各年所有可能的现金流量及其概率分布，全面反映了投资项目的风险特征，是较好的风险投资评估方法。然而，采用决策树法有几个局限性：①给定每个可能产出的概率是主观的，而且难以估计。②决策树法得出的信息（期望 NPV、标准差和变异系数）并不能告诉企业是接受还是拒绝项目，相反，企业必须主观地评价项目的产出，然后做出决策。③比较两个相互独立的项目时，从决策树的分析中并不能确定哪一个更好，因为期望 NPV 越高的项目，其风险也越大。

8.4.3 敏感性分析法

一个项目的现金流量往往受到很多关键变量的影响，包括销售、劳动工资、油价、原材料成本、竞争等。许多公司发现了一个有用的方法：计算出项目的期望 NPV，然后改变某些关键变量，以得到项目的 NPV 对这些关键变量的改变的敏感程度。这个过程称为敏感性分析，它可以让公司确定一些可能的 NPV 产出，并找出对项目的 NPV 影响最大的因素。下一步则是决定所揭示出来的敏感性能否被接受。在敏感性分析法下，公司可以集中力量预测对 NPV 最有影响的因素，并决定哪个项目对哪个变量的信息最为敏感，这在决策的过程中是很有用的。

1. 敏感性分析决策方法

（1）利用对初始投资、现金流量（包括每期现金流）的最准确的估计和一个恰当的贴现率（可以用公司的资本成本或风险调整贴现率），来决定项目的 NPV。

（2）对某一个估计 NPV 时用到的关键变量做几次修改（每次修改一个），然后基于修改后的值重新估计。

（3）重复第（2）步所描述的过程，修改估计中用到的每一个关键变量，每次一个。

（4）估计项目 NPV 对每个变量的敏感程度，并考虑其可能得到的 NPV。利用这些信息决定接受还是拒绝项目。

2. 敏感性分析的运用

【例 8-8】W 集团公司计划采购一台新设备，以增加产出并减少成本。公司对于与这个项目有关的所有现金流量都做了预测，利用这些预测的信息和对初始投资的估计，估计这个项目 NPV 为 600 000 元。然而，因为项目的不确定性，并不能完全相信可以采纳此项目。现在我们来修改对现金流量更具挑战的影响因素，每次一个。在修改之后，对项目的 NPV 做了重新估计。首先分析了原材料成本变动时，NPV 在-40 000 元到 160 000 元范围内的变动。接着分析了产品需求变动时，NPV 在-80 000 元到 200 000 元范围内的变动。从表 8-16 中所列示的可能结果的范围中，很明显就可以知道项目的 NPV 对产品需求比对原材料成本敏感得多。因此，企业在最后做出决定之前，会集中力量调查其产品的需求。敏感性分析同样揭示出很多不同的导致 NPV 为负的情形。在做出接受或者拒绝项目的决策之前，必须认真考虑。表 8-16 和图 8-2 显示了如何用敏感性分析评估资本预算项目。

表 8-16　**用敏感性分析评估资本预算项目（期望 NPV 为 60 000 元）**　单位：元

如果……	那么……（估计修改后的 NPV）
1. 原材料成本比原始估计的多 5%	10 000
2. 原材料成本比原始估计的少 5%	110 000
3. 原材料成本比原始估计的多 10%	-40 000
4. 原材料成本比原始估计的少 10%	160 000
5. 产品需求比原始估计的少 5%	-5 000
6. 产品需求比原始估计的多 5%	125 000
7. 产品需求比原始估计的少 10%	-80 000
8. 产品需求比原始估计的多 10%	200 000

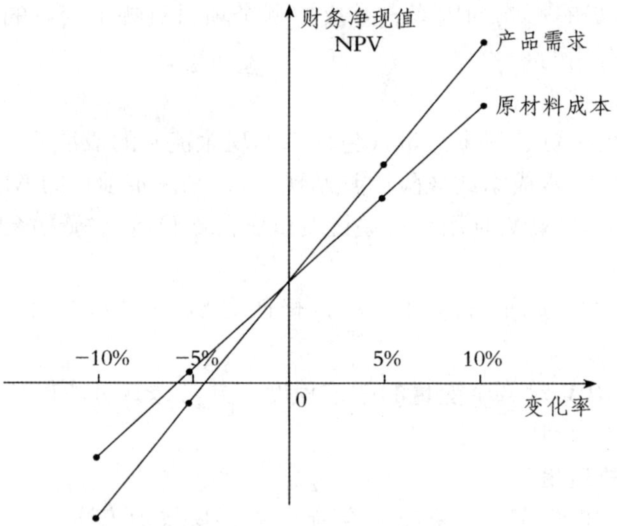

图 8-2 用敏感性分析评估资本预算项目图

3. 敏感性分析的特点

敏感性分析的优势为：(1) 能够鉴别出哪个变量对项目 NPV 的影响可能最大；(2) 能够鉴别出可能 NPV 的风险程度。

敏感性分析的局限性是：它通常要求相当多的主观变量，而且也没有考虑到备选结果可能发生的概率，因此，在敏感性分析的基础上很难量化风险。还有，敏感性分析仅仅提供一种评估风险的方法，而没有提供做出接受或拒绝项目的决策原则。

8.4.4 模拟分析法

模拟分析法要求关键变量以概率分布来定义（确切可知的变量除外）。另外，每个关键变量的值是从每个分布中随机选择的，对 NPV 的估计以被选择的值为基础，每个过程被多次重复以产生对 NPV 的大量估计。基于所得到的 NPV 值的分布特征，分析家可以决定期望 NPV 以及每个可能结果的标准差和变异系数。分析家还可以利用可能的 NPV 结果的分布来决定项目 NPV 为负的可能性。

1. 模拟分析决策方法

模拟分析法的决策步骤如下：

(1) 估计概率分布以描述可能影响项目 NPV 的变量。

(2) 基于已决定的概率分布，为每个变量随机选择一个值。以这些变量为基础计算出现金流量和 NPV。多次重复这个过程。

(3) 对模拟产生的 NPV 的分布进行分析。考虑项目可能 NPV 的期望值、标准差、变量的相关系数，以做出接受或者拒绝的决定。当然还需要考虑项目 NPV 为负的可能性。

2. 模拟分析法的应用

我们在敏感性分析里面讨论过一个例子，即 W 公司计划采购一台新设备，因为公司对原材料成本及产品需求不确定，所以需要估计概率分布来描述每个变量的可能值。

我们已经得到初始投资和贴现率，为简化起见，所有其他的成本都假定为确定可知的。在这个前提下，从概率分布中随机选择一个值，选择的具体值的概率由分布来决定。这些随机选出的值与其他一些已知的值组合起来，以估计项目的NPV。一般利用计算机程序来进行模拟分析。因为由计算机进行随机变量选择并计算由此产生的NPV，所以进行100次或更多的反复操作非常迅速。可以将每一次操作的结果列成表格，并构造项目可能的NPV的最后分布。通过分析所得到的NPV的概率分布，能够决定项目净现值NPV的期望值和标准差。它也能评估项目NPV为负的可能性。这个信息在做资本预算决策时非常有用。

3. 模拟分析法的特点

在计算机的辅助下，模拟分析很容易执行。通过模拟产生了可能NPV的概率分布，所以决策者可以根据标准差或者变量相关系数来衡量可能的NPV的离散程度，以估计项目风险。另外，这个分布还可以决定NPV为负的可能性。

模型分析法的局限性在于没有以建立的决策原则作为接受或拒绝一个项目的基础。也就是说，模拟分析法提供给决策者关于项目预期风险的收益的有用信息，然而，最后的接受/拒绝决策仍是一个主观决策。

8.5 资本预算方法比较

每一种方法都有自己的优缺点。就方法运用的难易而言，回收期法是最简单的，而内部收益率法是最难的。然而，由于计算机的广泛使用，本章所讲的所有方法都可以毫不费力地运用到。由于资本预算决策的重要性，没有哪种资本预算方法会因计算很烦琐而被排除掉。

在表8-17中我们将资本预算的主要方法进行了全面比较。也许，应用各种方法的最具决定性的特点就是其能做出正确决策的能力。在评估独立项目时，净现值法、盈利能力指数法和内部收益率法所做出的决策都是相同的。回收期法可能次要一些，因为它忽略了货币的时间价值，因此当它被用作决策的唯一标准时，有时可能导致错误的决策。

从理论上说，在项目决策过程中，净现值法要优于盈利能力指数法和内部收益率法。但在实践中，企业的决策者却对盈利能力指数法和内部收益率法有着强烈的偏好，原因是：一方面，由于内部收益率法无须事前确定资本成本，实际操作较为方便；另一方面，由于盈利能力指数法和内部收益率法所用的是相对数指标，进行不同投资规模的比较更为直观。但实际上，通过盈利能力指数法和内部收益率法计算得到的收益率最大的项目并不一定是最优的项目。净现值虽然是一个绝对数，但是由于其在分析时已经考虑到了投资的机会成本，因此只要净现值大于0，该决策就会为企业创造更多的价值。

在评价独立项目时，净现值法、盈利能力指数法和内部收益率法三者可以做出完全一致的决策，但是在评估排他性项目时，则应以净现值法为标准。

表 8-17 **资本预算方法的比较**

方 法	公 式	接受项目的决策	优 点	缺 点
均衡现金流项目的回收期法	$\frac{初始投资}{年初现金流}$	回收期越短越好	易于支持那些迅速产生现金流的项目	没有完全考虑现金流的时间性和初始投资收回后的现金流
非均衡现金流项目的回收期法	$(n-1)+\frac{第n-1年尚未收回的投资额}{第n年的现金净流量}$	回收期越短越好	易于支持那些迅速产生现金流的项目	没有完全考虑现金流的时间性和初始投资收回后的现金流
平均会计报酬法	$\frac{平均年度净利润}{投资总额}\times 100\%$	平均会计报酬率>基准投资收益率 R_c	考虑了原始投资回收期长短和项目在整个生命周期内所获得的全部利润	未考虑现金的流动性；未考虑到资金的时间价值；未考虑项目规模对项目风险的影响
净现值法	$\sum_{t=1}^{n}\frac{CF_t}{(1+k)^t}-I$	净现值≥0	完全考虑了货币的时间价值。折现方法包含了企业要求的回报率	企业经理在理解 NPV 数值时有些困难，他们更容易理解内部收益率方法提供的收益率数值
盈利能力指数法	$\frac{\sum_{t=1}^{n}\frac{CF_t}{(1+k)^t}}{I}$	盈利能力指数≥1	完全考虑了货币的时间价值。折现方法包含了企业要求的回报率	当我们考虑排他性项目时，盈利能力指数法可能导致错误的决策
内部收益率法	$\sum_{t=1}^{n}\frac{CF_t}{(1+IRR)^t}$	内部收益率≥必要的报酬率	完全考虑了货币的时间价值	这一方法的隐含假设是项目产生的资金可以按照内部收益率的比率进行再投资，这是不现实的。内部收益率有时存在多种办法，可能导致错误的决策

本章小结

（1）资本预算是计划和管理企业用于固定资产的资本支出，又称为资本支出预算，是指企业为了今后更好地发展、获取更大的报酬而做出的资本支出计划，是综合反映建设资金来源与运用的预算。

（2）资本预算决策过程一般包括如下几个步骤：项目的提出、项目的评价、项目的选择和项目的执行。

（3）资本预算方法主要有以下两类：一类是非折现方法，即没有考虑货币时间价值的方法，包括回收期法、平均会计报酬法等；另一类是折现方法，即考虑了货币时间价值的方法，包括净现值法、盈利能力指数法、内部收益率法等。

（4）回收期法是通过计算一个项目所产生的经营净现金流量足以抵销初始投资所需要的年限，是用项目回收的速度来衡量项目投资方案的一种评价方法。当回收期≤可接受的最长回收期时，接受该项目；当回收期>可接受的最长回收期时，拒绝该项目。

（5）平均会计报酬率是指项目的平均年度净利润与投资总额之比。在决策时，应设置基准投资收益率 R_c：当平均会计报酬率≤基准投资收益率 R_c 时，拒绝该项目；当平均会计报酬率>基准投资收益率 R_c 时，接受该项目。

（6）净现值等于投资项目未来净现金流按其资本成本率折算成现值，减去初始投资后的余额。在决策时，如果净现值≥0，接受该项目；如果净现值<0，拒绝该项目。

（7）盈利能力指数法是评价项目的另一个可供选择的方法，是指项目现金流量与它的初始投资的比率。基本决策方法表述如下：如果盈利能力指数≥1，接受该项目；如果盈利能力指数<1，拒绝该项目。

（8）内部收益率法是通过计算使项目投资的净现值等于零时的贴现率来评价项目的一种决策方法。这一决策方法表述如下：如果内部收益率≥必要报酬率，接受该项目；如果内部收益率<必要报酬率，拒绝该项目。

基本训练

◆ **简答题**

1. 如何进行资本预算？其步骤有哪些？
2. 如何理解资本预算的重要性？
3. 举例说明资本预算的不同决策方法。
4. 举例说明不同决策方法的优缺点。
5. 资本预算决策时，如何选择相应的方法？

◆ **本章思考**

国航套保浮亏

东航宣布在燃油套期保值上巨亏后，中国国航17日再次发布公告称，公司燃油套期保值合约公允价值损失增加到68亿元，亏损额略高于东方航空，从而位居航空公司套期保值亏损之首。

燃油成本是国航运营成本的重要组成部分，目前已占总运营成本的40%以上，控制燃油成本的上升是公司实现可持续增长、保持盈利稳定的关键。国航是国内第一家从事航油套期保值的航空公司。据国航介绍，公司订立燃油套期保值合约的目的是希望通过金融工具的运用在未来一段时间内锁定燃油成本，为避免可能出现的燃油成本上升。国航目前持有的套期保值合约于2008年7月间订立，合约订立时，国际油价处在高位，且市场普遍预期油价将继续走高，造成对冲油价上涨风险的套期保值合约成本高昂。

2008年上半年，国际油价暴涨令许多航空公司倍感头疼，于是它们开始运用各种方式控制燃油成本。事实上，进行套期保值是规避因油价上涨所带来风险的最好、最有效的方法。因此，中国国航签下套期保值合约，期限最长至 2011 年。而在当时，国际油价已经站上每桶 147 元的历史最高位，之后就开始不断回落，再加上随之而来的全球金融危机，更加速了油价的下跌速度。期权最基本的形态有两种：看涨期权和看跌期权。航空公司需要支付的是看涨期权，可以用现金去购买。在当时那个时点，中国国航为了规避风险而付出了极高的成本。国航、中航集团曾在 2008 年 6—8 月国际油价达到历史高点 140 元/桶时，与高盛、美林等境外投行签订了石油期权合约，在买入看涨期权的同时卖出看跌期权。签约后不久由于油价快速跌破了约定的行权价，企业不得不双倍赔付交易对手。截至 2008 年年底，两家公司的赔付折合人民币分别为 1.5 亿元、4.38 亿元，赔付后的合约浮亏仍分别高达 62 亿元和 68 亿元。截至 2008 年 9 月 30 日，东航的总资产为 754.71 亿元，总负债为 743.32 亿元，资产负债率竟然已经高达近 99%，公司正面临着财务状况恶化、营运资金压力巨大的状况。

资料来源 [1] 郝宁，孙中元. 国航套保浮亏反超东航 称将多手段控制燃油成本 [N]. 证券日报，2009-01-20. [2] 方烨，韦夏怡，梁嘉琳. 高油价逼航空公司重启航油套保 [N]. 经济参考报，2011-04-08.

财务管理第八黄金定律

第9章　资本成本

学习目标

◆ 重点掌握资本成本的概念、计算方法。

◆ 掌握资本成本的构成要素，加权平均资本成本和边际资本成本的计算，短期负债、长期负债和权益成本的资本成本的计算。

引例　　标准化和信息化是资本成本优化的唯一途径

低价竞争是零售业的基本生存原则，而标准化是降低成本尤其是资本成本的许多途径中的重要办法。麦德龙（Metro）公司于1964年创立，以其崭新的理念和管理方式在德国及欧洲其他19个国家迅速成长并活跃于全世界。1995年，麦德龙公司携自己成功的标准化财务管理模式和先进的信息管理系统落户上海，并迅速向外扩展。截至2012年8月15日，麦德龙在中国的37个城市共有56家分店，分别位于成都、重庆等地，拥有约9 000名全职员工和超过300万的专业顾客。

中国供应链管理存在的问题就是没有对物流管理进行严格的标准化掌控。麦德龙的经营秘诀就是麦德龙的所有分店都一个样，麦德龙将成功的模板复制到每个商场，包括商场的外观和内部布置及操作规则，所有商场实施标准化、规则化管理。这些规则包括购买、销售、组织等各个方面。就像工厂的机械化操作一样，每个人都知道自己要做什么、应该怎么做，规则非常明确。从与供应商议价开始，直到下单、接货、上架、销售、收银整个流程，都是由一系列很完善的规则控制的。

麦德龙有两个降低成本的标准化原则：第一个原则是，整个店铺的设计不豪华但很有效率。作为仓储式的配销中心，麦德龙采用的是门店和仓储合一的方式，不但节省了店面投入成本，而且能够做到快速补货。麦德龙采用将销售和储存合为一体的工业大货架，使空间上的垂直补货成为可能，适合麦德龙这种大量销售、物流速度快的商业模式，有助于麦德龙实现低成本高效运作。

降低成本的第二个原则是规范每一个操作流程，店铺的内部管理就是分析物流操作流程的每一步，用最佳的方法做到最好。麦德龙详细制定出每一步的操作规程，并使每个人都能了解这个操作规程。所有的分店，无论是外观还是内部运作，都和总部一样，这样可以降低材料费用和人员费用。对中国企业来讲，对员工的标准化管理一直是供应链管理中比较薄弱的一环。对员工的管理要着重标准化和纪律性。顾客要的是高质量和持续的低价。将不同水平、来自不同部门的人结合起来，让他们互相帮助、互相了解，需要不断地对他们进行培训。麦德龙的操作方法是公司准则对每个人都一样，人人平等。但每个员工的工作职责和操作规范说明不同。这些职责和业务操作规范相互衔接，形成麦德龙一整套标准化的管理。

供应链管理的目标之一就是要降低商品库存，因此，有效的物流跟踪与库存控制是整个供应链在最优化状态下运行的基本保证。电子化商品管理系统是管理物流的关键。麦德龙能在任何时间知道自己有哪些存货，进了多少，放在哪里，卖了多少，这样就能对整个经营进行操控。如果能控制整个经营，当然也可以控制成本。在麦德龙，电脑控制系统掌握了商品进销存的全部动态，将存货控制在最合理的范围内。当商品数量低于安全库存时，电脑就能自动产生订单，向供货单位发出订货通知，从而保证商品持续供应和低成本经营。如果能随时对进销存的动态有清晰的了解，就可以及时发现问题，快速做出反应，避免损失的发生，从而能在降低库存的同时，提高顾客满意度。麦德龙最大的优势就是从一开始就建立了信息管理系统。麦德龙有自己的软件开发公司（MGI），它的电脑专家专门为麦德龙开发设计了一套适合其管理体制的商品管理系统。生意的本身其实很简单，就是进和出，但在这一进一出之间的问题却很复杂，因为其中涉及数目繁多的客户和商品。如果能更好地控制数目，就可以拥有更多的利润。有时候，人们会被这些数字和图表搞得很懊恼，抱怨有太多的事需要掌控，但这些都必不可少，可以通过信息技术来协助管理。经过不断改进和完善，从商品的选择、订货、追加订货，到收货、销售、收银每一个环节，麦德龙都有先进的电脑信息系统进行严格的控制。相对于竞争对手而言，麦德龙经营商品的价格较低，这是因为麦德龙的资本成本较低，其秘诀就是标准化和信息化。

资料来源　佚名. 麦德龙的成功秘诀［EB/OL］.［2015-06-15］. http://www.clb.org.cn/Print/InfoPrint.aspx?ID=9704.

9.1 资本成本概述

公司如何决定其不同资本来源的成本呢？筹集来的资本数额是如何影响每种资本来源的成本的呢？资本成本与投资者收益有关吗？本章着眼于资本成本的各个要素，考虑在一个整体中如何组合这些要素，在资本预算中如何使用资本成本。

9.1.1 概　念

资本成本是指企业为取得和长期占有资本而付出的代价，它包括资本的取得成本和占用成本。取得成本包括银行借款的手续费，发行股票、债券支付的广告费、印刷费、代理发行费等；占用成本包括银行借款利息、债券的利息、股票的股利等。其中，资本的占用成本是资本成本的主体部分，也是降低资本成本的主要方向。

值得注意的是，在资本结构决策中，资本成本中的资本一般不包括短期负债，因为资本成本主要用于长期筹资决策和长期投资决策等领域，而短期负债的数额较少，融资成本较低，往往忽略不计。

9.1.2 意　义

资本成本在财务管理中处于至关重要的地位。资本成本不仅是资本预算决策的依据，而且是许多其他类型决策包括租赁决策、债务偿还决策以及制定有关流动资金管理政策的直接依据。

1. 资本成本是选择筹资方式、进行资本结构决策的依据

（1）个别资本成本是比较各种筹资方式的依据。随着我国金融市场的逐步完善，企业筹资方式日益多元化。评价各种筹资方式的标准是多种多样的，如对企业控制权的影响、对投资者的吸引力的大小、取得资本的难易、财务风险的大小和资本成本的高低等，其中，资本成本是一个极为重要的因素。在其他条件基本相同或对企业影响不大时，应选择资本成本最低的筹资方式。

（2）综合资本成本是衡量资本结构合理性的依据。衡量资本结构是否最佳的标准主要是资本成本最小化和企业价值最大化。综合资本成本最低时的资本结构才是最佳资本结构，这时企业价值达到最大。

（3）边际成本是选择追加筹资方案的依据。企业有时为了扩大生产规模，需要大的资本投入量，这时，企业不论维持原有资本结构还是希望达到新的目标结构，都可以通过计算边际资本成本的大小来选择是否追加投资。

2. 资本成本是投资决策的标准

在对独立项目进行评价时，只有预期投资收益率大于资本成本，投资项目才具有经济上的可行性。在对排他性项目进行评价时，可以将各个项目的要求投资收益率与其资本成本相比较，其中正差额最大的项目是效益最高的，首选该项目。

3. 资本成本是衡量业绩的重要依据

资本成本是企业使用资本应获得收益的最低界限，一定时期资本成本的高低不仅反映了财务总监的管理水平，还可用于衡量企业整体的经营业绩。资本成本还可以促进企业增值和转变观念，充分挖掘资本的潜力，节约资本的占用，提高资本的使用效益。

此外，资本成本还是很多重要财务决策（如最佳现金流持有量决策）的相关依据。

9.1.3　资本成本构成要素

在不考虑取得成本的前提下，资本成本既是企业为获得资本使用权所必须支付的最低价格，也是资本提供者所要求的最低收益率。资本成本由无风险收益率和风险报酬率两部分组成。无风险收益率是影响资本成本的外部客观因素，它主要受资本市场供求关系和社会通货膨胀水平的影响。风险报酬率取决于投资者投资的风险程度，投资风险越大，投资者要求的投资回报率就越高。投资风险主要是指融资企业的经营风险和财务风险。经营风险是企业投资决策的结果，表现在资产收益率的变动上。这两种风险的大小在一定程度上是企业能够掌控的，企业要想降低资本成本，要从降低企业风险的角度考虑。

除了上述两个要素，企业融资规模和资本市场的条件也是影响企业资本成本的要素。

9.2　资本成本的计量

9.2.1　普通股

公司可以通过两种途径筹集普通股股本，一种方法是留存部分收益而不是将其全部发放，另一种方法是发行新的普通股。

1. 留存收益成本

公司的留存收益部分，会提高公司普通股持有者的投资。其结果与以下情况基本一致，即公司先将这部分收益作为股利发放给股东，然后再向这部分股东出售新的普通股。唯一的区别在于前者没有额外发行股票，从而提高了资产负债表中普通股的账面价值。当然普通股持有者并不是将这部分收益作为礼物送给公司，他们希望将来能以更高的股利和更高的股票价格作为补偿。既然公司现在拥有更多的资金购买额外的资产，那么它在将来就能够支付更高的股利。这种盈利能力的提高同样导致普通股股价的提高。

在股利增长率稳定的假设下，股东的总期望收益为：

$$K_s=\frac{D_1}{P_0}+g \tag{9-1}$$

式中：K_s 为普通股期望收益；D_1 为下一时期股利；P_0 为当天普通股的市场价；g 为股利增长率。

股东期望从留存收益中获得的收益与从普通股中获得的收益一致，公司的税前债务成本和股东的债券收益相等（如果不考虑发行成本）。普通股股本也存在着同样的关系，也就是说，如果不考虑发行成本，公司的普通股成本与投资者的普通股收益相同。既然留存收益也没有筹资成本，那么留存收益的成本就等于不存在发行成本条件下，普通股投资者要求的收益。此外，股利从税后利润中支付，因此不需在税上做调整。

$$k_r=K_s=\frac{D_1}{P_0}+g \tag{9-2}$$

式中：k_r 为留存收益成本；K_s 为普通股期望收益；D_1 为下一时期股利；P_0 为当天普通股的市场价；g 为股利增长率。

如果普通股股东收到的补偿低于期望（也就是说，如果 D_1 和 g 低于期望），他们将出售股票。股票的出售导致了更低的股票价格，股价会持续下跌，直到股票的期望收益等于投资者要求的回报率。供给的提高伴随着股票需求的降低（潜在的投资者不会以先前的价格购买），这是因为，为了防止股票价格下降，留存收益成本应看成是投资者要求的回报率。

【例 9-1】假设 W 集团公司期望明年支付 2.1 元的股利。如果股票的现价是每股 30 元，股利增长率每年固定在 5% 左右，那么，公司的留存收益成本是多少？

【解】 $k_r=K_s=\frac{D_1}{P_0}+g=\frac{2.1}{30}+0.05=12\%$

2. 新普通股成本

留存收益成本和发行新普通股成本的差别在于发行新普通股时所产生的发行成本会提高公司的资本成本。通常，公司发行新股票时必须支付承诺金，允许投资者以稍低于市场价格购买股票（这对投资者购买新股而非旧股是一个刺激），这些发行成本提高了公司的新普通股成本，见式 9-3：

$$k_n=\frac{D_1}{P_0-f}+g \tag{9-3}$$

式中：k_n 为新普通股成本；D_1 为下一时期股利；P_0 为当天普通股的市场价；f 为每股发行成本费用；g 为股利增长率。

式 9-3 中的（P_0-f）代表公司通过发行新普通股而获得的净收益。

【例 9-2】假设 W 集团公司设计发行新普通股，每股市场价格为 30 元，以每股低于市场价格 0.75 元的价格向公众出售，期望明年支付股利 2.1 元。承诺每出售 1 股支付代理商 1 元。股利增长率为 5%。新普通股的成本是多少？

【解】$k_n=\frac{D_1}{P_0-f}+g=\frac{2.1}{30-0.75-1}+0.05=12.4\%$

3. 资本资产定价模型

前面提到，留存收益的成本等于股东投资普通股所要求的收益率。当使用系统风险来测量相关风险时，资本资产定价法（CAPM）可以用来确定一项投资的要求收益率。既然 CAPM 可以用来确定普通股的要求收益率，那么它也可以用来确定公司留存收益的成本。式 9-4 可以用来确定留存收益的成本：

$$k_j=R_f+\beta_j(k_m-R_f) \tag{9-4}$$

式中：k_j 为新普通股成本；R_f 为无风险利率；β_j 为该股票的 β 系数；k_m 为市场的期望收益率。

【例 9-3】假设无风险利率是 6%，市场的期望收益率为 10%，公司的 β 系数为 1.5，那么普通股要求收益率是多少？

【解】普通股要求收益率 $=k_j=6\%+1.5\times(10\%-6\%)=12\%$

既然公司的普通股成本为 12%，那么留存收益成本同样也为 12%。

使用 CAPM 的主要缺陷在于没有将发行成本计入，因此不容易估计出售新普通股的成本。

9.2.2 优先股

优先股持有者所获得的收益取决于股利和股票的价格。就像在第 6 章阐述的那样，优先股的预期收益可通过以下公式计算：

$$K_p=\frac{D_p}{V_p}\times100\% \tag{9-5}$$

式中：K_p 为预期收益；D_p 为年股利数额；V_p 为优先股价格。

如果不考虑发行成本，公司优先股的成本就是优先股购买方的预期收益。如果考虑发行成本，那么需要将式 9-5 中的优先股价格用公司出售优先股所获得的净收益代替。调整后的公式为：

$$k_p=\frac{D_p}{NP_p}\times100\% \tag{9-6}$$

式中：k_p 为优先股成本；NP_p 为出售优先股所获得的净收益。

【例 9-4】W 集团公司计划以 9.4 元的年股利发行优先股。假设投资者花费每股 99.5 元购买优先股，每股股票的发行成本为 5.5 元。优先股成本是多少？

【解】$k_p=\frac{D_p}{NP_p}\times100\%=\frac{9.4}{99.5-5.5}\times100\%=10\%$

企业发行优先股的成本为 10%。优先股股利从税后利润中支付，这里无须为缴税做出调整。

9.2.3 长期负债

国际上，公司的长期负债大多是通过出售债券产生的。我国公司的负债绝大多数是向银行贷款得到的，在后世贸时代，我国的公司将遵循国际资本市场的融资规则。以下要讨论的内容虽然也适用于定期贷款这样的长期负债，但是我们主要研究债券成本。

债券持有者凭借其债券所有权领取利息收入。在到期日，他们收回债券的票面价值，假设为 1 000 元，虽然有很多价格，但是绝大多数债券以票面价值或接近于票面价值发行。如果一个债券投资者付给公司 1 000 元用于购买债券，并每年收到 100 元的利息，那么投资者的预期收益率即是 10%（100÷1 000×100%），如果不考虑发行成本，投资者的预期收益率就是公司债券的税前成本。发行成本是指与向投资者出售新债券相关的成本，包括准备发行新债券的管理成本、向投资银行交纳的费用和佣金以及为了使投资者购买新证券而向其提供的折扣。对于债券持有者来说，预期收益率又被称为到期收益率，式 9-7 可以用于解决计算债券到期收益率的问题。

$$V_b=\sum_{t=1}^{n}\frac{I}{(1+k_b)^t}+\frac{M}{(1+k_b)^n} \tag{9-7}$$

式中：V_b 为债券价值；I 为债券每期应支付的利息；k_b 为预期收益率；M 为债券的票面价值；n 为到期年限；t 为时间。

如果存在发行成本，那么公司就不能收到债券购买时支付的全部资金，公司债券的成本将超过债券持有者的到期收益率。式 9-7 通过用公司出售债券收到的净收益代替债券价值来反映发行成本的存在。进行替换后，公司可以通过式 9-8 解出 k_b，以确定其税前的负债成本。

$$NP_b=\sum_{t=1}^{n}\frac{I}{(1+k_b)^t}+\frac{M}{(1+k_b)^n} \tag{9-8}$$

式中：NP_b 为出售债券的净收益；I 为债券每期应支付的利息；k_b 为预期收益率；M 为债券的票面价值；n 为到期年限；t 为时间。

【例 9-5】W 集团公司考虑到目前的交易和经济状况，必须将其要出售的 20 年债券的票面利率定为 7.8%（为了简单起见，利息每年付 1 次）。债券将以票面价值 1 000 元向投资者出售，扣除发行成本后企业净收益为 980.31 元。求 W 集团公司税前的负债成本。

【解】采用试错法通过式 9-8 解出 k_b，即是公司将产生的负债成本。由于式 9-8 的右侧也等于 980.31 元，所以 8% 就是 W 集团公司税前的负债成本。

$$\begin{aligned}980.31&=78\times PVIFA_{k=8\%,n=20}+1\,000\times PVIF_{k=8\%,n=20}\\&=78\times 9.8181+1\,000\times 0.2145=980.31\text{（元）}\end{aligned}$$

既然贴现率为 8% 时，利率和本金的现值等于 W 集团公司通过出售债券所取得的净收益，那么 8% 就是税前的负债成本。

税前的负债成本还可以通过式 9-9 近似得到。然而值得强调的是，由于没有考虑货币的时间价值，这只是一个提供近似答案的简单方法。

$$Ak_b=\frac{I+\dfrac{M-NP_b}{n}}{\dfrac{NP_b+M}{2}}\times 100\% \tag{9-9}$$

式中：Ak_b 为税前负债成本的近似值；I 为每年支付的债券利息额；M 为债券的票面价值；n 为到期年限；NP_b 为出售债券的净收益。

式 9-9 反映了公司每年支付的利息和额外成本。通常票面价值会超过发行债券的净收益，这部分差异就是公司的额外成本，当差异不断加大并在债券生命期内分摊时，它就变成了按年计算的成本。其结果是在计算中加入了每年总成本（现金开支和应计开支）。分母代表在债券的生命期内公司可获得的平均贷款数额。年均成本除以年均资金所得等于年均成本百分比。

【例 9-6】同例 9-5，试用式 9-9 的方法求解。

【解】$Ak_b=\dfrac{78+\dfrac{1000-980.31}{20}}{\dfrac{980.31+1000}{2}}\times 100\%=\dfrac{78.98}{990.16}\times 100\%=7.98\%$

我们注意到，在这个问题中，税前成本的近似值和包括货币时间价值的方法确定的成本非常接近。然而，随着利率支付额度的提高和到期年限的增加，两者的差距也不断加大，因此，当使用这种简洁的方法时，一定要小心。

税前负债成本必须用来反映这样一个事实，即公司提高的成本是可以免税的。税收的扣除降低了公司的负债成本。我们可以通过式 9-10 来反映税前负债成本的益处。

$$k_i=k_b(1-T) \tag{9-10}$$

式中：k_i 为税后负债成本；k_b 为税前负债成本；T 为边际税率。

【例 9-7】W 集团公司债券的税前负债成本为 8%，如果公司的边际税率为 24%，那么税后负债成本是多少？

【解】$k_i=k_b(1-T)=8\%\times(1-24\%)=6.08\%$

9.3 确定资本成本

9.3.1 加权平均资本成本

1. 概念

公司资本可以通过单一方式筹集，也可以通过多种方式筹集，就多数公司而言，属于后一种情况。当企业采取多种方式筹集资本时，其个别资本成本有高低差异，为了进行筹资和投资决策，企业需要计算加权平均资本成本（weighted average cost of capital，WACC）。加权平均资本成本是企业以个别资本成本为基数，以各种来源资本占全部资本的比重为其权数计算的通过各种方式筹集的全部长期资金的总成本。其公式为：

$$K_w=\sum_{j=1}^{n}K_jW_j \tag{9-11}$$

式中：K_w 为加权平均资本成本；K_j 为个别资本成本；W_j 为该项资本成本所占的比重。

【例 9-8】假设 W 集团公司希望保持这样一个资本结构：40% 的长期负债、10% 的优先股股本和 50% 的普通股股本。该公司的留存收益成本为 12%，长期负债和优先股的税后资本成本分别为 6% 和 10%。该公司的加权平均资本成本是多少？

【解】本题结果见表 9-1。

表 9-1 **公司的加权平均资本成本**

资本要素	资本结构权数	税后资本成本	加权平均资本成本
长期负债	40%	6%	2.4%
优先股股本	10%	10%	1%
普通股股本（留存收益）	50%	12%	6%
总资本	100%	K_w	9.4%

$$K_w=\sum_{j=1}^{n}K_jW_j=6\%\times40\%+10\%\times10\%+12\%\times50\%=9.4\%$$

2. 筹资方式的时间性

大多数公司筹集新资本时，一般不将债券、优先股和普通股同时出售，而是在某年出售其中的一种，以后几年再出售其他几种。这样做的原因是每种方式都会产生固定的成本，公司要通过减少筹资方式的数量来使企业固定成本最小化。

假设 W 集团公司计划在此后的 3 年内筹资 1.5 亿元，公司拥有足够的留存收益来弥补所需要的资金。为了保持其 40% 的长期负债、10% 的优先股股本和 50% 的普通股股本的目标资本结构，W 集团公司在以后的 3 年内需要每年留存 2 500 万元的收益，出售 2 000 万元的债券和 500 万元的优先股，总共需要 6 次不同的外部筹资。W 集团公司也可以选择在第 1 年出售 6 000 万元的债券，第 2 年出售 1 500 万元的优先股，每年留存 2 500 万元的收益的方式进行筹资。这种方法以期望的比例在 3 年内筹得资金，但它只需要两次外部筹资方式，因此总的固定交易成本降低了。虽然这种方法可能暂时使 W 集团公司偏离其目标资本结构，但是因为它降低了交易成本，所以即使有偏离也是值得的。

3. 特殊项目的筹资成本

如果公司计划本年通过出售债券为资本项目筹资，那么公司有可能使用负债成本作为对资本成本的测量。然而，当年发行债券，公司可能会扩大其负债额，公司必须在以后的几年内发行优先股和普通股来恢复目标资本结构。这意味着在未来几年筹集资本的成本将比当年多，使用加权平均资本成本法能够在相关时期内有效地归集这些成本。

假设 W 集团公司的负债成本为 6.08%，发行新普通股的资本成本为 12.4%，公司的目标资本结构包括 50% 的负债和 50% 的普通股股本。假设公司第 1 年出售债券来支持一个预期收益率为 8% 的项目。第 2 年，公司只能以 12.4% 的资本成本发行新普通股来筹集资金，如果公司第 3 年有一投资项目的预期收益率为 4%，公司也必须拒绝此项目。使用资本的加权平均成本作为贴现率可以避免这类问题。

4. 目标加权和历史加权

如前所述，用于计算资本成本的权数是资本结构中每一资本要素的比例。本章中，权数是给定的。但在实际中，必须使用公司确定的目标权数而不是历史权数，历史权数是指过去各种来源资本占总资本的比例。

历史权数可以用来分析公司的资产负债表，参考表 9-2 中的 W 集团公司的资产账户。第二栏的数字表示每一资产账户的票面价值，这些价值说明 W 集团公司在过去是如何筹集资本的，它们反映的是历史价值。第三栏表示各种来源资本的票面价值在总资本中所占的比例，使用这些历史数据作为权数必须要假设市场状况和 W 集团公司的需求不随着时间变化而变化。既然金融市场和公司都是动态变化的，那么这样的假设通常是无效的。

表 9-2 **资产负债表的历史加权**

资产账户	票面价值（万元）	权数（%）
长期负债	40	40
优先股股本	20	20
普通股股本	40	40
总资本	100	100

9.3.2　边际资本成本

1. 边际资本成本的概念

边际资本成本是指企业每增加一个单位量的资本而形成的追加资本的成本。

当公司筹集资本规模扩大和筹资条件发生变化时，公司应计算边际资本成本以便进行追加投资的决策。边际资本成本也要按加权平均法计算，它取决于两个因素：追加资本的结构；追加资本的个别成本水平。

（1）追加筹资时，资本结构与个别资本成本不变。如果公司追加筹资时，资本结构与原资本结构保持一致，且追加筹资的个别资本成本也不发生变化，则边际资本成本与公司原来的加权平均资本成本相同。

（2）追加筹资时，资本结构改变，而个别资本成本保持不变。如果公司追加筹资时，客观条件不允许企业按原有的资本结构进行筹资，公司则需调整资本结构，以符合客观要求，此时尽管个别资本成本不发生改变，但边际资本成本也要发生变化。

（3）追加筹资时，资本结构保持不变，但个别资本成本发生改变。公司追加筹资时，保持原有的资本结构不变，会出现两种情况：一是个别资本成本不变；二是个别资本成本发生改变。究竟会出现哪种情况，取决于增资后投资人的意愿。往往是企业的筹资总额越大，资金提供者的要求就越高（尤其是公司加大债务的绝对额会使债权人感到风险增大，因此要求增加债券的收益），这就会使边际资本成本不断上升。

2. 边际资本成本曲线

（1）概念。

边际资本成本曲线用来描述公司资本成本。W 集团公司的边际资本成本曲线见图 9-1，它与纵轴相交于 9.4% 处。在边际资本成本曲线上总资金水平上升到更高一级的点称为突破点，对于 W 集团公司来说，边际资本成本曲线上的第 1 个突破点出现在点 X_1 处，它是由于该公司开始出售新普通股以扩大留存收益所产生的资本，导致资本成本升高。从 X_1 点开始，边际资本成本曲线一直保持稳定，直到第 2 个突破点 X_2 出现，边际资本成本曲线上这一点的出现可能是由于公司发行不承保债券所产生的资本，导致负债资本成本的升高。还有一个突破点出现在 X_3，是由于该公司发行优先股的数量提高所导致的成本提高。这幅边际资本成本曲线图说明不同的成本可以筹集到多少资金。找出 X_1、X_2、X_3 的值和边际资本成本曲线上每一水平的资本成本，是下一部分要讨论的内容。

（2）建立边际资本成本曲线。

假设 W 集团公司计划明年筹集大量资金。向投资银行咨询之后，W 集团公司建立了筹集不同资本数量的成本表（见表 9-3）。表 9-3 中既包括了资本要素成本和这些要素成本的变化，也说明了在每一成本水平可以筹集到的资金数额。

表 9-3 说明了 W 集团公司预期明年留存收益 500 万元，估计成本为 12%。通过出售新普通股，可以筹集到的普通股股本为 3 000 万元，成本为 12.4%。公司还可以以 6.08% 的税后成本筹集到 1 000 万元的长期负债，如果公司通过出售长期债券筹集到多于 1 000 万元的资金，那么其额外负债的税后资本成本就会提高到 8%。小额的优先股股本（不超过 550 万元）的税后资本成本为 10%，但当其数量超过 550 万元时，其成本提高到 12%。

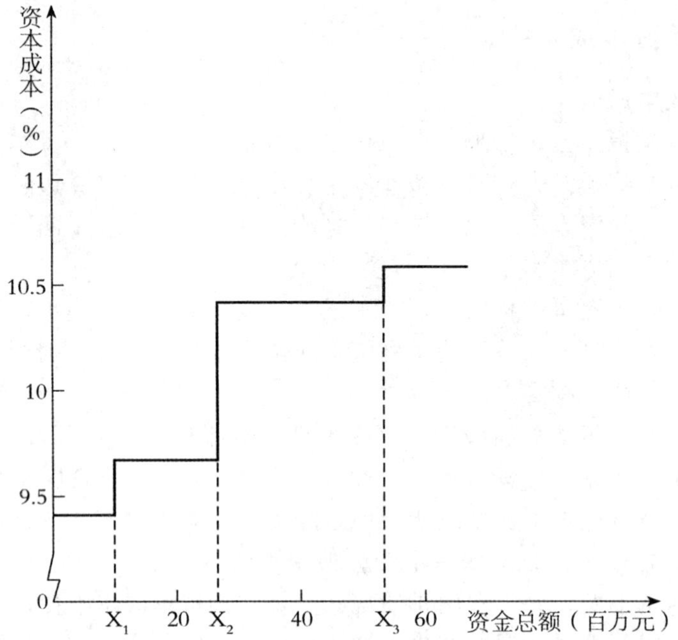

图 9-1 边际资本成本曲线

表 9-3 **公司在筹集不同资本数量水平下的每一资本要素成本**

资本要素	筹集资金数量（元）	税后资本成本（%）	突破点（元）
普通股股本			
留存收益	0 ~ 5 000 000	12	10 000 000
新普通股	0 ~ 30 000 000	12.4	70 000 000
长期负债	0 ~ 10 000 000	6.08	25 000 000
	10 000 001 ~ 28 000 000	8	70 000 000
优先股股本	0 ~ 5 500 000	10	55 000 000
	5 500 001 ~ 7 000 000	12	70 000 000

表 9-3 表明，所筹集到的资本数额越大，资本要素的成本和资本加权平均成本就越大。在计算突破点前后的资本加权平均成本之前，确定不同要素的变化成本是十分必要的。

（3）确定边际资本成本曲线上的突破点。

知道在不同成本水平下可筹集到的资本总额对公司来说十分重要。比如 W 集团公司在必须发行新普通股之前，企业使用留存收益可以筹集多少资本？我们得知，W 集团公司的目标资本结构包括 40% 的长期负债、10% 的优先股股本和 50% 的普通股股本。当公司期望使用 500 万元的留存收益时，为了保持其目标资本结构，公司必须发行 400 万元的长期负债和 100 万元的优先股，把这些金额都算在内，公司筹集到的总资本为 1 000 万元，同时保持了目标资本结构，这可以在表 9-4 中加以说明。

表 9-4　**目标资本结构**

资本要素	筹集到的金额（元）	在筹集到的总资本所占比例（%）
长期负债	4 000 000	40
优先股股本	1 000 000	10
普通股股本（留存收益）	5 000 000	50
总资本	10 000 000	100

因此，1 000 万元是与留存收益相关的突破点。也就是说，W 集团公司以原先的资本成本最多可筹集 1 000 万元的新资本，那么下 1 元的资本成本将会升高，因为需要通过销售普通股作为普通股股本来源。突破点的计算公式为：

$$BP_i=\frac{TF_i}{PS_i} \tag{9-12}$$

式中：BP_i 为 i 资本来源成本发生变化的突破点；TF_i 为 i 资本来源在成本发生变化前的总量；PS_i 为 i 资本来源在目标资本结构中的比例。

运用式 9-12 确定 W 集团公司用尽留存收益的突破点，计算如下：

$$BP_i=\frac{TF_i}{PS_i}=\frac{5\,000\,000}{50\%}=10\,000\,000\text{（元）}$$

根据上述内容，可以确定 W 集团公司每一突破点前的资本加权成本见表 9-5。

在第 1 个突破点 1 000 万元（图 9-1 中的 X_1 点）前，资本的边际成本反映了使用留存收益作为普通股股本加上最低成本的长期负债和优先股。使用这些要素的资本加权平均成本为 9.4%。在第 1 个突破点右侧，普通股股本的成本为 12.4%，负债和优先股股本的成本保持不变。这时资本加权平均成本为 9.6%，并保持不变，直到第 3 个突破点 5 500 万元。在第 2 个突破点右侧，优先股的成本变为 12%，这时资本加权平均成本为 10.6%。

绘制 W 集团公司的边际资本成本曲线可以遵循以下步骤：①识别每一要素成本和在每一成本水平上所能获得的要素总额；②利用式 9-12 计算每一资本来源的突破点；③在每一突破点前后计算资本的边际成本；④利用以上步骤所建立的信息，绘制边际资本成本曲线。

（4）边际资本成本曲线的运用。

边际资本成本曲线的上升通常意味着企业要开始寻求筹集新资本，同时也意味着公司以最低成本而不是最高成本所采用的项目面临着潜在的问题，公司可以通过比较边际资本成本曲线和投资机会集（IOS）来决定采用什么项目。投资机会集是描述采用潜在资本预算项目的内部收益率和所需要的投资水平的图形（如图 9-2 所示）。

表 9-6 展示了 W 集团公司考虑采用的 5 个资本预算项目的相关信息。为了简化讨论，我们假设所有的项目相互独立，并且拥有相同水平的公司风险。根据表 9-6 中的信息建立图 9-3 中的 IOS 曲线。我们注意到项目的内部收益率曲线呈下降趋势，它将最有希望采用的项目放在图的最左边。这里，项目 D 拥有 11.5% 的投资收益率，需要的投资额为 1 100 万元。项目 B 的内部收益率为 11.25%，需要资金 1 700 万元。内部收益率的降低表现为 IOS 曲线不断下降。水平方向说明了所有采用项目需要的总资金。

表 9-5　　W 集团公司每一突破点前的资本加权成本

A：在第 1 个突破点 1 000 万元前，资本的边际成本反映最便宜的每一资本要素来源			
资本要素	资本结构权数（%）	税后资本成本（%）	加权平均资本成本（%）
长期负债	40	6	2.4
优先股股本	10	10	1
普通股股本（留存收益）	50	12	6
		K_w	9.4
B：在第 1 个突破点后，第 2 个突破点 2 500 万元前，普通股的成本上升到 12.4%			
资本要素	资本结构权数（%）	税后资本成本（%）	加权平均资本成本（%）
长期负债	40	6	2.4
优先股股本	10	10	1
普通股股本（留存收益）	50	12.4	6.2
		K_w	9.6
C：在第 2 个突破点后，第 3 个突破点 5 500 万元前，长期负债成本上升到 8%			
资本要素	资本结构权数（%）	税后资本成本（%）	加权平均资本成本（%）
长期负债	40	8	3.2
优先股股本	10	10	1
普通股股本（留存收益）	50	12.4	6.2
		K_w	10.4
D：在第 3 个突破点后，第 4 个突破点 7 000 万元前，每一要素成本都达到最高水平			
资本要素	资本结构权数（%）	税后资本成本（%）	加权平均资本成本（%）
长期负债	40	8	3.2
优先股股本	10	12	1.2
普通股股本（留存收益）	50	12.4	6.2
		K_w	10.6

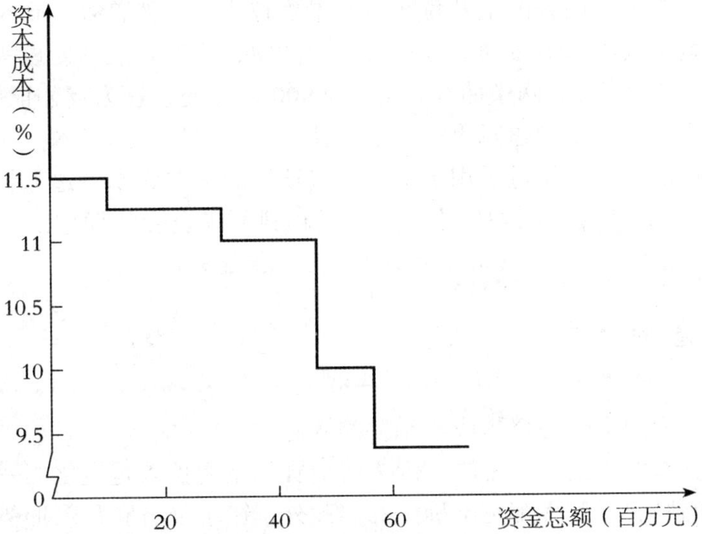

图 9-2 投资机会集

表 9-6 W 集团公司不同资本预算项目的信息

项 目	内部收益率（%）	初始投资（万元）
A	11	2 100
B	11.25	1 700
C	9.5	1 000
D	11.5	1 100
E	10	900

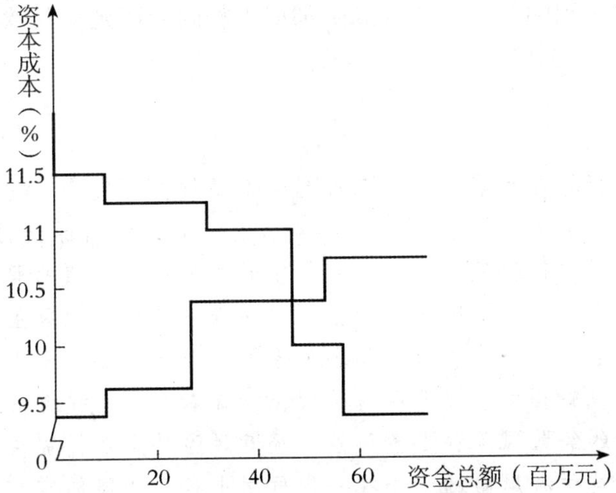

图 9-3 边际资本成本曲线与投资机会集

我们知道，当 W 集团公司筹集少量资本时，期望的资本加权成本为 9.4%。如果在此成本下能筹集到大量新资本，那么 5 个资本项目都可以采用，因为其中每个项目的内部收益率都超过了 9.4%（当内部收益率大于或等于资本成本时，独立项目是可以接受的）。

然而，边际资本成本曲线的上升意味着资本加权成本会随着筹集到的资本数量的增加而增加。将边际资本成本和IOS曲线放在同一个图中，我们就能够发现两条曲线是如何相互作用的（如图9-3所示）。两条曲线相交于4 900万元处，这为我们提供了有效的信息。在这一点上，资本预算项目的边际收益等于支持这些项目的边际成本。在交点的左边，项目投资所期望获得的回报率超过了用于支持这些项目的资本成本（边际收益超过了边际成本）。在交点的右边，新资本的期望成本超过了项目所需资金的期望回报率（边际成本超过边际收益）。因此，最优资本预算为4 900万元，仅能采用D、B、A这3个项目。

9.4 需要注意的问题

管理层必须意识到下列与资本成本相关的问题：

（1）估计的资本成本是不确定的，因为所估计的主要投入是变化的——如投资者的要求回报率和未来的股利增长率都是不确定的。此外，由于经济和贸易形势的变化，这些因素也随之变化。因此，管理者必须认清估计的资本成本可能会偏离实际的资本成本。

（2）我们在此讨论的问题是假设所考虑的项目风险和公司本身的风险一样。然而当实际情况并非如此时，就应该使用风险调整贴现率来评估资本预算项目，这需要调整资本预算成本。

（3）本章所使用的目标权数是给定的，但估计目标权数需要估计许多其他因素，这又不可避免地涉及不同程度的不确定性。

（4）公司还可以从其他来源筹集资本。例如，对许多公司来说，折旧是一项非常重要的长期资金，也就是说，如果公司通过使用累计折旧来延迟交税，那么其结果和短期、无利率的政府贷款是一样的。如果公司每年都能够延期交税，这部分资金来源就可以看成是长期负债，甚至是永久负债。如果将折旧和延交税款计入资本加权成本中，那么折旧的成本可以认为和公司筹集到的第一笔资金的全部成本相同，而延交税款的成本则认为是零。

本章小结

（1）资本成本是指企业为取得和长期占有资本而付出的代价，它包括资本的取得成本和占用成本。取得成本包括银行借款的手续费、发行股票和债券支付的广告费、印刷费、代理发行费等；占用成本包括银行借款利息、债券的利息、股票的股利等。

（2）资本成本由无风险收益率和风险报酬率两部分组成。无风险收益率是影响资本成本的外部客观因素，它主要受资本市场供求关系和社会通货膨胀水平的影响。风险报酬率取决于投资者投资的风险程度，投资风险越大，投资者要求的投资回报率就越高。投资风险主要是指融资企业的经营风险和财务风险。经营风险是企业投资决策的结果，表现在资产收益率的变动上。这两种风险的大小在一定程度上是企业能够掌控的，企业要想降低资本成本，要从降低企业风险的角度考虑。除了上述两个要素，企业融资规模和资本市场的条件也是影响企业资本成本的要素。

（3）公司可以通过两种途径筹集普通股股本：一是留存部分收益而不是将其全部发放；二是发行新的普通股。

（4）公司的留存收益部分，会提高公司普通股持有者的投资。在股利增长率稳定的假设下，股东的总期望收益为：

$$K_s=\frac{D_1}{P_0}+g$$

公司发行新股票时必须支付承诺金，允许投资者以稍低于市场价格购买股票（这对投资者购买新股而非旧股是一个刺激），这些发行成本提高了公司的新普通股成本：

$$k_n=\frac{D_1}{P_0-f}+g$$

（5）优先股持有者所获得的收益取决于股利和股票的价格。就像在前面阐述的那样，优先股的预期收益可通过以下公式计算：

$$K_p=\frac{D_p}{V_p}\times 100\%$$

如果不考虑发行成本，公司优先股的成本就是优先股购买方的预期收益。如果要考虑发行成本，调整后的公式为：

$$k_p=\frac{D_p}{NP_p}\times 100\%$$

（6）对于债券来说，其资本成本的计算方法与其到期收益率的计算方法相同。税前的负债成本还可以通过以下公式近似得到。然而值得强调的是，由于没有考虑货币的时间价值，这只是一个提供近似答案的简单方法：

$$Ak_b=\frac{I+\frac{M-NP_b}{n}}{\frac{NP_b+M}{2}}\times 100\%$$

（7）公司资本可以通过单一方式筹集，也可以通过多种方式筹集，对多数公司而言，属于后一种情况。当企业采取多种方式筹集资本时，其个别资本成本有高低差异，为了进行筹资和投资决策，企业需要计算加权平均资本成本。加权平均资本成本是企业以个别资本成本为基数，以各种来源资本占全部资本的比重为其权数计算的各种方式筹集的全部长期资金的总成本。

（8）边际资本成本是指企业每增加一个单位量的资本而形成的追加资本的成本。当公司筹集资本规模扩大和筹资条件发生变化时，公司应计算边际资本成本以便进行追加投资的决策。边际资本成本也要按加权平均法计算，它取决于两个因素：追加资本的结构；追加资本的个别成本水平。

基本训练

◆ **简答题**

1. 何为资本成本？
2. 如何计算长期负债、优先股和普通股的资本成本？
3. 怎样计算加权资本成本？
4. 如何计算边际资本成本？

◆ 本章思考

集装箱船订造“大”有争议

马士基航运即将订造1.8万TEU特大型集装箱船的传闻拨动了市场神经。韩国传媒披露，韩国大宇造船正准备接受马士基航运的订单，建造20艘集装箱船，订单总值达40亿美元。双方正为有关交易紧密磋商，甚至有望在年底前正式下单，可能会先订造10艘，每艘售价将不超过2亿美元。“利用世界上目前最大的集装箱船‘艾玛·马士基’号来运输从亚洲至欧洲的集装箱货物，它的二氧化碳排放量仅为目前集装箱船平均排放量的一半。而这样的优势大部分要归功于船舶的庞大吨位。”

统计资料显示，从1956年第一艘改装集装箱船到今天的万箱集装箱船出现，班轮业用了50年的时间完成了集装箱运输工具的历史性换代升级。20世纪70年代末，国际标准化组织制定了统一的集装箱规格标准，从此集装箱运输进入高速发展时代，船舶大型化的速度更是令人眩晕。20世纪60年代中期建造的集装箱船，最大载箱量均不到1 000TEU；70年代，班轮公司开始订造1 000TEU以上型第二代集装箱船；80年代，3 000TEU型集装箱船登场亮相，为适应环球航线之需，充分利用巴拿马运河的通航能力，船宽设定为32.20米，称为巴拿马型集装箱船；1988年，美国总统轮船建造了4 340TEU型“杜鲁门总统”号集装箱船，为超巴拿马型集装箱船；90年代中期，船宽超过40米、载箱量5 000～6 000TEU型集装箱船投入营运；21世纪初，铁行渣华订造的6 674TEU型“南安普敦”号和马士基订造的7 660TEU型“马士基君主”号集装箱船先后交付使用；在21世纪的头10年时间里，从8 000TEU到1.2万TEU，再到今天的1.8万TEU，集装箱船载箱量以惊人的速度增加。

由于一些限制因素，大船运行的难度高于建造的难度。

（1）成本限制。集装箱船的营运成本主要包括人员工资、保险、船舶管理费、港口费用以及燃料费用等。集装箱船运力为4 000TEU～1万TEU时，营运成本呈下降趋势，在1万TEU时每只集装箱的营运成本达到最小值1 400美元，而后随着集装箱船的扩大，在1.8万TEU时营运成本开始缓慢上升。因此，从单只集装箱的营运成本角度考虑，1万TEU型集装箱船在营运成本上是最有优势的，并非越大型越低廉。

（2）港口限制。超大型集装箱船被越来越多地投入到国际贸易航线，而众多的集装箱港口码头却没有应对这一高速发展的集装箱承接能力。目前世界上绝大部分集装箱港口的水深很难适应超大型集装箱船的停靠；港口的装卸能力也是有限的，时间的增加使得超大型集装箱船运输的竞争性大打折扣；超大型集装箱船还需进一步考虑码头设施、堆场、后勤供应、计算机系统和内陆运输等一系列问题。

（3）航线限制。超大型集装箱船的优势在于高运量、高平均效率、海运平均低油耗和更适用于航线较长的运输。迄今为止，单船运力超过8 000TEU的超大型集装箱船大多投放到亚洲－欧洲和亚洲－北美洲泛太平洋的航线上，因此，航线数量受到很大限制。此外，超大型集装箱船还经常受到“是直航还是转运”的困扰。集装箱船的规模过大会导致低收益、高风险。尽管集装箱船的超大型化已成为一种必然的趋势，但这种趋势应该是渐进式的和适度的。集装箱船舶、港口条件和财务成本需要协调、和谐和科学发展。因此，“1.25万TEU型集装箱船是发展的极限”。尽管没有如此言之凿凿，挪威船级社也有了同样的结论。挪威船级社称，在可见的将来，1.25万TEU型集装箱船既能通过拓展后的巴拿马运河，亦能在纽约巴约讷大桥下驶过，可发挥经济规模效应，同时不失营运的灵活性，将会是较占优势的集装箱船规模，或会暂时成为市场上的赢家。

资料来源　刘俊. 集装箱船订造“大”有争议［J］. 航运交易公报，2010（47）：38-39.

财务管理第九黄金定律

第10章　资本结构决策

学习目标

- 重点掌握资本结构的概念、盈亏均衡点的计算、财务杠杆、经营杠杆和总杠杆。
- 掌握最优资本结构和目标资本结构。
- 了解最优资本结构的实现途径。

引例

通用汽车公司在2009年宣布破产时，令市场震惊不已。通用汽车公司的债务高达1 720亿美元，资产只有800多亿美元，负债额高达880多亿美元，已经资不抵债。按照美国《公司法》第11章的规定，凡是公司进行破产清算时，应该在法院监督下进行资产处置。通用公司属于有限责任制，仅以出资额为限，所以通用所欠的债务大部分无法偿还。结果受损失最大的是股东，即股票的持有者。通用的股票最高峰时近100美元，6月2日的股票只有1美分。通用汽车的价值几乎损失殆尽，被道琼斯除名。在法院的监督下，通用汽车和美国政府、债权人、股东达成了债务协议。从股权的结构状况上看，新的通用股权，美国政府持有60.8%，即政府注资300亿美元；加拿大政府拿到11.7%的股权，承担95亿美元的债务；第三个债务的承担者是美国汽车工会，占有17.5%的股权；剩下的10%由三家债券公司来承担。通用公司的资本结构就这样确定了。美国政府已成为通用最大的股东，政府要求通用在清产的过程中出售30个品牌中的4大核心品牌：土星、庞蒂亚克、萨博、悍马。其中，萨博品牌被瑞典企业购得（2011年12月19日萨博隶属的瑞典汽车公司申请破产，其清算和重组结果备受关注），土星和庞蒂亚克品牌被美国本土企业购得，悍马没有找到合适的买家。

通用公司在美国政府的帮助下实施了“重组”精简机构方案，以期走出现实的困境。其实通用所谓的精简机构、重组，都是为了收缩战线。通用的工人曾经有90 000多人，现在精简了很多。其品牌也更加专一。旧通用汽车几乎全方位地参与市场的各个细分，从小车到大车，品牌系列非常全面，既有低价格的车，也有像悍马这样高价位的车，有代步车，也有运动车，有皮卡，也有SUV。但是新通用把注意力集中在了几个领域：关闭了在北美的12个生产厂，建立生产小车的工厂，在2010年力推中国的别克和欧洲的萨博，以后会专门专注于美国市场，尤其是小车和更节能、更经济的车型。“减肥”后的通用汽车试图将盈亏均衡点集中到几种有竞争力的车型上，小型化、节能型和环保型成为通用再生的不可逾越的财务盈亏均衡点。

从20世纪60年代开始，通用汽车就出现了质量问题。美国到处都可以看到消费者投诉通用，汽车质量受到怀疑，设计存在缺陷，质量事故频发，索赔不断。70年代，通用的大车型受到挑战。1972年的石油危机，使大车型销量严重下滑。80年代，通用的技术、品质、外观缺乏创新，竞争力明显下降。90年代，通用汽车不环保、不节能又被诟病，而日本汽车横行北美市场，通用的财务战略难以与时俱进，皮卡、SUV、悍马等主力车型依然达70%以上。2000年的时候，通用的生产线工人能力下降，使车辆品质下降。表现在财务上的软肋就是财务杠杆度经历了由很高的弹性到黏性，由零趋向于负的演进。

20世纪60年代到2000年的5个阶段中，通用的财务战略存在三大致命发展障碍：(1) 盲目扩张品牌、盲目全球化市场、盲目建厂。(2) 高福利增加成本。通用工人享受很高的退休、养老、医疗保健费，这些费用只能平摊到每辆车上，每辆车承担400~500美元。汽车成本的提高，使得每辆通用汽车成本比日本车多2 000~3 000美元，这让通用背上沉重的包袱，成本如此之高的通用汽车显然无法和日本车进行竞争。(3) 从1931年开始，通用汽车成为美国最大的汽车制造商，成为美国梦的象征；1950年，通用达到最鼎盛的时期，生产经营额占美国GDP的3%；1953年，通用成为全球最大汽车制造商，每年生产1 500万辆汽车，通用开始骄傲与自大。上述三大障碍，让通用难以找到资本结构的最优切合点，现金均衡点、会计均衡点和财务均衡点等衡量工具一再失灵。

2010年通用汽车公司得到美国政府500亿美元的贷款。经过破产重组的通用汽车公司摇身一变，重新上市，主要关注美国和中国市场。2014年1月7日，通用汽车公司宣布2013年在中国的销量达317万辆，占通用汽车全球汽车销量972万辆的32.61%。通用击败丰田，成为中国市场第一大汽车制造商。

资料来源 刘斌. 通用涅槃 何时再生［EB/OL］.［2015-06-16］. http://blog.sina.com.cn/s/blog_62df218b0100fym4.html.

10.1 资本结构

在财务管理实务中，公司在一定时期采用各种筹资方式组合筹资，就形成了一定的资本结构。因此，资本结构是指公司各种资本的价值构成及其比例关系，是公司一定时期筹资组合的结果。

10.1.1 资本结构概念

经济学上的资本是指投入资本、生产资料、劳动力、技术和信息等。资本结构是指企业全部资金来源中的权益资本与债务资本之间的比例关系。这种比例决定着企业的偿债和再融资能力，决定着企业的未来盈利能力。优化的资本结构可以降低融资成本，发挥财务杠杆作用，扩大权益收益率。企业以资本和信用为纽带，通过投资与借贷构成的股东、债权人和经营人之间的相互制约关系，重新进行产权安排，实现企业价值的最大化。

资本结构有广义和狭义之分。广义的资本结构是指公司全部资本的构成及其比例关系。公司一定时期的资本可以分为债务资本和股权资本、短期资本和长期资本。一般而言，广义的资本结构包括：债务资本与股权资本的结构、长期资本与短期资本的结构，以及债务资本的内部结构、长期资本的内部结构和股权资本的内部结构等。

10.1.2 资本结构种类

公司的资本结构可以按不同标志区分为不同种类，主要区分标志有资本权属和资本期限，相应区分为资本的权属结构、资本的期限结构和资本的目标价值结构。

1. 资本的权属结构

一个公司的全部资本就权属而言，通常分为两大类：一类是股权资本，包括普通股和优先股两部分；另一类是债务资本。公司的全部资本按权属区分，则构成资本的权属结构。资本的权属结构是指公司不同权属资本的价值构成及其比例关系。这两类资本构成的资本结构就是公司的资本权属结构。

2. 资本的期限结构

一个公司的全部资本就期限而言，一般可以分为两大类：一类是长期资本，另一类是短期资本。这两类资本构成公司资本的期限结构。资本的期限结构是指不同期限资本的价值构成及其比例关系。

3. 资本的目标价值结构

资本的目标价值结构是指公司资本按未来目标价值计量反映的资本结构。当一个公司能够比较准确地预计其资本的未来目标价值时，可以按其目标价值计量反映资本结构。一般认为，它更适合公司未来目标价值能够客观准确地估计的情况。

10.2 杠杆度

自然科学中的杠杆原理，是指通过杠杆的作用，只用一个较小的力量就可以产生很大的效果。财务管理中杠杆的作用，是指由于生产经营或者财务方面固定费用的存在，导致的利润或者每股收益发生的变化。

财务的杠杆利益与风险是公司资本结构决策的基本因素之一。公司的资本结构决策应当在杠杆利益与风险之间进行权衡。本小节依次阐明经营杠杆度、财务杠杆度和总杠杆度的原理。

10.2.1 经营杠杆度

1. 经营杠杆度的概念

经营杠杆度，亦称营业杠杆度或营运杠杆度，是指公司在经营活动中对营业成本中固定成本的利用。公司营业成本按其与营业总额的依存关系可分为变动成本和固定成本两部分。其中，变动成本是指随着营业总额的变动而变动的成本；固定成本是指在一定的营业规模内，不随营业总额变动而是保持相对固定不变的成本。在一定范围内，公司扩大产销量通常不会改变固定成本，但会降低单位营业额的固定成本，从而增加单位营业利润，使息税前利润的增长率大于产销量的增长率，如此就形成公司的经营杠杆。公司利用经营杠杆，有时可以获得一定的经营杠杆利益，有时也承受着相应的营业风险即遭受损失。可见，经营杠杆是一把“双刃剑”。由于经营杠杆对经营风险的影响最为综合，因此常常用经营杠杆度衡量经营风险的大小。

2. 经营杠杆度的计算

只要公司存在固定成本，就存在经营杠杆的作用。但对于不同的公司，经营杠杆作用的程度是不完全一致的，为此，需要对经营杠杆进行计量。最常用的指标是经营杠杆度。所谓经营杠杆度，是指息税前利润变动率相当于产销量变动率的倍数。其计算公式为：

经营杠杆度=息税前利润变动率÷产销量变动率

$$DOL=\frac{\Delta EBIT}{EBIT}\div\frac{\Delta Q}{Q} \tag{10-1}$$

式中：DOL为经营杠杆度；EBIT为变动前的息税前利润；ΔEBIT为息税前利润的变动额；Q为变动前的产销量；ΔQ为产销量的变动额。

假定公司的成本-销量-利润保持线性关系，可变成本在销售收入中所占的比例不变，固定成本也保持稳定，经营杠杆度便可通过销售额和成本来表示。这又有两种公式：

$$DOL=S(P-V)\div[S(P-V)-F] \tag{10-2}$$

式中：DOL为销售量为S时的经营杠杆度；S为销售量；P为产品单位销售价格；V为产品单位变动成本；F为总固定成本。

$$DOL=(S-VC)\div(S-VC-F) \tag{10-3}$$

式中：DOL为销售额为S时的经营杠杆度；S为销售额；VC为变动成本总额。

在实际工作中，式10-2可用于计算单一产品的经营杠杆度；式10-3除了用于单一产品外，还可用于计算多种产品的经营杠杆度。

经营杠杆度通常应该大于1；否则，就没有杠杆效应。经营杠杆度越大，则经营杠杆效应也越大，同时经营风险也越大；反之，则越小。

【例10-1】某公司生产A产品，固定成本为60万元，变动成本率为40%，当公司的销售额为400万元时，经营杠杆度是多少？

【解】$DOL=(400-400\times40\%)\div(400-400\times40\%-60)=1.33$

【例10-2】某公司的产品销量为40 000件，单位产品售价为1 000元，销售总额为4 000万元，固定成本总额为1 000万元，单位产品变动成本为600元，变动成本率为60%，变动成本总额为2 400万元。其经营杠杆度是多少？

【解】$DOL=40\,000\times(1\,000-600)\div[40\,000\times(1\,000-600)-10\,000\,000]=2.67$

3. 影响经营杠杆度的其他因素

影响公司经营杠杆度，或者说影响公司经营杠杆利益和经营风险的因素，除了固定成本外，还有其他许多因素。

第一，产品销量的变动。在其他因素不变的条件下，产品销量的变动将会影响经营杠杆度。

【例10-3】假定产品销售数量由40 000件变为42 000件，单位产品售价为1 000元，固定成本总额为1 000万元，单位产品变动成本为600元，变动成本率为60%，变动成本总额为2 520万元。其经营杠杆度是多少？

【解】$DOL_1=42\,000\times(1\,000-600)\div[42\,000\times(1\,000-600)-10\,000\,000]=2.47$

第二，产品售价的变动。在其他因素不变的条件下，产品售价的变动将会影响经营杠杆度。

【例10-4】某公司的产品销量40 000件，假定产品销售单价由1 000元变为1 100元，固定成本总额为1 000万元，单位产品变动成本为600元，变动成本率为60%，变动成本总额为2 400万元。其经营杠杆度是多少？

【解】$DOL_2=40\ 000\times(1\ 100-600)\div[40\ 000\times(1\ 100-600)-10\ 000\ 000]=2$

第三，单位产品变动成本的变动。在其他因素不变的条件下，单位产品变动成本额或变动成本率的变动亦会影响经营杠杆度。

【例 10-5】某公司的产品销量为 40 000 件，单位产品售价为 1 000 元，销售总额为 4 000 万元，固定成本总额为 1 000 万元，假定变动成本率由 60% 上升至 65%，单位产品变动成本为 650 元，变动成本总额为 2 600 万元。其经营杠杆度是多少？

【解】$DOL_3=(40\ 000\ 000-26\ 000\ 000)\div(40\ 000\ 000-26\ 000\ 000-10\ 000\ 000)=3.5$

第四，固定成本总额的变动。在一定的产销规模内，固定成本总额相对保持不变。如果产销规模超出了一定的限度，固定成本总额也会发生一定的变动。

【例 10-6】某公司单位产品售价为 1 000 元，假定产品销售总额由 4 000 万元增至 5 000 万元，同时固定成本总额由 1 000 万元减至 950 万元，变动成本率仍为 60%。其经营杠杆度是多少？

【解】$DOL_4=(5\ 000-5\ 000\times60\%)\div(5\ 000-5\ 000\times60\%-950)=1.9$

在上例因素发生变动的情况下，经营杠杆度一般也会发生变动，从而产生不同程度的经营杠杆利益和经营风险。由于经营杠杆度影响着公司的息税前利润，从而也就制约着公司的筹资能力和资本结构。因此，经营杠杆度是资本结构决策的一个重要因素。公司一般可以通过增加销售量、降低单位产品变动成本、降低固定成本比重等措施来降低经营杠杆度，从而降低经营风险。

10.2.2 财务杠杆度

1. 财务杠杆度的概念

财务杠杆，亦称筹资杠杆，是指公司在筹资活动中对资本成本固定的债务资本的利用。公司的全部长期资本是由权益资本和债务资本构成的。权益资本成本是变动的，在公司所得税后的利润中支付；而债务资本成本通常是固定的，并在公司所得税前扣除。不管公司的息税前利润是多少，首先都要扣除利息等债务资本成本，然后才归属于权益资本。当息税前利润增加时，每 1 元利润所负担的固定筹资成本就相应减少，普通股的收益会大幅增加。这种由于筹集资金的固定成本引起的普通股每股收益的变动幅度大于息税前利润变动幅度的现象就是财务杠杆。公司利用财务杠杆会对权益资本的收益产生一定的影响，有时可能给权益资本的所有者带来额外的收益即财务杠杆利益，有时也可能造成一定的损失，即遭受财务风险。公司的股东在获得财务杠杆收益的同时，也需要承担由此引起的财务风险。因此，必须在财务杠杆利益和财务风险之间做出合理的选择。

2. 财务杠杆度的计算

只要在公司的融资方式中有固定财务支出的债务和优先股，就存在财务杠杆的作用。但对于不同公司，财务杠杆的作用程度是不完全一致的，为此，需要对财务杠杆进行计量。对财务杠杆进行计量的常用指标是财务杠杆度。所谓财务杠杆度是普通股每股收益的变动率相当于息税前利润变动率的倍数。其计算公式为：

财务杠杆度=普通股每股收益变动率÷息税前利润变动率

$$DFL=\frac{\Delta EPS}{EPS}\div\frac{\Delta EBIT}{EBIT} \tag{10-4}$$

式中：DFL 为财务杠杆度；ΔEPS 为普通股每股收益变动额；EPS 为基期普通股每股收益；ΔEBIT 为息税前利润变动额；EBIT 为基期息税前利润。

财务杠杆度的计算公式可进一步简化。设 I 为债务利息，T 为所得税税率，则：

$$EPS=(EBIT-I)(1-T)\div N$$

$$\Delta EPS=\Delta EBIT(1-T)\div N$$

则：$$DFL=\frac{\Delta EPS}{EPS}\div\frac{\Delta EBIT}{EBIT}=EBIT\div(EBIT-I) \qquad (10-5)$$

即　财务杠杆度=息税前利润÷（息税前利润-利息）

财务杠杆度通常应该大于 1；否则，就没有杠杆效应。财务杠杆度越大，则财务杠杆效应也越大，同时财务风险也越大；反之，则越小。

【例 10-7】ABC 公司全部长期资本为 7 500 万元，债务资本比例为 0.4，债务年利率为 10%，公司所得税税率为 25%，息税前利润为 1 000 万元。求其财务杠杆度。

【解】DFL=1 000÷（1 000-7 500×0.4×10%）=1.43

例 10-7 中财务杠杆度为 1.43 的含义是：当息税前利润增长 1 倍时，普通股每股收益增长 1.43 倍；反之，当息税前利润下降时，普通股每股收益会相应下降。前种情形表现为财务杠杆利益，后种情形则表现为财务风险。一般而言，财务杠杆度越大，公司的财务杠杆利益和财务风险就越高；财务杠杆度越小，公司的财务杠杆利益和财务风险就越低。

3. 影响财务杠杆度的其他因素

影响公司财务杠杆度，或者说影响公司财务杠杆利益和财务风险的因素，除了债务资本固定利息以外，还有许多其他因素。

第一，资本规模的变动。在其他因素不变的情况下，如果资本规模发生了变动，财务杠杆度也将随之变动。

【例 10-8】假定 ABC 公司资本规模由 7 500 万元变为 10 000 万元，债务资本比例为 0.4，债务年利率为 10%，公司所得税税率为 25%，息税前利润为 1 000 万元。求其财务杠杆度。

【解】DFL_1=1 000÷（1 000-10 000×0.4×10%）=1.67

第二，资本结构的变动。一般而言，在其他因素不变的条件下，资本结构发生变动，或者说债务资本比例发生变动，财务杠杆度也随之变动。

【例 10-9】ABC 公司全部长期资本为 7 500 万元，假定债务资本比例变为 0.5，债务年利率为 10%，公司所得税税率为 25%，息税前利润为 1 000 万元。求其财务杠杆度。

【解】DFL_2=1 000÷（1 000-7 500×0.5×10%）=1.6

第三，债务利率的变动。在债务利率发生变动的情况下，即使其他因素不变，财务杠杆度也会有所变动。

【例 10-10】ABC 公司全部长期资本为 7 500 万元，债务资本比例为 0.4，只有债务利率发生了变动，由 10% 降至 7%，公司所得税税率为 25%，息税前利润为 1 000 万元。求其财务杠杆度。

【解】DFL_3=1 000÷（1 000-7 500×0.4×7%）=1.27

第四，息税前利润的变动。息税前利润的变动通常也会影响财务杠杆度。

【例 10-11】ABC 公司全部长期资本为 7 500 万元，债务资本比例为 0.4，债务年利率为 10%，公司所得税税率为 25%，假定息税前利润由 1 000 万元增至 1 200 万元。求其财务杠杆度。

【解】DFL_4=1 200÷（1 200-7 500×0.4×10%）=1.33

在上述因素发生变动的情况下，财务杠杆度一般也会发生变动，从而产生不同程度的财务杠杆利益和财务风险。因此，财务杠杆度是资本结构决策的一个重要因素。

10.2.3 总杠杆度

1. 总杠杆度的概念

总杠杆也称复合杠杆，是经营杠杆和财务杠杆的复合。在公司经营过程中，由于固定成本的存在，产生了经营杠杆的作用，使得公司息税前利润的变动幅度大于销售量的变动幅度；同样，在公司筹资过程中，由于长期债务固定财务费用的存在，每股收益的变动幅度大于息税前利润的变动幅度。从公司整个生产经营过程来看，既存在固定成本又存在固定财务费用，经营杠杆和财务杠杆的综合作用称为总杠杆。总杠杆度表明业务量或销售额的变动对税后利润或每股收益的影响。在综合杠杆的作用下，公司业务量或销售额的较小变动就会引起税后利润或每股收益的较大幅度变动。其影响过程是：经营杠杆影响息税前利润，而财务杠杆影响每股收益。

2. 总杠杆度的计算

总杠杆度是指公司税后利润率或每股收益变动率相当于业务量或销售额变动率的倍数。它是经营杠杆度和财务杠杆度的乘积。

总杠杆度=每股收益变动率÷销售量变动率

即 $$DTL=DOL\times DFL=\frac{\Delta EPS}{EPS}\div\frac{\Delta Q}{Q}=\frac{\Delta EPS}{EPS}\div\frac{\Delta S}{S} \quad (10-6)$$

式中：ΔEPS 为每股收益变动额；EPS 为基期每股收益；ΔQ 为销售量的变动；Q 为基期销售量；ΔS 为销售额的变动；S 为基期销售额。

上述公式也可以表示为：

$$DTL=Q(P-b)\div[Q(P-b)-F-I]=(S-C)\div(S-C-F-I) \quad (10-7)$$

式中：Q 为基期的销售量；P 为价格；b 为单位变动成本；F 为固定成本；I 为债务年利息；C 为变动成本总额。

【例 10-12】某公司长期资本总额为 200 万元，其中长期债务占 50%，利率为 10%，公司销售额为 50 万元，固定成本总额为 5 万元，变动成本率为 60%。求总杠杆度。

【解】DTL=（S-C）÷（S-C-F-I）

=（50-50×60%）÷（50-50×60%-5-200×50%×10%）=4

或者可分别计算经营杠杆度和财务杠杆度：

DOL=1.333

DFL=3

DTL=1.333×3=4

总杠杆度的结果说明，在目前的债务资本比重下，在业务量的相关范围内，当业务量或销售额变动 1% 时，每股收益变动 4%。

10.3　盈亏均衡点

10.3.1　会计均衡点

成本习性也称为成本性态，指在一定条件下成本总额的变动与特定业务量之间的依存关系。这里的业务量是指公司在一定的生产经营期内投入或者完成的经营工作量的总称。它可以是生产或销售的产品数量，也可以是反映生产工作量的直接人工小时数或机器工作小时数。

按照成本习性可以将其分为固定成本、变动成本和混合成本三类。

1. 固定成本

固定成本又称固定费用，是指在一定时期和一定业务范围内，成本总额不受业务量增减变动影响而能保持不变的成本。固定成本的特征在于它在一定时间范围和业务量范围内其总额维持不变，但是，相对于单位业务量而言，单位业务量所分摊（负担）的固定成本与业务量的增减呈反向变动。固定成本总额只有在一定时期和一定业务量范围内才是固定的，这就是说固定成本的固定性是有条件的。这里所说的一定范围叫作相关范围。如果业务量的变动超过这个范围，固定成本就会发生变动。属于固定成本的主要有按直线法计提的折旧费、保险费、管理人员工资、办公费等。

2. 变动成本

变动成本与固定成本相反，是指在一定时期和一定业务范围内，成本总额随着业务量的变动而呈线性变动的成本。直接人工、直接材料都是典型的变动成本，在一定期间内它们的发生总额随着业务量的增减而呈正比例变动，但单位产品的耗费则保持不变。

3. 混合成本

混合成本是指介于固定成本和变动成本之间，既随业务量的变动而变动，又不呈同比例变动的那部分成本。混合成本按其与业务量的关系又可分为半变动成本和半固定成本。

（1）半变动成本。它通常有一个初始量，类似于固定成本，在这个初始量的基础上随产量的增长而增长，又类似于变动成本，如公司的电话费等。

（2）半固定成本。这类成本随产量的变化而呈阶梯形增长，产量在一定限度内，这种成本不变，当产量增长到一定限度后，这种成本就跳跃到一个新水平，如质检员的工资等。

4. 总成本

总成本是指公司生产某种产品或提供某种劳务而发生的总耗费，即在一定时期内（在财务、经济评价中按年计算）为生产和销售所有产品而花费的全部费用。总成本（total cost，TC）是总固定成本（total fixed cost，TFC）和总变动成本（total variable cost，TVC）之和，因此总成本曲线在总变动成本曲线之上，两曲线之间的垂直距离等于总固定成本的数值。总成本曲线的特性完全取决于总变动成本曲线的特性，所以，随着产量的增加，总成本曲线也是先递减地增加，后递增地增加。总变动成本记作TVC，它是指在某个生产时期内对可变投入的总花费，TVC=f（Q）。总固定成本记作TFC，它是指在某个生产时期内，对不变投入的总花费。由于在生产中不变投入是一个不变的量，所以总固定成本是一个常数，即在短期内固定成本与产出数量的变化没有关系，固定成本曲线是一条水平线。

5. 会计均衡点概述

应用范围最广泛的保本点指标是会计均衡点。会计均衡点就是项目的净利润等于 0 时的销售量。

为了确定项目的会计均衡点，我们先从一些普通常识入手。假定我们以每张 5 元的价格销售磁盘。我们从批发商那里以每张 3 元的价格买入。我们在会计上的费用为 600 元的固定成本和 300 元的折旧。我们必须卖多少张磁盘才能达到均衡，或者说，净利润才会刚好等于 0?

我们每卖一张磁盘，包括其他费用在内就可以得到 2 元（5-3）（销售价格和变动成本之间的这 2 元差额叫作单位边际贡献）。我们一共必须包含 900 元（600+300）的会计费用。显然，我们必须卖出 450 张（900÷2）磁盘。我们可以这样进行演算：在销售量为 450 张时，收益为 2 250 元（5×450），变动成本为 1 350 元（3×450）。因此，利润表见表 10-1。

表 10-1 **利润表** 单位：元

销售收入	2 250
变动成本	1 350
固定成本	600
折旧	300
息税前利润	0
税（25%）	0
净利润	0

因为我们正在考虑一个新项目，所以在计算来自项目的净利润或现金流量时，我们没有考虑利息费用。我们在这里计算费用时包括了折旧，尽管它并不是现金流量。这就是我们把它叫作会计均衡点的原因。当净利润为 0 时，税前净利润和税自然也都是 0。从会计的角度来看，收益等于成本，自然没有应税所得额。

请注意，在有实际数字的例子中，均衡点就等于固定成本和折旧的和除以单位价格与单位变动成本的差。这是永远成立的。为了理解其中的原因，在此重述一下以前所讲的变量：P 为单位销售价格；v 为单位变动成本；Q 为总销售量；S 为总销售收入，$S=P\times Q$；VC 为总变动成本，$VC=v\times Q$；FC 为固定成本；D 为折旧；T 为税率。

项目净利润可以通过下式得出：

净利润=（销售收入-变动成本-固定成本-折旧）×（1-T）

$$=(S-VC-FC-D)(1-T)$$

如果我们令净利润等于 0，就可以得到：

净利润=0=（S-VC-FC-D）（1-T）

两边同时除以（1-T），就得到：

$$S-VC-FC-D=0$$

就像我们看到的那样，当净利润是 0 时，税前净利润也是 0。如果我们回想起 $S=P\times Q$，且 $VC=v\times Q$，那么移项整理就可以解出均衡点：

$S-VC=FC+D$

$P\times Q-v\times Q=FC+D$

$(P-v)\times Q=FC+D$

$$Q=(FC+D)\div(P-v) \tag{10-8}$$

这和上面讨论的结果是一样的。

【例 10-13】一个新项目的初始投资是 5 000 000 元，这笔投资将在 5 年的设备年限内以直线法折旧完，没有残值。新产品的销售价格将是 25 000 元，每单位的变动成本是 15 000 元，固定成本每年是 1 000 000 元，每年达到会计均衡点时的产量是多少？

【解】折旧 = 5 000 000÷5=1 000 000（元）

会计均衡点 $Q=(FC+D)\div(P-v)=(1\,000\,000+1\,000\,000)\div(25\,000-15\,000)=200$

为什么有人会有兴趣知道会计均衡点呢？为了说明它的用处，假定我们是一家拥有严密的地区分销系统的小型精制冰激凌制造商。我们正考虑扩展进入新市场。根据估计的现金流量，我们发现扩展计划有正的 NPV。

回到我们对预测风险的讨论，我们知道这个扩展计划的关键很可能就是销售量。因为，至少在本例中，我们已经知道售价是多少。此外，我们还很有把握地知道相关的生产成本和分销成本，我们不能准确地知道的是可以卖多少冰激凌。

但是，给定了成本和销售价格，我们就可以马上计算均衡点。一旦计算出来，我们也许会发现，我们需要占有 30% 的市场才能达到均衡点。鉴于我们目前只拥有 10% 的市场，我们认为这是不大可能发生的，这样，我们知道我们的预测有问题，实际的 NPV 可能是负值。另一方面，我们也许会发现，我们已经拥有买方相当于均衡点数量的承诺，因此，我们几乎可以肯定销售量能够更多。在这种情况下，预测风险很低，我们对估计值也很有信心。

另外，还有一些其他理由说明为什么知道会计均衡点很有用。

第一，会计均衡点和回收期法是非常类似的计量法，后文将做更详细的讨论。会计均衡点和回收期一样相当容易计算和解释。

第二，经理人员通常关心的是一个项目对公司的总会计盈余的贡献。一个没办法达到会计意义上的均衡点的项目，实际上是降低了总盈余。

第三，一个在会计基础上刚好达到均衡点的项目，从财务或者机会成本的角度看，却可能会赔钱。这种项目所损失的钱并不是真的付现，而是就像下面将要讲述的那样，我们的所得等于我们的付出，白忙一场。基于非经济的理由，这种机会损失可能比从口袋里往外掏钱更容易发生。

会计均衡点是项目分析中的一种很有用的工具。然而，我们最终更关心的是现金流量，而不是会计利润。因此，假如销售量是关键变量，那么我们就必须更深入地了解销售量和现金流量之间的关系，而不只是会计均衡点。

10.3.2　现金均衡点

我们已经知道，一个项目在净利润等于 0 时，正好达到会计意义上的均衡点。但是，此时它仍然有正的现金流量。然而，在低于会计均衡点的某个销售量上，经营现金流量实际上是负值。要计算现金均衡点，即经营现金流量等于 0 时的销售量，我们可以令经营现金流量 OCF 等于 0。

为了分析方便，在不考虑税的情形下，销售量和经营现金流量之间的关系为：

OCF=Q×（P−v）−FC−D+D= Q×（P−v）−FC

Q=（OCF+FC）÷（P−v）

令经营现金流量 OCF 等于 0，得：

Q=（FC+0）÷（P−v） （10-9）

请注意，正好达到现金均衡点的项目，正好可以回收它自己的固定经营成本。但是，这就是全部，它永远没办法获得回报，因此，损失了全部的初始投资。

【例 10-14】一个新项目的初始投资是 5 000 000 元，这笔投资将在 5 年的设备年限内以直线法折旧完，没有残值。新产品的销售价格将是 25 000 元，每单位的变动成本是 15 000 元，固定成本每年是 1 000 000 元。求该公司在会计均衡点时的经营现金流量以及现金均衡点。

【解】在会计保本点上的经营现金流量（不考虑税）：

经营现金流量=（总销售收入−总变动成本−固定成本−折旧）+折旧

=（200×25 000−200×15 000−1 000 000−1 000 000）+1 000 000=1 000 000（元）

现金均衡点 Q=（FC+0）÷（P−v）=（1 000 000+0）÷（25 000−15 000）=100

10.3.3 财务均衡点

我们考虑的最后一种情况是财务均衡点，也就是 NPV 等于 0 时的销售量。对于财务经理而言，这是最有意义的一种情况。我们首先要做的是确定经营现金流量必须是多少，才能使 NPV 等于 0。然后，我们根据这个金额来求出销售量。

【例 10-15】一个新项目的初始投资是 5 000 000 元，这笔投资将在 5 年的设备年限内以直线法折旧完，没有残值。新产品的销售价格将是 25 000 元，每单位的变动成本是 15 000 元，固定成本每年是 1 000 000 元。假设要求的报酬率是 18%，求该公司的财务均衡点。

【解】NPV=A（A/P，i，n）−I=A（A/P，18%，5）−I=0

A=OCF=1 598 889 元

所以，净现值 NPV 为 0 时经营现金流量 OCF 为 1 598 889 元。

财务均衡点 Q=（1 000 000+1 598 889）÷（25 000−15 000）=260

通过上述 3 个例题，可以总结出：现金均衡点<会计均衡点<财务均衡点。

10.4 最优资本结构

10.4.1 含 义

一般认为最优资本结构是指能使公司资本成本最低且公司价值最大并能最大限度地调动利益相关者积极性的资本结构。虽然对最优资本结构的标准仍然存在着争议，但是股权融资与债权融资应当形成相互制衡的关系，过分偏重任何一种融资都会影响到公司经营的稳定和市场价值的提升。

最优资本结构是存在的。最优资本结构的存在性可以表现为以下几个方面：

（1）现实中的公司，资本结构中都是既存在债权资本，也存在股权资本。资本结构为0和100%的公司在现实中是不存在的。这说明公司选择既包括债权融资又包括股权融资的混合融资，要优于仅选择债权融资或者是股权融资的单一融资。Berglof和Thadden（1994）认为，有多个投资者各自拥有短期债权和长期权益的资本结构要优于只有一类权益的资本结构，最优资本结构应该是股权与债权、短期与长期债权并用。因为公司的资本结构影响到经营者与投资者未来潜在的谈判，这一预期会影响到现在的投资决策。一般地，公司会选择超过一类投资者，对不同的投资者在不同时间和自然状态间分配他们的权益。既然公司要同时选择债权融资与股权融资，则必然会存在一个股权融资与债权融资的选择比例问题，也就是资本结构的选择问题。

（2）现实中不同行业的公司，其资本结构是存在很大差异的。这说明，不同行业的公司由于受公司特性的影响，资本结构也是不同的。不同行业之间资本结构的差异，说明最优资本结构是存在的。如果不存在最优资本结构的话，不同行业的资本结构应该是随机分布的，这说明不同行业的公司在资本结构的选择上是存在差异的，这暗示着不同的行业存在着各自的最优资本结构。

（3）债权融资对公司价值的影响具有两面性，有促进公司价值增加的一面，也有使公司价值减少的一面。债权融资的引入，一方面通过税盾作用，会减少公司所缴纳的所得税，降低股权代理成本，提高公司经营管理者对公司的控制权，向外界投资者传递公司的有关信息；另一方面，随着债权融资的增加，公司的风险不断加大，导致公司的财务困境成本与破产成本增加，公司的债权代理成本提高。由于债权融资对公司价值影响的两面性，因此过少的或者过多的债权融资都对公司价值产生不利的影响，只有适量的债权融资，才会对公司价值产生有利的影响。

10.4.2 特点分析

（1）在最优资本结构条件下，上市公司的公司价值实现最大化。在任何时期，上市公司都存在唯一的资本结构，但这时的资本结构如果不是最优的资本结构，则此时的公司价值并未实现最大化。只有在最优资本结构的条件下，上市公司的公司价值才会实现最大化。

（2）最优资本结构是动态的。最优资本结构并不是固定不变的，而是因时而异的。不能因为在上一期达到了最优资本结构，就认为当期的资本结构也是最优的。因而对最优资本结构的追求，不是一蹴而就的，而是一个长期的、不断优化的过程。影响资本结构的诸多因素都是变量，即使资本总量不变，公司也不能以不变的资本结构应万变。

（3）最优资本结构具有高度的易变性。影响最优资本结构的因素非常多，不仅包括公司自身因素，而且与宏观经济、资本市场等因素具有密切的关系，这些因素当中任何一个因素的改变，都会对最优资本结构产生影响，从而导致最优资本结构的改变。由于影响最优资本结构的许多因素具有不可控性，当这些不可控因素发生改变时，必然会导致最优资本结构的改变，从而使最优资本结构具有高度的易变性。

（4）最优资本结构的复杂性与多变性。最优资本结构因公司、因时、因环境而异，并不存在一个在所有公司、所有时期、所有条件下都恒定不变的唯一的最优资本结构。

10.4.3 决策方法

1. 比较资本成本法

比较资本成本法，即通过比较不同的资本结构的加权平均资本成本，选择其中加权平均资本成本最低的资本结构的方法。其程序包括：（1）拟订几个筹资方案；（2）确定各方案的资本结构；（3）计算各方案的加权平均资本成本；（4）通过比较，选择加权平均资本成本最低的结构为最优资本结构。

公司资本结构决策，分为初次利用债务筹资和追加筹资两种情况。前者称为初始资本结构决策，后者称为追加资本结构决策。比较资本成本法将资本成本的高低作为选择最佳资本结构的唯一标准，简单实用，因而常常被采用。

【例 10-16】某公司原资本结构见表 10-2。目前普通股的每股市价为 12 元，预期第 1 年的股利为 1.5 元，以后每年以固定的增长率 3% 增长，不考虑证券筹资费用，企业适用的所得税税率为 25%。企业目前拟增资 2 000 万元，以投资于新项目，有以下两个方案可供选择：

表 10-2 **某公司原资本结构表**

筹资方式	金额（万元）
债券（年利率 8%）	3 000
普通股（每股面值 1 元，发行价 12 元，共 500 万股）	6 000
合计	9 000

方案一：按面值发行 2 000 万元债券，债券年利率 10%，同时由于企业风险的增加，所以普通股的市价降为 11 元/股（股利不变）。

方案二：按面值发行 1 340 万元债券，债券年利率 9%，同时按照 11 元/股的价格发行普通股股票筹集 660 万元资金（股利不变）。

采用比较资本成本法判断企业应采用哪一种方案。

【解】使用方案一筹资后的加权平均资本成本：

原债务资本成本=8%×（1−25%）=6%

新债务资本成本=10%×（1−25%）=7.5%

普通股资本成本=1.5÷11×100%+3%=16.64%

加权平均资本成本=3 000÷11 000×6%+2 000÷11 000×7.5%+6 000÷11 000×16.64%

=12.07%

使用方案二筹资后的加权平均资本成本：

原债务资本成本=8%×（1−25%）=6%

新债务资本成本=9%×（1−25%）=6.75%

普通股资本成本=1.5÷11×100%+3%=16.64%

加权平均资本成本=3 000÷11 000×6%+1 340÷11 000×6.75%+6 660÷11 000×16.64%

=12.53%

因为方案一的加权平均资本成本低于方案二，所以应当选择方案一进行筹资。

2. 无差异点分析法

无差异点分析法（EPS analysis method），也称每股利润分析法，是利用税后每股利润无差异点分析来选择和确定负债与权益间的比例或数量关系的方法。所谓每股收益的无差别点，是指每股收益不受融资方式影响的销售水平，即两种方式（负债与权益）下税后资本利润率相等时的息税前利润点，也称息税前利润平衡点或无差异点。可以据此分析判断在什么样的销售水平下适于采用何种资本结构，其公式为：

$$\frac{(EBIT'-I_1)(1-T)}{N_1}=\frac{(EBIT'-I_2)(1-T)}{N_2} \tag{10-10}$$

式中：EBIT′为每股收益的无差别点；I_1 为第一种筹资方式下利息总额；I_2 为第二种筹资方式下利息总额；N_1 为第一种筹资方式下普通股股数；N_2 为第二种筹资方式下普通股股数。具体可用图 10-1 表示。

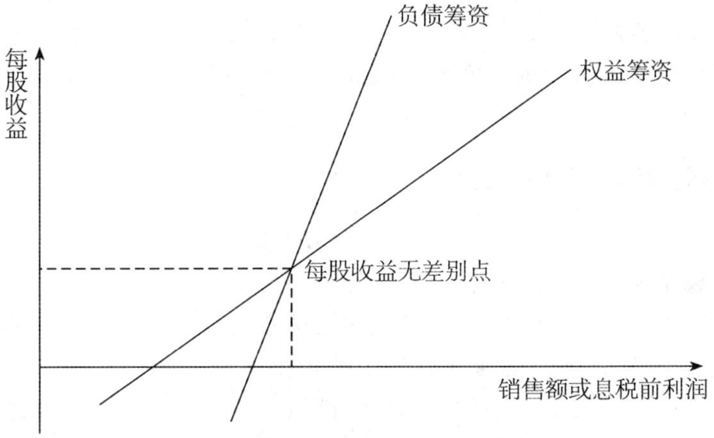

图 10-1　无差异点分析法示意图

【例 10-17】某公司原有资本 700 万元，其中债务资本 200 万元，每年负担利息 24 万元，发行普通股 10 万股，面值 50 元，金额 500 万元。由于扩大业务，需追加筹资 300 万元。其筹资方式有：（1）全部发行普通股：面值 50 元，增发 6 万股。（2）全部筹集长期债务：利率为 12%，利息 36 万元。公司的变动成本率为 60%，固定成本为 180 万元，所得税税率为 25%。请判断该公司应采用何种方式筹集所需要资金。

【解】第一步：计算无差别点的销售额，设两种方法每股收益相同时的销售额为 S，则有：

(S−0.6S−180−24)×(1−25%)÷(10+6)=(S−0.6S−180−24−36)×(1−25%)÷10

S=750 万元

此时的每股收益为：

(750−750×0.6−180−24)×(1−25%)÷16=4.5（元）

第二步：判断应采用的筹资方式。当销售额高于 750 万元，运用负债融资可获得较高的每股收益；当销售额低于 750 万元时，运用权益融资可获得较高的每股收益。

在公司考虑的筹资方案有两种时，可用无差异点分析法，但筹资方案在三种或三种以上时，就需要用比较资本成本法。无论用哪种方法，都不能当作绝对的判别标准，应结合因素分析法综合考虑，以便使资金结构趋于最优。

10.5 目标资本结构

10.5.1 含 义

目标资本结构是指更加接近最优资本结构的资本结构。目标资本结构是达到公司价值最大化时的负债价值与权益价值之比。

首先，它要求公司的融资结构应符合目标资本结构的要求，即融资对资本结构造成的影响，应保持在目标资本结构许可的范围内。

其次，应该考虑公司控制权。公司发行普通股筹资，拥有控制权的股东持股比例下降，此时有可能造成公司控制权旁落，因而通过普通股筹资数量受到一定的限制。

最后，融资决策要考虑公司购并后现金流出与流入的平衡。如果公司购并规模较大而且大部分资本需要融资解决，这样收购者将支付大量的利息，而目标公司可能处于购并后的调整阶段，其现金流入有可能下降，现金流出与流入就存在不平衡，这将极大影响公司的正常运营。

10.5.2 目标资本结构的确定

目标资本结构可以采用比较资本成本法、EBIT-EPS 分析法、综合分析法来确定。

1. 比较资本成本法

由于受多种因素的制约，公司不可能只使用单一的筹资方式，往往需要通过多种方式筹集资金。为进行筹资决策，就要计算确定公司全部资金的总成本——加权平均资本成本。加权平均资本成本一般是以各种资本占全部资本的比重为权数，对个别资本成本进行加权平均确定的。在对各种筹集方案进行比较时，以加权平均资本成本最低的方案为最佳方案。

2.EBIT-EPS 分析法

该法是利用每股收益无差别点进行的。每股收益无差别点是指每股收益不受融资方式影响的息税前利润水平。根据每股收益无差别点，可以分析判断在什么息税前利润水平下适于采用何种资本结构。

3. 综合分析法

采用这种方法，第一，确定债券的市场价值；第二，确定权益资本成本；第三，确定股票的市场价值；第四，确定公司的总价值；第五，确定加权平均资本成本。在综合分析法下，公司的最佳资本结构应当是公司的总价值最高，同时也是加权平均资本成本最低时的资本结构。

本章小结

（1）经济学上的资本是指资本、生产资料、劳动力、技术和信息。资本结构是指企业全部资金来源中的权益资本与债务资本之间的比例关系。这种比例决定着企业的偿债和再融资能力，决定着企业的未来盈利能力。优化的资本结构可以降低融资成本，发挥财务杠杆作用，扩大权益收益率。企业以资本和信用为纽带，通过投资与借贷构成的股东、债权人和经营人之间的相互制约关系，重新进行产权安排，实现企业价值的最大化。

（2）经营杠杆度，亦称营业杠杆度或营运杠杆度，是指公司在经营活动中对营业成本中固定成本的利用。公司营业成本按其与营业总额的依存关系可分为变动成本和固定成本两部分。其中，变动成本是指随着营业总额的变动而变动的成本；固定成本是指在一定的营业规模内，不随营业总额变动而是保持相对固定不变的成本。在一定范围内，公司扩大产销量通常不会改变固定成本，但会降低单位营业额的固定成本，从而增加单位营业利润，使息税前利润的增长率大于产销量的增长率，如此就形成公司的经营杠杆。只要公司存在固定成本，就存在经营杠杆的作用。

经营杠杆度=息税前利润变动率÷产销量变动率

$$DOL=\frac{\Delta EBIT}{EBIT}\div\frac{\Delta Q}{Q}$$

（3）经营杠杆度影响因素。第一，产品销量的变动。在其他因素不变的条件下，产品销量的变动将会影响经营杠杆度。第二，产品售价的变动。在其他因素不变的条件下，产品售价的变动将会影响经营杠杆度。第三，单位产品变动成本的变动。在其他因素不变的条件下，单位产品变动成本额或变动成本率的变动亦会影响经营杠杆度。第四，固定成本总额的变动。在一定的产销规模内，固定成本总额相对保持不变。如果产销规模超出了一定的限度，固定成本总额也会发生一定的变动。

（4）财务杠杆，亦称筹资杠杆，是指公司在筹资活动中对资本成本固定的债务资本的利用。

财务杠杆度=普通股每股收益变动率÷息税前利润变动率

$$DFL=\frac{\Delta EPS}{EPS}\div\frac{\Delta EBIT}{EBIT}$$

财务杠杆度通常应该大于1；否则，就没有杠杆效应。财务杠杆度越大，则财务杠杆效应也越大，同时财务风险也越大；反之，则越小。

（5）财务杠杆度影响因素。第一，资本规模的变动。在其他因素不变的情况下，如果资本规模发生了变动，财务杠杆度也将随之变动。第二，资本结构的变动。一般而言，在其他因素不变的条件下，资本结构发生变动，或者说债务资本比例发生变动，财务杠杆度也随之变动。第三，债务利率的变动。在债务利率发生变动的情况下，即使其他因素不变，财务杠杆度也会有所变动。第四，息税前利润的变动。息税前利润的变动通常也会影响财务杠杆度。

（6）总杠杆也称复合杠杆，是经营杠杆和财务杠杆的复合。总杠杆度是指公司税后利润率或每股收益变动率相当于业务量或销售额变动率的倍数。它是经营杠杆度和财务杠杆度的乘积。

总杠杆度=每股收益变动率÷销售量变动率

$$DTL=Q(P-b)\div[Q(P-b)-F-I]=(S-C)\div(S-C-F-I)$$

（7）成本习性也称为成本性态，指在一定条件下成本总额的变动与特定业务量之间的依存关系。固定成本又称固定费用，是指在一定时期和一定业务范围内，成本总额不受业务量增减变动影响而能保持不变的成本。变动成本与固定成本相反，是指在一定时期和一定业务范围内，成本总额随着业务量的变动而呈线性变动的成本。混合成本是指介于固定成本和变动成本之间，既随业务量的变动而变动，又不呈同比例变动的那部分成本。

（8）总成本是指公司生产某种产品或提供某种劳务而发生的总耗费，即在一定时期内（财务、经济评价中按年计算）为生产和销售所有产品而花费的全部费用。

（9）会计均衡点就是项目的净利润等于0时的销售量。

净利润=（销售收入-变动成本-固定成本-折旧）×（1-T）=（S-VC-FC-D）（1-T）

一个项目在净利润等于0时，正好达到会计意义上的均衡点。

Q=（FC+D）÷（P-v）

（10）财务均衡点，也就是NPV等于0时的销售量。一般认为最优资本结构是指能使公司资本成本最低且公司价值最大并能最大限度地调动利益相关者积极性的资本结构。只有在最优资本结构的条件下，上市公司才会实现最大价值。

（11）①在最优资本结构条件下，上市公司的公司价值实现最大化。②最优资本结构是动态的。③最优资本结构具有高度的易变性。④最优资本结构具有复杂性与多变性。

（12）无差异点分析法，也称每股利润分析法，它是利用税后每股利润无差异点分析来选择和确定负债与权益间的比例或数量关系的方法。所谓每股收益的无差别点，是指每股收益不受融资方式影响的销售水平，是指两种方式（负债与权益）下税后资本利润率相等时的息税前利润点，也称息税前利润平衡点或无差异点。

（13）目标资本结构是指更加接近最优资本结构的资本结构。目标资本结构是达到公司价值最大化时的负债价值与权益价值之比。

基本训练

◆ **简答题**

1. 何为资本结构？
2. 如何计算经营杠杆度、财务杠杆度和总杠杆度？
3. 什么是均衡点？如何计算会计均衡点、现金均衡点和财务均衡点？
4. 什么是最佳资本结构？如何实现？

◆ **本章思考**

打造多元化的价值链资本结构

2014年全球《财富》500强公司的平均营业额为621亿美元，平均利润为39亿美元，平均净利润率为6.29%。平均每家公司员工人数为13万人。全球市场的70%由500强公司占有，百年公司约占有60%。

在《福布斯》的500强公司中，美国的公司每年都占据了1/4以上。共有128家公司榜上有名，总资产8.56万亿美元（8.56万亿美元×6.20=53.07万亿元人民币），平均总资产890亿美元，远远高于平均总资产230亿美元的水平，平均利润额62.4亿美元，员工数平均12.6万人。美国128家公司占有世界市场的50%，其基本优势资本、技术、管理和品牌聚集了产业链的核心优势。美国公司体现了大公司、大项目、大资本、大市场的“四大”，规模优势明显。

与美国上榜的128家企业相比，中国大陆企业有95家进入世界500强公司。到2016年，中国已有115家公司上榜，美国增加到132家，日本有51家。中国公司平均营业额为556亿美元，平均利润为2.9亿美元，平均利润率为0.52%，平均员工人数为19万人。

中石油和中石化两家巨无霸年利润总额合计 274.36 亿美元，而美国埃克森美孚公司一家就高达 325.80 亿美元。中国工商银行排名第 25 位，营业收入 1 448 亿美元，营业利润 427.1 亿美元，利润率高达 29.49%。入选 500 强的中国公司有几个明显特征。最显著的是银行居多，工农中建交等五大银行均步入 500 强，银行利润丰厚。与银行相比，中国的钢铁业、有色金属、制造业、航运业营业额偏低。钢铁业和航运业亏损严重，如鞍钢和中国远洋。与钢铁业和航运业相关的铁矿砂和航运等公司，如淡水河谷、必和必拓盈利丰厚，达百亿美元。航运业的中国巨无霸中国远洋与淡水河谷相比相距甚远，中国远洋的总资产不到 2 000 亿元人民币，淡水河谷有上万亿元人民币的总资产。两家公司在竞争能力和规模上相差悬殊。

美国企业平均利润额达 62.4 亿美元，几乎是中国企业的 20 倍。美国企业的员工数平均为 12.6 万人，中国企业这一数值是美国的 1.5 倍。显然，中国上榜企业的人均盈利能力与美国上榜企业还有相当大的差距。中国企业在世界 500 强排行榜中的数量不断攀升，部分企业平均收入和资产的数量也已经与世界 500 强很接近，但是体现企业竞争力的关键数据，即企业利润和人均利润则与世界 500 强公司有着明显的差距。

从最赚钱的 50 强公司来看，英国和美国公司占据了前三强。英国沃达丰集团利润高达 941 亿美元，美国“两房”——房利美和房地美利润分别达 839 亿美元和 488 亿美元。美国的公司占据了最盈利总额的 48%，占 24 家。进入 2016 年，苹果公司独占鳌头，盈利 457 亿美元，中国的“工建农中”四大银行位列 2～5 名。从行业分布来看，范围相当广泛，包括汽车、房地产、医药、银行、零售业、信息电子制造业、石油化工、证券公司、通信业、航空等，而中国在最赚钱的 50 强公司中只占有 7 家，只有银行和石化两个行业，行业分布狭窄。由此来看，美国的企业综合全面，而中国企业的盈利范围非常局限。到了 2016 年，中国上榜的公司 ROA 只有 1.6%，而美国平均为 4.79%。

从亏损最多的 50 家公司来看，美国公司亏损最多的公司有 4 家，亏损 88 亿美元，中国有 17 家公司，亏损 61 亿美元。美国的公司亏损范围分布在邮政、航空、证券和百货业；中国的亏损区域涉及铁路、能源、有色金属、煤炭、钢铁、化工、远洋运输行业，分布范围较广。

从上述分析可以看出，中国的企业从体量上迅速扩大，但规模还是不如美国的公司实力强大。营业额小，说明市场相对狭窄，缺少应有的规模支撑；同时，盈利能力也不如美国的公司，协同效应没有得到发挥。从市场的角度来看，沃尔玛的市场遍布全球，营业额高达 4 763 亿美元，利润达 160 亿美元。没有大的规模，沃尔玛难以在 500 强中独占鳌头。唯有大，沃尔玛才能成为世界性的连锁企业。沃尔玛在世界上的员工有 225 万人，在世界各国开设了近 1 万家店铺，每个店铺平均占地 4.5 万平方米，店内商品应有尽有。标准化、低价格、规模效应、协同效应在沃尔玛内部体现得淋漓尽致。大市场是沃尔玛能够取胜的原因之一。

从 500 强的规模来看，我国的企业难以以大著称。中国的企业虽然已经进入到 500 强中了，但作为一个世界级的加工厂，体量还不够大。如果能像美国公司那样，形成大市场、大产品、大资金、大管理，中国会有更多的企业进入到 500 强中。中国南车和北车的合并形成的中国中车说明，只有强化资本结构、打造规模经济、形成协同效应，中国的高铁才能走进世界市场。通过合并兼并打造万亿资产的企业才能驰骋于世界市场，否则难以在世界市场上竞争。从2014年世界财富500强的公司来看，中国通过合并兼并完成有效的资本结构、打造世界级的企业的时代远没有到来。然而，2016年的中国企业与2014年相比，中国企业崛起的时代到来了，但造就伟大企业的时代似乎还很遥远。

资料来源 刘斌. 中国企业凭什么参与世界竞争？[EB/OL].（2015-02-27）[2015-06-18]. http://blog.sina.com.cn/s/blog_62df218b0102vi15.html.

财务管理第十黄金定律

第11章 股利政策

学习目标

◆ 重点掌握股利政策的基本类型。

◆ 掌握股利无关论的基本假设和股利支付的四种形式、股利政策的影响因素、股票分割的含义和作用以及股票回购的含义和动机。

◆ 了解股利政策的基本理论——股利无关论和股利相关论、股利支付的具体程序。

引例

研究表明，我国上市公司倾向于留有更多的现金，而股东则倾向于分得更多的现金。

2006—2010 年，我国上市公司的银行股表现得十分慷慨。工、农、中、建、交五大银行总计向各类投资者派发现金股利达 7 206.48 亿元人民币（含税），年均分红达到 1 441.30 亿元。国有控股上市银行成为中国资本市场分红派息最多的一大板块。

在五大上市银行的分红浪潮中，建行的行为颇为抢眼。建设银行 H 股于 2005 年 10 月 27 日在我国香港成功上市，A 股于 2007 年 9 月 25 日在上海上市。该行从 2006 年至 2010 年，5 年累计向各类股东分红（包括特别现金股息）2 128.94 亿元，其中 2006 年分红 206.71 亿元、2007 年分红 465.83 亿元（包括当年向上市前的发起人股东派发特别现金股息 163.39 亿元）、2008 年分红 453.83 亿元、2009 年分红 472.05 亿元、2010 年分红 530.52 亿元。其中各年每股盈利分别为 2006 年 0.21 元、2007 年 0.3 元、2008 年 0.4 元、2009 年 0.49 元、2010 年 0.56 元。良好的每股盈利使得建行有强大的实力回报股东，其中各年每股分红为：2006 年 0.09 元、2007 年 0.21 元、2008 年 0.19 元、2009 年 0.20 元、2010 年 0.21 元。截至 2010 年年末，建行共有股东 104.95 万户，其中 A 股 98.28 万户，H 股 6.67 万户。面对上百万的股东，建行以很高的分红率回报广大投资者，可谓用心良苦。建行不但业绩上乘，而且不负众望。2006—2010 年，建行向股东派发的现金股息累计达到每股 0.90 元，年均 0.18 元。建行累计分红金额占实现的归属股东净利润总额 4 495.74 亿元的 47.35%，接近国际上 50% 派息率的水平。其中各年派息率分别为 44.62%、67.46%、49.01%、44.22%、39.34%，连续的高派息说明建行实行了稳定的派息政策。

对分红派息的看法历来不一。作为上市公司的经理人，始终受到现金的困扰。经理人面临两种选择：一是分红高股价-再融资的方案；二是不分红-低现金-难融资的方案。实践证明：第一种方案颇受市场和股东的欢迎，也带来挑战和益处；第二种方案将陷入融资困境，并人人喊打。畅通的融资环境对上市银行至关重要，因此，深思熟虑的股利政策是战略成功的保障。

2011年4月30日，建设银行再融资方案在市场的千呼万唤中新鲜出炉，建设银行以配股方式向全体股东按每10股配售不超过0.7股，融资不超过750亿元，以弥补资本金不足的问题。向全体股东派发现金红利472.05亿元，同时向全体股东配售新股融资750亿元，公司实际向股东募集资金净额277.95亿元，这可能使每股盈利增长5分钱。这是一个两全齐美的方案，股东有热情，银行再融资有干劲，达到了双赢。按照财务管理的标准来看，判断一个上市公司好坏的标准就是其是否能持续为其股东创造价值并向股东分红。银行需要大量现金以投资潜力巨大的项目，但是，银行还是以分红的形式按每一年度的进程对股东进行回报，这一方面体现了银行对中国经济的乐观，更体现了对股东的忠诚。

资料来源 刘斌. 分红——再融资的实证小考［EB/OL］.（2011-08-05）［2015-06-16］. http://blog.sina.com.cn/s/blog_62df218b0100sdou.html.

11.1 股利政策的基本理论

股利政策是现代公司财务管理活动的核心内容之一。股利政策主要是确定公司的利润如何在股东红利和再投资这两方面分配，它与公司的投资决策、筹资决策密切相关。根据稳定股利增长模型，普通股的价值可以通过公式 $P_0=D_1/(k_s-g)$ 来计算。这个公式表明，如果公司采用了支付更多现金股利的政策，那么 D_1 就会增加，这将使股票价格上升。然而如果现金股利增加了，那么用于再投资的资金就会减少，股利增长率的未来预期就会降低，这又将使股票价格降低，因此，改变股利政策会产生两方面相反的作用。股利理论是关于公司股利分配和公司价值之间关系的研究理论。在股利分配对公司价值的影响上，财务理论界存在两大不同的观点：股利无关论和股利相关论。

11.1.1 股利无关论

股利无关论是由米勒（Miller）和莫迪格莱尼（Modigliani）（以下简称MM）在一篇关于股利政策的论文中首次提出的。MM认为在完善的资本市场条件下，股利政策不会影响公司的价值，即公司价值是由公司投资决策所确定的本身获利能力和风险组合所决定的，而不是由公司盈余的分割方式（股利分配政策）所决定。关键假设有：（1）完善的资本市场，其中所有的投资者都是理性的，所有人均可无成本地获得信息，瞬间交易没有成本，证券可以无限分割，并且任何一个投资者都没有能力影响证券市价；（2）公司发行证券没有发行费用；（3）没有所得税；（4）公司的投资政策已确定，而且不准备改变；（5）每个投资者对公司未来的投资和利润都有完全的把握（MM后来放弃了这一假定）。

基于这些假设，MM假设认为投资者只关心他们的总收益，而并不在意这些收益是来自股利收入还是资本利得。所以，如果股利无关的MM理论是正确的话，那就不存在最优股利政策，因为股利政策本身并不影响公司价值。但是在现实中，公司股利政策受到很多因素的影响，如筹资成本、市场效率、所得税负等，但是MM理论对股利研究的贡献在于：它为理论成立的条件进行了全面系统的分析。

11.1.2 股利相关论

股利相关论认为公司的股利分配对公司市场价值有影响。在现实生活中，不存在无关论提出的假定前提，公司的股利分配是在种种制约因素下进行的，公司不可能摆脱这些因素的影响。股利相关论的代表性观点如下：

1. “一鸟在手”论

在股东的投资报酬中，股利和资本利得的风险等级是不同的。股利支付可以减少投资报酬中的不确定性和风险。这种不确定性的减少和消亡，使人们在投资报酬的选择上偏好前者。正如未来的资本利得就像林中的鸟一样不一定能抓得到，股东眼中的股利则犹如手中的鸟一样飞不掉，“二鸟在林，不如一鸟在手”。该理论认为，股东认为公司当期实现的利润虽少，但分配后就实实在在地分到股东手里，不存在风险了，比公司留用下来再投资将来赔掉更好。因此，股东更偏好股利收益而不是未来不确定的、有风险的资本利得。

2. 信号传递理论

投资者如果预期公司的股利上升5%，若股利真的上升了5%，在股利宣布上升的日子，股票价格一般不会产生显著的变动。因为股利上升幅度已被市场预测到，然而，如果股利上升了25%，股票价格就会上涨；相反，如果股利上升的幅度没有预期高，或者股利下降，那往往会导致股价下跌。

股利的大幅度提高通常会导致股票价格上涨，这个事实可能是由于一部分投资者对股利收益的偏好胜过资本利得而导致的。而MM则持有不同的观点，他们注意到了一个不容争辩的事实，那就是公司既不愿意减少股利，同样也不轻易增加股利，除非预测到未来收益将高于目前的水平或至少与现在持平。因此，MM认为，股利的异乎寻常的增加是一个信号，它表明公司的管理部门对未来的收益情况持乐观态度；反之，股利减少是一个收益下降的信号。因此，MM声称投资方对股利支付变化的反应并不一定表明投资者对股利的偏好甚于资本利得，而是股票价格的变化仅仅说明了股利通告本身包含了重要的信息。事实上，股利通告给投资者提供了以前只有管理层才知道的信息。这种理论被称为信息假说。该理论得以成立的基础是，信息在各个市场参与者之间的概率分布不同，即信息不对称。股利政策的定位与变动，反映着经理人员对公司未来发展认识方向的信号，投资者可据此做出自己的恰当判断，并调整对公司收益状况的判断和对公司价值的期望值。

3. 所得税差异理论

在许多国家的税法中，长期资本利得所得税税率要低于普通所得税税率。因为股利税率比资本利得的税率高，投资者自然喜欢公司少支付股利而将较多的收益保存下来以作为再投资用，以期提高股票价格，把股利转化为资本利得。即使资本利得与股利收入的税率相同，由于股利所得税在股利发放时征收，而资本利得在股票出售时征收，对股东来说，资本利得也有推迟纳税的效果。同时，为了获得较高的预期资本利得，投资者将愿意接受较低的股票必要报酬率。根据这种理论，股利决策与公司价值也是相关的，而只有采取低股利和推迟股利支付的政策，才有可能使公司的价值达到最大。

4. 代理理论

该理论认为，公司的股东、债权人、经理人员等利益相关者的目标并非完全一致，他们之间存在着代理冲突。

（1）股东与债权人之间的代理冲突：股东通过发行债务支付股利或为支付股利而放弃净现值为正的投资项目，从而削弱对债权人利益的保护。债权人为了维护自己的利益，往往在借款合同中加入限制股利发放水平的约束性条款。

（2）经理人员与股东之间的代理冲突：当公司拥有较多的自由现金流量时，经理人员为了控制资源而盲目投资，或为追求个人私利而在职消费。因此，多支付股利有利于减少公司的自有现金流量，从而减少经理人员的盲目投资和在职消费，还能满足股东对股利收益的愿望。

（3）控股股东与中小股东之间的代理冲突：控股股东拥有公司的决策权，少分股利可以控制更多的资源，有可能损害中小股东的利益。因此，有些公司为了向外部中小投资者表明自身盈利前景与公司治理良好的状况，通过高股利支付率政策向外界传递积极信息。

股利政策有助于缓解管理者与股东之间、股东与债权人之间以及控股股东与小股东之间的代理冲突。股利政策是协调这些代理关系的一种约束机制，因此，高股利政策有助于降低公司的代理成本。

5. 客户效应

该理论认为，处于不同等级边际税率的投资者对股利政策的偏好不同，高收入者因其拥有较高的税率而偏好较低的股利支付率，而收入低的投资者以及享有税收优惠的养老基金投资者则偏好较高的股利支付率。因此公司在制定或调整股利政策时，不能忽视不同类别股东对股利政策的偏好，应该对投资者分门别类地制定股利政策。

这种观点可以这样理解：一个公司建立了某种股利支付政策，然后吸引了客户，假定客户是那些喜欢这种股利政策的投资者。举个例子，一部分股东，比如说退休人员，他们通常关心本期收入大于未来资本收益，所以他们选择那些能将其收益的较高比重作为股利予以发放的公司。还有一些股东，他们不需要立即取得投资收益，他们更愿意将所得的股利收益重新投资，因此，他们偏好低发放率的股利政策。那些需要本期投资收益的投资者购买发放高股利的公司的股票，而那些不急需本期现金收入的投资者则投资于低股利发放公司，这说明公司的股东受公司采取的股利政策的吸引。

11.2 股利政策的类型

我们已经对股利政策的相关性和投资者如何看待公司的股利政策进行了讨论，然而，至今仍没有人能提供有关股利政策如何影响公司股票价格的公式，甚至就根本没有有关股利政策的公式存在。但是管理层又必须制定股利政策，这一部分将讨论在实践中常用的股利政策。公司支付股利遵循各种模式，然而，公司通常采用以下将要讨论的四种股利发放政策。

1. 剩余股利政策

剩余股利政策主张，公司的盈余首先应当用于满足营利性投资项目的需要，在满足了营利性投资项目的资金需要之后，若有剩余，则公司可将剩余部分作为股利发放给股东。

采用这一政策，应遵循以下几个步骤：（1）根据资本投资计划和加权平均资本成本确定最佳资本支出水平；（2）设定目标资本结构，即确定股东权益资本和债务资本的比率，并以此确定所要达到的股东权益的数额；（3）最大限度地利用留存收益来满足这一股东权益数，如果留存收益不足，则需发行新股弥补不足；（4）留存收益有剩余的情况下才可发放股利。

【例 11-1】某公司税后利润有 2 100 元，该公司的产权比率为 0.6。新的投资需要 3 000 元。如果公司采取的是剩余股利政策，分红多少元？

【解】分红支付金额= 2 100−1÷1.6×3 000=225（元）

从上述分析可知，剩余股利政策的理论依据是股利无关论。按照剩余股利政策，股利发放额每年将会随投资机会和盈利水平的变动而变动，即使在盈利水平不变的情况下，股利也将与投资机会的多少呈反方向变动，投资机会越多，股利越少；反之，投资机会越少，股利发放越多。而在投资机会不变的情况下，股利的多少又随着每年盈利的多少而同向变动。在这种政策下，股利变动较大，因此很少有人会机械地照搬剩余股利理论，但许多上市公司运用这种理论来建立一个长期目标发放率。完全执行剩余股利政策，将使股利发放额每年随投资机会和盈利的波动而波动，不利于投资者安排收入与支出，也不利于公司树立良好的形象，适用于公司的初创阶段。

【例 11-2】某公司 2017 年的税后净利润为 800 万元，2018 年度公司有较好的投资项目，需要投资 1 000 万元，确定的目标结构为权益资本占 60%，债务资本占 40%。若公司采用剩余股利政策，计算 2017 年向股东分配的股利数额。

【解】筹集的权益资本=1 000×60%=600（万元）

股东分配股利=税后净利润− 留存收益的数额=800−600=200（万元）

2. 固定或稳定增长的股利政策

在实务中，很多公司都将每年发放的每股股利固定在某一特定的水平上，然后在一段时间内维持不变，只有当公司认为未来盈余的增加足以使它能够将股利维持在一个更高的水平时，公司才会提高股利的发放额。这种股利政策的一个重要原则是：绝对不要降低年度股利的发放额。但通货膨胀促使收益增长，从而使绝大多数奉行固定股利政策的公司转而采用所谓的稳定增长政策，即公司制定一个目标增长率，并努力按照这个幅度增长。显然，只有在收益稳定的情况下，这一政策才是可行的。

这一政策的理论依据是“一鸟在手”理论和信号传递理论。尽管该政策能够将公司未来的经营能力、财务状况以及管理层对公司经营的信心等信息传递出去，也能够吸引那些打算做长期投资的股东。但是该政策也存在着相应的缺陷，使得公司的股利支付与公司盈利相脱节，给公司造成较大的财务压力，因而公司很难长期采用该政策。因此该政策适用于经营比较稳定的公司。

3. 固定股利支付率的股利政策

这一政策是指公司从其盈余中提取固定的百分比，以作为股利发放给股东。在这种情况下，公司每年所发放的股利会随着公司盈余的变动而变动，从而使公司的股利支付极不稳定，由此导致股票市价上下波动，很难使公司的价值达到最大。

这一政策的理论依据是“一鸟在手”理论。该政策虽然将股利支付与公司盈利紧密相连，体现了风险投资和风险收益的关系，却使得公司的财务面临较大压力，缺乏财务弹性，而频繁变化的股利又传递了公司前景不明、经营不稳定的信号。因此，该政策主要适用于稳定成长和财务状况比较稳定的公司。

4. 低正常股利加额外股利的股利政策

这一政策是指公司每年只支付数额较低的正常股利，只有在公司经营非常好时，除正常股利外，加付额外股利给股东。其优点是：向股东发放固定股利，可以增加股东对公司的信心；可以给公司带来较大的弹性，即使公司盈利很少或需要多留存盈利时，公司仍可发放固定股利；而公司盈利较多时，还可以给股东发放红利。

这一政策的理论依据是“一鸟在手”理论和信号传递理论。该政策具有一定的灵活性，并且有助于稳定股价，增强投资者的信心，在资本市场上颇受投资者和公司的欢迎。但是该政策使得股利发放时有时无，给人漂浮不定的印象。这一政策主要适用于公司高速成长阶段。

【例 11-3】某公司 2017 年税后利润为 1 000 万元，当年发放股利共 250 万元。2018 年有一投资机会，投资总额为 900 万元，公司目标资本结构是负债-权益比为 4∶5，公司的稳定盈余增长率为 4%。该公司可选择固定股利支付率政策、稳定增长股利政策和剩余股利政策，试计算各政策的股利水平并比较。

【解】(1) 采用固定股利支付率政策。

2017 年股利支付率为 25%，2018 年股利额为：

1 000×（1+4%）×25%=260（万元）

(2) 采用稳定增长股利政策。

250×（1+4%）=260（万元）

(3) 采用剩余股利政策。

投资所需的权益资金为：

900×5÷9=500（万元）

2018 年股利额为：

1 000×（1+4%）−500=540（万元）

因此，应当根据公司的不同发展阶段的特点，确定合适的股利政策，具体见表 11-1。

表 11-1 **公司股利政策选择表**

公司发展阶段	特　点	适应的股利政策
初创阶段	经营风险高，融资能力差	剩余股利政策
高速发展阶段	产品销量急剧上升，需进行大规模的投资	低正常股利加额外股利政策
稳定增长阶段	销售收入稳定增长，公司的市场竞争力增强，行业地位比较稳定，公司扩张的投资需求减少，净现金流稳步上升，每股盈利呈上升趋势	固定或稳定增长的股利政策
成熟阶段	产品市场趋于饱和，销售收入难以增长，但盈利水平稳定，股利支付能力下降	固定股利支付率的股利政策
衰退阶段	产品销量急剧下降，销售收入减少，不具备支付股利的能力	剩余股利政策

11.3　股利支付的方式和程序

公司分配股利主要有以下几种方式：现金股利、财产股利、负债股利和股票股利。支付的程序主要有股利宣告日、股权登记日、除息日和股利支付日。

11.3.1　股利支付的方式

1. 现金股利

现金股利是以现金支付的股利，它是股利支付的主要形式。现金股利方式手段简单，几乎没有直接的财务费用，分配后公司原有的控制权结构不会变动，更不会被稀释。

不过，现金股利也有缺点，主要有两点：

（1）导致现金流出量增加，增大了公司的财务风险。

（2）股东需要缴纳个人所得税，减少了股东的既得利益，那些拥有公司控制权的股东往往更倾向于低现金支付股利政策，而属于高税率的投资者可能更支持非现金性质的股利支付方式。在这种情况下，那些低税率以及中小股东的利益往往会由于大股东的操纵而蒙受损失。

【例 11-4】某公司拥有流通股 20 000 股，每股 18 元。年度净利润 32 000 元，该公司的留存比率为 70%，每股分红是多少元？

【解】每股分红=32 000×（1−0.70）÷20 000=0.48（元）

2. 财产股利

财产股利是以现金以外的资产支付的股利，主要是以公司所拥有的其他公司的有价证券，如债券、股票等，作为股利支付给股东。

3. 负债股利

负债股利是公司以负债方式支付的股利，通常以公司的应付票据支付给股东，在不得已的情况下也有发行公司债券抵付股利的。

4. 股票股利

股票股利是公司以增发的股票作为股利的支付方式。采用股票股利实际上是将应分给股东的现金留在公司作为发展再生产之用，它与股份公司暂不分红派息没有太大的区别。股票股利并不直接增加股东的财富，不导致公司资产或负债的增加，但会引起所有者权益各项目的结构发生变化。

【例 11-5】某公司宣布了 10% 的分红方案。分红前，该公司有留存收益 32 000 元，股本溢价 48 000 元，普通股余额 20 000 元，市值 160 000 元，面值 1 元。分红后该公司留存收益有多少元？

【解】持股数=20 000÷1=20 000（股）

每股市值=160 000÷20 000=8（元）

留存收益=32 000−20 000×10%×8=16 000（元）

公司采取股票股利支付方式有以下优点：

（1）发放股票股利可使股东分享公司的盈余，无须分配现金，这使公司留存了大量现金，便于进行再投资，有利于公司长期发展。

（2）在盈余和现金股利不变的情况下，发放股票股利，可以降低每股市价，促进股票的交易和流通。

（3）日后公司要发行新股票时，则可以降低发行价格，有利于吸引投资者。

（4）传递公司未来发展前景良好的信息，增强投资者的信心。

（5）股票股利在降低每股市价时会吸引更多的投资者成为公司的股东，从而使公司股权更为分散，这样就能防止其他公司恶意控制。

11.3.2 股利支付的程序

股利通常按季度发放。例如，Y 集团公司 2018 年每季度发放 0.4 元股利，那么年股利就是 1.6 元，用一般的财务术语就是，2018 年 Y 集团公司固定季度股利是 0.4 元，年股利是 1.6 元。在 2018 年年末，Y 集团公司的董事会成员一起审查了 2019 年的项目，并决定将 2019 年的股利保持在 1.6 元，董事会宣布了他们要将股利维持在 1.6 元的意图，这样股东们就有信心取得股利，除非公司经历了无法预测的经营问题。实际的发放程序如下：

1. 股利宣告日

股利宣告日即公司董事会将股利支付情况予以公告的日期。公告中将宣布每股支付的股利、股权登记期限、股利支付日期等事项。比如说 2017 年 11 月 13 日，Y 集团公司董事会成员开会并宣布固定股利，发布如下公告："2017 年 11 月 13 日，Y 集团公司召开董事会会议，宣布每股固定季度股利为 0.4 元，股权登记日为 12 月 6 日，支付日为 2018 年 1 月 4 日。"在会议上，宣告发放的股利就变成了公司的实际负债，如果编制资产负债表，1.6 元乘以股票数量的金额将出现在短期负债上，这样，留存收益就会减少相应的数量。

2. 股权登记日

股权登记日又称除权日，是有权领取股利的股东资格登记截止的日期。凡在这一天列于公司股东名册上的股东，都将获得此次分派的股利。而在这一天之后才列入股东名册的股东，将不能得到这次分派的股利。

在 2017 年 12 月 6 日，股权登记日这一天的股票交易终止后，公司办理股权转让手续，并列出当天的股东名单。如果 Y 集团公司在 12 月 6 日下午 5 点前得到出售和转让股票的通知，那么新股东将会得到股利，然而若通知在 12 月 6 日之后才收到，那么该股票的原股东才会得到股利。

3. 除息日

除息日即领取股利的权利与股票相互分离的日期。凡在除息日当天或以后购买股票的股东，将不能领取最近一次股利。这是因为股票买卖的交易日和办理股票过户的手续之间有数天时间，如果股票交易日期离股权登记日太近，公司将无法获知更换股东的信息，只能以原股东为支付对象。

假设购买方在 12 月 6 日从出售者处买入了 100 股股票，公司会及时地收到转让通知，将购买方列入新股东名单，并因此向他发放股利。为了避免冲突，证券业有一个惯例，它声明股利权从属于股票一直持续到股权登记日的前 4 个工作日，而在股权登记日的前 4 天，股利权不再从属于股票，股利权和股票相分离的那一天称为除息日。在这个例子中，除息日即是 12 月 6 日的前 4 天，即 12 月 2 日，因此，如果购买方想获得股利，他就必须在 12 月 1 日或之前购买，如果他在 12 月 2 日或以后购买，那么出售者将获得股利，因为他在正式记录上仍持有股票。Y 集团公司的股利为 0.4 元，除息日这天是非常重要的。除了股票市场的波动以外，人们通常预期在这一天股票下跌的价格约等于分派股利的数额。因此，如果 Y 集团公司在 12 月 1 日以 30.4 元收盘，那么 12 月 2 日可能将以 30 元开盘。但是在我国，由于采用次日交割方式，则除息日与登记日差一个工作日。

4. 股利支付日

在这一天，公司应将股利通过电子转账等方式支付给股东，计算机交易系统可以通过中央结算登记系统将股利直接打入股东资金账户，由股东从其证券代理商领取股利，前面的例子中，2018 年 1 月 4 日是 Y 集团公司的股利支付日。

11.4　股利政策的影响因素

在本章的第一节，我们阐述了有关股利政策影响公司价值的几种主要理论，讨论了不同的股利支付政策。公司可以根据管理层对这些股利政策的看法及以下其他因素选择某一股利理论，这些公司需要考虑的因素可以划分为 4 个大类：（1）股利发放的限制条件；（2）投资机会；（3）各种资本来源的成本和可得性；（4）股利政策对 k_s 的影响。

1. 股利发放的限制条件

（1）债券契约。公司在接受贷款后，股利的发放通常会受到债务合同的约束。同时，合同中也规定，只有在流动比率、利息保障倍数和其他安全比率超过规定的最小值后，才能支付股利。

（2）资本减损规则。股利的支出不得超过资产负债表中的“留存收益”项目，这一法律限制被称为“资本减损规则”，是用来保护贷款人权益的。如果没有这条规定，陷入麻烦的公司有可能将绝大部分资产用于向股东支付股利，而把贷款人晾在一边（清偿性股利可以从资本中支付，但不能使资本低于公司债务合同规定的最低限度）。

（3）现金的可得性。现金股利只能用现金支付，因此，银行账户上现金的短缺使股利支付受到限制，但是借款能力可以抵销这一因素的影响。

2. 投资机会

投资机会是指资本预算机会。如果公司拥有许多可以接受的资本预算项目，那么股利发放率通常较低；反之，如果项目较少，股利发放率较高。

投资项目加快或延缓的可能性、加快或延缓的能力能使公司更加贴近它的目标股利政策。

3. 各种资本来源的成本和可得性

假如公司需要为一定规模的投资项目筹资，它可以通过留存收益或发行新普通股来获得资本。如果发行成本很高（包括所有影响股价的负面信息），则 k_n 将高于 k_s，那么公司最好设定一个较低的发放率，并且通过留存收益而不是发行新普通股来提供支持。另一方面，高股利发放率对于发行成本较低的公司更加可行，不同的公司拥有不同的发行成本，所以它们更趋向于设定较低的发放率。

公司可以通过负债或股本为一个给定规模的投资项目筹资，而股本具有代替负债进行筹资的能力。像前面提到过的那样，如果股票发行成本较低，公司的股利政策就可以较为灵活，因为公司既可以通过留存收益也可通过发行新普通股获得自有资本。债务政策也是类似的情形，如果一个公司可以调整其负债比率而不至于严重影响其资本成本的话，那么即使收益有所波动，公司也可以借助于可变的负债比率来保持它的稳定股利。平均资本成本曲线的形状决定了负债比率变动的实际范围，假如平均曲线在一个较大的范围内比较平坦，那么与V形曲线相比，高股利发放率更为可行。

如果管理层关注保持对公司的控制权，那么它就可能不愿意出售新股，因此，公司宁愿通过留存更多的收益来获得资本。然而，如果股东希望得到更高的股利，那么股利将会上升。

4. 股利政策对 k_s 的影响

关于股利政策对 k_s 的影响可以从四个方面考虑：（1）股东对本期收益和未来收益的期望；（2）对股利风险和资本利得风险之间的差异的观察；（3）资本利得与股利的税收优势；（4）股利的信息内涵（信号）作用。

因为对于这些问题，前面已做了详尽的讨论，这里我们只强调每一因素对 k_s 影响的重要性，它随着不同公司当前和未来股东的构成的不同而有所变化。

通过以上讨论我们可以明确：股利政策的决定实际上就是一个非正式的判断练习，决策不能够被准确地定量化，即使如此，为了制定一个合理的股利政策，财务总监必须要考虑到以上讨论的所有问题。

11.5 股票分割

1. 股票分割的含义

股票分割，又叫股票分拆，是指将面额较高的股票交换成面额较低的股票的行为。例如，将一张较大面值的股票拆成几张较小面值的股票，但股本总额不变。股票分割不属于某种股利方式，但其所产生的效果与发放股票股利近似。某公司拥有股票 100 股，股价 50 元，市值 5 000 元（50×100）。现该公司拟进行股票分拆，1 分为 2（2-for-1），即 1 份股票分为 2 股。现股票划分为 200 股，每股股价 25 元，市值仍是 5 000 元（25×200）。拆分比率 1 分 2、1 分 3（3-for-1），以及 2 分 3（3-for-2）是最常见的分拆形式，3 分 4（4-for-3）、2 分 5（5-for-2）和 4 分 5（5-for-4）也是常有的形式。

【例 11-6】某公司有流通股 145 000 股，每股股价 28 元。该公司宣布了 10% 的股息分红，问每股股价是多少元？

【解】每股股价=28−28×10%=25.2（元）

动力投资（momentum investing）模式认为股票分拆可以提高股票价格，从而提高股票市值，但这一认识在实证研究中得不到验证。

【例 11-7】某公司有流通股 40 000 股，面值 1 元，市值 32 元。该公司宣布了 2 分 3 的拆分政策。问拆分的公司股票有多少流通股？

【解】流通股=40 000×3÷2=60 000（股）

股票分拆的确提高了流动性，有更多的买方和卖方对每股 10 元的 10 股股票（10 元×10 股=100 元）进行交易，而对 100 元的 1 股股票（100 元×1 股=100 元）的交易显然要少得多。

【例 11-8】某公司有流通股 25 000 股，股价 36 元，可供股东分配的利润 54 000 元。该公司宣布了 2 分 3 的分拆政策，分拆后的每股盈利是多少元？

【解】每股盈利=54 000÷（25 000×3÷2）=1.44（元）

与此相反的策略也屡见不鲜，有的公司采取 2 分 1（1-for-2）、3 分 1（1-for-3）的策略，目的就是要减少股票的交易频率，提高每股股票的单价。巴菲特执掌的伯克希亚哈撒韦公司就是这一做法的典型。

股票分割对公司的资本结构不会产生任何影响，一般只会使发行在外的股票总数增加，资产负债表中股东权益各账户（股本、资本公积、留存收益）的余额都保持不变，股东权益的总额也保持不变。

2. 股票分割和股票股利的比较

股票分割和股票股利既有相同之处，又有不同之处。相同点在于都是在不增加股东权益的情况下，增加股份的数量；不同点在于，股票股利虽不会引起股东权益总额的变动，但股东权益构成项目之间的比例会发生变动，而股票分割之后，股东权益总额及股东权益构成项目之间的比例均不发生变化，变化的只是股票面值。股票股利和股票分割的比较见表 11-2。

表 11-2　**股票股利和股票分割的比较**

项　目	股票股利	股票分割
股东的现金流量	不增加	不增加
普通股股数	增加	增加
股票市场价格	下降	下降
股东权益总额	不变	不变
股东权益结构	变化	不变
收益限制程度	有限制	无限制

【例 11-9】某人拥有某公司股票 400 股。该股票每股现价 32.5 元。该公司现进行股票分拆，采取 3 分 4 的政策。问现在的投资价值是多少元？

【解】投资价值=（400×4÷3）×（32.5×3÷4）=13 000（元）

尽管股票分割与发放股票股利都能达到降低公司股价的目的，但一般地讲，只有在公司股价暴涨且预期难以下降时，才采用股票分割的办法降低股价；而在公司股价上涨幅度不大时，往往通过发放股票股利将股价维持在理想的范围之内。

3. 股票分割的作用

（1）股票分割会使公司股票每股市价降低，买卖该股票所必需的资金量减少，易于增加该股票在投资者之间的换手，并且可以使更多的资金实力有限的潜在股东变成持股股东。因此，股票分割可以促进股票的流通和交易。

【例 11-10】某人现有某公司股票 200 股，市值是 3 000 元。现公司采取反向股票分拆 5 分 4，如果其他条件不变，股票分拆后持股数和每股股价分别是多少？

【解】持股数=200÷5×4=160（股）

每股股价=3 000÷200÷4×5=18.75（元）

（2）股票分割可以向投资者传递公司发展前景良好的信息，有助于提高投资者对公司的信心。

（3）股票分割可以为公司发行新股做准备。公司股票价格太高，会使许多潜在的投资者力不从心而不敢轻易对公司的股票进行投资。在新股发行之前，利用股票分割降低股票价格，可以促进新股的发行。

（4）股票分割有助于公司并购政策的实施，增加对被并购方的吸引力。

（5）股票分割带来的股票流通性的提高和股东数量的增加，会在一定程度上加大对公司股票恶意收购的难度。

11.6 股票回购

1. 股票回购的含义

股票回购是指上市公司利用现金等方式，从股票市场上购回本公司发行在外的一定数额的股票予以注销或者作为库存股的一种资本运作方式。公司在股票回购完成后可以将所回购的股票注销。但在绝大多数情况下，公司将回购的股票作为库存股保留，仍属于发行在外的股票，但不参与每股收益的计算和分配。库存股日后可移作他用，如发行可转换债券、雇员福利计划等，或在需要资金时将其出售。

2. 股票回购的动机

在证券市场上，股票回购的动机主要有以下几点：

（1）现金股利的替代。对公司来讲，派发现金股利会对公司产生未来的派现压力，而股票回购属于非正常股利政策，不会对公司产生未来的派现压力。对股东来讲，需要现金的股东可以选择出售股票，不需要现金的股东可以选择继续持有股票。因此，当公司有富余资金，但又不希望通过派现方式进行分配的时候，股票回购可以作为现金股利的一种替代。

（2）提高每股收益。由于财务上的每股收益指标是以流通在外的股份数作为计算基础的，有些公司为了自身形象、上市需求和投资人渴望高回报等原因，采取股票回购的方式来减少实际支付股利的股份数，从而提高每股收益指标。

（3）改变公司的资本结构。股票回购可以改变公司的资本结构，提高财务杠杆水平。

（4）传递公司的信息以稳定或提高公司的股价。由于信息不对称和预期差异，证券市场上的公司股票价格可能被低估，而过低的股价将会对公司产生负面影响。因此，如果公司认为公司的股价被低估，可以进行股票回购，以向市场和投资者传递公司真实的投资价值，稳定或提高公司的股价。

（5）巩固既定控制权或转移公司控制权。许多股份公司的大股东为了保证其所代表股份公司的控制权不被改变，往往采取直接或间接的方式回购股票，从而巩固既有的控制权。

（6）防止敌意收购。股票回购有助于公司管理者避开竞争对手企图收购的威胁，因为它可以使公司流通在外的股份数变少，股价上升，从而使收购方要获得控制公司的法定股份比例变得更为困难。

（7）满足认股权的行使。在公司发行可转换债券、认股权证或实行经理人员股票期权计划及员工持股计划的情况下，采取股票回购的方式既不会稀释每股收益，又能满足认股权的行使。

3. 股票回购的作用

一般来说，股票回购具有以下作用：

(1) 股票回购在国外经常是作为一种重要的反收购措施而被运用。回购将提高本公司的股价，减少在外流通的股份，给收购方造成更大的收购难度。

(2) 股票回购还是改善公司资本结构的一个较好途径。回购一部分股份后，公司的资本得到了充分利用，每股收益也提高了。

(3) 稳定公司股价。股价过低会使人们对公司的信心下降，削弱公司出售产品、开拓市场的能力。在这种情况下，通过回购股票以支撑公司股价，有利于改善公司形象，股价在上升过程中，投资者又重新关注公司的运营情况，公司也有了进一步配股融资的可能。

(4) 建立公司员工持股制度的需要。公司以回购的股票作为奖励优秀经营管理人员、以优惠的价格转让给员工的股票储备。

本章小结

(1) 股利政策是现代公司财务管理活动的核心内容之一。在股利分配对公司价值的影响上，财务理论界存在两大不同的观点：股利无关论和股利相关论。

(2) 股利无关论认为在完善的资本市场条件下，股利政策不会影响公司的价值，即公司价值是由公司投资决策所确定的本身获利能力和风险组合所决定的，而不是由公司盈余的分割方式（股利分配政策）所决定。

(3) 股利相关论认为公司的股利分配对公司市场价值有影响。股利相关论的代表性观点如下："一鸟在手"论、信号传递理论、所得税差异理论、代理理论、客户效应。

(4) 在实践中常用的股利政策是：剩余股利政策、固定或稳定增长的股利政策、固定股利支付率的股利政策、低正常股利加额外股利的股利政策。

(5) 股利支付的四种方式：现金股利、股票股利、负债股利和财产股利。

(6) 股利支付的程序：宣告日、登记日、除息日和支付日。

(7) 公司可以根据管理层对不同股利政策的看法及以下其他因素选择某一股利理论，这些公司需要考虑的因素可以划分为四个大类：股利发放的限制条件；投资机会；各种资本来源的成本和可得性；股利政策对 k_s 的影响。

(8) 股票分割是指将面额较高的股票交换成面额较低的股票的行为。

(9) 股票回购是指上市公司利用现金等方式，从股票市场上购回本公司发行在外的一定数额的股票予以注销或者作为库存股的一种资本运作方式。公司在股票回购完成后可以将所回购的股票注销。但在绝大多数情况下，公司将回购的股票作为库存股保留，仍属于发行在外的股票，但不参与每股收益的计算和分配。库存股日后可移作他用，如发行可转换债券、雇员福利计划等，或在需要资金时将其出售。

基本训练

◆ **简答题**

1. 对比说明股利无关论和股利相关论的基本观点。

2. 对比说明不同股利政策对股利和投资的影响。

3. 举例说明股利支付的四种方式。

4. 公司如何制定股利政策？需要考虑哪些因素？

5. 什么是股票分割？比较股票分割与股票股利的不同。

6. 什么是股票回购？股票回购有哪些动机和作用？

◆ **本章思考**

舟山投资什么

1. 舟山市经济地位

舟山市 2014 年的 GDP 为 1 021.66 亿元，在长三角的 10 万亿元国民生产总值和全国 60 万亿元的国民生产总值中只占很小的份额。舟山的经济体量小，对浙江省和全国的经济贡献度微乎其微。但从人均程度来看，舟山市人均 GDP 为 8.99 万元，高于浙江省的 7.33 万元水平，更高于全国的 4.65 万元水平。小而富是舟山的经济特点。

从舟山市的地理位置来看，舟山市的 1 390 座岛屿适合建造深水大港、打造航运中心。然而，优越的区位优势并不能让舟山港像上海港那样成为航运中心。一是舟山缺少直接经济腹地、间接经济腹地，被崛起的宁波拦截，难以生成支撑航运中心的吞吐量。二是集疏运体系难以建立。岛屿与陆地的链接加大了物流成本，海铁、海陆链接困难，形成了陆相和海相链接的难度。对于航运公司来说，海相距离 200 千米以内的运价的边际成本几乎可以忽略不计，舟山港后发优势难以发挥。因此，即使舟山市拥有优越的地理位置，也难以完成以港兴市的重任。

2. 舟山港可能借鉴的发展模式

鹿特丹港在早期大量投资兴建港口，引进了化工、石油、钢铁、粮食加工、新型电子科技、物流仓储、科研院校等临港产业，促进了当地都市化的进程（港口–临港产业–都市化模式）。鹿特丹港担负了欧洲 60% 的加工业和运输业，规模经济和范围经济功能强大，投资量大，设备利用率高，回报率非常可观。新加坡港采取的是港口–临港产业–离岸金融的战略，资本输出占据了该港口经济收入的 30%。上海港内衔长三角，南连珠三角，北接环渤海，西贯长江黄金水道，东扼釜山，2014 年吞吐量达到 3 528 万标箱，是世界第一大港，总资产为 942 亿元，国民生产总值为 1.8 万亿元，辐射的范围远远大于鹿特丹港。宁波港开发早，先发制人，尽管区位绝对优势不如舟山港，但比较优势远远大于舟山港，资金雄厚，体量庞大，总资产达 942 亿元，是舟山港难以匹敌的。因此，以港兴市发展舟山港对舟山来说成本过高，规模不经济是舟山港应回避的问题。

3. 舟山市的资源优势

从自然禀赋来看，舟山市拥有国家的稀缺资源：一是岛屿经济的核心要素；二是传统的文化要素。这两点是国内其他城市在发展经济当中所不具备的。美国阿拉斯加州经济总量在美国的 50 个州中排列最后，主要以石油、渔业为主。阿拉斯加为美国提供了 50% 的以鱼为主的海产品，提供了 30% 的淡水。与此相比，舟山只提供了浙江省 50% 的海产品，全国 10% 的海产品。如果舟山能为全国提供 50% 的海产品，舟山的经济将增加 1 000 亿元的收入。欧洲小国梵蒂冈，打造旅游大国，称为“距离上帝最近的地方”，人口 1 400 人，年国民生产总值 1 亿美元，人均 7 万美元，收入的 63% 来自旅游业。

4. 中国人需要什么

2025年之后，中国人需要什么？中国经济过去30年每年以10%的速度增长，"十二五"期间GDP增长率每年将保持在7%以上，到2015年，GDP将达68万亿元；"十三五"期间年均GDP增速必须达到6.56%，即6.5%左右是底线，到2020年实现GDP比2010年翻一番，低位预测GDP将达108万亿元；"十四五"期间年均GDP增速可能达到5%，就是说到2025年，中国经济将达到127万亿元，人均8.4万元。舟山"十二五"期间年均GDP增速10%，到2015年，GDP将达1 200亿元；"十三五"期间年均GDP增速10%，GDP将达1 961亿元；"十四五"期间年均GDP增速9%，就是说到2025年，舟山GDP将达到3 017亿元，人均20万元。2025年之后，中国人需要什么？15年后中国人的需要可能是多样化的，但多数人一定需要的是清新的空气、无毒的食品和不含有重金属的水。舟山的经济应实时承接中国经济的需求。

5. 转变生产方式

舟山每年有2 000万人次的游客或流动人口，按照每人消费1 000元计算，可达200亿元的收入。如果继续以增加入境人口的粗放方式来增加收入，舟山的环境承载能力将大幅下降。然而如果通过提升舟山人文环境质量让旅游每人消费增加到1万元，舟山的旅游收入可达2 000亿元，收入可观。舟山的海产品在全国的占有率只有10%，市场占有率之低令人难以理解，如果将市场的占有率提高到20%，舟山的国民生产总值可至少增加百亿元，而舟山的海产品资源潜力巨大，占有率将提高到40%。

6. 舟山市的发展战略

在发展舟山群岛上升为国家战略之时，在"大开放、大开发、大发展、大包容"之际，舟山经济发展的模式应有自己的特色。既不能照搬荷兰鹿特丹港的模式，也不能照搬新加坡裕廊工业园的模式，更不能模仿宁波港和上海港的模式，舟山必定有舟山的模式。舟山市应很好地研究美国阿拉斯加和梵蒂冈的模式以及夏威夷的模式，在海洋经济大的框架下发展舟山的岛屿文化经济模式。文化兴岛、文化兴市是舟山的基本模式。从总经济结构来看，舟山市第一产业占9.9%，第二产业占42.1%，第三产业占48%。舟山市的经济结构和全国其他省份一样，重工业的比例过大，服务滞后，没有自己的发展特色。目前舟山的旅游只是粗放式经营，上档次和提高文化水平是舟山刻不容缓的任务。舟山应建立侏罗纪公园这样有别于迪士尼乐园的公园，以文化兴市。舟山应成为海上花园、岛上公园，不求最大，但求最佳，扬长避短，差异发展。

资料来源 刘斌. 舟山独特的经济模式［EB/OL］.（2011-08-05）［2015-06-16］. http://blog.sina.com.cn/s/blog_62df218b0100sd3o.html.

财务管理第十一黄金定律

第12章　信用与库存管理

学习目标

- ◆ 重点掌握影响信用政策的因素、应收账款的管理方法、经济订货批量。
- ◆ 掌握信用政策和信用标准、再订货点的计算。
- ◆ 了解信用得分的含义、应收账款的管理目标。

引例　　**马云为什么错了**

契约与产权一起构成市场经济的基石，践踏契约原则就伤害了市场之本。

事前恐怕没有人能够想象，马云这个活跃于国际场合的中国企业风云人物，会偷天换日，把明明属于中外合资企业阿里巴巴集团的核心资产“支付宝”悄然转入自己控制的私人企业名下。

马云一方，系阿里巴巴集团小股东，但又是管理控制者。此番转让操作始于2009年6月，终于2010年8月。转让低价且秘密，如今木已成舟。

作为共同持股阿里巴巴集团70%股份的两大主要股东——美国雅虎和日本软银面对既成事实，只有两种选择：或者坐下来与马云签城下之盟，寻求补偿；或者走法律程序，起诉马云及阿里巴巴管理层恶意侵害股东权益，要求恢复原状。

我们赞同多数人的看法，认为马云错了，错在违背了支撑市场经济的契约原则，其后果不可小视。

马云是阿里巴巴集团创始人，也是“支付宝”取得商业成功首要的掌舵人。他当然有理由对公司的前途更有感情、更关心，也有资格在公司成长中获得应有利益。然而，马云在未经集团两大股东同意的情况下，擅自将公司核心资产转入自己名下，且转让价格超低，严重违反了股东之间的契约，也违反了股东与管理层之间的契约。

“支付宝”股权转让之后，雅虎和软银失去了一笔价值巨大的资产。雅虎因此股价大跌，已在美国遭股东集体诉讼。转让的表面获益者是马云和另一位阿里巴巴创始人谢世煌共同持股的私人公司(二人持股比例为8∶2)。如果没有协议代理安排，在阿里巴巴集团层面持股的管理层利益也会因这桩交易而严重受损。

即便事后最终达成补偿协议，并得到阿里巴巴集团董事会的同意，仍不能改变一个基本事实：管理层的单方面行动没有遵守股东之间、股东与经理人之间的契约，违反了商业社会的基本原则。契约意味着诚信。违背契约导致极大的不公正，伤害企业之本。正因此，马云此次错误的代价，不仅是积累多年的个人国际声誉受损，还丧失了阿里巴巴很多潜在的长远发展机遇。

不仅如此。用经济学的话说，此举还有很大的“负外部性”。因为契约与产权一道构成市场经济的基石，践踏契约原则就伤害了市场之本。如果契约得不到尊重，必将平添全社会的商业风险，徒增交易成本。中国企业常有“契约软肋”，由内部人控制的资产腾挪并不鲜见，而事情发生在国内外深受尊重、被视为中国企业家标杆人物的马云身上，发生在中国引以为豪的成功企业阿里巴巴身上，其“负示范作用”就更为显著，可能直接影响海外投资者对中国公司的信任，形成大范围的“支付宝折扣”。这也是许多往昔喜爱马云、寄望于马云的有识者们倍觉痛心疾首的原因。

当然不能把此次马云之过简单归咎于个人品性。考其人生轨迹，马云属于信誉良好的企业家，而此次在“支付宝事件”中跌破底线，直接外因正在于央行第三方支付政策的迟疑、含混与欠开放。央行从2005年起就第三方支付政策出台文件征求意见，直至2010年6月才有正式办法出台，且称在外资企业准入问题上“另行规定，由国务院批准”。其实，中国有条件也有必要在第三方支付服务上打开对外开放之门，欲开还闭的“内外有别”政策既烦琐又没有必要。马云出“支付宝转让”之下策，正与政策推力有关，使人不能不深以为憾。

进一步说，契约自我执行有赖于完善的制度安排。中国悠久的商业传统不幸被计划经济中断，建设市场经济时日尚短，相关制度安排任重而道远。在契约遭到违反时，必须有外部的调停者、仲裁者直至司法强制力来支持。这正显示出法治对于市场经济的基础作用。

在文学名著《一千零一夜》里，公平的阿里巴巴把所获财宝的半数分给莫吉娜，以酬谢她帮助自己战胜强盗。我们盼望中国公司的财富故事如同传说中一样美好，其前提是全社会对契约精神的崇尚和对诚信原则的恪守，建立“好的市场经济”。这关乎中国商业社会的未来。

以上的评论来自胡舒立对马云的评论。然而，马云并没有像胡女士评论的那样被市场所抛弃。恰恰相反，马云摆平了与美国雅虎、日本软银的合伙制的股权关系，冲破了美国纽约证券交易所的限制，于2014年8月在纽交所上市，市值约1 500亿美元，IPO 200亿美元。

资料来源 胡舒立. 马云为什么错了 [J]. 新世纪周刊，2011（23）：18.

12.1 评估信用政策

股票价格上涨，价值来自何方？股票价格下跌，价值消失在何方？当市场进入了信用时代，有效的信用管理特别重要。信用所耗费的投资和支持应收账户的成本相当巨大，但是信用不足可能导致利润的流失。因此，为了最大化股东利益，财务管理需要掌握有效地管理公司的财务信用行为。

信用管理的功能包括制定信用政策、执行信用政策以及在需要的时候调整信用政策。我们将讨论：（1）评估信用政策的方法；（2）影响信用政策的因素；（3）监控信用政策的过程。

12.1.1 信用政策

公司产品的销售量很大程度上决定着企业的成功与失败，而销售量又依赖许多因素，有外部因素，也有公司控制下的内部因素。内部因素主要包括销售价格、产品质量、广告和公司的信用政策。公司的信用政策包含以下四个方面：

（1）信用标准，指可接受信用的顾客的最低的财务能力和不同顾客的信用金额。

（2）信用条款，指信用销售的条件，如给予买方支付货款的时间期限以及是否有折扣。

（3）收账政策，指宽松或严格的收账方式。

（4）监管功能，指定期评估应收账款和顾客的支付模式，以确保信用政策被正确执行，以及决定是否有必要改变信用政策。

12.1.2 信用标准

信用标准是指顾客取得信用资格必须具备的信誉价值和能力。公司的信用标准用于决定顾客是否有取得信用的资格以及每个顾客可以取得的信用额度。在制定信用标准时主要考虑的是顾客延迟支付甚至不支付而成为一项坏账损失的可能性，信用管理的难度在于决定顾客的信用资格和信誉价值。

制定信用标准时，必须判断顾客违约的可能性。信用评估是一个很好的方式，一个好的信用经理能够合理地判断不同类型顾客违约的可能性。接下来我们讨论信用经理怎么样评估顾客信用资格。

1.5 C 系统

无论用什么方法评估信用资格，无论顾客是组织还是个人，都要考虑决定顾客信用价值的 5 个评价领域。这 5 个领域都是以字母 C 开头，所以称之为信用的 5C 系统。

（1）品质（Character），指顾客还债的可能性。每项信用交易都包含着支付承诺，有经验的信用经理通常坚持认为顾客的道德品质是信用评估的主要问题。因此，顾客的信用报告用来提供过去表现的背景信息，除了我们将会仔细讨论的信用报告外，银行、供应商甚至竞争对手对顾客的意见所形成的公司声誉也是信用分析的主要内容。总之，信用历史对于决定是否给予信用资格是至关重要的。

（2）能力（Capacity），是对顾客支付能力的主观判断，是用来衡量信用顾客有足够现金还债的能力，因此该因素的评估主要建立在顾客的现金流入量上，它的计量部分来源于顾客以前的记录。

（3）资本（Capital），是对顾客财务状况的分析。不同的风险率的侧重点不同，如资产负债率、流动比率以及期间利息率。

（4）抵押（Collateral），指的是顾客为了取得信用而提供的以示安全的资金。

（5）条件（Condition），指的是能够影响顾客还债能力的总的经济趋势和特定地区或部门的特殊发展情况。有些公司在经济下滑时表现很差，那么债权人在经济紧缩时期借钱给这样的公司就要特别小心谨慎。

这 5 个方面的信息来自于公司以前同顾客接触的经验和对外部信息收集系统的补充。当然在这 5C 信息都具备的情况下，信用经理仍需做有关潜在顾客信用资格的最后决定，信用经理必须依靠他们的知识和直觉来做出决定。

2. 给予信用所使用的标准

尽管大多数信用决策是主观的，但是现在许多公司使用一种精确的统计方法去评估信用资格，叫作多重判别式分析法。该分析法主要评价顾客的还债能力和取得信用后的还债积极性。这些评价信用资格的模型建立在不同因素之上，所以这些评价过程一般为信用评价系统的条款。信用评价系统的一个最主要的优势在于顾客的信用资格可以用单一的数字来表达，而不是通过对不同因素的主观判断。因为如果没有一个自动化的程序，企业将会很难把相同的标准应用于所有的信用申请者，因此，多数企业喜欢使用信用评价系统决定应给予谁信用资格以及信用额度。

为了说明怎样使用信用评价系统决定是否给予一个顾客信用资格，我们假设某公司拥有所有以前信用消费的历史记录。评价数据显示75%的顾客可以准时支付，而剩下的25%的顾客延迟支付或者有时候破产而不能支付。某公司根据历史数据计算每个顾客的信誉度、期间利息所得率（TIE）、负债率和年实现率等，并使用统计技术调查这些信息来决定使用哪种财务方法能最好地表明信用顾客是可以准时支付还是变成坏账。这与顾客的期间利息所得率、信誉度、负债率以及顾客从事该行业的年数密切相关。

信用经理使用多重判别式分析法，利用下面的等式评价信用顾客的未来信用价值：

$$\text{信誉得分}=3\times\text{期间利息所得率}+5.2\times\text{信誉度}-1.8\times\text{负债率}+2.5\times\text{从事该行业年数} \quad (12\text{-}1)$$

此外，某公司认为分数少于30分表明信用风险很大，30~45分是平均信用风险，高于45分表明信用风险小。

现在考虑一个拥有以下特性的申请信用购买的公司：期间利息所得率为4.2；信誉度为3.0；负债率为0.3；从事该行业年数为10年。

根据等式12-1，该公司的信用得分是52.7分，因此，公司将认为该公司信用风险很小，考虑为它提供有利的信用条款。

通常，评估公司的信用风险不像例子中假设的那么简单。实际上，因为公司是用不同的会计标准来进行财务分析的，所以使用会计数据去产生单一的信用评分等是极其困难的。因此，在商业信用分析中信用评价系统通常在投资的开始时期使用，用它来筛选出信用风险特别大的顾客。从开始的筛选中存留下来的顾客进一步考核其在特定领域的优势和劣势，这些对于决定信用价值至关重要。

12.2 影响信用政策的因素

影响信用政策的因素有很多种，我们从以下四个方面来阐述。

12.2.1 信用条款

信用条款指的是信用销售的条件，特别是支付的安排。公司需要在信用开始的时候决定顾客在多长时间内必须支付购买的信用，否则将会在会计上视为违约，以及决定是否提供现金折扣。例如，企业可提供不同的信用条款，然而由于贸易信用的竞争本性，大多数财务总监沿着传统的规范来制定信用条款。

12.2.2 信用期限

信用期限指应收账户在顾客被认为是违约之前可以保持的时间，也是卖方允许买方支付发票金额的时间。通常对企业而言，信用期限开始于发票记录的时间，根据标准的不同，支付期限可以开始于：货物开始运输的时间，买方收到货物的时间，月初支付、月末支付、月中支付以及信用条款规定的其他特殊时间。

12.2.3 信用折扣

这是公司为了鼓励购买的顾客在信用期间的最后期限前提前付款的通用政策。通过不同现金折扣的成本和收益的平衡来分析使用提前付款的现金折扣。例如，某公司决定改变它的信用条款，从顾客必须在 30 天内完全付清发票价格的“净 30”方式变为“2/10，净 30”方式，该方式表示如果在 10 天内支付将会取得发票价格 2% 的折扣，在第 10 天到第 30 天支付就必须支付全部的发票价格。这种改变将会产生两个优势：

（1）将会吸引那些认为这种折扣实际上是降低价格的新顾客。

（2）折扣将会减少时间延迟，因为一些顾客为了取得折扣将会快速付款。

但这是有成本的。最佳的折扣点应建立在边际成本和边际收益正好相交处。折扣变化的分析方法将会在本章以后部分阐述。

【例 12-1】某公司实行“2/10，净 45”的信用政策。你今日购买了 500 元的商品，你是否选择上述信用政策？

【解】如果 10 天内付款，将享有 2% 的折扣；如果放弃，45 天内付 500 元。

如果 10 天内付款：500×（1-0.02）=490（元）。

放弃 10 天内付款的利率：

期限率=2÷98=2.0408%

期限=45-10=35（天）

每年期限=365÷35=10.4286

有效年利率=［（1+0.020408）$^{10.4286}$-1］×100%=23.45%

如果你放弃 10 天内付款，2/10 的有效年利率高达 23.45%，这样的高利率对公司来说是有利的。如果你接受了这样的条款，毫无疑问对你是有利的。下面的例子让我们来看一下折扣有多少。

【例 12-2】某人采购 15 800 元的商品，使用了“2/5，净 20”的信用政策。问折扣价是多少元？

【解】折扣价=15 800×（1-0.02）=15 484（元）

12.2.4 收账政策

收账政策指公司从信用账户收取款项的政策。公司需要决定何时、怎样把它的信用销售政策传递给买方，顾客越快收到发票，账单就越快被付清。总而言之，在商务运作中速度和精确度已经成为关键因素的今天，越来越多的公司使用电子技术给顾客发送发票。

一项最重要的收款政策决策是当账户过期的时候如何处理。例如，在一个账单过期 10 天的时候就应该给顾客发一封信；如果在 30 天内没有收到应收款就应该在一封措辞严厉的信件发出后再紧跟一个电话；如果在 90 天后还没有收到，那么该账户就要被转交给专门帮助其他公司代收货款的公司。

过期账户的收款在考虑到额外的花费和丧失顾客满意（顾客不喜欢被转交到收账代理机构）时成本是很高的。但是公司需要防止收款期限的无限期延长和最小化完全丧失应收账款的风险，不同的收账政策的成本和收益必须记录在资产负债表上。

收款政策的改变将会影响销售、收账期限和坏账损失比例。接下来我们分析收账政策。

任何给定时间的应收账款总额由两个因素决定：（1）信用销售量；（2）销售和收款之间的平均时间。例如，某公司预期日信用销售为 700 000 元，应收账款最初每天增加 700 000 元，但是当顾客开始支付信用销售款的时候就固定了。假如顾客在购买后 15 天付款，在运行的第 1 天后应收账款为 700 000 元，第 2 天为 1 400 000 元，以此类推。但是在运行的第 16 天，日信用销售额将会增加 0，如果在这段时间该模式继续，应收账款余额保持在平稳的 10 500 000 元（700 000×15）。

由最佳的信用政策而产生的最佳的应收账款水平依赖于公司自有的独特的运作条件。例如，拥有过剩生产能力和低变化生产成本的公司会提供比较自由的信用，有比较高的应收账款水平，公司在低利润边际运行。公司最佳的信用政策对公司发展十分重要，全面地分析公司信用政策的有效性是非常有必要的。正如我们所知道的，股东和银行信贷的提供者等这些投资者会被财务状况报告所迷惑而遭受投资损失。

当公司采取信用销售时，会导致以下结果：（1）由于销售状况好而使库存减少；（2）因为销售价格的变化而使应收账款增加；（3）留存收益增加。

1. 应收账款的平均回收期

我们下面考察某公司在 2018 年时的应收账款。该公司 2018 年净收益为 15 亿元。我们知道这项销售额不是在全年平稳产生的，因为公司 2018 年的销售高峰月份为 8 月与 9 月。但是在年底计算应收账款的时候，我们假设这 15 亿元净销售额平均分摊在全年，在此基础上我们计算的平均日销售额（average daily sale，ADS）为：

平均日销售额（ADS）=年销售额÷360=150 000÷360=416.7（万元）

假设 2018 年年底该公司的资产负债表显示的全年平均应收账款余额为 1.8 亿元，则应收账款的平均回收期=18 000÷416.7=43.2（天）。

某公司的信用条款为“2/10，全 30”，资金回收平均时间为 43.2 天，所以我们知道有些顾客在支付的时候可能违约了。实际上，有许多顾客在 10 天内付款以取得折扣，所以平均需要超过 43.2 天的时间。

与应收账款回收期相关的另一个重要概念是有效年利率，认识这一概念对于选择信用政策有重要作用。

【例 12-3】某供应商向你提供“2/15，净 45”的信用政策，如果你购买了 1 200 元的商品，有效年利率是多少？

【解】期限日=45-15=30（天）

每年期限=365÷30=12.16667

30 天利率=（0.02×1 200）÷［（1-0.02）×1 200］=0.02041

有效年利率=［（1+0.02041）$^{12.16667}$-1］×100%=27.88%

2. 在应收账款管理中使用计算机

一个运行良好的公司会使用计算机系统去记录销售、发送账单、跟踪支付情况、提醒信用经理什么时候账户过期，确保过期账户的收账。此外，可以总结每个顾客的支付历史来帮助建立顾客的信用以及对顾客进行分类，整合每个账户的数据，使用公司的应收账款监控系统等。最后，可以在公司的数据库中储存历史数据，研究信用政策的变化，我们将在下面讨论这个问题。

12.3 信用政策修改

放松信用政策将刺激销售。如果公司放松信用政策，它的销售额将会上升，具体可以通过以下几种方式：延长信用期限、降低信用标准、削弱收款力度或者提供现金折扣。当然，如果放松信用政策，销售额上升，相应成本也会上升，因为销售额的上升引起劳动力、原材料的消耗。应收账款的突然上升，会导致成本的上涨，坏账和折扣费用也有可能增加。决定是否对信用政策进行修改的关键是对收益与成本进行权衡分析。

【例 12-4】某公司目前仅采取现金销售政策。公司每月以每件单价 40 元的价格销售 50 单位。每单位的每件可变成本为 22 元。公司认为，如果信贷政策转变为净 30，销售量将增加至每月 80 单位。每月的利率是 0.5%。那么如果现金销售转变为信贷销售，净现值是多少？

【解】$NPV=-[(PQ+v(Q'-Q)]+\dfrac{(P-v)(Q'-Q)}{R}$

$=-[40\times50+22\times(80-50)]+\dfrac{(40-22)\times(80-50)}{0.005}$

$=-(2\,000+660)+108\,000=105\,340$（元）

如果修改信用政策增加的收益还不足以弥补费用的上升，那么就没有修改信用政策的必要。一方面，放松信用政策会刺激消费，但如果增加销售引起的费用上涨部分超过所带来的利益，那么就没有必要修改。另一方面，紧缩信用政策总地来说会导致销售萎缩，但是节约成本有可能超过损失的收入，这时就可以修改信用政策。

某公司 2017 年的应收账款的平均回收期是 43.2 天，比它限定的信用期限长 13.2 天，比行业平均时间长 11.1 天。在 2018 年也没有好转的现象，某公司考虑是否应该修改信用政策以缩短资金平均回收时间，有以下几种措施可供某公司选择：（1）提高信用顾客的标准；（2）对拖欠债务的账户施加压力；（3）修改信用条款，鼓励顾客迅速付款。无论是提高信用标准还是对拖欠债务账户施加压力，结果都会导致某公司销售额的下降。另一方面，如果某公司修改信用条款，提供更高的现金折扣鼓励顾客尽早付款，那么总销售额就会上升。

某公司财务总监建议公司修改现行的资金回收策略和信用批准标准，以缩短公司自己的回收期。建议的第一部分要求某公司的资金回收部门迅速将账单交付顾客，对拖欠的账户施加更大的压力，这种强硬的资金回收政策要求某公司在资金回收上花费更多的精力，财务总监估计这种方式会使每年的资金回收成本增加 60 万元。建议的第二部分要求信用经理适当提高现有的信用标准，信用管理部门更加频繁地考察信用顾客的资金情况，暂时吊销习惯性拖欠债务顾客的信用。财务总监希望更严格的信用标准和更仔细的客户资金评估有助于减少那些习惯性长期拖欠债务的顾客数量，例如超过应付账款期限 90 天或更长的顾客。即使某公司有一批忠实的顾客基础，对现有信用政策的修改也会导致部分顾客流向竞争对手。由于信用政策修改导致的信用销售损失，财务总监估计每年将达到 200 万元，损失略低于 2017 年净销售额总量的 0.125%。由于信用政策的修改会对有良好信誉的顾客产生一定影响，财务总监不希望享有现金折扣待遇的顾客数量受到影响。除了考虑在销售上的损失外，提高信用标准也会导致对顾客是否达到要求的评价费用上升，因为这要求公司对顾客的财务情况进行更详细的调查，估计增加的年评估费用为 40 万元。

如果对信用政策修改的建议被采用，财务总监估计应收账款平均回收期将从现在的 43.2 天下降到 35.6 天。这同某公司提供的信用期限（30 天）更加一致，也趋于行业的平均时间 32.1 天。此外，一旦资金的回收期缩短，在途的应收账款也相应减少，这就意味着应收账款占用的流动资金下降。某公司现行信用政策和修改后的信用政策的相关信息见表 12-1。

表 12-1　**某公司现行和修改后信用政策下 2019 年销售预期**　金额单位：百万元

项　目	现行信用政策	修改后信用政策
信用条款	2/10，净 30	2/10，净 30
信用销售总额	1 656.6	1 654.6
信用销售净额	1 650	1 648
可变成本率（销售总额）	81%	81%
坏账	0	0
信用评估和账款回收费用	16	17
应收账款平均回收期（DSO）	43.2 天	35.6 天

某公司是否应该采纳财务总监的建议？为了解决这个问题，我们需要对改变现有信用政策进行边际成本与效益分析，看修改政策是否比现行政策更有利。如表 12-1 所示，年预期销售下降 200 万元，信用评估和账款回收费用增加 100 万元（60+40），总计税前收入减少 300 万元。如此看来，仿佛没有修改现行信用政策的必要。考虑到另一方面，减少销售的同时生产费用也会削减，信用政策的修改也会促使资金回收期的缩短，如果销售下降 200 万元，根据可变成本率，同时可节省变动成本 162 万元。信用销售的下降和资金回收期的缩短都会促使应收账款在流动资金中的比例下降，这时应收账款的营运费用也会降低。

为计算营运费用，我们需要知道某公司在应收账款上的投资和这些投资的成本。某公司在应收账款上的投资就是以信用销售出去还没有收到货款的这部分货物的成本。

应收账款投资=平均应收账款×可变成本率

=应收账款平均回收期×每天销售额×可变成本率　　(12-2)

公式计算的是应收账款占用的资金，所以只有货物的可变成本被计入。可变成本表示公司对销售货物的资金投入，在财务中是必须统计的。对某公司来说，现行信用政策与修改后信用政策下的应收账款投资额分别如下：

应收账款投资额（现行）=43.2×（1 656.6÷360）×81%=161（百万元）

应收账款投资额（修改后）=35.6×（1 654.6÷360）×81%=132.5（百万元）

一旦应收账款的投资额计算出来，我们就可以计算出它们的营运成本，即如果我们把它们投资到别的地方将要获得的收入。

应收账款营运成本=应收账款投资×资本机会成本

$=DSO\times(S\div360)\times V\times K_{AR}$　　(12-3)

式中：DSO 为应收账款平均回收期；S 为销售额；V 为可变成本率；K_{AR} 为应收账款所占用资本的机会成本。

因此，如果某公司在应收账款上投入资金的机会成本是 8%，那么现行和修改后信用政策下的应收账款营运成本分别是：

应收账款营运成本（现行）=161×8%=12.9（百万元）

应收账款营运成本（修改后）=132.5×8%=10.6（百万元）

如果修改后信用政策的建议被采纳，应收账款的投资将从现在的 16 100 万元下降到 13 250 万元，相应地，应收账款营运成本从 1 290 万元下降到 1 060 万元，可以节约费用 230 万元。

我们的分析表明，如果财务总监关于修改信用政策的建议被采纳，某公司税前收入将下降 300 万元，其中 200 万元是销售损失，100 万元是信用评估和应收账款回收方面增加的费用。在销售额下降的同时，伴随着 162 万元可变成本的节约（销售额下降，200×81%），而且应收账款的投资减少也会为公司节省 230 万元的应收账款营运成本，总计可以降低成本 392 万元。由于节约费用超过修改信用政策的全部成本，所以建议应该被采纳。

表 12-2 总结了我们刚才分析的结果，这也是信用政策分析的通用方法。该结果建立在税后基础上，假设某公司的边际税率为 40%。

表 12-2 **某公司信用政策改变的分析** 单位：百万元

项　目	现行信用政策	修改后信用政策	改变后效应
信用销售总额	1 656.6	1 654.6	（2.0）
现金折扣	（6.6）	（6.6）	0.0
净销售额	1 650.0	1 648.0	（2.0）
商品销售的成本变量	（1 342.0）	（1 340.2）	1.8
坏账	0.0	0.0	0.0
信用评估和收账成本	（16.0）	（17.0）	（1.0）
应收账款的持有成本	（12.9）	（10.6）	2.3
可变成本和信用成本的净收益	279.1	280.2	1.1
税款（40%）	（111.6）	（112.1）	（0.5）
税后收益	167.5	168.1	0.6

某公司提供的信用条款是 2/10，20% 的顾客可以取得 2% 的现金折扣，所以总的现金折扣是 6.6 百万元（1 656.6×20%×2%）。两种信用政策下，这一价值量是相同的。

所有信用政策改变的混合效用是使得年税后收益增长了 60 万元，这表明某公司的信用政策的改变是对其有利的。当然，资产负债表也要做相应的改变——销售额低的情况下有必要减少货币资金和存货。在分析中要认真考虑这些改变和其他的任何改变。我们这里讨论的只是与信用政策的改变决策相关的变化，包括以前讨论的和在表 12-2 中分析的。

当然，我们预计的是取得 60 万元的税后收益，但是，实际改变的效果可能与我们估计的完全不同。首先，存在许多不确定性。如销售下降 200 万元，如果某公司的竞争对手对于其信用政策的改变采取相应的对策，那么对于销售的影响将会明显不同。同样的不确定性还有愿意取得折扣的顾客的数量、不同销售水平的生产成本、应收账款的持有成本、坏账损失等。表12-2的分析为某公司的经理提供了考虑信用政策的变化对于公司利润表和资产负债表的影响的媒介。然而，由于顾客对于信用政策改变的反应大相径庭，所以必须在决策中考虑大量的因素。当然，大量的分析是好的信用决策的出发点。

12.4　存货管理

本书围绕着存货管理的目标，建立和应用了各种有效的存货管理方法和制度。

12.4.1　存货的概念和成本

存货，是指企业在日常活动中持有的以备出售的产成品或商品、处在生产过程中的在产品、在生产过程或提供服务过程中耗用的材料和物料等。

要想持有一定数量的存货，必然有一定量的成本支出。存货的主要成本有以下三种：

1. 储存成本

储存成本是指存货在储存过程中发生的费用，包括存货占用资金所计的利息（若企业用库存现金购买存货，便失去将其存放在银行或投资于有价证券应取得的利息，视为“放弃利息”；若企业借款购买存货，便要支付利息费用，视为“付出利息”）、仓库费用、保险费用、存货破损和变质损失等，它一般都会随着平均存货量的增加而增加。

2. 订货成本

订货成本是指从发出订单到收到存货整个过程中所付出的成本，如订单处理成本（包括办公成本和文书成本）、运输费、保险费以及装卸费等。订货成本有一部分与订货次数无关，称为订货的固定成本；另一部分与订货次数有关，称为订货的变动成本。订货成本与订货次数有关。

3. 缺货成本

缺货成本又称亏空成本，是指由于存货供应中断而造成的损失，包括材料供应中断造成的停工损失、产成品库存缺货造成的拖欠发货损失和丧失销售机会的损失（还应包括需要主观估计的商誉损失）等；如果生产企业以紧急采购代用材料来解决库存材料中断之急，那么缺货成本表现为紧急额外购入成本（紧急额外购入的开支会大于正常采购的开支）。

缺货成本能否作为决策的相关成本，应视企业是否允许出现存货短缺的不同情形而定。若允许缺货，则缺货成本便与存货数量反向相关，即属于决策相关成本；反之，若企业不允许发生缺货情况，此时缺货成本为零，也就无须加以考虑。

12.4.2　经济订货批量

1. 经济订货批量概述

经济订货批量（economic order quantity，EOQ）是固定订货批量模型的一种，可以用来确定企业一次订货（外购或自制）的数量。当企业按照经济订货批量来订货时，可实现订货成本和储存成本之和最小化。

2. 基本模型

经济订货批量模型是目前大多数企业最常采用的货物订购方式。该模型适用于整批间隔进货、不允许缺货的存储问题，即某种物资单位时间的需求量为常数D，存储量根据单位时间消耗数量 D 的增加而逐渐下降，经过时间 T 后，存储量下降到零，此时开始订货并随即到货，库存量由零上升为最高库存量 Q，然后开始下一个存储周期，形成多周期存储模型。

该模型中需要做出的主要假设有：①已知全部需求的满足数；②已知连续不变的需求速率；③已知不变的补给完成周期；④购买数量或运输价格不存在折扣；⑤不限制计划制订范围；⑥多种存货项目之间不存在交互作用；⑦没有在途存货；⑧不限制可得资本等。不过，通过计算上的延伸，可以克服这些假设强加的限制。总而言之，EOQ 概念说明了与存储成本和收购成本有关的优选问题的重要性（如图 12-1 所示）。

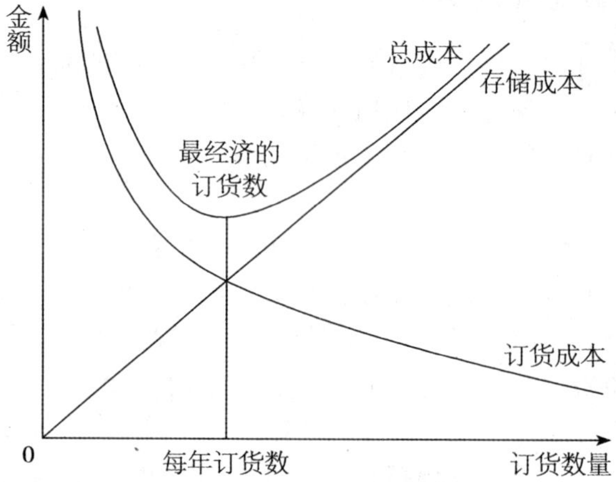

图 12-1 经济订货批量下的存货总成本

$$存货总成本（TIC）=存储成本（TCC）+订货成本（TOC） \tag{12-4}$$

$$TIC=H\times\frac{Q}{2}+\frac{FS}{Q} \tag{12-5}$$

式中：Q 为经济订货批量；F 为每次订货的固定成本；S 为年需要量；H 为单位存货的年保管费用。

这里 F 与 H 必须单位相同，总成本曲线呈 U 形，并在存储成本与订货成本相等的订货批量处达到最小值。

$$Q=\sqrt{\frac{2FS}{H}} \tag{12-6}$$

【例 12-5】某企业每年耗用甲材料 7 200 千克，该材料单位成本为 20 元，单位储存成本为 2 元，一次订货成本为 50 元。计算该企业的经济订货批量、相关储存成本、相关订货成本和与批量相关的存货总成本。

【解】$Q=\sqrt{\frac{2FS}{H}}=\sqrt{\frac{2\times50\times7\,200}{2}}=600$（千克）

也就是说，当每次订货 600 千克时，成本最低。

经济订货批量的相关储存成本$=\frac{600}{2}\times2=600$（元）

经济订货批量的相关订货成本$=\frac{7\,200\times50}{600}=600$（元）

与批量相关的存货总成本=600+600=1 200（元）

12.4.3　再订货点

1. 概述

再订货点是用来明确启动补给订货策略时的货品单位数。一旦存货量低于再订货点即补给订货。当需求量或完成周期存在不确定性的时候，须使用合适的安全库存来缓冲或补偿不确定因素。计算公式如下：

再订货点=采购提前期消耗量+安全库存

2. 基本模型

企业为了保证生产经营活动的顺利进行，必须提前若干天购入存货，提前的天数就是订货提前期。一般情况下，订货提前期应等于交货天数。在提前进货的条件下，企业再次发出订货单时尚有存货的库存量，就是再订货点。一般情况下，在考虑到保险库存时，再订货点（R）的数量应等于交货时间（L）与平均每日需求量（d）之积再加上保险储备量（B）。再订货点模型的表达式为：

$$R=d\times L+B \qquad (12-7)$$

这一含有保险储备的再订货点模型在公司的存货管理和控制中很有用处，是公司应发出订单的一个信号。

【例 12-6】已知某制造企业与库存有关的信息如下：年需求量为 30 000 单位（假设每年 360 天）；购买价格为每单位 100 元；公司希望的保险储备量为 750 单位；订货成本每次 60 元；订货至到货的时间为 15 天；订货数量只能按 100 的倍数（四舍五入）确定。求再订货点。

【解】$R=d\times L+B=\frac{30\,000}{360}\times 15+750=2\,000$（单位）

12.4.4　存货控制

存货控制是实施一项存货政策的机械程序。存货控制的责任是要测定特定地点现有存货的单位数和跟踪基本存货数量的增减。这种测量和跟踪可以手工完成，也可以通过计算机技术完成。其主要的区别在速度、精确性和成本方面。

存货控制本身不能产生利润，但用减少管理费用和劳务费用的方法，可达到开源节流的目的，仍然可以产生效益。存货控制的目的是：（1）达到最经济的订购量；（2）在最适当的时间订购物料；（3）把存货量控制在一个适当的范围内。

简言之，存货控制的目的是配合生产，以最少的费用维持对生产或客户的服务。

存货控制的方法如下：

1. ABC 法

ABC 法就是把品种繁多的存货，按其重要程度、消耗数量、价值大小、资金占用等情况，进行分类排队，然后采用不同的管理方法，做到抓住重点，照顾一般。

例如，某企业存货的品种很多，按其所占资金大小排队，可分为 ABC 三类：A 类存货，品种占 10%，资金占用 65%；B 类存货，品种占 35%，资金占用 25%；C 类存货，品种占 55%，资金占用 10%。

根据分类，该企业存货管理的主要精力应放在 A 类存货上，对其实行严格的控制，进行详细计算、记录和经常检查；B 类存货，实行一般控制、一般记录、定期检查；C 类存货，实行简单控制、一般记录、必要时检查。

2. JIT 法

JIT（just in time）也叫及时管理，是日本丰田汽车公司在 20 世纪 60 年代实行的一种生产方式。1973 年以后，这种方式对丰田公司度过第一次能源危机起到了突出的作用，后引起其他国家生产企业的重视，并逐渐在欧洲和美国的日资企业及当地企业中推行开来。现在这一方式与源自日本的其他生产、流通方式一起被西方企业称为“日本化模式”。

在 JIT 生产方式倡导以前，世界汽车生产企业包括丰田公司均采取福特式的“总动员生产方式”，即一半时间是在等待零件，另一半时间是等零件一运到，全体人员总动员，紧急生产产品。这种方式造成了生产过程中的物流不合理现象，尤以库存积压和短缺为特征，生产线要么不开机，要么一开机就大量生产，导致了资源的严重浪费。丰田公司的 JIT 在这种情况下问世了，它采取的是多品种少批量、短周期的生产方式，大大降低了库存，优化了生产物流，减少了浪费。

JIT 生产方式的主要目的是使生产过程中物品（零部件、半成品及制成品）有秩序地流动并且不产生物品库存积压、短缺和浪费，因此有几个关键的做法，即生产流程化、作业均衡化、广告牌管理。在所有的做法中，改进物流均衡化是中心任务之一。

但是，从理论上来看，JIT 是很适合多品种小批量生产的，而在现实中却很难做到这一点。JIT 在高科技和汽车行业被广泛采用，即只在需要的时候才运送零部件和原材料进行生产制造。全球很多生产商还在近些年减少供应商数量，以便从合作的供应商那里获得折扣。如果供应商群体在规模变小后无法发货，那么这样做就形成了风险。尤其是当日本发生自然灾害事件以后，就出现了对 JIT 法的反思。在全球产业链分工日益精细的今天，日本的自然灾害让更多跨国公司意识到必须正视这一问题。有供应链咨询公司称：“更大的风险和供应链断裂的危险，正在以疯狂的速度向我们袭来，准备好详细的应变计划对于进行全球制造的公司来说都是非常有必要的。”

美国富国银行的全球经济学家斯考特·安德森（Scott Anderson）说：“在全球供应链里，大量的零部件都是通过外包的方式在世界各地进行生产的。一个零件的供应出了问题，整个生产流程都会受到拖累，甚至被迫陷入停顿。”2011 年 3 月 11 日，里氏 9.0 级“东日本大地震”在日本东北地区发生。由于日本在全球供应链体系中所处的特殊地位，一旦其遭受自然灾害的打击，那么全球供应链就会变得非常脆弱。

目前，跨国公司设立生产企业、研发中心，也都是按照各个地区的优势来布局的。跨国公司反思全球采购、全球分工的生产模式，但调整并不可能一蹴而就。学术界认为，这一反思的最大好处在于，它不会是国际分工的倒退，而是国际分工的进一步加强，让全球供应链更富有弹性，能够有力地分散风险。流行多年的 JIT 模式，未来可能会被各种“以防万一”（just in case）的措施所取代。跨国制造企业必须要建立新的观念：考虑到极端状况，制造企业必须有缓冲措施。要让供应链牺牲一部分效率，换取更强大的应变能力。

本章小结

（1）公司的信用政策包含以下四个方面：①信用标准，指可接受信用的顾客的最低的财务能力和不同顾客的信用金额。②信用条款，指信用销售的条件，如给予买方支付货款的时间期限以及是否有折扣。③收账政策，指宽松或严格的收账方式。④监管功能，指定期评估应收账款和顾客的支付模式，以确保信用政策被正确执行，以及决定是否有必要改变信用政策。

（2）5C系统：①Character，指顾客还债的可能性。②Capacity，是对顾客支付能力的主观判断。③Capital，是对顾客财务状况的分析。④Collateral，指的是顾客为了取得信用而提供的以示安全的资金。⑤Condition，指的是能够影响顾客还债能力的总的经济趋势和特定地区或部门的特殊发展情况。

（3）信用经理使用多重判别式分析法，利用下面的等式评价信用顾客的未来信用价值：

信誉得分=3×期间利息所得率+5.2×信誉度−1.8×负债率+2.5×从事该行业年数

（4）信用管理包括：信用条款、信用期限、信用折扣和收账政策。

（5）平均日销售额（ADS）=年销售额÷360

应收账款投资=平均应收账款×可变成本率=应收账款平均回收期×每天销售额×可变成本率

应收账款营运成本=应收账款投资×资本机会成本=DSO×（S÷360）×V×K_{AR}

（6）要想持有一定数量的存货，必然有一定量的成本支出。存货的主要成本有以下三种：储存成本、订货成本、缺货成本。

（7）缺货成本又称亏空成本，是指由于存货供应中断而造成的损失，包括材料供应中断造成的停工损失、产成品库存缺货造成的拖欠发货损失和丧失销售机会的损失（还应包括需要主观估计的商誉损失）等。

（8）经济订货批量是固定订货批量模型的一种，可以用来确定企业一次订货（外购或自制）的数量。当企业按照经济订货批量来订货时，可实现订货成本和储存成本之和最小化。

存货总成本（TIC）=存储成本（TCC）+订货成本（TOC）

$$TIC=H\times\frac{Q}{2}+\frac{FS}{Q}$$

这里的F与H必须单位相同，总成本曲线呈U形，并在储存成本与订货成本相等的订货批量处达到最小值：

$$Q=\sqrt{\frac{2FS}{H}}$$

（9）再订货点=采购提前期消耗量+安全库存

（10）企业为了保证生产经营活动的顺利进行，必须提前若干天购入存货，提前的天数就是订货提前期。再订货点模型的表达式为：

$$R=d\times L+B$$

基本训练

◆ 简答题

1. 何为信用标准?

2. 举例说明如何进行应收账款管理。

3. 如何计算经济订货批量? 该模型的使用条件有哪些?

4. 如何计算再订货点?

5. 股票价格上涨, 价值来自何方? 股票价格下跌, 价值消失在何方?

◆ 本章思考

美国信用评级

2011 年 7 月 31 日, 白宫及国会中的共和党人达成一项协议, 提高现有的 14.29 万亿美元的债务上限, 并在 10 年内削减 2.1 万亿美元至 2.4 万亿美元的赤字。这份协议没有实现一些白宫官员和国会领导人此前努力争取的 4 万亿美元的一揽子计划。共和党人拒绝增税, 民主党人反对大幅削减医保预算, 这两个因素最终令达成一个更大规模协议的希望破灭。

这份规模被缩减的妥协方案反映了有关各方在 2011 年 8 月 2 日之前达成政治共识的最后一搏。如果到了 8 月 2 日还未达成协议, 那么无论是偿还债务还是支付社会保障金, 美国政府都可能囊中羞涩。一个不幸的征兆是, 标准普尔公司此前曾警告说, 美国想要保住 AAA 信用评级, 必须达成一个 4 万亿美元的一揽子计划。美国的 AAA 信用评级已经保持了 70 年。

2011 年 4 月, 比尔斯和其他标普高管与盖特纳等人会面, 催促美国拿出减赤计划细节。标普高管认为, 他们对美国财政问题的看法非常透明。英国等其他有着 AAA 评级的国家早已采取了大胆的减赤措施, 而美国没有这么做。这是他们对评估的所有 126 个国家都要重复进行的过程。最终, 他们决定将美国债务评级从 AAA 降至 AA+。标普致电美国财政部, 向其转达了评级下调的消息, 半小时后他们通过电子邮件向美国财政部发了一份草拟新闻稿的副本。

这封电子邮件惊扰了奥巴马政府。在美国财政部的办公楼里, 一群官员逐字逐句地分析标准普尔的新闻稿。只用了几分钟时间, 毕洛斯就从标准普尔的新闻稿中看出了明显的错误: 标准普尔用于支持其下调评级决定的一个基本判断是, 美国财政赤字的增长速度要比许多分析人士所预测的快得多。事实上, 这一判断只是国会预算办公室对美国财政赤字前景的一种"选择性"设想, 而不是一种更加标准的前景预判。由于财政部官员们认为标普下调美国债务评级是因为美国国会达成的预算削减协议所承诺的预算削减额比标普认为适当的数额少 2 万亿美元, 因此他们认为自己新发现的这一破绽可以推翻标普的结论。

这些财政部官员将自己的发现告知了标普、盖特纳和白宫。标普这一具有历史意义的决定现在面临着考验。标普的管理人士感到震惊, 他们打电话给国会预算办公室的一位分析师以征求他的看法。标普迅即采用了对美国财政赤字更为保守的预测。财政部官员们敦促标普推迟几天做出下调美国债务评级的决定, 再多花些时间仔细考虑一下。

财政部和白宫官员们紧张不安地等待着结果。在几个小时的时间内, 他们的心情将经历从失望到厌恶，最终到不可置信的转变。

标普的管理人士们认定，尽管调整了对美国财政赤字前景的预测，但依然应当下调美国的债务评级。但他们改变了下调美国评级的重要理由，不是因为美国承诺的赤字削减规模不够大，而是强调华盛顿存在功能紊乱的政治文化。在他们看来，美国要想成功应对人口老龄化和医疗保健成本问题，达成这种协议是至关重要的。美国人口老龄化的速度和医疗保健成本的增长速度未来10年会超过通货膨胀率。

比尔斯打电话给美国财政部，告知标普即将宣布下调美国债务评级的决定。财政部官员们对此表示抗议。30分钟后，标普这份具有历史意义的新闻稿传遍了全世界。

资料来源 PALETTA D，NEUMANN J，LEE C E. 美国债务评级遭下调始自一个电话［N］. 华尔街日报：中文版，2011-08-08.

财务管理第十二黄金定律

第13章　现金和有价证券

学习目标

◆ 重点掌握现金的定义及用途、目标现金持有量的确定方法、现金的日常管理、现金管理模型。

◆ 掌握浮游量的定义、成本计算及管理。

◆ 了解影响现金管理的因素，如何加快收账的速度。

引例

如今，在餐厅里就餐，服务员会问用支付宝还是微信支付，最后才是选择现金支付。而在3年前，人们的首选是现金支付，从科技的角度来看，这可能是在中国发生的最重要的创举之一，在西方的人或许很难相信和理解，运用支付宝和微信对中国人的生活有多重要。2016年，中国移动支付的数额达到了5.5万亿美元，是美国的50倍左右。一位美联社的记者通过自己在上海生活用没用手机支付的便利与不便利的亲身经历，说这已经成为中国城里人默认的生活方式。每个品牌都要接入这个系统中，甚至街头艺人也会挂出二维码来收打赏。中国的这种快速变化让一些在中国的西方记者也始料不及。一些新闻人士认为，要想抓住中国的市场机会，不能只看总体市场有多大，还要看竞争力与总体的实力。当西方人还在享受信用卡支付带来的便捷时，中国人已率先进入了移动支付的时代。无现金时代真的到来了吗？现金作为支付功能可能已被移动支付所取代，但取代现金的交易性、投机性和预防性功能仍尚需时日。（上述报道是《华尔街日报》一篇报道的核心内容）

13.1　现　金

现金，犹如企业的血液，失去了现金，再精妙的管理方案也会付诸东流。现金流是公司建设的基石，是企业成长所需的氧气，“现金为王”的意识已经灌输到每一个成功的企业之中。就像凯恩斯所说的，如果一家公司一味地追求利润和资产，而忽视现金管理，那么，“最后我们都会死去”。

1. 现金的定义

现金是指立即可以投入流通的交换媒介。它具有普遍的可接受性，可以有效地立即用来购买商品、货物、服务或偿还债务，因此是企业中流通性最强的资产。

现金的定义有广义和狭义之分。狭义的现金是从会计核算的角度出发，只包括库存现金。广义的现金既包含库存现金，还包括银行存款、支票和汇票、3个月内变现的有价证券等所有可以即时使用的支付手段。从财务管理的视角，现金的定义应该选择广义的解释。

2. 现金的用途

根据英国经济学家约翰·梅纳德·凯恩斯的观点，现金作为价值尺度体现了两种职能：一是交换媒介或支付手段；二是价值贮藏。因此，企业持有的现金主要满足日常经营过程中的交易性需要、投机性需要和预防性需要。

交易性需要是指企业持有的应付日常经营所产生的现金需求的资金。在企业日常经营中，现金流入和现金流出往往不同步。当流入量大于流出量时，形成置存现金；当流入量小于流出量时，则需要补充现金。因此，企业只有保持适当的现金结余，才能维持其业务活动正常、顺利进行。

投机性需要是指置存现金用于不寻常购买机会的需要。市场上各种商品及证券的价格随时发生变动，使人们产生了“为卖而买”的投机心理。当企业确信得到了有利的购买时机而需要动用现金时，必要的现金结存则是投机者不失时机操作的保证。例如，遇到廉价原材料或其他资产供应的机会时，便可利用手头现金大量购入，或在适当时机购入价格有利的股票和其他有价证券以投机获利等。

预防性需要是指企业为应付意外现金需求而保留的资金。企业在经营过程中有时会发生预料之外的开支，从而使现金流量具有一定的不确定性。企业现金流量的不确定性越大，预防性现金的数额也就越大；反之，企业现金流量的可预测性强，预防性现金数额则可以小些。当然，预防性现金数额的多少与企业的借款能力有关。如果企业有能力随时筹措短期资金，也可以减少预防性现金的数额；若筹资能力有限，则应增加预防性现金数额。如航空公司的现金流不确定性较高，天气情况、燃料价格等因素使其现金预测十分困难，因此，航空公司要求持有一部分现金以预防意外发生。这部分资金只占企业现金库存量极小的份额。

例如，在1997年亚洲金融危机的特殊时期，福特、克莱斯勒和通用汽车公司都声称它们需要保留庞大的现金数量，以应付万一到来的经济不景气（见表13-1）。福特所持有的巨额现金中有一部分是为了投机，因为福特当时是试图收购韩国的起亚汽车公司的竞标方之一，如果收购成功，福特希望用现有的现金来完成这一业务。

表13-1　**1997年年底三大汽车公司的持有现金动机**　单位：亿美元

公　司	现金持有量	目　的
克莱斯勒	71	预防经济不景气
通用	145	预防经济不景气
福特	208	预防经济不景气
		收购韩国的起亚汽车公司

13.2　浮游量

13.2.1　浮游量的定义

企业存款账户上的存款余额，叫账面余额；银行账簿上的企业存款账户余额，叫可用余额。浮游量是指企业存款账户上存款余额和银行账簿上企业存款账户余额之间的差额，也就是企业和银行之间的未达账项，这是由于账款回收程序中的时间差异造成的。计算公式如下：

浮游量=可用余额-账面余额 （13-1）

13.2.2 收款浮游量与付款浮游量

企业收到/开出支票的时间和银行兑付现金的时间差异，会对浮游量产生不同的影响。

1. 收款浮游量

它是企业作为收款人产生的收款浮游量，是由开户银行登记存款增加的时间比企业收到票据的时间晚所引起的，是对企业不利的浮游量。如果企业收到支票，就会产生收款浮游量。收款浮游量直接增加了账面余额，但却不会立即改变可用余额。

【例 13-1】3 月 1 日 ABC 公司的银行存款的账户余额是 50 000 元，浮游量是 0。收款浮游量是多少？

【解】在 3 月 1 日之前：

收款浮游量=可用余额-账面余额=50 000-50 000=0

3 月 2 日 ABC 公司收到一张 50 000 元的支票，到期日是 3 月 9 日。在支票到期日之前，ABC 公司持有支票，但是并没有提交到银行，因此 ABC 公司并不能使用这 50 000 元。那么，在 3 月 2 日至 3 月 9 日之间：

收款浮游量=可用余额-账面余额=50 000-（50 000+50 000）=-50 000（元）

3 月 9 日 ABC 公司将支票提交到银行，账面余额和可用余额再次达到一致，浮游量为 0。

收款浮游量=可用余额-账面余额=（50 000+50 000）-（50 000+50 000）=0

2. 付款浮游量

它是企业作为付款人产生的支出浮游量，是由款项被银行划转的时间比支票签发时间晚所引起的，是对企业有利的浮游量。如果企业开出支票，就会产生付款浮游量。付款浮游量减少了账面余额，但却不会立即改变可用余额。

【例 13-2】3 月 9 日 ABC 公司的银行存款的账户余额是 100 000 元，浮游量是 0。付款浮游量是多少？

【解】在 3 月 9 日之前：

付款浮游量=可用余额-账面余额=100 000-100 000=0

3 月 10 日 ABC 公司购买了一台设备，并支付了一张 50 000 元的支票，到期日是 3 月 17 日。在支票到期日之前，供货方持有支票，但是并没有提交到银行，因此供货方并不能使用这 50 000 元。那么，在 3 月 10 日至 3 月 17 日之间：

付款浮游量=可用余额-账面余额=100 000-（100 000-50 000）=50 000（元）

3 月 17 日供货方将支票提交到银行，ABC 公司账面余额和可用余额再次达到一致，浮游量为 0。

付款浮游量=可用余额-账面余额=（100 000-50 000）-（100 000-50 000）=0

3. 净浮游量

从上面的例子可以看出，企业收到支票会产生收款浮游量，开出支票会产生付款浮游量。总收款浮游量与总付款浮游量的和，就是净浮游量。如果总收款浮游量大于总付款浮游量，可用余额就小于账面余额，公司有净收款浮游量；如果总收款浮游量小于总付款浮游量，可用余额就大于账面余额，公司有净付款浮游量。但是，在任何时候，净浮游量都是可用余额和账面余额的差额。

13.2.3　浮游量计算

汇票等票据必须经过特定的结算程序，因此任何企业都会不可避免地产生浮游量。浮游量的大小取决于收付款的时间和票据金额。

1. 收付款时间

从票据结算程序看，结算时间可以分为三部分：（1）邮寄时间，是指开出票据并邮寄的时间；（2）处理时间，是指供应商收到票据、内部审核入账并提交银行的时间；（3）到账时间，是指银行将款项从付款方账户划转到收款方账户的时间。

由此可知，支出浮游可划分为寄交浮游、处理浮游和清算浮游。企业可根据条件测算出浮游天数和浮游量。如某企业支付原材料货款，支票签发和寄交供应商要 2 天，供应商内部处理要 1 天，银行间办理清算要 1 天，则支出浮游总天数为 4 天。收付款时间管理实质就是对以上结算时间的控制。

2. 计量浮游量

浮游量的计量主要有两种方法：一是直接计算日均浮游量；二是通过日均收款指标间接计算日均浮游量。

【例 13-3】ABC 公司 4 月收到两笔款项，见表 13-2。

表 13-2　**ABC 公司 4 月的收款浮游量**　金额单位：元

时间	支票金额	收款浮游量	邮寄时间（天）	处理时间（天）	到账时间（天）	总浮游量
1 日	100 000	100 000	3	1	2	600 000
5 日	30 000	30 000	2	1	2	150 000
合计	130 000	130 000				750 000

【解】首先看直接计算日均浮游量的方法：

4 月 1 日的收款浮游量是 100 000 元，一共占用 6 天（3+1+2）时间，所以总浮游量是：100 000×6=600 000（元）。假设一个月是 30 天，则日均浮游量是：600 000÷30=20 000（元）。

4 月 5 日的收款浮游量是 30 000 元，一共占用 5 天（2+1+2）时间，所以总浮游量是：30 000×5=150 000（元）。假设一个月是 30 天，则日均浮游量是：150 000÷30=5 000（元）。

4 月份日均浮游量=20 000+5 000=25 000（元）

另一种算法是：

4 月份日均浮游量=总浮游量÷总天数　（13-2）

=（100 000×6+30 000×5）÷30=25 000（元）

现在我们用日均收款指标来间接计算日均浮游量。

日均收款=总收款÷总天数=130 000÷30=4 333.33（元）

在 130 000 元的票据中，100 000 元的结算时间是 6 天，30 000 元的结算时间是 5 天，因此，加权平均的结算时间是：

加权平均结算时间=（100 000÷130 000）×6+（30 000÷130 000）×5=4.62+1.15=5.77（天）

所以，4 月份日均浮游量是：

4 月份日均浮游量=日均收款×加权平均结算时间 (13-3)

=4 333.33×5.77=25 003（元）

13.2.4 浮游量的成本

由于存在支票的结算时间，总会有收款浮游量的存在，这一部分现金在到账之前不能用于其他投资机会。因此，收款浮游量的成本是指企业不能使用现金的机会成本。

浮游量的成本=收款浮游量×投资报酬率 (13-4)

式中：投资报酬率表示因为收款时间推迟的机会成本率，每个企业的筹资成本不同，对应的投资报酬率也不同。

财务经理应该准确预测现金浮游量，有效利用时间差，提高现金的使用效率。但是，财务经理不仅要考虑浮游量成本，还应该考虑消除浮游量的成本，这样才能做出合理的职业判断。

【例 13-4】假定 ABC 公司的日均收款为 1 000 元，加权平均结算时间是 5 天，因此，日均浮游量是 5 000 元。这就意味着，ABC 公司每天有 5 000 元不能用于其他投资。如果采取一定的措施，票据结算时间可以降低到 3 天。财务经理愿意支付的成本是多少？

【解】如果票据结算时间是 3 天，则日均浮游量是 3 000 元，浮游量消除了 2 000 元。因此，财务经理最多愿意支付 2 000 元的成本来提高资金使用效率。如果消除浮游量的成本超过 2 000 元，对财务经理而言，就是不合适的。

13.2.5 浮游量的未来

由于金融机构之间以及金融机构和企业之间传递信息的效率较低，支票、汇票等一直是最主要的商业交易支付方式，票据的签发、周转程序拉长了资金结算时间。以收账为例，企业收账时间取决于三个关键的时期：票据的邮寄时间、处理票据的时间、银行转账时间。这三个时间段的长短决定了收款浮游量的大小（如图 13-1 所示）。

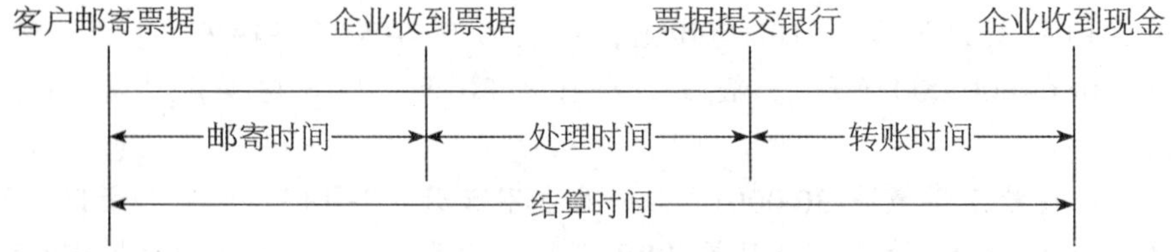

图 13-1 企业票据收账时间图

电子数据交换（electronic data interchange，EDI）的出现，颠覆了传统的票据结算程序。EDI 是指利用电子系统在交易各方之间传递财务信息和资金，不再需要传统的纸质媒介（如支票、汇票），从而消除了票据的邮寄及处理时间。

利用 EDI，卖方直接通过电子媒介把账单传递给买方，避免了邮寄流程，同样，买方也通过电子媒介来授权付款。买方银行得到授权后，把资金从买方账户转入卖方在其他银行的账户。EDI 使得一项商业交易所需要的时间大大缩短，企业账款结算时间也大幅度缩短，从而大大减少企业的收款浮游量。

随着电子商务和网络银行的出现，EDI 的应用范围日益广泛。票据不再是企业最愿意接受的结算媒介，除非企业迫于客观环境的限制。因此，买方通过推迟支付以利用付款浮游量的空间将越来越小，而卖方在EDI的帮助下，也不再需要专门考虑如何利用浮游量。不久的将来，浮游量在电子商务环境下将失去其存在的作用。

13.3　浮游量日常管理

浮游量日常管理的目的是防止现金的闲置与流失，保障资金的安全性与完整性，并且有效地发挥其功能，提高现金的收益率。由于浮游量的存在，财务经理将采取措施加速收款，延迟支付，集中现金加以运用。下面我们讨论一些在收账和付款环节常用的浮游量管理方法。

13.3.1　收款浮游量管理

1. 现金收账方式

企业的经营业务以及与客户的地理位置远近不同，决定了企业的收账方式也有所区别。

（1）销售当时收款。企业的业务性质很大程度上决定了收账方式。例如，超市、餐饮店等都是在销售的同时直接收到现金或者其他票据，就不存在邮寄的问题。

（2）预约授权付款。在这种方式下，收款的日期和金额都是确定的，当约定的日期到来时，银行就会自动把资金转到企业账户，也不存在邮寄的问题。

（3）邮寄票据结算。当企业的收款需要借助邮寄的票据时，结算时间的三个时间段都变得十分重要，收款浮游量将随着结算时间的拉长而变大。

2. 锁箱法

如果采用邮寄票据的方式结算，企业降低浮游量的最好方式就是锁箱法（lockbox system），以解决浮游量问题，加速现金回流。锁箱法是指企业在各主要城市租用专门的用来收取客户汇款的信箱，并开立分行存款户，授权当地银行每日开启信箱，在取得客户支票后立即予以结算，并通过电汇将资金转给企业所在地银行。

采用锁箱法，当地代理银行每天多次收集信箱中的票据，并把资金直接转账到企业所在账户，从而免去了公司收取票据、内部处理、票据送达银行的时间，降低了企业的收款浮游量，是西方企业加速现金流动的一种常用方法。但是，锁箱制度也有一定的缺点：一是需要在收款银行保持一定的存款余额；二是需要支付委托银行一定的服务费用。显然，所收取的支票金额越小，企业所负担的成本越高。

随着互联网的发展，国内外的一些公司开始使用“电子锁箱”。在电子锁箱中，客户利用电话或者互联网及他们的账户，例如通过某家银行的网上银行支付系统，查阅账单，并授权支付。电子锁箱法不需要纸单在交易的任何一方转手，比传统的账单支付方式方便很多。

3. 集中银行法

如果不需要邮寄，直接现金收账的话，企业可能需要很多不同的银行账户，众多分散的银行账户增加了收款浮游量。因此，管理收款浮游量最有效的方式就是实行集中银行法，把现金转移到企业的主要账户上，通过定期集中现金，减少现金周转的账户数目，大大简化了企业的现金管理幅度。更重要的是，通过现金集中，企业可以得到金额比较大的可用资金，财务经理或许可以寻找其他投资机会以获得更好的投资回报。

集中银行法是指在收款比较集中的若干个地区设立多个收款中心来代替通常只在公司总部设立单一的收款中心，并指定一个主要银行（一般是公司总部所在地银行）作为集中银行，以加快收账的一种方法。集中银行法可以大大缩短账单和款项的邮寄时间，缩短票据兑现的时间。集中银行法仍需要企业收取账单和内部处理，并送达银行，与锁箱法相比，缩短结算时间的优势并不太明显。因此，在实务中，财务经理往往把集中银行法和锁箱法结合使用，二者结合的关键是如何把资金集中到银行。资金的集中可以有多种选择，成本较低的就是存款划转支票，利用事先印好的支票，不需要签名，在同一公司的特定账户内部周转，钱款在一两天后就可以使用。成本最昂贵的划转方法就是电汇，能够提供当天生效的服务。介于二者之间的就是自动结算中心，划转的基本上是纸介质支票的电子版，资金隔天就可以使用。

13.3.2 付款浮游量管理

1. 付款控制

一般情况下，企业会采取一些措施使得付款浮游量达到最大化，延缓资金支付时间，缓解企业的资金支付压力。但是，付款浮游量的最大化也受到多种因素的影响，财务经理必须进行权衡，对付款方式进行适当的控制。

首先，财务经理必须考虑信用影响。如果财务经理过于关注付款浮游量，供应商就要承受较大的资金压力。浮游量的存在将会恶化交易双方之间的关系，影响企业在供应商心目中的地位和信用。

其次，财务经理要考虑经济成本。供应商为了及时收回货款，都会提供相当大的现金折扣政策，很多时候这些折扣比浮游量带来的收益要高。现金折扣如果高于浮游量，财务经理就完全没有必要一味执行浮游量政策。

2. 零余额账户

为了尽可能利用付款浮游量，同时又不影响交易各方的关系，财务经理总是尽量使银行中的存款余额不超过付账所需的最低金额。其中，零余额账户就是一个有效的管理支付手段。

零余额账户是指企业联合其他银行，保持一个主账户和一组子账户。当开出支票，对应的子账户需要付款时，资金就从主账户转入。在零余额制度下，企业保留两个支付账户，一个是用于支付供应商的款项，一个是用于支付工资。

如果不采用零余额账户，企业的每一个账户都必须有一个安全的资金余额，因而不必要地冻结了一部分资金。如果采用零余额账户，只需要主账户保留一个安全余额，以备不时之需。其他的子账户只是付款的一个支付账户，平时不需要保留资金余额。总体保留的现金余额越少，企业就可以有越多的资金用于其他投资机会。

零余额制度通过调整可用余额的大小，主动调整了浮游量，而且不影响对供应商按时支付资金，在当前的财务管理中，应用越来越广泛。

13.3.3 支付中心

收款浮游量通过一个集中银行消除浮游量的影响，付款浮游量通过主账户和子账户消除浮游量的影响，它们的共同特征是通过一个支付中心来实现浮游量管理。这也是当前企业集团通行的一种现金管理制度。

支付中心是根据企业集团财务管理和控制的需要在企业集团内部成立的。支付中心在协议银行开设基本结算账户（主账户），各分子公司统一在所在地的协议银行开立一个收入户和一个支出户（子账户）。主账户汇总设在协议银行的所有子账户的余额，使所有子账户的当天期末余额为零。如果子账户需要付款，银行就从该账户支付，无论子账户当时的余额是正还是负。当天营业结束时，银行把资金从主账户分别转入各子账户，当天的账户余额为零。如果子账户收款，也是在当日营业结束时，由银行划转到主账户。支付中心对资金实施统一的账户管理，但是各分子公司对外运作仍然以自己的名义进行，资金所有权不变，分子公司的资金经营权不变。

根据对资金集中管理的程度不同，支付中心目前有结算中心、内部银行、财务公司等多种形式。目前，全球《财富》500强企业中2/3以上拥有自己的财务公司和资金结算中心。通用、福特、摩托罗拉、爱立信、西门子、英特尔等都是通过财务公司实现了产业资本和金融资本的结合，它们设立的财务公司或资金结算中心业务广泛，包括集团内部资金管理、消费信贷、买方信贷、设备融资租赁、保险、证券发行及投资等，并且盈利能力都很强。

13.4 现金管理

现金是企业流动性最强的资产，拥有大量的现金可以满足企业经营开支的需要。但是，现金属于非营利性的资产，持有过多的现金会增加持有现金的机会成本和管理成本，降低企业的收益。因此，企业现金管理的目标在于确定最佳的现金持有额度，既保证企业正常经营所需的现金支付，又能够减少闲置现金的数量，提高现金的收益率。

13.4.1 目标现金持有量

1. 目标现金持有量的定义

除了做好现金日常收支管理，加速现金流转速度外，还需控制好现金持有规模，即确定适当的现金持有量。目标现金持有量又称为最佳现金持有量，其确定要综合权衡与现金持有量有关的成本。

企业持有的现金将会有三种成本：

（1）机会成本。持有现金就不能将其投入生产经营活动，从而必须放弃一些投资报酬。它与现金持有量呈同方向变化，即现金持有量越大，机会成本越高；反之就越低。机会成本是一种变动成本。衡量机会成本通常采用有价证券的利息率、资本成本率等指标。

（2）交易成本。现金与有价证券的这种交易成本与交易次数有关，交易次数越多，成本就越高。它与现金持有量呈反方向变化，如经纪人的费用、相关税金等。

（3）管理成本，即企业持有现金所发生的管理费用，如管理人员工资、福利、安全措施费等。管理成本是一种固定成本，在相关范围内，它与现金持有量之间无明显的比例关系。

现金持有量与这几种成本之间的关系如图 13-2 所示。

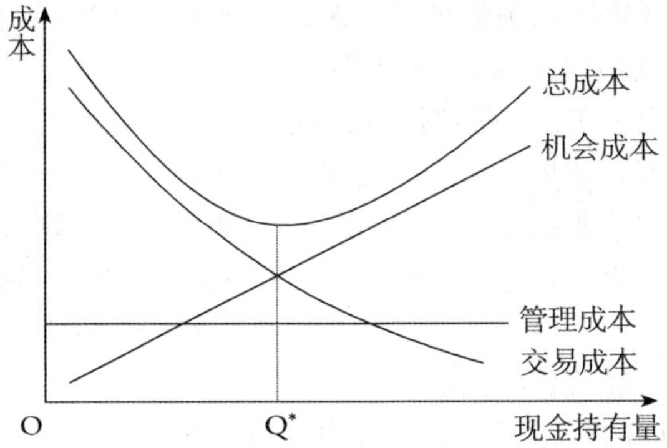

图 13-2 持有现金的成本

目标现金持有量就是机会成本、管理成本、交易成本这三项成本之和最小的现金持有量。从图 13-2 可以看出，Q^*就是目标现金持有量。Q^*位于抛物线的最低点，超过这一点，机会成本上升的代价又会大于交易成本下降的好处；这一点之前，交易成本上升的代价又会大于机会成本下降的好处。下一节中会介绍几种确定目标现金持有量的方法。

2. 目标现金持有量的影响因素

除了成本和风险权衡外，还有许多其他因素影响着现金的持有水平。表 13-3 中简单讨论了这些因素，总结如下：

表 13-3 **现金和类现金目标水平决策表**

如果以下因素变高	现金需求
销售水平	高
销售量的变化	高
信贷的可利用性	低
利率水平	低
管理者对风险的容忍度	低
预测不规则支出的能力	低

（1）销售水平。当销售水平增加时，企业用于交易的货币金额也增加。因此，企业进行的交易越多，进行这些交易所需的现金越多。

（2）销售量的变化。销售量是企业现金流入的主要源泉，如果销售量飘忽不定，流入企业的现金量也变化莫测，持有超额现金储备去偿债的要求就会加大。高的销售量易变性也影响企业对原材料和应收账款临时性投资的需求。为了减少借入这样的资金需要，企业就应持有超额的现金。

（3）信贷的可利用性。如果企业已经确定了信贷或者其他现金资源的限额，持有现金的必要数量就降低了。在最近几年，信贷日益被用来作为持有现金的替代选择。

（4）利率水平。当利率较低时，持有现金的成本较低，因为支付借入现金的利息就少了。另外，当利率较低时，以现金的形式占用资金的机会成本就降低了；当利率较高时，持有超额现金的成本就比较高。

（5）管理者对风险的容忍度。大多数财务决策反映了管理者对风险和潜在收益的态度，持有现金的决策也不例外。企业管理者为了高收益而容忍风险的能力越强，企业持有现金就越少。

(6) 预测不规则支出的能力。如果不规则支出比较大，难以准确预测，企业可能需要维持较多的现金储备。

13.4.2 现金管理模型

1. 百特模型

百特（Baumol-Allais-Tobin，BAT）模型是采用一种存货模型帮助企业确定目标现金持有量的一种方法。百特模型假设现金流入和流出都是持续和稳定的，流出超过流入。如果现金持续地从企业流出，企业需要通过出售证券定期地补充现金，图 13-3 阐明了这个过程。在时刻 0 上，企业售出有价证券，使现金水平达到 1。因为现金流出超过流入，并且都很稳定，因此到时刻 1 时，现金的水平就下降到了 0。在这一点上，有价证券被售出，现金水平再次返回到 1。

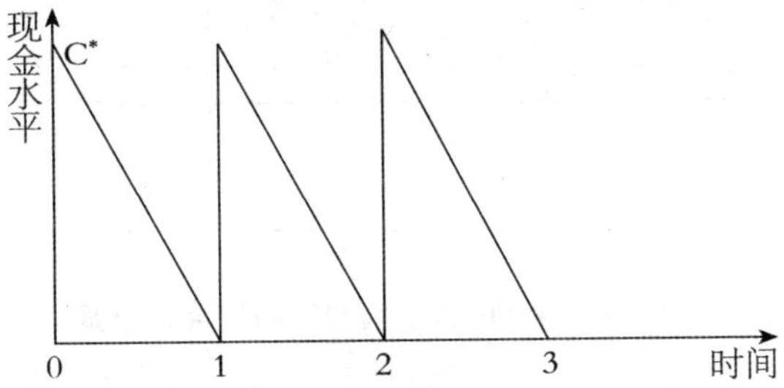

图 13-3　百特模型下的现金持有量

百特模型考虑了当必须出售证券来增加资金时企业所做的权衡，权衡包括出售证券的交易成本和持有现金的利息收入。如果企业仅仅变现少量的有价证券去补充资金，那它必须经常进行大量的证券交易，这就增加了交易成本。然而，企业却保持较低的现金余额，使持有现金的成本最小化。如果企业采取其他的方法，在每一次交易中出售大量的证券，交易次数就减少了，总的交易成本就降低了，然而，企业的平均现金余额也会较大，持有现金的成本也增加了。为了在每次需要现金时，确定证券最佳售出数量 C^*，需要确定以下因素：出售证券的固定成本（F）、证券的利率（k）、给定期间内总的期望现金流出量（TCF）。它们之间的关系如下：

$$C^*=\sqrt{\frac{2F\cdot TCF}{k}} \tag{13-5}$$

【例 13-5】ABC 公司预期 1 年内将有 800 万元的净现金流出，其预期在有价证券上能获得 10% 的年利息收入，但每次出售证券将花费 2.5 万元。ABC 公司可以利用式 13-5 确定每次需要现金时的最佳变现数量：

$$C^*=\sqrt{\frac{2\times 2.5\times 800}{10\%}}=200\text{（万元）}$$

这个分析指出，企业每次出售证券将售出 200 万元。因为 ABC 公司在这期间总共要花费 800 万元，它需要在这 1 年内共出售证券 4 次，平均每 90 天 1 次。这 1 年期间，企业平均持有现金数量为 100 万元，就是说，企业在每 90 天的开始持有 200 万元，末尾持有量为 0，平均持有量为 100 万元。

尽管百特模型作为一个实际中的工具有一些应用，但平稳现金流的假设限制了它的应用。

2. 米勒-奥尔模型

默顿·米勒（Merton Miller）和丹尼尔·奥尔（Daniel Orr）认为，公司现金流量中总存在着不确定性。在确定目标现金持有量时必须充分考虑这种不确定性因素。米勒-奥尔模型假设在现金流量表上现金流入和流出是随机改变的，基本上确定了企业该持有的最高现金水平 U 和最低现金水平 L，如图 13-4 显示的直线 U 和 L。如果企业的现金水平达到 L（在图中的 t_1 点），企业将售出大量的有价证券把现金水平提升到目标现金水平 C^*。如果现金水平达到 U（在图中的 t_2 点），企业购入足够的证券使现金水平降低，重返到目标现金水平 C^*。

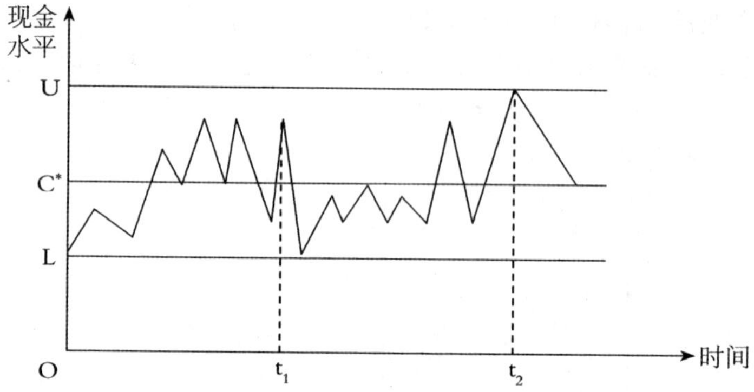

图 13-4 米勒-奥尔模型下的现金持有量

现金的最低水平 L 由企业主观得到，目标水平 C^* 和最高水平 U 根据使企业的持有总成本最小化原则确定。这些成本包括交易成本 F，每天现金投资的机会成本是 K，另外决定现金流量的变化水平 σ^2 也很重要，当计划期间现金水平有相等的增长和下降的可能性时，则存在以下关系：

$$C^*=\left(\frac{3F\sigma^2}{4K}\right)^{\frac{1}{3}}+L \tag{13-6}$$

$$U=3C^*-2L \tag{13-7}$$

【例 13-6】假设 ABC 公司现金的日均机会成本是 0.02%，确定的最低现金水平为 10 万元，现金流量表的变化是 300 万元，交易成本为 3 万元。目标水平 C^*、最高水平 U 可通过以下计算得到：

$$C^*=\left(\frac{3\times3\times300}{4\times0.02\%}\right)^{\frac{1}{3}}+10=160\text{（万元）}$$

$$U=3\times160-2\times10=460\text{（万元）}$$

米勒-奥尔模型已经被广泛应用于实践，并被证明是有效的，或比其他方法更有效。然而，它并非没有限制，最主要的限制是假设现金流量的随机变化，如果现金流量并非随机运动，其他的现金管理方法可能提供更为优越的结果。

13.5 有价证券

1. 有价证券的定义

有价证券是指标有票面金额，证明持有人有权按期取得一定收入并可自由转让和买卖的所有权或债权凭证。有价证券是虚拟资本的一种形式，它本身没有价值，但代表着一定量的财产权利，持有者可凭以直接取得一定量的商品、货币，或是取得股息、利息等收入，因而可以在市场上买卖和流通。

有价证券有狭义和广义两种概念，广义的有价证券包括商品证券、货币证券及资本证券。其中，资本证券是有价证券的主要形式，人们通常把资本证券称为有价证券。因此，狭义的有价证券即指资本证券，本书所阐述的就是狭义的有价证券。

2. 有价证券的分类

有价证券可以根据不同标准进行分类。

（1）按证券发行主体的不同分类，有价证券可分为政府证券、政府机构证券和公司证券。

政府证券也称政府债券，是指中央政府或地方政府或其他代理机构以政府名义发行的一种债务凭证。从形式上分，中央政府债券也称国债，一般由财政部发行。地方政府债券由地方政府发行。我国目前尚不允许除特别行政区以外的各级地方政府发行债券。

政府机构证券是由经批准的政府机构发行的证券，我国目前也不允许政府机构发行债券。

公司证券是指公司等经济法人为筹集资金而发行的证券，主要包括公司股票、公司债券、商业票据、优先认股权证和认股证书等。此外，如果是银行、保险公司、信用社、投资公司等金融机构为筹集经营资金而发行的证券，通常称为金融证券，主要包括金融机构股票、金融债券、定期存款单、可转让大额存款单和其他储蓄证券等。

（2）按是否在证券交易所挂牌交易分类，有价证券可分为上市证券和非上市证券。

上市证券又称挂牌证券，是指经证券主管机关核准发行，并向证券交易所注册登记，获得在交易所内公开买卖资格的证券分类。上市公司的股票属于上市证券。

非上市证券也称非挂牌证券、场外证券，是指未申请上市或不符合在证券交易所挂牌交易条件的证券。非上市证券可以在交易所以外的“场外交易市场”进行交易。凭证式国债、电子式储蓄国债、普通开放式基金份额或非上市公司的股票属于非上市证券。

（3）按募集方式不同分类，有价证券可分为公募证券和私募证券。

公募证券是指发行人通过中介机构向不特定的社会公众投资者公开发行的证券。公募证券审核较严，并采取公示制度。

私募证券是指发行人向少数特定的投资者发行的证券。私募证券审核条件相对宽松，投资者也较少，不采取公示制度。目前，我国信托投资公司发行的信托计划以及商业银行和证券公司发行的理财计划均属私募证券。另外，上市公司采取定向增发方式发行的有价证券也属于私募证券。

（4）按证券收益是否固定分类，有价证券可分为固定收益证券和变动收益证券。

固定收益证券是指证券持有人可以在特定的时间内取得固定的收益，并预先知道取得收益的数量和时间。固定利率债券和优先股股票等属于固定收益证券。

变动收益证券是指证券的收益因客观条件的变化也随之变化。普通股股票和浮动利率债券属于变动收益证券。

3. 有价证券的收益

有价证券的收益由两部分构成：一是在有价证券持有期间，持有者获得的股利或者收到的债券利息。有价证券上标有票面金额，证明持券人有权按期取得一定收入并可自由转让和买卖该所有权或债权凭证。二是证券持有者低买高卖有价证券所获得的差价收益。例如，股票持有者在股票的市场价格高于买入价格时，卖出股票就可以赚取在证券流通市场上通过买卖证券所实现的差价收益。

4. 有价证券的特征

（1）产权性，是指它代表着一定的财产所有权，权利人拥有证券就意味着享有对对应财产的占有、使用、收益和处分的权利。证券直接代表财产权利，券面文字表明的财产权利和证券不能分离。

（2）流动性又称变现性，是指证券持有人在不造成资金损失的前提下，可以灵活地转让证券以换取现金。有价证券的流动性可通过到期兑现、承兑、贴现、转让等方式实现。不同证券的流动性是不同的。

（3）收益性，是指持有者通过转让资本所有权或使用权，可以获得一定数额的收益回报。有价证券的产权性保障了权利人对某种特定资产的所有权或债权，同时也保障了权利人对这部分资产增值收益的权利，因而有价证券本身具有收益性。

（4）风险性，是指持有者面临着预期投资收益不能实现，甚至连投资本金也受到损失的可能。一般情况下，证券的风险与收益成正比，风险越大的证券，预期收益越高；而风险越小的证券，预期收益越低。

本章小结

（1）现金是指立即可以投入流通的交换媒介。现金作为价值尺度体现了两种职能：一是交换媒介或支付手段；二是价值贮藏。企业持有的现金，主要满足日常经营过程中的交易性需要、投机性需要和预防性需要。

（2）浮游量是指企业存款账户上存款余额和银行账簿上企业存款账户余额之间的差额，也就是企业和银行之间的未达账项。浮游量包括收款浮游量和付款浮游量。净浮游量是总收款浮游量和总付款浮游量的和，也是可用余额和账面余额的差额。

收款浮游量管理主要包括现金收账方式、锁箱法和集中银行法，付款浮游量管理主要包括付款控制和零余额账户。支付中心是根据企业集团财务管理和控制的需要在企业集团内部成立的。支付中心在协议银行开设基本结算账户（主账户），各分子公司统一在所在地的协议银行开立一个收入户和一个支出户（子账户）。主账户汇总设在协议银行的所有子账户的余额，使所有子账户的当天余额为零。

（3）百特模型是采用一种存货模型帮助企业确定资产目标现金持有量的一种方法。百特模型假设现金流入和流出都是持续和稳定的，流出超过流入。它们之间的关系为：

$$C^*=\sqrt{\frac{2F\cdot TCF}{k}}$$

（4）米勒–奥尔模型。在确定目标现金持有量时考虑不确定性因素：

$$C^*=\left(\frac{3F\sigma^2}{4K}\right)^{\frac{1}{3}}+L$$

$$U=3C^*-2L$$

（5）有价证券是指标有票面金额，证明持有人有权按期取得一定收入并可自由转让和买卖的所有权或债权凭证。有价证券特征是：产权性、流动性、收益性、风险性。

基本训练

◆ **简答题**

1. 现金的定义是什么？包括哪些内容？
2. 举例说明持有现金的目的。
3. 什么是浮游量？
4. 怎样计算浮游量？怎样计算浮游量的成本？
5. 简要说明目标现金持有量。
6. 怎样进行现金的日常管理工作？
7. 怎样运用模型计算目标现金持有量？
8. 什么是有价证券？举例说明有价证券的特征。
9. 凯恩斯所说的，如果一家公司一味地追求利润和资产而忽视现金管理，那么“最后我们都会死去”，为什么？

◆ **本章思考**

我国银行的贷款政策如同“翻烙饼”，一会儿鼓劲，一会儿撤火；一会儿又说国有企业是被乡镇企业挤垮的；体现在货币政策上，永远是一放就乱，一收就死。而这种政策的“翻烙饼”对中小企业的伤害极大。贷款大约有1/3形成坏账，同期各省市的乡镇企业的坏账比例有的高达60%。当时很多银行腐败案件都与乡镇企业贷款相关，乡镇企业为取得贷款而向银行贷款管理者行贿，大约有上万个银行管理人因为受贿而被调查，有的甚至被判死刑。当大量坏账和大量犯罪联系在一起时，这类贷款不但成为银行业最严重的风险区，也是后来制度设计最严控的高危区。将中小企业贷款列为高风险贷款，不仅发放条件越来越严，而且实行风险管理“终身制”“连坐制”，一笔中小企业贷款成为坏账，责任人、管理者等好几个人都会被安排“下岗催收”，停发奖金，甚至退休后也要追究责任。

2010年上半年开始的宏观调控，从房地产市场很快蔓延到整个实体经济，至2011年5月，经济增速连续下滑，企业成本负担越来越大，而在不断加大的成本中，资本成本上升是显而易见的事实。其实，对绝大多数中小企业来说，即使是在货币政策宽松的时候，它们也很难得到贷款。过去，没有商业银行眷顾的大批中小企业之所以能够生存，能如雨后春笋般地发展，仰赖的是“大环境”长期相对宽松。当经济发展迅猛时，很多中小企业很容易吃到国有大型企业的“剩饭”——它们可以靠大企业或国外订单取得预付款，还可以办理票据贴现，更多的时候是靠民间借贷融资——通过极低的市场经营成本消化较高的资本成本。但当大环境趋紧时，一切都变了。2014年在严厉的“微调”宏观调控背景下，国有大型企业可以靠垄断生存，房地产企业可以靠存款、存货以及高利贷生存，唯有中小企业最先倒下，因为它们大都处于产业链最低端，平常就靠“残羹剩饭”活着。现在，大型企业资金都紧张，房地产企业又处于自保的关键时刻，所有的生产资料都在上涨，“残羹剩饭”越来越少，即使有一点点，也要花比“正餐”价格还贵的价钱去买，让中小企业怎么生存？

截至2014年年底，在中国工商部门注册的中小企业已达1 500万户，此外，还有数量更多的3 000多万个体工商户。中小企业占中国企业总数的99%以上，对GDP的贡献超过60%，对税收的贡献超过50%，提供了近70%的进出口贸易额，创造了80%左右的城镇就业岗位。在中小企业蓬勃发展的时期，地方就呈现安居乐业的场景，政府也有更多的解决民生问题的资金；相反，当30%左右的中小企业开始裁员，一些地方官员就很紧张。

2013年银行发放的中小企业贷款利率平均在15%左右，远远高于1年期贷款基准利率，很多都在20%以上。而黑市融资利率已经升至50%。调查发现，一些活跃于正统商业银行和黑市之间的小型民间担保公司（实际是面向私人和中小企业的短期贷款机构），仅靠办理"过桥贷款"和高利贷融资担保业务，利润就可达上亿。

我国银行业至今仍然维持低利率环境的根源是必须适应很多国有大型企业的低效率运行，覆盖大量超前投资和无效GDP所形成的隐性损失。

解决中小企业贷款难问题，很难。但如果提升到国家战略高度，解决的办法会有很多。比如，在江浙、山东一带广泛实行的厂房抵押、库存抵押、订单抵押、应收款质押，包括"转租赁""代理租赁"业务等，五花八门，它们能直接或间接地解决中小企业抵押物欠缺的最大难题。这还不够，要最终解决中小企业缺乏抵押物难题，必须将人的信誉、企业的信誉也纳入可"质押"的范畴，实行企业联保无限连带责任制度。

解决问题的关键其实就是一条：是沿着社会主义市场经济制度继续向前走，还是犹犹豫豫偷着向计划经济体制回归？经济体制更多地按照市场经济方式运行，金融体制的市场化改革步伐加快，中小企业贷款难问题将迎刃而解。

资料来源　何志成. 中小企业贷款难倒了谁［J］. 南风窗，2011（13）：36-39.

财务管理第十三黄金定律

第14章　汇　率

学习目标

◆ 重点掌握购买力平价理论、利率平价理论、汇率风险防范的相关办法。

◆ 掌握外汇市场的相关概念、汇率的相关概念。

◆ 了解金融市场的基本术语、外汇交易的类型、汇率的相关风险、认股权证的相关概念。

引例　　**正在蓄势的“汇率战争”**

当日本经济实力弱小时，美国以360日元兑换1美元的汇率扶持日本经济，日本廉价的产品源源不断地出口到美国；当日本经济实力构成对美国的威胁时，美国联合西方共同让日本就范于《广场协议》，逼迫日元升值到80日元兑换1美元。

20世纪50年代初日本与美国形成同盟；60年代日本经济开始腾飞；70年代末美国面对日本的飞速发展，开始打压日元；80年代日本成为美国最大的债权国；90年代日元长期剧烈升值，日本出口受到影响，整个日本经济受到重创，股价暴跌，金融资产严重缩水，造成了日本经济长达15年的低迷状况。

日本经济模式历来以出口为导向，庞大的外币储备用来购买美国国债。日本的高储蓄经济支撑着美国的低储蓄经济、低消费支撑着美国的高消费、强势日元支撑着弱势美元。当美国不需要日本时，美国只将强势日元变成弱势日元，就把一个生机蓬勃的日本经济变成一个停滞不前的日本经济。美国发动的对日本的汇率战争让日本经济一败涂地。现在，中国似乎走上了日本经济的“老路”。

截至2014年7月底，我国外汇储备累计达4万亿元，庞大的外汇储备很有可能诱发中国和美国之间的“汇率战争”。实证研究证明，美国在过去的20年里需要中国大量廉价的产品维持其生活消费品市场，承接了大量中国的出口；而中国的出口所需要的原材料来自于巴西、印度和中东等国。上述生产和消费模式由于美国更加宽松的货币政策导致的消费和中国储蓄导致的大量出口得到强化。美国金融危机之后，14.26万亿美元的过多财政赤字迫使美国削减赤字，减少逆差。因为中国是美国最大的国债持有者、最大的经常项目逆差和最多的外汇储备国，因此，人民币首当其冲地成为美国等国的压力。然而，在后金融危机时代奥巴马难以找到经济发展的增长点，其消费模式在未来5年里很难改变，因为美国要实现“再工业化”的模式，必须增加储蓄，而美国的储蓄率至今不到5%，因此只能靠美元贬值、低利率来实现经济的复苏。没有储蓄支撑的出口难以实现贸易的顺差，而最终只能是赤字经济，消费仍然呈现赤字化，还要从中国进口；国外的需求必然让中国的经济缺乏消费的内生动力，中国过剩的劳动力必然以物化的形式将自己生产的产品销售到国外，储蓄的意愿愈加强烈，中国外向型经济势必得到强化和鼓励。“世界加工厂”的格局得到巩固。PRC 的模式短期内难以改变，这是 2011 年到 2015 年世界经济的基本格局。然而，中国经济必须由储蓄推动的出口导向型向消费内需型转变，否则难以为继。

如表 14-1 所示，人民币之所以惧怕升值是由以下原因造成的：假设我国出口企业出口大米为 13.64 美元/千克，国际市场价格为 1 美元/千克，每千克出口大米创造 1 个就业机会，每 100 美元兑换 682 元人民币，创造 100 个就业机会。如果美元贬值，人民币升值 50%，即以更少的人民币带来相同的美元货币量，出口大米企业就会因为更少的大米出口量换来相同的美元货币量，就业人数就会减少 50 人。相反，如果美元升值，人民币贬值 50%，即以更多的人民币带来相同的美元货币量，出口大米企业就会因更多的大米出口量换来相同的美元货币量，就业人数就会增加到 150 人。因此，美元贬值，人民币升值 50%，就会减少 50 人的就业，而人民币贬值 50% 则会多增加 50 人的就业。

表 14-1 **汇率与就业**

状况	汇率	变动率	兑换后（元人民币）	大米市价	出口大米	调整	就业人数
基准	1 : 6.82	0	682.00	13.64 元/千克	50 千克	0	100
升值	1 : 3.41	+50%	341.00	13.66 元/千克	25 千克	-50	50
贬值	1 : 10.23	-50%	1 023.00	13.68 元/千克	75 千克	+50	150

注：不考虑兑换手续费、税金等问题。

耐人寻味的日本经济衰退使得中国警钟长鸣。受日本外向型经济的启蒙，中国出口做得如火如荼。如今，我们的启蒙导师日本被美国扳倒了，中国经济也会重蹈日本经济的覆辙吗?日元曾豪情万丈，绝不屈服于美元的压力而升值，然而，日元从 360 日元一路升至现在的 90 日元，又反弹到 100 日元，升值达 75%。人民币的豪言壮语甚至更甚于日元。然而，人民币开始了升值之路，到 2014 年 7 月底，人民币对美元保持在 6.20 元，2017 年 8 月贬值到了 6.72 元。刚刚开始的“汇率战争”，是美元的“诺曼底登陆”，还是人民币的“三八线”，还是人民币的“敦刻尔克”?尽管中国经济综合实力超越了日本，但距离美国 18 万亿美元的实力仍很遥远，而且人均 GDP 仅是日本的 1/10，美国的 1/14。中国仍很贫穷，刚刚处于起步阶段的中国经济是否会被美国等西方国家用汇率武器扼杀在摇篮之中?

资料来源 刘斌. 正在蓄势的汇率战争 [EB/OL]. [2015-06-16]. http://blog.sina.com.cn/s/blog_62df218b0100l61m.html.

14.1 基本术语

全球化已经成为财务管理专业学生一个常见的词汇。有着重要国外经营业务的公司通常被称为国际公司或者跨国公司。这类公司在经营时必须考虑很多对纯粹的国内公司没有影响的其他财务因素，这些因素包括外汇、汇率、复杂的会计处理、外国税率等。

财务管理的最重要的一个问题便是外汇。当跨国公司进行资本预算或者筹资决策时，外汇市场为它提供重要的信息和机会。

1. 美国存托凭证

美国存托凭证（American depository receipts，ADR）又称存券收据或存股证，是指在一国证券市场流通的代表外国公司有价证券的可转让凭证。这里的有价证券既可以是股票，也可以是债券。它是面向美国投资者发行并在美国证券市场交易的存托凭证，它代表外国股票的股份，允许那些股票在美国交易。外国公司利用以美元发行的ADR来扩大潜在的美国投资者的队伍。ADR可以以两种形式取得：有担保的美国存托凭证与无担保的美国存托凭证。

根据美国有关证券法律的规定，在美国上市的企业注册地必须在美国，像新东方这样在中国注册的企业，就只能采取存托凭证的方式进入美国的资本市场。另外，在美国，一些机构投资者是不能购买外国股票的，如美国退休基金、保险公司，但是它们却可以购买在美国上市且向美国证管会登记的美国存托凭证。

2. 交叉汇率

在国际市场上，几乎所有的货币兑换美元都有一个兑换率。一种非美元货币对另外一种非美元货币的汇率，往往就需要通过这种对美元的汇率进行套算，这种套算出来的汇率就称为交叉汇率（cross-rate）。交叉汇率的一个显著特征是一个汇率所涉及的是两种非美元货币间的兑换率。交叉汇率实际上就是两种外国货币（通常都不是美元）之间的汇率。美元是交叉汇率的桥梁。

【例 14-1】你可用 1 美元兑换 0.55 英镑或 1.35 加拿大元。英镑与加拿大元之间的交叉汇率是多少？

【解】GBP0.55=CAD1.35

GBP0.55×1.818182=CAD1.35×1.818182

GBP1=CAD2.45

3. 欧洲债券

欧洲债券（Eurobond）是指一国政府、金融机构、工商企业或国际组织在国外债券市场上以第三国货币为面值发行的债券。例如，法国一家机构在英国债券市场上发行的以美元为面值的债券即是欧洲债券。欧洲债券的发行人、发行地以及面值货币分别属于三个不同的国家。

这种债券的发行比较严格。首先，是待发行的债券要通过国际上权威的证券评级机构的级别评定；其次，债券还需要由政府或大型银行或企业提供担保；再次，需有在国际市场上发行债券的经验；最后，在时间间隔方面也有一些限制。这种债券的发行通常由国际性银团进行包销，一般由4~5家较大的跨国银行牵头，组成一个世界范围内的包销银团。有时包销银团还要组织一个更大的松散型的认购集团，联合大批各国的银行、经纪人公司和证券交易公司，以便在更大范围内安排销售。欧洲债券的票面货币除了用单独货币发行外，还可以用综合性的货币单位发行，如特别提款权等。

欧洲债券可以分为不同的种类。按面值货币划分，欧洲债券可分为欧洲美元、欧洲日元、欧洲英镑和欧洲瑞士法郎债券等多种形式，其中欧洲美元债券市场比重最大。20世纪80年代以来，欧洲日元市场份额有所增加。欧洲债券按计息方式划分，有固定利率债券、浮动利率债券、可转换债券、多种货币债券等。欧洲债券的期限通常是15年，最长的可达30年，但更多的是较短期的，如6年、7年或8年。欧洲债券的偿还，有的是在期满时一次性偿还，更多的是在期满前分阶段偿还。

4. 外国债券

外国债券（foreign bond）是指外国借款人（政府、私人公司或国际金融机构）在某个国家的债券市场上发行的以这一国家货币为面值货币的债券。这种债券只在一国市场上发行并受该国证券法规的制约。例如，扬基债券是非美国主体在美国市场上发行的债券，武士债券是非日本主体在日本市场上发行的债券。同样，还有英国的猛犬债券、西班牙的斗牛士债券、荷兰的伦勃朗债券，都是非本国主体在该国发行的债券。

外国债券的具体发行程序因国而异，但必经的环节是：申请批准和注册，选择包销集团。为了申请批准和注册，发行人应向投资者提供发行说明书，介绍发行人自身的地位、财务状况和国家概况。经发行地国家的有关当局批准并注册后，发行人才算取得发行债券的资格。随后由发行人选择包销集团，发行人和包销集团商讨发行事宜，最后由包销集团负责承销和其他具体工作。

5. 金边债券

早在 15 世纪，英国政府经议会批准，发行了以税收保证支付本息的政府公债，该公债信誉度很高。当时发行的英国政府公债带有金黄边，因此被称为“金边债券”（gilt-edged bond）。在美国，经权威性资信评级机构评定为最高资信等级（AAA 级）的债券，也称“金边债券”。后来，“金边债券”一词泛指所有中央政府发行的债券，即“国债”。

中央政府是国家的权力象征，它以该国的征税能力作为国债还本付息的保证，投资者一般不用担心“金边债券”的偿还能力。为了鼓励投资者购买国债，大多数国家都规定国债投资者可以享受国债利息收入方面的税收优惠，甚至免税。因此，“金边债券”为投资者所热衷，流动性很强，并被广泛地用作抵押和担保。不过，由于国债的风险低、安全性和流动性好，它的利率一般也低于其他类型债券。

6. 伦敦银行间同业拆借利率

伦敦银行间同业拆借利率（London interbank offered rate，LIBOR），是指伦敦的第一流银行之间短期资金借贷的利率，是国际金融市场中大多数浮动利率的基础利率。作为银行从市场上筹集资金进行转贷的融资成本，贷款协议中议定的 LIBOR 通常是由几家指定的参考银行，在规定的时间（一般是伦敦时间上午 11：00）报价的平均利率。最经常使用的是 3 个月和 6 个月的 LIBOR。

LIBOR 的走势主要取决于各国的货币政策，并随着市场的资金供求状况而不断变动。LIBOR 是目前国际最重要和最常用的市场利率基准，是银行从市场上筹集资金进行转贷的融资成本参考。除了各大新闻通信公司每日提供相关的 LIBOR 报价信息之外，也可以在英国银行家协会的网页（http://www.bba.org.uk）查询到历史资料，很容易地了解到 LIBOR 近期和历史的水平。

另外，从 LIBOR 变化出来的，还有新加坡银行间同业拆借利率（SIBOR）、纽约银行间同业拆借利率（NIBOR）、香港银行间同业拆借利率（HIBOR）等。

7. 互换

互换（swap）是一种双方商定在一段时间内彼此交换现金的金融交易。这种交易的渊源是背对背贷款。比如说，一家英国公司向一家美国公司贷出一笔为期 5 年的英镑贷款，利率是 10%，而这家美国公司反过来又向这家英国公司贷出一笔等值的同样为期 5 年的美元贷款，利率是 8%。通过这一过程，这两家公司就交换了本金和利息支付，这就等于英国公司按固定汇率以一定量的英镑换取一定量的美元。

互换有两种基本的形式：利率互换和货币互换。利率互换是指合同双方同意在未来的某一特定日期以未偿还贷款本金为基础，相互交换利息支付，其中一方的现金流根据浮动利率计算出来，而另一方的现金流根据固定利率计算出来。货币互换是指将一种货币的本金和固定利息与另一种货币的等价本金和固定利息进行交换。

14.2　外汇市场和汇率

国际上因贸易、投资、旅游等经济往来，总不免产生货币收支关系。但各国货币制度不同，要想在国外支付，必须先以本国货币购买外币；另一方面，从国外收到外币支付凭证也必须兑换成本国货币才能在国内流通。这样就发生了本国货币与外国货币的兑换问题。两国货币的比价称汇价或汇率。所有买卖外汇的商业银行、专营外汇业务的银行、外汇经纪人、进出口商，以及其他外汇供求者都经营各种现汇交易及期汇交易。这一切外汇业务组成一国的外汇市场。

14.2.1　外汇市场

1. 外汇市场概述

外汇市场，是指在国际上从事外汇买卖，调剂外汇供求的交易场所，是金融市场的重要组成部分。它的职能是经营货币商品，即不同国家的货币。

频繁的贸易往来及增加的国际投资，使各国经济形成密不可分的关系，全球的经常性经济报告，如通货膨胀率、失业率，以及一些不可预期的消息如天灾或政局的不安定因素等，皆为影响币值的因素。然而币值的变动，也影响了这种货币在国际上的供给与需求。国际贸易及汇率变动的结果，造就了全球最大的交易市场——外汇市场，一个具高效率性、公平性及流通性的一流世界级市场。

外汇市场是现金银行间市场或交易商间市场，它并非传统印象中的实体市场，没有实体的场所供交易进行，交易是通过电话及经由计算机终端机在世界各地进行，直接的银行间市场是以外汇清算交易资格的交易商为主，它们的交易构成总体外汇交易中的大额交易，这些交易创造了外汇市场的交易巨额，也使外汇市场成为最具流通性的市场。

2. 外汇市场的分类

（1）按外汇市场的外部形态分为无形外汇市场和有形外汇市场。

无形外汇市场，也称为抽象的外汇市场，是指没有具体的固定场所的外汇市场。这种市场最初流行于英国和美国，故其组织形式被称为英美方式。现在，这种组织形式不仅扩展到加拿大、日本等其他地区，而且也渗入到欧洲大陆。有形外汇市场，也称为具体的外汇市场，是指有具体的固定场所的外汇市场。这种市场最初流行于欧洲大陆，故其组织形式被称为大陆方式。

（2）按外汇所受管制程度分为自由外汇市场、外汇黑市和官方市场。

自由外汇市场是指政府、机构和个人可以买卖任何币种、任何数量外汇的市场。外汇黑市是指非法进行外汇买卖的市场。官方市场是指按照政府的外汇管制法令来买卖外汇的市场。这种外汇市场对参与主体、汇价和交易过程都有具体的规定。在发展中国家，官方市场较为普遍。

14.2.2 汇 率

1. 汇率概述

汇率亦称外汇行市或汇价，是指一国货币兑换另一国货币的比率，是以一种货币表示的另一种货币的价格。由于世界各国货币的名称不同，币值不一，所以一国货币对其他国家的货币要规定一个兑换率，即汇率。

汇率是货币具有的一种价格，其本质或者实质就是两国货币所具有或者所代表的价值相交换的比率，体现着复杂的经济关系。汇率是国际贸易中最重要的调节杠杆。因为一个国家生产的商品都是按本国货币来计算成本的，要拿到国际市场上竞争，其商品成本一定会与汇率相关，汇率的高低也就直接影响该商品在国际市场上的成本和价格，直接影响商品的国际竞争力。

2. 汇率的报价

由于外汇买卖双方的对象都是货币，因此汇率这种价格就有两种表示方式。

(1) 直接标价法，是以一定单位的外币为标准，如美元，折算成一定数量的本国货币，如人民币。目前我国及世界上绝大多数国家采用的是直接标价法。通常所说的汇率上升，在直接标价法下，说明外币贵了，因而能够兑换的本币比以前多了；外币汇率下跌，情况则相反。

【例 14-2】英镑的美元等价汇率是 1.83。加拿大元的美元等价汇率是 0.75。300 加拿大元等于多少美元？

【解】CAD300×（USD0.75÷CAD1）=USD225

(2) 间接标价法，是以一定单位的本币为标准，如人民币，折算成一定数量的外国货币，如美元。目前世界上只有英国、美国及欧元区等少数国家地区采用间接标价法。通常所说的汇率上升，在间接标价法下，说明本币贵了，因而本币能够兑换的外币比以前多了；外币汇率下跌，情况则相反。

3. 套汇交易

套汇交易是指交易者根据某种货币的汇率在不同外汇市场上形成的差异，在低价市场买进，同时在高价市场卖出，借此赚取差额收益的一种交易行为。套利交易主要分为两种主要类型：

(1) 直接套汇，又称两地或者两角套汇，是指利用同一时间两个外汇市场的汇率差异，进行贱买贵卖来赚取差额收益的外汇买卖活动。

【例 14-3】在同一时间内，出现下列情况：

伦敦市场：GBP1=USD1.4125/1.4225

纽约市场：GBP1=USD1.4245/1.4255

若某套汇者在伦敦市场上以 GBP1=USD1.4225 的价格卖出美元，买进英镑，同时在纽约市场上以 GBP1=USD1.4245 的价格买进美元，卖出英镑，则每英镑可获得 0.0020 元的套汇利润。

(2) 间接套汇，又称三地或者三角套汇，是指利用同一货币在同一时间内在三个或三个以上的市场出现汇率差异时，进行贱买贵卖来赚取差额收益的外汇买卖活动。

判断是否存在两地套汇的机会比较容易。而对三角套汇的判断，则需要根据以下原则：将三个或多个市场上的汇率转换成用同一标价法标示；将基础货币的单位换算成 1；将各个汇率值连乘，如果乘积为 1，说明没有套利机会，如果乘积不为 1，说明存在套利机会。

14.2.3　交易的类型

外汇市场上有两种主要的交易类型：

1. 即期交易

即期交易（spot transaction）又称为现货交易或现期交易，是指外汇买卖成交后，交易双方于当天或两个交易日内办理交割手续的一种交易行为。即期交易是外汇市场上最常用的一种交易方式，占外汇交易总额的大部分。其主要是因为即期外汇买卖不但可以满足买方临时性的付款需要，也可以帮助买卖双方调整外汇头寸的货币比例，以避免外汇汇率风险。

【例 14-4】2018 年 7 月 10 日，纽约花旗银行与日本东京银行通过电话达成一项外汇买卖交易，花旗银行愿意按 1 美元兑 136.85 日元的汇率卖出 100 万美元，买入 1.3685 亿日元；东京银行也愿意按同样汇率卖出 1.3685 亿日元，买入 100 万美元。7 月 11 日，两家银行分别按对方的要求，将卖出的货币解入对方指定的账户内，从而完成这笔买卖。

按照交易日的不同，即期交易又可以分为三种方式：（1）当日交割。在买卖成交的当日办理货币的支付。（2）次日交割。在成交后的第一个营业日办理交割。（3）标准交割日交割。在成交后的第二个营业日办理交割。

2. 远期交易

远期交易（forward transaction）是指在外汇买卖成交时，双方先签订合同，规定交易的币种、数额、汇率以及交割的时间、地点等，并于将来某个约定的时间按照合同规定进行交割的一种外汇方式。

外汇市场中的远期交易通常被表达为高于（升水）或低于（贴水）即期汇率的差价。如要获得实际远期外汇价格，只需将差价与即期汇率相加即可。

在外汇市场上，远期业务的工具是一份有固定格式和约束力的合同，按照合同，投资人同意在将来某日期购入或售出一笔商定数额的另一币种货币。交易价格的计算以即期汇率为基础，再按合同生效至交易完成之间的利率走势做调整。远期交易对于需要特殊交易的投资人是好的，但有不足之处，因为远期交易不能转让。

【例 14-5】加拿大元与美元的当前即期汇率是 1.40 加拿大元兑换 1 美元。美国短期国债的收益率为 4%。加拿大元的无风险利率为 3%。如果利率平价存在，2 年期的远期汇率是多少？

【解】$F_2 = CAD1.40\times[1+(0.03-0.04)]^2 = CAD1.37$

远期外汇交易的期限按月计算，一般为 1 个月到 6 个月，通常为 3 个月，也有可以长达 1 年的，称为超长期外汇交易。确定其交割日或有效起息日的惯例为：

（1）任何外汇交易都以即期交易为基础，所以远期交割日是以即期加月数或星期数。若远期合约是以天数计算，其天数以即期交割日后的日历日的天数作为基准，而非营业日。

（2）远期交割日不是营业日，则顺延至下一个营业日。顺延后跨月份的则必须提前到当月的最后一个营业日为交割日。

（3）"双底"惯例。假定即期交割日为当月的最后一个营业日，则远期交割日也是当月的最后一个营业日。

14.3 购买力平价

前面我们已经讨论了汇率的问题，在此可以提出一个明显的问题：即期汇率的水平是由什么来决定的？汇率的变动率又是由什么来决定的？这两个问题有一部分的答案来自于购买力平价，它认为汇率的调整是为了使货币之间的购买力保持稳定。瑞典经济学家卡塞尔（Gustav Cassel）在1922年出版的《1914年以后的货币和外汇》一书中，以较成熟的形式提出了汇率是如何决定的购买力平价论：两国货币的购买力之比是决定汇率的基础，汇率的变动是由两国货币购买力之比变化引起的。这一理论被称为购买力平价（purchasing power parity，PPP）。购买力平价有两种主要的形式：绝对购买力平价和相对购买力平价。

14.3.1 基本理论

1. 绝对购买力平价

绝对购买力平价是购买力平价的早期理论，指本国货币与外国货币之间的均衡汇率等于本国与外国货币购买力或物价水平之间的比率。绝对购买力平价理论认为：一国货币的价值及对它的需求是由单位货币在国内所能买到的商品和服务的量决定的，即由它的购买力决定的，因此两国货币之间的汇率可以表示为两国货币的购买力之比。而购买力的大小是通过物价水平体现出来的。根据这一关系式，本国物价上涨将意味着本国货币相对外国货币的贬值。用直接标价法下的汇率来表示，P_d和P_b分别表示本国和外国一般物价的绝对水平，则绝对购买力平价公式为：

$$R_a=P_a/P_b$$

或 $$P_a=P_b\times R_a \tag{14-1}$$

式中：R_a为本国货币兑换外国货币的汇率；P_a为本国物价指数；P_b为外国物价指数。

它说明的是在某一时点上汇率的决定因素，决定的主要因素即为货币购买力或物价水平。但是，在现实中，因为诸如运费、关税、商品不完全流动、产业结构变动以及技术进步等会引起国内价格的变化，从而使绝对购买力平价与现实状况不符。

2. 相对购买力平价

相对购买力平价是指不同国家的货币购买力之间的相对变化，是汇率变动的决定因素。使汇率发生变动的主要因素是不同国家之间货币购买力或物价的相对变化；同汇率处于均衡的时期相比，当两国购买力比率发生变化时，两国货币之间的汇率就必须调整。

相对购买力平价表示一段时期内汇率的变动，并考虑到了通货膨胀因素。1918年第一次世界大战结束后，由于各国在战争期间滥发不兑现银行券，导致了通货膨胀，这促使经济学家对绝对购买力平价进行修正。他们认为，汇率应该反映两国物价水平的相对变化，原因在于通货膨胀会在不同程度上降低各国货币的购买力。因此，当两种货币都发生通货膨胀时，它们的名义汇率等于其过去的汇率乘以两国通货膨胀率之商，即相对购买力平价说明的是某一时期汇率的变动，即两个时点的汇率之比等于两国一般物价指数之比。其用公式表示为：

本国货币新汇率=本国货币旧汇率×本国货币购买力变化率÷外国货币购买力变化率
=本国货币旧汇率×本国物价指数÷外国物价指数　（14-2）

如果绝对购买力平价成立，相对购买力平价一定成立，因为物价指数就是两个时点物价绝对水平之比；反过来，如果相对购买力平价成立，绝对购买力平价不一定成立。例如，基期和报告期的汇率都等于绝对购买力平价的 1/2，这时相对购买力平价成立，但是绝对购买力平价不成立。

【例 14-6】英镑和美元之间，当前即期汇率是 0.55 英镑=1.00 美元。美国预期的通胀率是 3%，而英国预期的通胀率是 2%。假设相对购买力平价仍然存在，明年的预期汇率是多少？

【解】$E(S_1)=GBP0.55\times[1+(0.02-0.03)]^1=GBP0.5445$

3. 人民币升值和贬值

（1）人民币升值。人民币升值是相对于其他货币而言的，如 1 元人民币可以买到更多的美元。通俗的意思就是说，中国人的钱值钱了。比如在国际市场上（只有在国际市场上才能体现出人民币购买力增强了），原来 1 元人民币只能买到 1 单位商品，人民币升值后就能买到更多单位的商品了。人民币升值或贬值是由汇率直观反映出来的。人民币升值就是人民币的购买力增强。换句话说就是，你以前用 1 美元能换 8.27 元人民币，现在只能换 6.3210 元人民币（2018 年 4 月 25 日）。

（2）人民币贬值。人民币贬值是相对于其他货币而言的，如 1 元人民币可以买到更少的美元。如果人民币贬值，人们希望占国民经济 1/3 以上的出口产业会获得新的竞争力，资金的外流也会因此逐渐停止。这是“人民币贬值”所谓的“利”。但是如果仔细分析，这种想法未必符合中国的实际情况。人民币贬值必然促使人们对外币的需求增加，人们争相寻求保值的手段，房地产、股市将重新成为热点，国内物价也将大幅度攀升，通货膨胀率可能达到 1994 年、1995 年汇率并轨时的水平（21.7%、14.8%）。

所以人民币贬值不会刺激出口、阻滞资金外流，那么对国内经济是否会有影响呢？理论上可能会在国内市场上降低进口货的竞争力。但这是以亚洲其他国家的货币不跟进为前提的，而更大的可能是因人民币贬值而影响投资者的信心，使得中国经济最有活力的那部分——私人投资和三资企业——萎缩。

14.3.2　购买力平价理论的优点和缺点

1. 优点

该理论产生于第一次世界大战刚刚结束时，是世界经济动荡不安的产物。当时各国相继从金本位制改行纸币流通制度，随之而来的就是通货膨胀。此时提出该理论是适时并有一定道理的。其具体表现在：

（1）该理论较令人满意地解释了长期汇率变动的原因。

（2）相对购买力平价理论在物价剧烈波动、通货膨胀严重时期具有相当重要的意义。因为它是根据两国货币各自对一般商品和服务的购买力比率作为汇率决定的基础，能相对合理地体现两国货币的对外价值。另外，从统计验证来看，相对购买力平价很接近均衡汇率。

（3）该理论有可能在两国贸易关系新建或恢复时，提供一个可参考的均衡汇率。

（4）它是西方国家最重要的、唯一的传统汇率决定理论，为金本位制崩溃后各种货币定值和比较提供了共同的基础。

2. 缺点

该理论几十年来在汇率决定理论中一直保持着重要的地位，对当今西方国家的外汇理论和政策仍产生重大影响。今天，许多西方经济学家仍然把其作为预测长期汇率趋势的重要理论之一。但是，它在许多方面仍受到批评，具体表现在：

（1）理论基础的错误。其理论基础是货币数量论，但货币数量论与货币的基本职能是不相符合的。

（2）把汇率的变动完全归于购买力的变化，忽视了其他因素，如国民收入、国际资本流动、生产成本、贸易条件、政治经济局势等，也忽视了汇率变动对购买力的反作用。

（3）该理论在计算具体汇率时，存在许多困难。其主要表现在物价指数的选择上，是以参加国际交换的贸易商品物价为指标，还是以国内全部商品的价格即一般物价为指标，很难确定。

14.4 利率平价

1. 核心观点

利率平价说认为两个国家利率的差额等于远期兑换率及现货兑换率之间的差额。均衡汇率是通过国际抛补套利所引起的外汇交易形成的。在两国利率存在差异的情况下，资金将从低利率国流向高利率国以谋取利润。但套利者在比较金融资产的收益率时，不仅考虑两种资产利率所提供的收益率，还要考虑两种资产由于汇率变动所产生的收益变动，即外汇风险。套利者往往将套利与掉期业务相结合，以避免汇率风险，保证无亏损之虞。大量掉期外汇交易的结果是，低利率国货币的现汇汇率下浮，期汇汇率上浮；高利率国货币的现汇汇率上浮，期汇汇率下浮。远期差价为期汇汇率与现汇汇率的差额，由此低利率国货币就会出现远期升水，高利率国货币则会出现远期贴水。随着抛补套利的不断进行，远期差价就会不断加大，直到两种资产所提供的收益率完全相等，这时抛补套利活动就会停止，远期差价正好等于两国利差，即利率平价成立。

【例 14-7】考虑一个项目，初始投资 240 000 元。项目将在 4 年中每年产生 65 000 元。美国的无风险利率是 5%，日本的是 3%。美国的通胀率是 4%，而日本是 3%。即期汇率是 106 元兑 1 美元。这一项目的美元净现值是多少？

【解】CF_0=-JPY240 000，CO_1=JPY65 000，FO_1=4，I=3，NPV=JPY1 611.40

JPY1 611.40×（USD1÷JPY106）=USD15.20=USD15

因此，我们可以归纳一下利率评价说的基本观点：远期差价是由两国利率差异决定的，并且高利率国货币在期汇市场上必定贴水，低利率国货币在期汇市场上必定升水，在没有交易成本的情况下，远期差价等于两国利差，即利率平价成立。

2. 主要缺陷

（1）利率平价说没有考虑交易成本，然而，交易成本却是很重要的因素。如果各种交易成本过高，就会影响套利收益，从而影响汇率与利率的关系。如果考虑交易成本，国际抛补套利活动在达到利率平价之前就会停止。

（2）利率平价说假定资本流动不存在障碍，假定资金能顺利并且不受限制地在国际上流动。但实际上，资金在国际上流动会受到外汇管制和外汇市场不发达等因素的阻碍。目前，只有在少数国际金融中心才存在完善的期汇市场，资金流动所受限制少。

（3）利率平价说还假定套利资金规模是无限的，故套利者能不断进行抛补套利，直到利率平价成立。

14.5　汇率风险

汇率风险是在相关货币的价值起伏不定的市场中进行经营活动的必然结果，是国际财务活动的一个重要组成部分。

14.5.1　汇率风险概述

汇率风险又称外汇风险，是指经济主体在持有或运用外汇的经济活动中，因汇率变动而蒙受损失的可能性。

汇率风险具有或然性、不确定性和相对性三大特性。汇率风险的或然性是指汇率风险可能发生也可能不发生，不具有必然性。汇率风险的不确定性是指汇率风险给持有外汇或有外汇需求的经济实体带来的可能是损失，也可能是盈利，它取决于在汇率变动时经济实体是债权地位还是债务地位。汇率风险的相对性是指汇率风险给一方带来的是损失，给另一方带来的必然是盈利。

14.5.2　汇率风险的分类

1. 交易风险

交易风险亦称交易结算风险，是指以外币计价的交易，由于该币与本国货币的比值发生变化即汇率变动而引起的损益的不确定性。交易风险的产生是由于企业达成了以外币计价的交易，其以外币计算的现金流已定，而交易还没有结束，账目还未了结，因而汇率变化会使以本币计算的现金流发生变化。交易风险的特点是：具有要么损失、要么获益的或然性，即依一定条件可互相转嫁。交易风险可以分为短期风险和长期风险。

（1）短期风险。

汇率的逐日波动给跨国公司带来了短期风险。

【例 14-8】假设你从日本进口奶粉，并且打算在美国销售。你的客户订购了 10 000 件。你今天向供货商下订单，但是你直到货物到达 30 天后才付款。你的销售价格是每件 114 美元，你的成本是每件 8 400 日元，目前的汇率是 1 美元=84 日元。

【解】在现行的汇率下，你所填的订单中每 1 件的成本=8 400÷84=100（美元），这样你的这一单生意的税前利润=10 000×（114−100）=140 000（美元）。然而，30 天后汇率可能不一样了，所以你的利润取决于未来的汇率到底是多少。

假如未来 30 天后，汇率变成 1 美元=74 日元，美元贬值，则每 1 件的成本=8 400÷74 =113.51（元），此时这一单生意的税前利润为 4 900 美元。

在这个例子中，由于短期汇率的变化导致利润的变化产生的风险就是交易风险中的短期风险。

（2）长期风险。

从长期来看，在外国经营的价值可能会由于未来经济状况的非预期变动而变动。例如，我们想利用其他国家工资低的优势，在另一个国家拥有一家劳动密集型的公司，其主营业务为加工装配。但是随着时间的推移，经济状况的非预期变动可能会使外国的工资水平提高，使我们的国外成本由优势变为劣势，这就是汇率的长期风险。

2. 折算风险

折算风险又称会计风险，是指经济主体对资产负债表的会计处理中，将功能货币转换成记账货币时，因汇率变动而导致账面损失的可能性。功能货币指经济主体在经营活动中流转使用的各种货币。记账货币指在编制综合财务报表时使用的报告货币，通常是本国货币。

折算风险的特点是：发生折算风险时，用外币计量的项目（资产、负债、收入和费用）的发生额必须按本国货币重新表述，且必须按母公司所在国的会计规定进行。公司在报告时，为了把原来用外币计量的资产、负债、收入和费用合并到本国货币账户内，必须把上述用外币计量的项目的发生额按本国货币重新表述，亦称折算的重新表述，它必须按母公司所在国政府或公司自己确立的规定进行。

由于按照何种方法折算会计报表中的项目会影响财务报表的资金损益，因此折算方法就显得十分重要。国际社会一般按照美国《财务会计标准规则》来执行。折算方法有三种：一是现行汇率法，将所有的会计科目（除股本外）一律按照截止时的市场汇率进行换算；二是流动/非流动项目法，将会计科目按照年限分为流动和非流动项目，流动项目按照现行汇率计算，非流动项目按照交易发生时的历史汇率计算；三是货币/非货币项目法，将会计科目按照流动性分为货币和非货币项目，货币项目按照现行汇率计算，非货币项目按照交易发生时的历史汇率计算。具体换算方法见表 14-2 和表 14-3。

表 14-2 **外币折算方法比较表（一）**

项　目	以现行汇率折算的项目	以历史汇率折算的项目
现行汇率法	所有的资产及负债	权益
流动/非流动项目法	流动资产及流动负债	非流动资产、非流动负债及权益
货币/非货币项目法	金融资产及负债	实物资产及权益

表 14-3 **外币折算方法比较表（二）**

项　目	现行汇率法	流动/非流动项目法	货币/非货币项目法
资产			
现金	现行汇率	现行汇率	现行汇率
有价证券	现行汇率	现行汇率	现行汇率
应收账款	现行汇率	现行汇率	现行汇率
存货	现行汇率	现行汇率	历史汇率
固定资产	现行汇率	历史汇率	历史汇率
负债			
应付账款与票据	现行汇率	现行汇率	现行汇率
其他流动负债	现行汇率	现行汇率	现行汇率
长期负债	现行汇率	历史汇率	现行汇率
权益	历史汇率	历史汇率	历史汇率

3. 经济风险

经济风险是指由于突然的汇率波动，引起公司或企业在未来一定期间的收益发生变化。它是一种潜在性的风险，其程度大小取决于汇率变动对产品数量、价格及成本的影响程度。意料之外的汇率变动通过影响企业的生产销售数量、价格、成本，引起企业未来一定期间收益或现金流量的减少。例如，当一国货币贬值时，一方面，出口商可能因为出口商品的外币价格下降而刺激出口，使其出口额增加而获益；另一方面，如果出口商在生产中所用的原材料是进口商品，因本国货币贬值会提高以本币表示的进口商品的价格，出口产品的价格会因为生产成本的价格增加而增加。其结果有可能使出口商在将来的纯收益下降，这种未来纯收益受损的潜在风险就是经济风险。因此，经济风险的特点是：(1) 带有主观意识；(2) 不包括预测的汇率变动；(3) 风险影响比交易风险和折算风险大。

此外，企业面临的风险，还有税收风险。它是指因汇率的变动而引起的应税收益或减税损失，它是一种范围较小的风险，因国而异，但亦不可忽视。

14.5.3 汇率风险管理

汇率风险的管理，是一个大课题，也是一件很有学问的事情。对跨国公司而言，要结合自己业务的实际，采取更具体、更灵活、更多样的汇率风险管理措施。其主要从以下几个方面来进行防范：

1. 交易风险的防范

(1) 合约性套期保值。在金融市场上进行操作，使外汇净流量为零，把外汇风险转化出去。其方法是：在货币市场、远期外汇市场、外汇期权市场和外汇期货市场上做套期保值。

(2) 调整经济策略。

①提前或延期支付。这主要适用于跨国公司内部，并且在有些国家受到政府限制。

②选择计价货币。付款选择软币，收款选择硬币。其缺点是可能要在价格方面做出妥协。

③风险分担协议。在商品交易中，双方达成价格调整条款，当汇率波动超过一定幅度时对商品的价格进行调整。

2. 折算风险的防范

涉外主体对折算风险的管理，通常是实行资产负债表保值。资产负债表保值的基本原则是：如果预测某种货币将要升值，则增加以此种货币持有的短期资产，即增加以此种货币持有的现金、短期投资、应收款、存货等，或者减少以此种货币表示的短期负债，或者同时并举；反之，若预测某种货币将要贬值，则减少以此种货币持有的资产，或增加以此种货币表示的负债，或两者并举。

3. 经济风险的防范

(1) 经营多样化，是指在国际范围内实现其销售市场、生产基地以及原料来源地的多样化。

(2) 融资多样化，是指在不同的金融市场上追求多种货币资金的来源和应用，即实现筹资多样化和投资多样化。

本章小结

（1）美国存托凭证又称存券收据或存股证，是指在一国证券市场流通的代表外国公司有价证券的可转让凭证。

（2）交叉汇率是指在国际市场上，几乎所有的货币兑换美元都有一个兑换率。交叉汇率的一个显著特征是一个汇率所涉及的是两种非美元货币间的兑换率。

（3）欧洲债券是一国政府、金融机构、工商企业或国际组织在国外债券市场上以第三国货币为面值发行的债券。

（4）外国债券是指外国借款人（政府、私人公司或国际金融机构）在某个国家的债券市场上发行的以这一国家货币为面值货币的债券。

（5）金边债券泛指所有中央政府发行的债券，即“国债”。

（6）伦敦银行同业拆借利率，是指伦敦的第一流银行之间短期资金借贷的利率，是国际金融市场中大多数浮动利率的基础利率。

（7）互换是一种双方商定在一段时间内彼此交换现金的金融交易。互换有两种基本的形式：利率互换和货币互换。

（8）外汇市场是指在国际上从事外汇买卖，调剂外汇供求的交易场所。汇率亦称外汇行市或汇价，是指一国货币兑换另一国货币的比率，是以一种货币表示的另一种货币的价格。

（9）直接标价法是以一定单位的外币为标准，折算成一定数量的本国货币。间接标价法是以一定单位的本币为标准，折算成一定数量的外国货币。

（10）套汇交易是指交易者根据某种货币的汇率在不同外汇市场上形成的差异，在低价市场买进，同时在高价市场卖出，借此赚取差额收益的一种交易行为。

（11）外汇市场上有两种主要的交易类型：①即期交易又称为现货交易或现期交易，是指外汇买卖成交后，交易双方于当天或两个交易日内办理交割手续的一种交易行为。②远期交易是指在外汇买卖成交时，双方先签订合同，规定交易的币种、数额、汇率以及交割的时间、地点等，并于将来某个约定的时间按照合同规定进行交割的一种交易方式。

（12）绝对购买力平价理论是购买力平价的早期理论，指本国货币与外国货币之间的均衡汇率等于本国与外国货币购买力或物价水平之间的比率。绝对购买力平价理论认为：一国货币的价值及对它的需求是由单位货币在国内所能买到的商品和服务的量决定的，即由它的购买力决定的，因此两国货币之间的汇率可以表示为两国货币的购买力之比。

（13）相对购买力平价是指不同国家的货币购买力之间的相对变化，是汇率变动的决定因素。使汇率发生变动的主要因素是不同国家之间货币购买力或物价的相对变化；同汇率处于均衡的时期相比，当两国购买力比率发生变化时，两国货币之间的汇率就必须调整。

相对购买力平价表示一段时期内汇率的变动，并考虑到了通货膨胀因素。

本国货币新汇率=本国货币旧汇率×本国货币购买力变化率÷外国货币购买力变化率

=本国货币旧汇率×本国物价指数÷外国物价指数

如果绝对购买力平价成立，相对购买力平价一定成立，因为物价指数就是两个时点物价绝对水平之比；反过来，如果相对购买力平价成立，绝对购买力平价不一定成立。

(13) 人民币升值是相对于其他货币而言的，1元人民币可以买到更多的外币。人民币贬值是相对于其他货币而言的，1元人民币可以买到更少的外币。

(14) 利率平价说认为两个国家利率的差额等于远期兑换率及现货兑换率之间的差额。均衡汇率是通过国际抛补套利所引起的外汇交易形成的。在两国利率存在差异的情况下，资金将从低利率国流向高利率国以谋取利润。但套利者在比较金融资产的收益率时，不仅考虑两种资产利率所提供的收益率，还要考虑两种资产由于汇率变动所产生的收益变动，即外汇风险。

(15) 汇率风险又称外汇风险，是指经济主体在持有或运用外汇的经济活动中，因汇率变动而蒙受损失的可能性。汇率风险具有或然性、不确定性和相对性三大特性。

(16) 汇率风险的分类。交易风险亦称交易结算风险，是指以外币计价的交易，由于该币与本国货币的比值发生变化即汇率变动而引起的损益的不确定性。折算风险又称会计风险，是指经济主体对资产负债表的会计处理中，将功能货币转换成记账货币时，因汇率变动而导致账面损失的可能性。经济风险是指由于突然的汇率变动，引起公司或企业在未来一定期间的收益发生变化。

基本训练

◆ **简答题**

1. 什么是外汇市场？全球有哪些主要的外汇市场？
2. 什么是汇率？对比说明汇率的两种标价方法。
3. 举例说明什么是三角套汇。
4. 对比说明外汇的两种交易类型。
5. 什么是购买力平价理论？什么是利率平价理论？
6. 举例说明汇率有哪些风险？该如何防范？

◆ **本章思考**

如果人民币在世界各地都能像在中国大陆那样，在银行自由存储，在购物时自由付款，在交易股票时用人民币交易，在国际贸易买卖时用人民币结算，那将是一种什么样的情景？那就是人民币的国际化。而目前的情况是，我们在国外旅游时必须用美元，在瑞士银行存款时必须把人民币兑换成美元，在进行国际贸易时必须先把人民币转兑成美元。在这一交易链中，各种风险无时无刻不在伴随着我们。每年我们的企业在进行跨境交易时，因汇率变动产生的损失高达千亿元。

中国经济平均每年以7.5%以上的速度增长，美国和日本的经济增长在过去10年里只有平均不到2%。中国GDP总量已是日本GDP总量的2倍，达10万多亿美元，距离美国的15万亿美元相距不远。美国著名经济学家、诺贝尔奖得主约瑟夫·斯蒂格利茨称，按照购买力平价计算，2014年是美国能够号称自己是全球第一大经济体的最后一年，从2015年开始，世界将进入“中国世纪”。中国已成为世界上最大的加工厂，最大的消费市场也指日可待。

曾经作为第二大经济体的日本曾有让日元实现国际化的雄伟梦想。这一梦想在日经指数跌破 2 万点时宣告破碎。目前，日元除了在亚洲国家有一定市场，在美国、欧洲和中东及非洲地区已难以找到日元的影子。欧元区经济虽然和美国经济总量差不多，人均 GDP 和美国人均 GDP 相差不大，但欧元也只能是欧元区的欧元，因为国际大宗商品如石油、铁矿、粮食、有色金属等均以美元计价；同时，欧元区的政治上的分歧，难以让欧元挑战美元。随着中国经济的崛起，人民币的国际化必将成为世人关注的焦点。

美元的模式令人关注。美元在国际贸易中享有定价主导权，而定价主导权是通过大型的垄断跨国公司来实现的。在美国进口的产品中，从原材料的采购、运输、生产、销售到结算都是由美国公司占据主导，决定价格的高低和利润的大小。苹果的手机在中国加工，在世界市场销售，中国公司的利润才只有 4%。美元是生产销售链的核心，起着穿针引线的作用。在全球《财富》500 强中，美国的公司每年占据了 1/3 以上，总资产有 1 万亿美元。跨国公司主导了金融领域里的定价权和美元的支付义务。根据 2017 年全球《财富》500 强的统计，美国共有 132 家公司榜上有名，美国公司体现了大公司、大项目、大资本、大市场的“四大”。“四大”不仅主导了世界金融市场的定价权和支付义务，还使得美国的公司降低了交易成本和汇率风险。

人民币、日元和欧元在与美元的博弈中，几乎形成了下列交易模式：中国的公司从澳大利亚、巴西和中东进口铁矿和石油，加工后生产产品出口到美国，形成了三角交易。由于出口商品的销售终端是美国市场，因此终端市场的消费决定了美元计价的独占性，这种分工的畸形使得美元享有独特的定价权和支付义务。当实体贸易结束后，美国又通过资本市场把美元以债券、股票等形式卖给了中国、日本和欧盟，形成美元储备。在前一种三角交易中，美元流出了美国，而在后一种交易中，美元又流入了美国，美元得到了平衡和巩固，这就是“美元-人民币困境”。

综上所述，化解“美元-人民币困境”的出路在于形成万亿元以上大的跨国公司，形成技术、资金、管理和市场优势，解决定价权和支付义务问题才是人民币国际化的根本出路。“一带一路”的设计为人民币的国际化奠定了基础。

资料来源　刘斌. 从美元模式看“人民币困境”[EB/OL].［2015-02-23］. http://blog.sina.com.cn/s/blog_62df218b0102vhpb.html.

财务管理第十四黄金定律

第15章　合并与兼并

学习目标

◆ 重点掌握合并与兼并的含义和模式、兼并的方法、超级帕累托现象。
◆ 掌握合并与兼并的动因、如何对目标公司进行估价。
◆ 了解防御合并与兼并的策略、帕累托现象。

引例　　正在蓄势的“汇率战争”

19世纪末，美国经济衰退，此时的美国钢铁行业产业集中度低，管理水平低下，效率低下。1898年至1903年期间在经济不景气的大环境推动下，美国钢铁业发生了2 653起并购，八成为横向并购。第一次大规模兼并后，诞生了全美烟草、杜邦、美国橡胶等大公司，100家最大公司控制全国40%的工业资本。到1910年，美国钢产量2 650万吨，占世界钢产量四成以上，正是这一轮有效的并购重组，奠定了美国在世界钢铁业中的地位。

2016年9月22日下午，*ST八钢发布公告表示，国资委同意宝钢集团与武汉钢铁（集团）实施联合重组，宣告了中国第一“神钢”的诞生。两大上市钢企的合并，是各自的控股股东宝钢集团和武钢集团实现联合重组的重要环节。

宝钢股份是中国最大、最现代化的钢铁联合企业。宝钢股份以其在技术、管理、创新等方面的综合优势，奠定了在国际钢铁市场上世界级钢铁联合企业的地位。无论是资产规模、营业额还是利润额，宝钢股份在我国钢铁行业上市公司中都处于绝对领先的地位。

宝钢股份2001年至2015年的总资产、营业收入和净利润在我国钢铁行业52家上市公司中均列第一，从2008年开始总资产规模维持在2 000亿元以上并逐年增长，营业收入在这15年间处于先增后降的波动中，其中2009年由于受到金融危机的冲击营业收入迅速下跌，随后2011年达到这15年间的最大值，为2 225.05亿元。从2011年至2015年这5年受钢铁行业不景气的大环境影响，宝钢股份每年的营业收入都在下降，到2015年，宝钢股份的营业收入已经降到了10年前的水平。从盈利能力指标的角度来看，宝钢股份的ROE、ROA、营业收入净利率及每股收益总体在下滑，2015年的盈利能力几乎已经触底，2015年宝钢股份的ROE、ROA及营业收入净利率均不足1%，每股收益只有0.06元。

武钢股份是我国第一个特大钢铁企业，是我国重要的优质板材生产基地，其资产规模在我国钢铁上市公司中排名第三位，是钢铁业的巨头之一。然而，在2015年，武钢股份以75.11亿元的亏损被称为A股亏损王，与此同时，武钢股份的资产负债率高达70%，巨大的负债额也给整体业绩带来了一定的压力。

武钢股份总资产的第一次跨越是从2003年的77.08亿元增长到2004年的304.05亿元，第二次跨越是从2006年的397.88亿元增长到2007年的649.47亿元，第三次跨越是从2010年的763.05亿元增长到2011年的961.01亿元。武钢在国内兼并重组了昆钢、鄂钢、柳钢，在国外投资了8座海外矿山。从产品的角度来看，宝钢的特长在于汽车板与家电板，而武钢的特长在于硅钢和重轨，第一“神钢”的成立，意味着市场出现了一个巨大的玩家。

资料来源 扑克内容团队. 这可能是关于宝钢和武钢最深度的分析［EB/OL］.［2016-09-22］. http://www.sohu.com/a/114885156_470120. 有改动。

15.1 合并与兼并概述

15.1.1 合并、兼并的定义

1. 合并的定义

国际会计准则理事会（IASB）颁布的《国际财务报告准则》中的定义是：“公司合并是指各单独实体或企业组成为一个报告体。”美国财务会计准则委员会（FASB）颁布的《财务会计准则第141号公告》指出：“公司合并发生于实体获得构成企业的净资产或者获得一家或多家实体的所有者权益，并保持对其的控制权。”

我国《企业会计准则第20号——企业合并》借鉴IASB的精神，将合并定义为：“企业合并是指，将两个或者两个以上单独的企业合并形成一个报告主体的交易或事项。”

合并是指两家或两家以上的公司组织一家全新的公司。如日本川崎汽船旗下的大洋海运和神户日本汽船合二为一，组成大洋日本川崎公司，主要从事干散货船、油船、液化气船、集装箱船等业务。

2. 兼并的定义

兼并是指公司通过现金、证券或其他形式购买取得其他公司的产权，使其他公司丧失法人资格或改变法人实体，并取得对这些公司决策控制权的经济行为，其实质是产权交易。主并公司称为兼并方，目标公司称为被兼并方。兼并完成后，主并公司法人资格存续，目标公司法人资格消失。也就是说，被兼并方的整体财产归入兼并方，被兼并方作为经济实体已不复存在。兼并多发生在被兼并方财务状况不佳、生产经营停滞或半停滞时，兼并后一般需调整其生产经营、重组其资产，此时兼并方成为被兼并方新的所有者和债权、债务的承担者，使资产、债权、债务同时转移。由于兼并是一家公司“吃”掉另一家公司，被“吃”掉公司的资产完全由兼并公司来支配，债务也完全由兼并公司来消化。严格来说合并和兼并的区别不大，因此，从广义上来说，一般两家以上公司的集合称为合并兼并。

15.1.2 合并与兼并的方式

合并、兼并的方式可以归纳成以下4种：

1. 水平兼并

水平兼并也叫作横向合并，是指兼并公司与被兼并公司同处于一个行业。例如，马士基与海陆的合并就是典型的水平兼并，其结果是马士基在世界海运界的实力大大加强，同时，也消除了马士基的一个强劲竞争者。再如，石油行业1998年发生的埃克森兼并美孚就属于水平兼并。

2. 垂直兼并

在垂直兼并方式下，各公司处于产品生产过程的不同阶段。垂直兼并是指一家公司兼并与其有业务来往的供应商或客户。例如，航空公司收购旅行社就属于垂直兼并。

3. 同源兼并

同源兼并是指两家公司虽然都处于一个通用行业，但却不是竞争对手，也不是供应商或客户，而是同处于一个通用行业的领域。例如，中远集团公司拥有大连的一家修船厂，修船厂又合并了一家船用柴油机厂，它的好处在于利用中远的营业和经销渠道推销船用柴油机。

4. 混合兼并

混合兼并是指兼并公司和被兼并公司之间的业务互不相干。公司兼并与其不相关的行业中的企业，从而使公司业务多样化，这是化解行业风险的有效方法。例如，计算机公司收购餐饮公司就属于混合兼并。自20世纪70年代起，中国香港及东南亚地区的许多有识之士意识到海运业可能出现萎缩，为降低可能出现的风险，主动拍卖掉船队部分资产，开始经营房地产、酒店、汽车和航空运输等。

15.2　合并与兼并的动因

自19世纪末至今，西方资本主义国家先后出现过五次合并浪潮。近年来，我国公司采用合并实现跨国经营和自身战略发展目标的实例也越来越多。如1992年11月，首钢以1.2亿元收购秘鲁铁矿有限公司，实现了跨国经营；再如清华同方吸收合并山东鲁颖电子，联想合并IBM的个人电脑业务等。不论国别、合并的形式，公司合并的动因在于对利润的追求和竞争生存的压力，然而，不同时期、不同合并实例中，合并的动因是极其复杂的。公司进行合并兼并最主要的理由概括来说就是协同效应。

假如A公司准备兼并B公司。A公司的价值是V_A，B公司的价值是V_B。对于上市公司，可以合理地认为V_A与V_B分别等于A公司和B公司在外流通股票的市场价值。联合公司AB的价值V_{AB}与A、B两公司单一价值之和的差额即为合并兼并产生的协同效应：

$$\text{协同效应}=V_{AB}-(V_A+V_B) \tag{15-1}$$

概括来说，协同效应产生在兼并、合并之后，联合公司的价值大于合并兼并公司和被合并兼并公司的价值之和。按照协同效应的不同来源，具体分为以下几个原因。

1. 马修定律——大的更大、强的更强

许多公司发现，与其自己慢慢从内部发展，不如直接从外部把其他的公司接收过来，壮大自己，以扩大市场份额，增加营业额。这种方法不仅省时、省力，而且成本低廉，是小的变大、大的变强的有效方法。在这个过程中，一家公司通过合并或兼并另一家公司，一家控股公司控制了另一家公司，资产越滚越多，市场占有率越来越高，形成了大的越大、强的更强的局面。这就是马修定律。

在高度竞争的全球市场中，公司迫切需要在全球市场发展壮大，因而需要进行世界范围内的合作。在市场竞争中，其趋势就是小的变大，大的变强，强的变得更强，否则就要被吃掉或破产。公司在竞争中有两个“大变强”的基本目标：一个是市场份额的扩大，即专业化程度的扩大；另一个是公司经营的多样化。例如，对港航企业而言，在第一个目标中，其将开辟更多的航线，来扩大自己的海运市场份额；同时，在原有的航线上增加更多的船舶，从而增强运力；此外，为占领更大的海运市场份额，许多港航企业增加运输品种，如增加集装箱船队，增加 LNG 船或 VLCC 等。港航企业也可以利用多样化来扩大公司规模，走向巨人化公司。如世界上许多海运巨头，除海运业务外，还经营航空、铁路、公路、港口、码头、互联网、物流、仓储、房地产和船舶配员等。

2. 规模效应

规模效应是公司成败的关键，强强合作是增大规模效益、降低公司管理成本的有效手段。强强联手会产生协作效应，当两家处于同一行业的公司合二为一时，它所产生的经济效益不仅仅是 1+1=2，而且是 1+1>2。这种协作效应来源于管理成本的降低，进而导致更大的利润产出。例如，对港航企业而言，当两家同航线的巨型船队合二为一时，在揽货、调度、输料、采购、客户服务、人力资源的成本方面将大大降低，进而导致营业额的增加。

3. 筹资偏好

众所周知，如果一家公司要想在资本市场进行筹资，以扩大自己的规模，资本市场一般对其的反应是比较冷淡的。如果两家公司联合起来在市场上进行筹资，国际资本市场会对其表示出友好。这点可以从中国香港、新加坡、日本东京、中国上海股票市场上的上市公司的筹资活动中看出来。很显然，一家公司的资产流动性要远远低于两家公司的资产流动性。在合二为一后，一家“现金富裕”的公司可以提高整个新的合并公司的举债能力，降低财务杠杆度。这样，向外举债的成本将大大降低。

4. 技术与人才的需求

常常有这种情况，一家具有发展潜力的公司因缺乏某种技术或管理人才而不能得到全面的发展。如果这家公司不能得到这种技术或人才，或自己研究和开发的费用高于合并兼并的成本，就要采用合并兼并的方式来获得此种技术或人才。当然，任何合并兼并都要以公司的可持续发展和公司财富最大化为最终目标。

5. 税收动机

税收考虑常常是合并兼并的主要目的之一。目前，国际上“税收损失结转”的做法甚为流行，即公司因各种因素导致经营亏损时，可以享受所在国的税务结转的纳税救济。这意味着亏损公司可以将本年度内亏损额在今后 15 年纳税年限中以一个适当的比例分别摊入应纳税额中，从而降低应纳税额，减少亏损公司的纳税，增加公司的竞争力。在美国，其税法还规定了“税收损失退还”，即公司如在当期发生亏损，可将前 3 年的纳税额退还，帮助公司渡过难关。国际上采取通行的所得税，税率一般在 40% 左右，所以，受利益驱动，大的公司出于财富最大化的考虑，以纳税抵免或纳税减免为目的进行兼并。一家获利的公司也可以选择一家亏损的目标公司进行合并或兼并，这样兼并公司的税后利润可以冲抵被兼并公司的应纳税所得额，从而减少纳税，增加合并公司的收入。以税收考虑为目的的兼并不适用于控股公司。某公司合并前和合并后所得额比较见表 15-1。

表 15-1　**某公司合并前和合并后税后所得额比较表**　单位：万元

项　目	年　份			总计（3年）
	1	2	3	
合并前税后所得				
（1）税前所得	400	400	400	1 200
（2）纳税（40%×（1））	160	160	160	480
（3）税后所得（（1）-（2））	240	240	240	720
合并后税后所得				
（4）税后亏损	400	400	400	1 200
（5）税后亏损结转	400	200	0	600
（6）税前所得（（4）-（5））	0	200	400	600
（7）纳税（40%×（6））	0	80	160	240
（8）税后所得（（4）-（7））	400	320	240	960

在表 15-1 中，某公司在兼并前的税后所得为 720 万元，以税收为目的的兼并发生后，分别将被兼并公司共计 600 万元的亏损按 1、2、3 年分别摊入 400 万元、200 万元和 0。经过税收亏损的结转后，该公司的税后所得增加到 960 万元，比兼并前增加了 240 万元。

6. 流动性

两家小公司的合并或一家大公司与一家小公司的合并给股东权益带来更大的流动性，它增加了股票的可交易性。持有两家小公司的股票，它的市场很“薄”，其价值大打折扣。如果两家小公司合并或一家大公司兼并了一家小公司，这家小公司的股票大大增加了吸引力，而且大公司的股票标价增加了股票持有者的透明度，使股东们感到手中持有的股票更有价值。尤其是一家未上市的股票，经过合并或兼并上市后，其流动性的提高对股东来说具有极大的诱惑力。

15.3　合并与兼并的方法

在过去 100 多年的公司重组过程中，出现了令人眼花缭乱的合并和兼并方法，最普通、最有名的就是：友好接管与敌意接管、战略联盟与杠杆收购。

15.3.1　友好接管与敌意接管

一家准备兼并另一家公司的公司被称为兼并公司；另一家等待被重组的公司被称为目标公司。一般来说，兼并公司发起和寻找目标公司，要对目标公司进行资产评估以确定收购价格；同时，还要同目标公司的股东和管理决策层洽谈。也有不常见的情况，那就是目标公司自己主动寻找兼并公司，要求自己与兼并公司合并组成新的公司，这就引出了公司重组过程中的友好接管与敌意接管的问题。

1. 友好接管

一般来说，兼并公司与被兼并公司即目标公司的管理层谈及兼并事宜，如果目标公司同意兼并公司的建议，兼并建议将获得批准并由目标公司的股东通过。股东通过后，此笔交易要么由兼并公司以现金买回目标公司的股票，要么以兼并公司的股票或债务按双方同意的比例进行交换，要么以部分现金和部分股票或债务来进行交接。这种兼并过程就是友好接管。

2. 敌意接管

敌意接管与友好接管相反。如果目标公司不同意兼并公司的建议或认为兼并公司的出价太低或二者不“般配”，目标公司可以进行抵制，在这种情况下，一般兼并公司志在必得，通过一些方法说服目标公司的股东同意兼并；此外，兼并公司还可通过强行在股票市场上购买目标公司一定量的股票，迫其就范，这种强行兼并就是敌意接管。敌意接管的难度很大，一个志在成功，一个困兽犹斗，双方你来我往，兼并市场硝烟弥漫。不管怎样，敌意接管大多数还是成功的。

兼并既可以是友好接管方式，也可以是敌意接管方式。

15.3.2 战略联盟与杠杆收购

1. 战略联盟

20 世纪 90 年代是公司合并重组的年代，这一时期的合并兼并有其鲜明的特点，那就是战略联盟。例如，在港航企业中，各主要船东之间，彼此利用自己的航线、船队和代理揽货渠道等优势，通过结盟，组成更大的全球海运网络，它包括舱位共享、船期安排、码头和其他设施共享等。这种联盟使海运航线的覆盖全球化、高频化，从而达到全球的规模效应。

纵观全球《财富》500 强公司，几乎没有哪家不是利用合并、兼并的方式发展起来的。中国加入世界贸易组织后，我国的公司兴起了一轮又一轮的兼并重组浪潮。每一轮的重组浪潮都给我国的公司带来巨大的商机，从而使我国的公司以更大的规模与优势参与世界市场的竞争。

2. 杠杆收购

杠杆收购是指公司或个体利用收购目标的资产作为债务抵押，收购另一家公司的策略。杠杆收购是一种兼并技巧，它涉及大笔资金融入或向某投资机构大量举债，实质上是对目标公司进行的一种兼并。具体来说，兼并公司对目标公司的收购价格的 90% 来自于：（1）对目标公司财产的抵押；（2）兼并公司动产或不动产的抵押；（3）第三方担保抵押。

采用杠杆收购方式的兼并大都是跨国公司和投资财团。它们财力强大，实力雄厚，信息灵通，兵多将广。它们列入的目标公司一般须符合下列四个条件：（1）目标公司在该行业中有良好的盈利历史记录和未来发展的潜力；（2）目标公司的债务水平比较低，银行可承兑的资产比较高，兼并时可供抵押；（3）目标公司有稳定的前景和良好的现金流；（4）目标公司的现行管理班子和部分股东同意以杠杆收购的方式来出售该公司。

下面列举一个经典的案例。美国前财政部长西蒙所领导的西蒙集团在 20 世纪 80 年代初就是按照上述四项标准杠杆收购了 GIBSON GREEGUNG GGC 公司的。当时西蒙集团公司出资 100 万元和不动产一起抵押。在兼并后的 3 年里，西蒙集团将 GGC 公司上市，并从银行借了 8 000 万美元，还将 GGC 公司 50% 的股权以 8 700 万美元出售给了另外几家基金公司。现在，西蒙公司仍持有 GGC 公司 50% 的股权。不难看出，在整个的兼并过程中，西蒙集团仅出资 100 万美元，3 年内就获利 8 700 万美元，其回报率是其初始投资的 86 倍，如果把其旗舰下的 GGC 公司 50% 的股权价值计算在内，其获利就更多了。杠杆是一种金融创新，是对世界发展史的一个贡献，它以小博大，有着四两拨千斤的神效。

自 20 世纪 80 年代以来，全球范围内兴起了杠杆收购的热潮。之后，杠杆收购逐步在公司中流行，到了 90 年代，杠杆收购越来越流行。90 年代中后期，由于杠杆收购出现了一系列违约和失购现象，投资者对所出现的垃圾债券失去了兴趣。然而，杠杆收购这种融资兼并的方法带有明显的“核金融”的特性，了解杠杆收购的原理对公司即将出现的兼并有着积极的借鉴作用。

15.4 对目标公司的估价

15.4.1 兼并资产

一般来说，兼并时常是兼并公司出于对目标公司资产的青睐而发生的。兼并公司在资产方面需要以目标公司作为补充，以增强兼并公司的能力。以此为目的的兼并要考虑目标公司资产的价值和税收抵免问题。确立目标公司收购价值对兼并公司是否有利，国际上一般以其资本成本和资本收益的核算为标准，这种方法就是资本预算方法。该方法主要考虑对收购目标公司资产的初始投入，同时还考虑未来一定期限内资本引起的现金流入，在考虑风险的前提下，确定与其风险相称的折现率，使其未来现金流的现值相加。从理论来说，如果净现值为正，收益大于成本，可以进行收购；如果净现值为负，成本大于收益，就要放弃收购；如果净现值为零，即成本与收益相抵，则收购的意义不大。

例如，M 公司收购 S 公司的初始投入是 2 亿元，S 公司未来 3 年的现金流入分别是 1.4 亿元、1.6 亿元和 1.5 亿元，折现率为 13%。表 15-2 是 M 公司兼并 S 公司时对 S 公司的定值。

表 15-2 **S 公司资产净现值** 单位：亿元

年份	现金流入（1）	现值因子（2）（13%）	现值（（1）×（2））
1	1.4	0.8850	1.2390
2	1.6	0.7831	1.2530
3	1.5	0.6931	1.0397

现值=（1.2390+1.2530+1.0397）−2.0000=1.5317（亿元）

15.4.2 换 股

在对目标公司的兼并中，对其进行估价，以确定其价值是非常重要的一步。待确定了目标公司的价值后，兼并公司就要对目标公司制订可行的财务方案。最简单，也是最少见的方法就是现金收购。完全的现金收购属于一次性买断，好处很多，但缺点是难以凑齐巨额的现金。除了此种方法以外，还有其他融资组合方式，如债券、优先股和普通股等，常见的方法就是换股。

换股是兼并公司根据目标公司的价值以兼并公司的股票按一定比例与目标公司的股票进行交换。股票交换率是指目标公司的股票可以交换成收购公司股票的数量。股票交换率的计算公式如下：

股票交换率=目标公司的每股作价÷收购公司的每股市价

股票交换率可能出现以下三种情况：

目标公司的每股股票交换数量=兼并公司的每股股票交换数量；

目标公司的每股股票交换数量 > 兼并公司的每股股票交换数量；

目标公司的每股股票交换数量 < 兼并公司的每股股票交换数量。

如兼并公司以 1：1.5 的比率与目标公司的股票进行交换，是双方在兼并过程中谈判的结果。股票交换率是一种标准，是现有的和潜在的股东衡量目标公司的尺度。一般情况下，股票交换率是根据双方股票在股票市场上的价格确定的。从 M 公司兼并 S 公司当时的情况来看，M 公司当时的股票价格为每股 120 元，S 公司是 60 元，经谈判，双方的股票交换率为 1：1.5，即 M 公司以 1 股换取 S 公司的 1.5 股股票。照此推算，目标公司（S 公司）的股票由市价每股 60 元增加到了 80 元，比原价增加 33.33%。

换股的好处是不必用现金去收购，因为现金收购的成本很高。此外，给目标公司以优惠的换股比率可以激发目标公司股东控股的积极性，使收购顺利进行。就换股而言，兼并公司须有足够的股票来保证换股的实施。为保证换股的顺利进行，兼并公司在兼并发生前一般要对本公司的股票进行回购，这也是促使兼并公司股价上涨的原因之一。在兼并结束后，兼并公司的股票一般要回落到较低的价位，并在低价位上持续相当长的一段时间。鉴于此，我们有必要研究每股盈利，因为每股盈利是股东最关心的问题之一。

15.4.3 每股盈应

尽管公司的兼并主要集中于现金流和股票的价值上，然而更多的兼并者把目光聚集到了每股盈利上，即现金和价值上的会计收益。一般来说，兼并公司和目标公司的每股盈利在兼并前后是不一致的，这种不一致主要是由交换率和每股盈利的差异引起的。所以，我们下面将短期每股盈利和长期每股盈利的换股比率分开来进行分析。

1. 短期每股盈利效应

兼并公司和目标公司的换股率为 1：1 时，两公司在兼并前每股盈利是一致的。然而在实践中，在经过了交换率的调整后，兼并后公司每股盈利要高于兼并前的目标公司（S 公司）每股盈利，低于兼并前兼并公司（M 公司）每股盈利。我们可以通过表 15-3 来解释这个现象。

表 15-3 **M 公司与 S 公司的财务数据表**

项　目	M公司（兼并公司）	S公司（目标公司）
(1) 普通股可支配收益（万元）	9 600	4 800
(2) 流通股（万股）	1 200	1 200
(3) 每股盈利（元）	8	4
(4) 每股市价（元）	120	60
(5) 市盈率（(4)÷(3)）	15	15

若兼并公司和目标公司的换股率为 1 : 1.5，为促使兼并成功和收购 S 公司的 1 200 万股的流通股，M 公司必须用库存股或重新发行 800 万股（1 200÷1.5）股票，如果合并成功，M 公司将拥有 2 000 万股股票；如果两公司的普通股可支配收益保持不变，合并后的每股收益将降至 7.2 元，原 S 公司的股东的每股盈利则上升到 4.8 元。表 15-4 是市盈率与兼并公司市盈率的关系对每股盈利的影响的比较表。

表 15-4　**对每股盈利的影响比较表**

市盈率与兼并公司市盈率的关系	对每股盈利的影响	
	兼并公司	目标公司
已支付市盈率>兼并公司市盈率	下降	上升
已支付市盈率=兼并公司市盈率	不变	不变
已支付市盈率<兼并公司市盈率	上升	下降

通过支付大于 1 元的现值兼并每 1 元的收益（已支付市盈率大于兼并公司的市盈率），兼并公司把部分兼并公司股东的收益权转让给了目标公司的股东。对目标公司来说，它的每股盈利上升了，而兼并公司每股盈利则下降了。这是因为兼并公司对目标公司支付了 33.33% 的股票溢价（从 60 元提高到 80 元），从而导致了市盈率的提高。如果兼并公司以少于 1 元的现值来收购目标公司的每 1 元收益（已支付市盈率少于兼并公司市盈率），相反的情况就会发生。

最后，可以就短期每股盈利效益做出小结：对兼并公司的股东来说，短期每股盈利的收益是下降的；对目标公司的股东来说，短期每股盈利的收益是上升的，所以目标公司的股东一般来说是支持兼并的。从长期来看，每股盈利的收益对目标公司和兼并公司的股东来说都是上升的。

2. 长期每股盈利效应

合并后的公司每股盈利效应在很大程度上取决于公司的未来成长。从众多合并、兼并案例来看，兼并公司原股东的每股盈利在兼并后初期阶段低于兼并前的水平，但长期的每股盈利前景却是非常看好的。如果兼并后公司业务进展顺利，合并后的公司的每股盈利要远远高于合并前的每股盈利，因为目标公司的资产贡献率要远远高于合并前的资产贡献率，从而引起合并公司的每股盈利的攀升，进而使兼并后的兼并公司的股东和目标公司的股东的每股盈利出现双赢的趋势（见表 15-5）。

表 15-5　**每股盈利趋势表**

年份	合并前		合并后	
	总收益（百万元）	每股盈利（元/股）	总收益（百万元）	每股盈利（元/股）
2015	96.00	8.00	144.00	7.20
2016	100.80	8.40	168.40	7.92
2017	105.84	8.82	174.24	8.71
2018	111.16	9.26	191.66	9.58

设定兼并公司的资产收益或股东可支配的收益每年增长 5%，而目标公司则为 10%。自 2015 年起，兼并公司的总收益为 0.96 亿元，每股收益为 8 元。按照每年每股盈利 5%

的发展速度来预算2018年的收益，兼并公司的总收益只能是1.11亿元，每股收益为9.26元。兼并目标公司后，2015年的总收益增加到了1.44亿元，由于按1：1.5的比率收购了目标公司的股票，使当年每股盈利下降了10%，即7.20元/股，但目标公司的资产经兼并公司整合后产生了巨大的效益。到2017年，总收益增长到了1.74亿元，每股盈利达8.71元，虽然比合并前的每股8.82元低，但到了2018年，合并后的总收益增长到了1.92亿元，每股收益达9.58元，超过了合并前的每股收益9.26元。

但必须意识到，兼并后的公司业绩、股票市值和每股盈利完全取决于公司的整合与管理，如果不能取得风险与收益的统一，股票的市值就不会升到预期的水平。

15.5 防御合并与兼并的策略

目标公司的经理人员总是会阻挠接管的发生。如果投标公司提高价格或者有其他公司参与竞标的时候，阻挠活动可能对被兼并公司的股东有好处；否则，阻挠反映的很可能仅仅是管理人员以股东利益受损为代价，来追求自身的利益。也就是说，目标公司经理人员可能为了保住自己的饭碗而阻挠接管活动。有时候管理层的阻挠可以促进公司政策的改进，此时股东获利，即使最终接管失败。

自20世纪70年代以来，在美国公司界掀起的“公司吞并”即恶意并购之风，更是以其突袭性、欺骗性和掠夺性，严重影响着公司的长期稳定和发展以及社会的平等福利。在这种情况下，财务金融界构建了一系列反并购策略，由此在国际市场上演绎了一出出惊心动魄的并购和反并购大战。所谓防御合并与兼并的策略，是指目标公司为防止和反击并购公司对其展开活动而采取的一系列防御措施。根据时间的不同，可将其分为前置防御策略和过程防御策略。

15.5.1 前置防御策略

前置防御策略又称驱鲨（shark repellant）措施，是指公司预先设置障碍防止敌意收购的行为。前置防御策略主要包括修改公司章程、员工持股计划、毒丸计划以及相互持股等。

1. 修改公司章程

公司章程是指规范公司的条款或公司组织章程，其中规定了发生接管需要满足的条件。公司通过修改章程来增加公司的收购难度。

（1）超多数条款。目标公司的章程中规定，凡任命或辞退董事、决定公司合并或分立、出售公司资产等事项，必须经公司绝大多数股东投票通过，方能付诸实施。这样会使收购者面临一种潜在的危险：即使收购者拥有超过半数的股权，也未必会拥有超过半数的表决权。

（2）分期分级董事。目标公司在章程中规定，公司每年只能改选少量董事，凡辞退董事必须具备恰当的理由。这样一来，即使收购成功，收购者还有可能面临一个尴尬局面，即尽管已拥有目标公司一半以上的股权，但在短期内依然无法掌握它的控制权。

（3）公平价格条款。该条款规定，公司对发行在外的股票应提供一个公平价格。一般来说，收购者为了吸引目标公司的股东售出其手中的股权，往往采取溢价收购的方式。订立公平价格条款，目标公司可以要求收购者对其所有股东支付相同的价格，从而增加其收购的成本，阻止其溢价收购的企图。

2. 员工持股计划

该计划的大致内容为：目标公司首先设计出合适的员工持股计划，再由目标公司担保向银行或其他金融机构贷款，所得贷款通过员工持股计划向公司员工贷款以购买公司股票。购买的股票可以是公司新发行的，也可以是公司的库存股。这样一方面可以促使员工关心公司的发展；另一方面由于此类股票相对稳定，流动性差，从而在一定程度上抵御收购者的收购行动。

3. 毒丸计划

毒丸计划是指目标公司为避免被其他公司收购，在公司章程中预先制定一系列会使其失去对兼并者的吸引力的规定，这些规定就是“毒丸”。它们在目标公司手中时，其“毒性”不会发作，一旦目标公司受到收购袭击，毒丸计划就会启动，从而使收购公司深受其害。其“毒性”主要表现在：稀释袭击公司手中的股份；增加袭击者的收购成本。

毒丸计划包括负债毒丸计划、股权毒丸计划和人员毒丸计划。所谓负债毒丸计划，是指公司遭遇敌意收购时自动增加负债的反收购策略。所谓股权毒丸计划，是指遭遇敌意收购时，目标公司股东根据公司章程规定，低价购买新公司股票或高价将所持股票卖给新公司的反收购策略。所谓人员毒丸计划，是指目标公司高管共同签署协议，要求敌意收购后新公司必须满足某些特殊要求，否则将集体辞职的反收购策略。毒丸计划的实施前提和范围是：股价稳定、公司发展态势良好、法律允许、管理者和所有者分歧较少，以及兼并公司支付收购溢价较少等。

4. 相互持股

相互持股是指目标公司在收购方发动袭击之前，选择一家或几家关系密切的公司，签订协议，互换股权，相互持有对方一定比例的股份，并且承诺：未经双方同意，不可随意出售和转让对方的股份。通过这种相互持股，将大大减少目标公司流通在外的股份份额，从而达到控制股权、避免受到控股冲击的目的。这种相互持股关系在日本表现得最为典型。

15.5.2 过程防御策略

过程防御策略是指在收购公司发动收购袭击的过程中，目标公司所采取的种种反并购策略，具体有以下几种策略：

1. 股票回购

当目标公司遭到收购者恶意收购时，可以在公开市场上买进本公司的股票，也可以制定高价以回购股东手中的股票，从而减少目标公司流通在外的股票数额。这样一方面使得收购者难以收购到足以控股的股份，另一方面流通股数的减少，将会增加剩余股票的每股收益率，从而使得每股股价随之上升，这必然会加大收购者的收购成本。运用股票回购反收购应当注意以下问题：其一，应当严格遵守法律规定；其二，应当择优选择股份回购与红利发放；其三，股票回购只能作为反收购的辅助手段；其四，谨防绿色勒索阴谋。

当合并公司对外收购被合并公司的股票，并宣布要正式并购时，如果被合并公司管理当局不愿公司被接管，便只能与合并公司达成协议，以较高的价钱买回被收购的股票，这种方式被称为“绿色邮件”。在“绿色邮件”策略下，即使合并未能成功，合并公司仍可以借此机会大赚一笔，并且由于被合并公司支付了高额的价格回购股票，从而给公司带来了巨大的费用，并最终转嫁到股东身上，使股东蒙受损失；而一旦防御成功，获益最大的却是管理层。因此，这种方法在现实中并不经常使用。

2. 焦土战略

焦土战略是指人为损害目标公司资产质量的反收购行为，即出售目标公司最有吸引力、最有利可图的资产和部门，或者用大量现金或大举负债来购进一些垃圾资产，从而降低目标公司的吸引力，让收购者失去收购的兴趣。当然，这样做也会对目标公司自身造成严重伤害。使用焦土战略进行反收购，应当注意控制经营和财务风险，以及严格遵守法律规定。

3. 邀请第三方公司——“白衣骑士”

当遭到恶意合并时，目标公司邀请一个更能接受的第三方公司，即所谓的“白衣骑士”作为另一个收购者，以更高的价格来对付恶意收购，从而使自己与“白衣骑士”合并。通常，如果恶意合并者的收购出价很高，那么“白衣骑士”的合并成本也会相应提高，目标公司获得拯救的可能性就会降低。

目标公司常常愿意给予“白衣骑士”较其他现实或潜在的收购者更为优惠的条件，如财产锁定。锁定有两种不同类型：

（1）股份锁定，即同意“白衣骑士”购买目标公司库存股或已经授权但尚未发行的股份，或给予上述购买的选择权；

（2）财产锁定，即授予“白衣骑士”购买目标公司主要财产的选择权。

在反收购中，使用“白衣骑士”策略，需要考虑敌意收购初始出价的高低、“白衣骑士”实力强弱以及敌意收购的法定时间等因素。

4. 帕克曼防御

帕克曼防御是目标公司先下手为强的反并购策略。当获悉收购方试图启动收购目标公司的计划时，目标公司针锋相对，抢先收购袭击者的股票，或策动与目标公司关系密切的友好公司出面收购袭击者，从而迫使收购公司转入防御，或至少赢得一定的时间以重新制定防御措施。

实施帕克曼防御需要具备特定条件：首先，敌意收购者本身应当是上市公司，否则将无法了解敌意收购者具体情况和实施强行收购。其次，敌意收购者必须有懈可击和具有收购价值；否则，帕克曼防御不仅很难成功，即使成功也会得不偿失。最后，反击方必须具有较强的资金实力和外部筹资能力。因为敌意收购者通常都是实力强大的优势公司，收购这些公司，如果没有足够的经济实力和筹资能力，很容易造成巨大财务风险，甚至半途而废。当然，如果反收购者感到自身实力不足，可以联合实力较强的友好公司共同进行帕克曼防御。该策略是所有策略中风险最高、争夺最为激烈的一种方式。

5. 管理层收购

当目标公司遇到恶意收购时，公司的管理层通过一定的渠道筹措资金，收购其所在公司的大部分股权，达到控制公司的目的，这被称为管理层收购（MBO）。管理层收购的前提是目标公司确实具有价值和发展的潜力，只是由于一时的原因导致其经营业绩较差，从而成为“黑马骑士”的收购对象。

15.6　超级帕累托现象

所谓帕累托现象，是指 20% 的公司占据着 80% 的市场份额，我们以航运界为例来讨论这种现象，而超级帕累托现象是指市场上 4% 的公司控制了 80% 以上的市场。

1. 超级帕累托现象的生成

全球公司的兼并起伏较大，但总体是上升趋势。1991 年，航海运输业的兼并风潮与制造业和银行保险业相比要弱小得多，然而，它们的发展却不可忽视，尽管当年兼并交易额只占第三产业兼并交易额的 6.5%，占全球总兼并交易额的 2.7%，但全年兼并交易额已达 23 亿元。在此后的几年里，港航业的兼并风潮是一浪高过一浪，走势不断增强，到 1996 年，已高达 105 亿元，占当年第三产业兼并交易额的 6.7%。此后，兼并活动有所回落，1997 年和 1998 年分别比 1995 年减少了 52% 和 54%。在 2004 年以前，运输市场的合并兼并没有回到 1996 年的最高水平，但在 2004 年和 2006 年之间，迎来了港航业的调整高潮，合并兼并的交易额突破 200 亿元，尤其是国际海运界将面临大的调整，港口、集装箱运输工具和国际航运公司等方面进行结构性改组；港口作业条件将进一步改善，以适应新的大型化发展要求；港口吞吐量的座次将重新排定，中国香港港、新加坡港将力保其竞争优势，上海港、深圳港等港口的吞吐量将进一步增加。在这一时期，世界各大船运公司和班轮公司将面对严峻的考验，这包括运力过剩、油价上涨、运价偏低、物流供应链的失衡及提高服务质量与获利降低甚至亏损等问题。谁能渡过上述种种难关，谁就将再次获得新生。

自 1995 年以来，远洋运输业已发生了有记载的 30 多次合并兼并的案例。CP 公司先后兼并了 Cast 1993 Ltd.、Lykes Lines、Cont Ship Contain Lines、Ivan Lines、Australia-New Zealand Direct Lines、Christensen Canadian African Lines，其船队经营范围从跨大西洋航线扩大到了南北的更大范围航线。汉堡萨德公司也表现出了惊人的竞争意识，它先后收购了 South Seas Steamship Co.、Empresa de Navegacao Alianca、Barbican、Transroll International、South Pacific Container Line、Crowley American Transport 等 6 家航运公司，经过整合后的这些区域性公司，足以抗衡来自全球航线的任何其他竞争对手的挑战。1997 年，P&O 集装箱公司与 Ned-Lloyd 班轮公司合并，同年年底，马士基兼并美国的海陆公司，完成了当今班轮史上最大的合并兼并案。哈伯格-劳埃德航运公司、东方海外、铁行渣华、马士基、中远等都不同程度地介入到合并兼并的浪潮中。在日本的许多航运公司中，合并兼并也正在发生。

2. 市场中的超级帕累托现象

在当今的海运市场里，不到 4% 的海运公司却占据着 82% 的市场份额，即前二十大班轮公司占据着 82% 的市场份额，形成了一种超级帕累托现象。20 世纪 80 年代，前二十大班轮公司占整个集装箱运输市场 48% 的市场份额，进入 90 年代后，这组数据迅速上升，前二十大班轮公司的运营额已占整个市场份额的 75%。从 1992 年到 2000 年，前二十大班轮公司的运营额已占整个市场份额的 82%。毫无疑问，这种集中化的趋势因国际港航业不同于其他行业的特殊性还将继续发展。那么，21 世纪上半叶班轮市场会发生什么样的合并兼并？这取决于国际港航业所采取的经营战略和资本战略，直到规模经济给航运公司带来足够的利润为止；否则，兼并将会发生。

国际海运市场运力过剩，世界经济发展的不平衡导致运输航线的不平衡发展，各国政府对反垄断的“纵容”，国际游资的过剩，信贷资金的不断增加以及各国之间的不信任造成国际海运市场长期利润偏低。所有这些将引起国际海运市场的不断改组，导致合并兼并的发生。

然而，不管国际海运界未来发生什么样的合并兼并，世界经济的发展将制约和影响着国际海运界的合并与兼并，尤其是美国经济的发展。经济与贸易密切相关，贸易促进运输业发展，发展的运输业需要合并兼并来增添运输业的繁荣。

本章小结

（1）企业合并，是指将两个或者两个以上单独的企业合并形成一个报告主体的交易或事项。兼并是指公司通过现金、证券或其他形式购买取得其他公司的产权，使其他公司丧失法人资格或改变法人实体，并取得对这些公司决策控制权的经济行为，其实质是产权交易。

（2）合并、兼并的方式可以归纳成以下 4 种：①水平兼并；②垂直兼并；③同源兼并；④混合兼并。

（3）协同效应$=V_{AB}-(V_A+V_B)$

协同效应产生在兼并、合并之后，联合公司的价值大于合并兼并和被合并兼并公司的价值之和。

（4）杠杆收购，是指公司或个体利用收购目标的资产作为债务抵押，收购另一家公司的策略。杠杆收购是一种兼并技巧，它涉及大笔资金融入或向某投资机构大量举债，实质上是对目标公司进行的一种兼并。

（5）换股是兼并公司根据目标公司的价值以兼并公司的股票按一定比例与目标公司的股票进行交换。股票交换率是指目标公司的股票可以交换成收购公司股票的数量。股票交换率的计算公式如下：

股票交换率=目标公司的每股作价÷收购公司的每股市价

（6）合并后的公司每股盈利效应在很大程度上取决于公司的未来成长。

（7）防御合并与兼并的策略分为前置防御策略和过程防御策略。前置防御策略又称驱鲨（shark repellant）措施，是指公司预先设置障碍防止敌意收购的行为。前置防御策略主要包括修改公司章程、员工持股计划、毒丸计划以及相互持股等。过程防御策略是指在收购公司发动收购袭击的过程中，目标公司所采取的种种反并购策略，具体有以下几种策略：①股票回购；②焦土战略；③邀请第三方公司——白衣骑士；④帕克曼防御；⑤管理层收购。

（8）所谓帕累托现象是指 20% 的公司占据着 80% 的市场份额，而超级帕累托现象是指市场上 4% 的公司控制了 80% 以上的市场。

（9）国际海运市场运力过剩，世界经济发展的不平衡导致运输航线的不平衡发展，各国政府对反垄断的“纵容”，国际游资的过剩，信贷资金的不断增加以及各国之间的不信任造成国际海运市场长期利润偏低。所有这些将引起国际海运市场的不断改组，导致合并、兼并的发生。

基本训练

◆ **简答题**

1. 阐述合并和兼并的含义、模式。
2. 分析合并和兼并的动因。
3. 如何对目标公司进行估价？
4. 根据时间的不同，分别阐述防御合并与兼并的具体策略。
5. 何为帕累托现象？

◆ **本章思考**

破产重组　浴火重生

2005 年 9 月 14 日，由于调整经营战略无法见效，拖欠的债务总额近 180 亿美元，而资产额不足 145 亿美元，美国西北航空公司申请破产保护。2007 年 5 月 18 日，美国西北航空公司完成了重组程序后，美国纽约南区破产法庭的法官已签署命令，批准了美国西北航空公司的重组计划。5 月 9 日，美国西北航空公司宣布其参与投票的债权金额的 98.4% 以及参与投票的航空公司债权人的 96.9% 同意了美国西北航空公司的重组计划。

美国西北航空公司"例行"交易于 2007 年 5 月 31 日正式开始，13 名美国西北航空公司员工在纽约证券交易所敲响了开市钟，宣示该公司已经完成了重组程序，并继续履行其对乘客和员工的承诺。在满足了重组计划的结束条件以及公司获得发行 7.5 亿美元新股权的收益后，美国西北航空公司走出了破产保护。

根据美国西北航空公司此前的声明，按照破产法庭批准的重组计划的要求，该公司已进行交易的普通股和优先股将无条件取消。

2008 年 4 月 14 日，美国达美航空（Delta Air Lines）公司和美国西北航空公司宣布双方以全股票交易进行合并，合并后的企业市值为 177 亿美元，成为世界上最大的航空公司。根据交易条款，美国西北航空公司的所有股东按照每 1 股美国西北航空股份折合 1.25 股达美航空股份的比例，获得相应的股票。合并后保留达美航空公司的名称，总部位于亚特兰大。在美国国内亚特兰大、双子城（明尼阿波利斯-圣保罗）以及纽约设立行政办公室，并在阿姆斯特丹、巴黎和东京等地开设国际行政办公室。达美航空在与西北航空合并后，根据 2007 年旅客周转量计算，超越美利坚航空公司成为全球最大的航空公司。

Steenland 先生表示："今天是美国西北航空公司 81 年的历史上具有里程碑意义的一天。我们已经成功地重振了公司，让其成为一个更加强大的、具有全球化视角的航空公司，我们有着强大的航天网络、焕然一新的机队、极具竞争力的成本结构以及资本结构经过调整的资产负债表。" "我们继续投入 60 多亿美元来更新我们的机队。我们的国际机队现在采用空中客车 A330 飞机，替代了欧洲和亚洲航线上的 DC10 飞机。我们为成为首家运营新的波音 787 飞机的北美航空公司而感到非常自豪，我们计划 2008 年秋季将开始提供波音 787 飞机的商业服务。"（具体飞机数量见表 15-6）"在美国国内，我们将率先为乘客推出 72 座两舱支线喷气客机。这些新型高燃油效率的喷气飞机，将被美国西北航空公司旗下的 Compass 航空公司和 Mesaba 航空公司采用。""尽管美国西北航空公司拥有覆盖美国、加拿大和亚太地区最大的航线网络之一，但是我们还是要继续通过与荷兰皇家航空公司和‘天合联盟’成员公司的合作，扩展服务区域。此外，我们与阿拉斯加航空、大陆航空以及达美航空的国内市场合作协议，让我们可以为乘客提供无与伦比的便捷航班服务。”

表 15-6 **美国西北航空公司飞机数量（截至 2008 年 5 月）**

机　型	数　量	机　型	数　量
空中客车 A319-100	59 架	波音 747-400	16 架
空中客车 A320-200	73 架	波音 757-200	55 架
空中客车 A330-200	11 架	波音 757-300	16 架
空中客车 A330-300	21 架	波音 787-8	订购 18 架，50 架选择权
麦道 DC-9-30	42 架		

“我们主要的工作重点之一就是持续改善乘客的旅行体验。我们计划今年在产品改善工作上至少投入 5 000 万美元，我们相信我们的乘客会珍视我们所做出的这些努力。”

Steenland 先生补充说：“我们相信在公司重组过程中取得的成就：实现了极具竞争优势的成本结构，制定了更具效率的业务模型，并对资产负债表进行了资本结构调整，这些都会为股东带来显而易见的收益。我们相信公司有了一个切实可行的商业计划，将在未来继续创造利润。”

“从员工积极参与上，我非常高兴地看到我们的员工已经认识到了无担保债权和利润分享机制在财务上的益处。总体上，我们希望能够到 2010 年通过无担保债权和利润分享，与员工共同分享约 16 亿美元。”

资料来源　佚名. 美国西北航空公司［EB/OL］.［2015-06-16］. http://baike.baidu.com/view/808484.htm.

财务管理第十五黄金定律

主要参考文献

［1］刘淑莲，牛彦秀．公司理财［M］．4版．大连：东北财经大学出版社，2017．

［2］张自强．期权理论与公司理财［M］．北京：华夏出版社，2000．

［3］张新民．企业财务状况质量分析理论研究［M］．北京：对外经济贸易大学出版社，2001．

［4］BRIGHAM E F，ERHARDTH M C．Financial management：theory and practice［M］．10th ed．Fort Worth，TX：Harcourt College Publishers，2003．

［5］史密森．管理金融风险：衍生产品、金融工程和价值最大化管理［M］．应惟伟，王闻，田萌，等，译．3版．北京：中国人民大学出版社，2003．

［6］本尼卡．财务金融建模：用Excel工具［M］．邵建利，等，译．4版．上海：上海财经大学出版社，2015．

［7］钱斯．衍生金融工具与风险管理［M］．郑磊，译．5版．北京：中信出版社，2004．

［8］赖利，布朗．投资分析与组合管理［M］．李伟平，译．8版．北京：中信出版社，2011．

［9］沈艺峰，沈洪涛．公司财务理论主流［M］．大连：东北财经大学出版社，2004．

［10］周洛华．资产定价学［M］．上海：上海财经大学出版社，2004．

［11］罗斯，韦斯特菲尔德，乔丹．公司理财［M］．张建平，译．6版．北京：机械工业出版社，2013．

［12］李延喜，秦学志、张悦玫．财务管理［M］．2版．大连：大连理工大学出版社，2014．

［13］尹晓冰．公司财务管理［M］．天津：南开大学出版社，2007．

［14］刘淑莲．财务管理［M］．4版．大连：东北财经大学出版社，2017．

［15］王德发．财务报表分析［M］．4版．北京：中国人民大学出版社，2015．

［16］陈玉菁，宋良荣．财务管理［M］．4版．北京：清华大学出版社，2016．

［17］埃默瑞，芬纳蒂，斯托．公司财务管理［M］．荆新，王化成，李焰，等，译．2版．北京：中国人民大学出版社，2008．

［18］彭浩涛．财务管理概论［M］．上海：复旦大学出版社，2008．

［19］罗斯，马奎斯．金融市场学［M］．陆军，等，译．10版．北京：机械工业出版社，2009．

[20] 荆新，王化成，刘俊彦．财务管理学［M］．7版．北京：中国人民大学出版社，2015.

[21] 卢雁影．财务分析［M］．2版．武汉：武汉大学出版社，2011.

[22] 刘淑莲．财务管理学［M］．2版．北京：中国人民大学出版社，2016.

[23] 王化成．财务管理［M］．5版．北京：中国人民大学出版社，2017.

第三版后记

着手修订本书的 2017 年是一个值得纪念的日子。这一年是我参加全国高考的 40 周年纪念日，是我大学毕业的 35 周年纪念日，是我离开中国五矿的 25 周年纪念日，是我留学回国从事教学的 18 周年纪念日，是本书出版 5 周年纪念日。

在本书第一次出版的时候，东北财经大学出版社的蔡丽编辑就对本书提出了修改再版的要求，她以出版界职业化的标准对本书的再版提出了建设性的意见，使得本书能像畅销书一样深得教学市场的喜爱，5 年内三次修订再版是我始料不及的。本书先后得到了辽宁省精品课程、国家双语教学、来华留学人员品牌课程和 2016 年的国家首批 MOOC 的资助支持。在上述课程的建设过程中，我们展开了对本书框架系统性的体系建设，这中间包括对本书的指导思想、体例、教学大纲、教师用书、题库、考试方式、PPT 等进行了深入的探讨。

在教育部首批 MOOC 的建设中，得到了超星课程录制组的专业化检验。录制组负责人李佳先生提出了新闻联播一样的标准，幸运的是我们通过了他们专业化的检验，并得到了他们的肯定。从课堂面授到 MOOC 的录制，这是一个不同的跨越，不仅本书的质量得到了提高，而且从 MOOC 的视角赢得了广泛性。在 MOOC 的建设中也得到了大连海事大学教务处白阳老师的支持，没有他独到的眼光和亲力亲为的支持，就不可能得到出版市场对本书的热情欣赏。

本书第三版修订中，何任老师做了大量工作，在此表示感谢。我的研究生学生们——刘雪瑶、王佳妮、张舒晴、陈阳、陈虹、王雪、郭皎洁、彭庆丽、张硕、兰宇、李冰、任新蕾等计算了题库中的每一道题，为本书锦上添花。

质量是本书的生命。点滴、点滴才能奔腾不息。只有厚重的积累和高质量的标准，才能得到市场的连续认可。精益求精是我们的追求。

刘　斌

2018 年 6 月

第二版后记

企业成本最低化、风险最小化、投资最优化、价值最大化是众多职业经理人毕生为之奋斗的目标。价值最大化不知困扰了多少企业经理人，至今尚未有一个明确的定论。

1982 年我大学毕业，被分配到中国五金矿产进出口公司辽宁公司。该公司是一家从事进口和出口贸易的公司。我先做出口，后做进口；先做最基础的业务员，后来步步高升，做起了科长、处长，后来又做了老总。10 年之后，当我从繁杂的日常工作中抽身走向决策层时，我试图探索什么是推动公司立于不败之地的圣经。我困惑。1992 年我登陆美利坚，在一家美国的钢铁公司里从事在国内一样的工作。工作的繁忙让我无暇顾及，但忙里偷闲，我都试图通过实践来破解我的困惑，但我又失败了。

1995 年 1 月，当我放下手上繁杂的公司业务，从公司走进美国东南路易斯安那大学的商学院，系统地学习工商管理的经典课程时，我发现“财务管理”是公司最需要的课程。两年半后，当我毕业回国时，我有一种要为中国的读者编写一本《财务管理》的冲动。

感谢大连海事大学的领导和同志们，尤其是要感谢《世界海运》编辑部的姜建军和杨子江两位编辑，他们开辟的长达 5 年的有关财务管理的系列讲座给了我不停笔耕的一块田地，使本书的思想、观点、方法和结论都经过了锤炼。

感谢美国斯坦福大学的 Cutt 教授、美国肯尼索大学的 Stivers 教授、德国慕尼黑大学的 Cinder 教授、澳大利亚悉尼大学的 Barny 教授，他们为我提供了许多文献资料，在我访问这些学校和与他们交流运输的过程中，他们无私的帮助给了我许多启发。

感谢教育部和交通运输部财务司的领导，是他们的信任，让我承担了国家级和省部级的课题，尤其是交通运输部财务司许文兴副司长，曹玉、周虹二位处长，是他们的信任使我完成了《交通系统固定资产管理办法研究》和《海事系统预算绩效评价方法研究》两个交通运输部国家重点软课题。上海海事局的张敦如、广东海事局的王之侠、天津海事局的毕见壮、辽宁海事局的孙瑞成不仅对上述课题的成果提出了许多犀利的批评和尖锐的意见，还对调研给予了热情的支持和无微不至的关怀，没有他们的支持，就不会有本书研究厚重而坚实的基础。他们无私的帮助使我备受感动。

感谢我的研究生们，在与他们学习、研讨的过程中，我得到了无限的灵感和鲜活的思想。他们还为本书的研究做了大量的数据搜集和文字录入工作。本书的第 2 章是根据韩建和李鹏娜的论文由李伟博士修改而来的；陆宵、杨萧、聂晟、王琳、陈杰、郑春霞、张宇楠、和贠悦、潘胜男、孙桥、叶子青、丁文婷、朱彦彦等为本书的完成做了大量的文字工作。

感谢东北财经大学出版社的蔡丽编辑，当我们的“财务管理”课程获得2008年辽宁省精品课程和2010年教育部双语教学示范课程建设时，她的敏锐和才干使得本书的出版得以实现。本书得到了大连海事大学精品课程建设项目、辽宁省网络示范课程建设项目的资金支持。

谭小芳博士撰写了第12章，姚亮撰写了第5章和第6章。

李伟博士做了大量的综合编辑、修改工作，她的加入使得本书锦上添花。来自美国佛罗里达大学（UF）的刘霄宇在本书再版时逐字逐句对每一章进行了修改，添加了许多第一版中不曾有过的数据和资料、习题，使得本书的内容更加充实、实用和中国化，让本书焕然一新。

以上提及的人只是一小部分，我还要向那些知名的和不知名的曾经帮助过我的人表达我的谢意。

联系方式：liubin403881@hotmail.com

刘 斌

2015年10月